MINERVA
西洋史ライブラリー
⑩⑨

規律と教養のフランス近代

—教育史から読み直す—

上垣　豊著

ミネルヴァ書房

規律と教養のフランス近代——教育史から読み直す

目次

第Ⅰ部　エリート教育と教養教育

第Ⅱ部　民衆教育の再創出

第Ⅲ部 若者の自律と子どもの組織化

序　章　教育史からフランス近代を考える

はじめに――共和国と学校

人びとは高等初等学校の教育をコレージュとリセの教育に対抗させようとしたが、後者と同様に民衆を飼い慣らす道具となった。中等教育が搾取する者の家庭教師だとすれば、初等教育は搾取される者の家庭教師であり、高等初等教育は裏切り者の神学校、ヤヌスの家庭教師である。

だが、そうでありながら、高等初等教育は基本的に民主的である。「民主政とは成り上がり者の政府である」とクレマンソー［急進共和派の政治家、一九〇六―〇九年に首相］氏はどこかで白状している（アルベール・チエリ『子どもの虜になった男』一九〇九年）。(1)

高等初等教育（enseignment primaire supérieur）とは、初等教育の基礎的な次元（基礎初等教育）より上に位置付けられた、上級の初等教育のことであり、フランスでは一八三三年に始まった。通称フェリー改革によって一八八二年に基礎初等教育が義務化されたことに伴い、高等初等教育は再出発することになり、生徒数も増えていった。高等初等学校は、基礎初等学校の生徒の中で優秀な生徒が進学し、その中でさらに優秀な生徒は初等師範学校に進学した。だが、中等教育には進学できず、したがって大学進学の道も閉ざされていた。第三共和政期（一八七〇―一九四〇）では、民衆の若者が学業を通じて望むことができる社会的上昇は、初等教員になることであったとされている。これに対してコレージュやリセは、大雑把にいえば、ブルジョワの息子が行く学校であり、民衆向けの初等教育とエリート教育の中等教育は断絶していた。二つを区別するのは、ラテン語を中心とした古典人文学教育の有無であった。

冒頭に引用した文章の作者、アルベール・チエリは、パリ近郊のサン＝クルー（Saint-Clout）にあった初等高等師範学校を卒業し、高等初等学校教師を経て師範学校教師になった人物で、民衆出自の者としては相当な出世をした人である。同時に、生まれたばかりの教員組合運動の活動家でもあり、第三共和政の政治と教育制度には屈折した思いを吐露している。チエリによれば、初等も中等とのどちらの場合も生徒は既存の秩序に適合するよう規律化され、飼い慣らされた。だが、チエリは教育と民主主義の価値を信じており、教え子への愛着を忘れなかった。

初等教育と中等教育は制度的には断絶していたが、接点がなかったわけではない。チエリのサン＝クルー時代の恩師、フランシスク・ヴィアルはリセを経て、古典人文学教育の牙城であった高等師範学校ユルム（Ulm）校を卒業したエリートであった。単線型教育制度を支持していたが、体制側の人物であり、第一次世界大戦後には中等教育局長になっている。また、チエリは作家シャルル・ペギーとも交流があった(2)。ペギーは民衆出身でありながら、ユルム校入学を果たしている。ペギーは分類するのが困難な知識人であり、無党派の社会主義者として教員組合運動に影響を与え、他方ではカトリックに回帰し、エリート教育における古典人文学の価値を擁護して、当時の共和派の教育政策を厳しく批判していた。

第一節　教育史への社会史的アプローチをめぐって――研究史から

本書は、規律と教養をキーワードとしながら、第三共和政期前半（一八七〇―一九一四）を中心に、ナポレオン時代に再編されてから一九三〇年ごろまでのフランスの公教育の歴史を検討する中で、フランス近代史を読み直すことを目的にし、方法論的には社会史的アプローチを採用しており、広い意味では教育社会史に属す。

教育社会史という表現は、「比較教育社会史研究会」が二〇〇二年に発足しているように、二一世紀初頭に意識して使用され始めた言葉である。特筆すべきは、比較教育社会史研究会などを通じて西洋史研究者と教育学者の交流が格段に進み、双方に有益な影響をもたらしていることであろう。この研究会に関わった個人的経験からいえば、西洋史専攻の研究者にとって教育学が抱える課題を知り、その知見を吸収する良い機会になっているといえよう。

教育社会史の到達点と課題については、この研究会を長く主宰した橋本伸也が的確に整理している。橋本によれば、一九八〇年を前後に日本の教育史学界を「アリエス＝フーコー・ショック」が襲い、これが重要な契機となって、「教育社会史」が生まれたという。橋本の論点整理は多岐にわたるが、筆者はアリエス＝フーコー的な言説が近代学校批判と共鳴し、さらに新自由主義的な教育政策と共振しあった、という指摘に注目しておきたい(3)。

ただし、橋本の整理の仕方では「教育社会史」が生まれる以前の研究はいわば「前史」扱いになっているし、教育の問題を論じていても、「教育社会史」という枠組みでは語れない社会史研究もある。他方では歴史学プロパーの目から見ると「社会史的な教育学研究」ではあっても「社会史」とは呼びがたいものもある。そこで、以下では、「教育社会史」ではなく、やや曖昧に「教育史に社会史的方法を用いた研究」の歴史を、橋本の指摘を手かがりにしながら、フランス近代史に限定して振り返ることにしたい。

フーコー、アリエス、これに文化的再生産論を唱えた社会学者のブルデューも加えれば、学校批判の言説を強めることになった三人の学者はくしくもフランス人である。そこで、彼らは本国フランスでの教育史研究にどのようなインパクトを与えたのか、先に見ておくことにしよう。

フランスでの教育史研究の動向については、日本では前田更子による比較的詳しい紹介[4]を除けば、まとまった形で書かれたものがほとんどなく、フランスでも教育史全体の動向を論じている文献はあまり見当たらない。そこで、ここでは主要な研究書の巻末の文献案内や学術雑誌、とくに教育史の専門雑誌である『教育史（*Histoire de l'éducation*）』の書評欄などを手がかりに、大まかな傾向を追うことにしよう[5]。

本書が対象とした時期とほぼ重なる一七八九年から一九三〇年を扱っているフランソワーズ・マイユールが執筆した通史の巻末に掲載されている文献目録を見ると、この時代が歴史研究の対象となったのが一九六〇年代以降であることがわかる。モナ・オズフが『学校、教会、共和国、一八七〇—一九一四』（一九六三年）の一九八三年版の緒言の中で書いているように、初版が出版された「一九六三年は、世俗学校の誕生から十分時間がたっていた」ので、共和国とカトリック教会との「対立する陣営双方の放つ言葉の独特な過激さをしっかりとらえ、世俗化を進めた諸法が引き起こした「恐怖の嵐」を荒々しく異様なものとして描くことができた」のである。六〇年代の研究でとくに重要なのは、アントワーヌ・プロの『フランス教育史（一八〇〇—一九六七）』（一九六八年）であろう。初等から高等教育までを論じ、単なる制度史に終わらず、ブルデュー、パスロンの問題提起に触発されながら、社会との関わりを論じた制度の社会史であり、概説書でありながら、多様な問題提起を行っている[6]。

プロの著書が出た同じ六八年五月には若者の大規模な反乱が起こる。これと前後して、フランスでもブルデュー、アリエス、フーコーの衝撃を受けて、共和国の学校「神話」が批判され、旧来の教育史研究のあり方に反省が起こり、教育史研究のパラダイムが転換した。だが、すくなくとも学術研究のレベルでは過剰な学校批判の言説は比較的早く淘汰されたようである。近世のコレージュ研究で大きな業績を残したマリ＝マドレーヌ・コンペール（Marie-Madeleine Compère）の追悼文には次のように書かれている。ブルデュー、フーコー、アリエス、イリイチの研究はフランスでも学校に対し敵対的な風土を生み出したが、フランスではコンペール、ドミニク・ジュリア（Dominique Julia）、ロジェ・シャルチエ（Roger Chartier）らによる新しい教育史の試みに有利な状況を作り出すことになった。すなわち、彼らは一六世紀から一八世紀にかけてフランスに設立されたコレージュの比較研究を通じて、なにかと学校を批判したがる同時代の風潮から抜け出すことができたのである[7]。

近世史で始まった新しい教育史は革命以後の時期にも波及した。たとえば、コンペールは近世のコレージュから一九世紀前半までのリセの歴史を執筆しているし[8]、一九七七年には副題に「カルヴァンからジュール・フェリーまでのフランス人の読み書き能力」と謳ったフランス人の読み書き能力を統計資料を用いて検討したフランソワ・フュレとジャック・オズフの共編著が公刊された。一九八二年にフェリー改革百周年を記念してアナル学派の拠点である社会科学高等研究院（EHESS）主催で研究集会が開かれている。出版された報告集のタイトル『ジュール・フェリー、共和国の創設者』からその立場がわかるであろう。序を書いているのは、フュレである[9]。このように、当時としては斬新な方法で実証研究を行った上で、あらためてフュレはフェリー改革を肯定的に評価しているのである。

もっとも、専門研究者の外では、学校批判の言説が衰えたわけではなかった。ジャン＝フランソワ・シャネは、モナ・オズフの序文がつけられている一九九六年刊の主著の中で、第三共和政の初等学校では教師は民衆の子どもに社会的昇進を説いて、農村から出ていくように勧め、「学校が目指すものは監視と処罰だけであった」と熱心に、しかも「すっかり信じ込んで」主張する人々の存在を指摘している。シャネはこうした議論を根拠がないと実例を挙げながら説明しているのである[10]。

なお、二一世紀に入ると、レベッカ・ロジャーズやサラ・カーティスといったアングロ・サクソン系の女性研究者がカトリックの女子教育を再評価し、共和主義的伝統にたつフランスの教育史研究への批判を展開した。彼女たちの議論は一定の意味をもってはいるが、カーティスが批判の矛先をモナ・オズフの『学校、教会、共和国』に向けているのは、疑問である。[11] この本を読めば、フェリー改革礼賛の書ではないことはわかるだろう。

実は、国立の教育研究機関に属す研究者の間では、ロジャーズやカーティスの指摘を待つまでもなく、第二次世界大戦後の早い段階ですでにカトリックの教育への再評価が始まっていた。カトリックと共和派の二つの教育の伝統の統合を提案したのは、イエズス会神父フランソワ・ド・ダンヴィル（François de Dainville）であった。ダンヴィルは学識が認められて一九五九年から古文書学校（Écoles des Chartes）で講義を行い、さらに一九六三年以降、高等研究院（École Pratique des Hautes Études）で学生の指導を行うようになった。[12] いずれも国立の機関である。ダンヴィルの協力者であり、死後出版されたダンヴィルの著書の序文を書いているのが、先述のコンペールである。[13]

歴史研究へのブルデューの影響についても評価が難しい。初等教育については第五章に譲るとして、高等教育、エリートの歴史研究でブルデューの問題意識を受け継ぎ、その方法論を導入したのは、ブルデューから個人的に指導も受けたクリストフ・シャルル（Christophe Charle）であろう。[14] 一九八〇年代以降、驚くべき量の業績をあげていくシャルルは、第三共和政を擁護する近代史家モーリス・アギュロン（Maurice Agulhon）の弟子でもあるが、近年は新自由主義的大学改革を批判する知識人として活躍している。

その他の動向について触れておくと、初等と高等教育に比べて研究が遅れていた中等教育の研究がフィリップ・サヴォワを中心に積み重ねられてきた。そのサヴォワが最近研究成果をまとめており、[15] 一応の総括に入っている段階であろう。二一世紀に高等教育については、二一世紀に入ってから理工科学校を研究したブリュノ・ベロスト、[16] 学位や学生生活に関する研究書を著したムリニエ[17]など、シャルルより若い世代が台頭してきている。全体として、初等教育、中等、高等教育に限らず、研究の深化と最近の教育問題を反映して教育行政、教員養成、教授法、ペダゴジーなどに関心が全体として移ってきている傾向がある。細分化の進む研究の中で珍しく初等と中等をまとめて論じているのが、社会学者にして民衆教育史の大家であるシャプリの『国家の学校がフランスを征服する』[18]（二〇一〇年）である。

次に日本における研究動向をおおまかに見ておこう。日本におけるフランス近代史研究ではすでに、学校を国家のイデオロギー装置であるとするルイ＝アルチュセールの洗礼を浴びていたため、監獄や犯罪の領域以外ではフーコーの影響は明確ではない。それでも、それ以前から存在した反近代主義的な議論や、学校批判の言説の影響を受けなかったわけではなかった。

一九七五年に初出の論文の中で桜井哲夫は第三共和政の学校教育の業績主義を問題にしていた。だが、社会学者の桜井の論文は思想史的分析にとどまり、当時の学校教育の実際を検討したものではなかった。続いて言語社会学者の原聖が一九八二年の論文の中でブルトン語への抑圧政策を問題にした。この原の論文は、社会史的な志向をもつ最初の研究の一つである[19]。だが、近年はシャネとの交流を深めているが、この段階では第三共和政弾劾のトーンがまだ前面に出ていた。

近代フランスの学校教育が本格的な歴史研究の対象になったのは、一九八五年に関西を拠点にして近代社会史研究会（一九八五年一二月―）が発足して以降のことであろう。その研究成果の一つとして出版された、谷川稔他著『規範としての文化――文化統合の近代史』（平凡社、一九九〇年）[20]にはフランス史関係で小林亜子、谷川稔、栖原弥生、田中正人、渡辺和行の論文が収められている。近代化と中央集権的な国家統合に対する批判という、当時すでに陳腐化し始めていた議論とは異なり、新しい切り口による社会史の構築が目指されていた。『規範としての文化』

の中で取り上げられたアジェンダはその後の研究の大枠を形成するものであった。一九八〇年代末には、歴史研究にウィングを広げた文学者の西川長夫が国民国家論を提唱し始めるが、近代社会史研究会は、西川と問題意識を共有しながら、別個の道を模索していたのである。[21]

ライシテをめぐって揺れるフランスでの在外研究を終え、『規範としての文化』の七年後に、谷川は『十字架と三色旗――もうひとつの近代フランス』（山川出版社、一九九七年）を著した。この中で谷川はライシテのフランスとカトリックのフランスとの「二つのフランス」の攻防の歴史を描いた。ライシテを学術研究の対象とした最初の邦語文献の一つであり、通史として成功した稀有な社会史による歴史叙述である。[22] 二一世紀になると、槇原茂が農村社会史研究の枠組みの中で民衆教育運動を取り上げ、[23] 中本真生子がアルザスの学校を取り上げている。[24] 新しい領域としては、岡部造史が子どもの保護と遺棄の問題を扱っているのが注目される。[25]

初等教育に対して、中等、高等教育の分野は、翻訳を除けば、渡辺和行や白鳥義彦の論稿[26]がある程度で、ドイツやイギリスの中等教育研究に比べると遅れをとっていた。二一世紀に入って、中等教育の領域で、前田更子の研究が現れ、ある程度空白を埋めることになった。前田は、最初の論文で、フランスの公教育制度ユニヴェルシテ（Université）を日本人研究者としては初めて正確に説明した。[27] 続いて、リヨンとその周辺地方の研究から私立世俗学校の重要性を明らかにし、谷川の出した「二つのフランス」というヴィジョンに対して、異論を提示した。[28] ただし、前田は中等教育を対象としており、初等教育を対象として組み立てられている谷川の議論とは、残念ながら、嚙み合っていない。

社会史の隆盛に比して、制度史研究は前田の研究をのぞけば、めぼしいものがない。逆に社会史の出現以前に執筆された、教育学者によるフランス教育史関係の研究の中に優れたものがある。その中でも松島鈞『フランス革命期における公教育制度の成立過程』（亜紀書房、一九六八年）と宮脇陽三『フランス大学資格試験制度史』（風間書房、一九八一年）は良質な仕事であり、参考になる。梅根悟監修の世界教育史体系に収められている『フランス教育史Ⅱ』（講談社、一九七五年）も、同時代のフランスにおける研究状況を考えると、それなりの水準を保持していたと言えるだろう。これに比べ、最近の傾向として制度史的関心が乏しいのは全体史への志向の弱まりとともに大きな問題である。とくに、最近、重要性が増している高等教育を視野に収めて、教育制度全体を考える必要がある。

第二節　本書の課題と方法

本書では、ナポレオン時代から第三共和政までの、高等、中等、初等のそれぞれの教育制度の変遷を、できるだけ総合的、統一的な視点から把握することを試みている。ナポレオン時代から検討を始めるのは、フランス革命期には様々な改革プランがあっても実現されたものはエコール・サントラル（第二章参照）以外にほとんどなく、この時期にフランスの公教育制度が初めて制度化されるからである。下限を第三共和政末期までとしたのは、フランスではエリート向けの中等教育と民衆向けの初等教育という複線型教育体系がながく続き、単線型への移行が始まるのはヴィシー政権期とされるからである。

高等教育を視野に収める大きな利点は、エリートの再生産、社会と国家の編成をとらえることができることにある。知識基盤社会という言葉が最近流行しているが、知識を通して社会を構造化し、社会の構成員の教育水準、知識水準を引き上げることによって社会を高度化させるという考え方は、何も最近になって現れたわけではない。工業による科学技術の利用だけでなく、高等教育が職業の専門職への再編成や新しい専門職の創出に果たした役割は良く知られている。

日本における高等教育の歴史研究は、橋本伸也らが中心になって、この十数年の間に大きく進展した。高等教育の歴史、大学史を踏まえずには近代史はますます書くことはできなくなっている。たとえば、ナショナリズム問題はこれまで初等教育に偏重して語られる傾向が強かったが、R・D・アンダーソンは邦訳された『近代ヨーロッパ大学史――啓蒙から一九一四年まで』の中で、「ナショナリズムと民族エリート形成史を貫くひとつの軸に据えて、支配的／被支配的な諸民族における国民形成と関連させて大学の機能を論[29]」じている。職業的出口だけでなく、大学で教えられるディシプリンと初等、中等の教科との関連、初等、中等の教員養成など三段階の教育は多様な形で密接に結びついている。高等から初等までの教育機関は、教育行政を媒介して国家機構の中に位置付けられ、国民統合を進めていくことになる。

アプローチの二番目の特徴として、法令のレベルだけでなく、社会史的な観点から、制度の実態、教室における静穏の確保、体罰の問題など、教室の管理や教授法の面も含めて教育の諸相を描くことにしている。たとえば、バカロレアを含め、学位は直接にはナポレオン時代に起源をもっているが、今日の学位とは性格が異なるため、現在のフランス人にも正確に理解されていないもののようである。また「初等教育（enseignement primaire）」とか「中等教育（enseignement secondaire）」といったタームも、一九世紀に生まれた歴史的な産物であり、現在のフランスで普通に用いられている用語、たとえば、英語の school に対応する école という言葉が、現在の意味に限定して使われるようになるのは、一九世紀末のことであるという[30]。西欧の文物をすでに出来上がったものとして明治期に輸入した日本とは違い、フランスにおけるペダゴジーは、こうした公教育の整備の試行錯誤の中で、蓄積・発展していったものなのである。

本書では、三層の教育の結節点と断絶が浮かび上がるように、教養と規律を選び、キーワードとして設定した。教養教育は liberal education、éducation libérale の訳語であり[31]、要するに、リベラルアーツによる教育という意味である。日本では個人的な修養とか、旧制高校の寮生活のようなヒドゥン・カリキュラムについて「教養」が語られる傾向があるが、[32] ここではカリキュラムの側面を重視して用いることにする。同じ意味で「一般教養（culture générale）」という表現を使う場合もあるが、これは教養教育を通じて身につけられた知識・能力を指している。最近の教育学で使われる表現を用いるならば、批判的思考と呼んでも良い。

教養教育は、高等教育、中等教育について論じられることであり、初等教育についてはあてはまらないと考えるのが普通であろう。ところが、フランスでは第三共和政期の教育改革の中で民衆を共和国の市民として育てるために、初等教育が éducation libérale として位置付けられたのである。本書で示されるように、これによって中等教育と初等教育の間に共通点が広がることになったが、他方では教養教育の本流争いを生じさせることになった。逆に、フランスでは、大学ではリベラルアーツが相対的に弱体で、英米あるいはドイツの大学のような諸学の総合の場になりにくかった。

本書で扱う規律は、修道院的規律や軍隊的規律が中心である。だが、規律と教養の二つはまったく別々のものではない。というのは、discipline には規律と同時に専門分野という意味もあるからである。教育を通じて若者を陶冶し、規律化するという場合、単に学校という場での集団生活の規則に従わせるという意味だけではない。たとえば、本書では検討する余裕がなかったが、修道院で教えられる知と修道院で課される規律との関係はもっと考えてよい問題であろう。

もうひとつのキーワードはペダゴジーである。ペダゴジーは、従来は初等、中等教育で用いられ、高等教育では教授法はあまり重視されなかった。だが、近年、日本でもフランスでも高等教育におけるペダゴジーが注目されるようになり、その視点から大学史も再検討されるようになってきている。本書では「ペダゴジー」というタームに多少漠然とした意味をもたせながら、教育に関する実際的な知識や実践的な（あるいは実践可能な）方法という意味で用いている。これは教育理論、教育思想よりもむしろ、学校行政、管理に関わる知識や、「学」としての知識の体系性が乏しい実践知を対象にしているからである。

本書の課題はおおよそ次の三つにまとめられる。

第一に、フランス革命のような大きな民衆運動の高揚を経験し、第三共和政初期には民衆に対して市民教育が施される国で、高い人文的教養を持つエリートの養成が重視され、維持されてきたかを解明することを課題にしている。さらに国民統合の課題をエリート教育も視野に入れて考察することによって、フランス革命以後、とくにナポレオンによって基礎がつくられたフランス近代国家の再検討にもつながってくるだろう(33)。

第二に、フランス革命によるラディカルな過去との断絶を経験し、支配階級も含めて社会的に深い分裂を経験したフランスが、伝統的な教育文化を残しながら、どのようにしてイギリス、ドイツなど外来の教育文化を導入していき、自前のペダゴジーを発展させていったのか、こうした問題に迫ってみることにしたい。公教育の整備が、現場での経験も含めた、試行錯誤の中で進んでいくという事実は、外来の教育文化の導入に対する慎重な態度とともに、どこの国でも移植可能なモデュールの寄せ集めとしての近代国民国家という理解が、非歴史的な見方であることを示している。国民国家論の有効性を一概に否定はしないが、歴史への適用にはもっと慎重であるべきであろう。

三点目に、ブルデュー、フーコー、アリエスらの学校批判の議論を、教育問題を歴史的に論じることによって、あるいはフランスという具体的な文脈に即して理解することによって、間接的に相対化、歴史化することを目指している。たとえば、ブルデューとパスロンは、学校は社会を民主化する手段であるという言説を神話であると批判した。ところで、この種の学校神話がフランスに生まれたのは、それほど古いことではなかったのである。

フーコーの議論を日本の管理主義教育と結びつけて理解する傾向があるが、言うまでもなく、フーコーはフランスの教育に固有の抑圧的側面を批判したのであって、日本の集団主義的な教育を批判したのではない。修道会経営学校では良きキリスト教徒にするために、個人の内面を厳しく問い直し、陶冶することを目的としていた。殉教の美徳が説かれたカトリックの教えは、その規範意識に順応主義的な側面があっても、「空気を読んで」周囲に合わせるのをよしとする日本人の道徳観とは異質なものである。また、第五章で詳しく説明するが、一九世紀を通じて、農村の初等学校では、教師が一人しかいないことが珍しくなかった。二〇〇二年カンヌ国際映画祭の特別招待作品となり、フランスで二百万人を動員したドキュメンタリー映画 Être et avoir（邦題『僕の大好きな先生』）でも、一人の先生がたった一つしかない教室で、年齢の異なる全校生徒一三名を教えていた。

なお、ライシテは学校教育だけでなく、国家と社会全体に及ぶ問題である。最近では社会学者や宗教学者の活躍が目立っており、[34]宗教学の研究成果を摂取した松嶌明男の公認宗教体制の優れた研究があるが、[35]他分野の成果を歴史学研究に活かすのは、方法論を含めて、今後の課題であろう。他方では、政教分離関係の研究は近年相当蓄積されており、それを整理して紹介するのも大変である。そこで、本書ではコンコルダ体制下の学校教育に限定して論究するにとどめた。その際、参考にしたのは、『規範としての文化』の谷川論文[36]である。社会運動史から社会史への移行を示すこの論稿は、ローカルな場における司祭、教師、村長の三者の関係を、教育行政、教員養成の問題にも目配りして論じており、エリート教育と接合させて考察する際にも有効な視点を提供しているからでもある。

用いた一次史料は議会史料、新聞・雑誌、法令、教育関係者の著作など印刷史料に限定されており、手稿史料は用いていない。広範囲な領域を扱うため、その代わりにフランス人研究者の既存の研究を利用することにした。意外にフランスでの研究成果が日本で知られておらず、それを紹介するのも本書の目的のひとつである。

第三節　本書の構成と時期区分

本書はエリート教育の歴史を第Ⅰ部で、民衆教育を第Ⅱ部で扱い、第Ⅲ部で主にエリートの若者の規律化、社会化の問題を論じている。主に対象とするのはユニヴェルシテと呼ばれる公教育行政機関が管轄する、大学を含めた公立学校であるが、グランド・ゼコールは高等師範学校などを除いて、他の省庁の管轄なので除外している。私学についても、時期によってユニヴェルシテとの関係が変化するが、基本的には対象から外している。家庭教育、社会教育など学校以外の場での教育も主な対象としていないが、部分的には第Ⅲ部で取り上げている。

フランスの中等教育、高等教育の制度史そのものも日本ではあまり紹介されていない。そこで第Ⅰ部では、第一章で、ナポレオン時代の再編と第三共和政初期の大学改革を中心に制度の変遷を説明している。第二章では、中等教育の中核を担った古典人文学教育の意義をディシプリンの歴史という観点から再検討し、第三章で、一九世紀後半におけるラテン語のない中等教育課程の出現と、近代派と古典派との教養教育論争を、教授方法の変化に注意をはらいながら、たどっている。第四章では、教育におけるジェンダーの問題を扱い、ラテン語の障壁を乗り越えて女性が中等教育、高等教育に進出していく過程が描かれている。

第Ⅱ部では、第五章で、意外と知られていない初等学校の実態と、第三共和政初期における「教育科学（science de l'éducation）」の大学への導入と、教育学、ペダゴジーをめぐる初等教育と中等・高等教育との軋轢・葛藤を描いている。第六章では、フェリー改革期のライシテの問題を、初等教育局長フェルディナン・ビュイッソンの経歴を追いながら、宗教的マイノリティーの関係から検討し、第七章では、初等教員養成の歴史と第三共和政初期の初等師範学校廃止論争を取り上げている。

第Ⅲ部は、教育を受ける側に焦点をあて、若者、とくにエリートの若者の規律化、社会化の問題を考察している。第八章では、学部学生が管理の対象から一九世紀末に大学共同体の一員として認められていくまでの過程と公認された学生団体の成立を扱い、学生運動について論究する。第九章では、一九世紀のリセ、公立コレージュの寄宿舎における規律の問題を扱い、世紀末に行われる中等教育の規律改革を、伝統的な教育文化への外国の教育モデルの移植の問題との関連で論じている。第十章では、カトリック系の若者運動を社会事業と学校教育との関係で取り上げ、第三共和政期の発展が展望されている。本書では唯一、カトリックを主たる対象にしている章でもある。最後に補章として、戦間期に大きく発展するスカウト運動、および林間学校・臨海学校と訳されるコロニー・ド・ヴァカンス（colonie de vacances）を取り上げる。

本書は、クロノロジーの順番に叙述されているわけではないので、序章の最後に、本書で取り扱う時期の教育史を時期区分して、全体の流れをおさえておくことにしよう。

フランスでは一七九三年にソルボンヌ大学を含めていったん大学が廃止された後、ナポレオンのもとで、一八〇六年と〇八年の政令によって帝国ユニヴェルシテが創設、組織される。このユニヴェルシテという組織は、中等教育と（高等師範学校を除くグランド・ゼコール以外の）高等教育の行政機関であると同時に教職員の同業組合的団体であった。こうした教育行政のありようは、いくつかの大きな変更を経ながらも、今日までも引き継がれている。このように、日本と同じ中央集権的な教育体制、国家主導の教育制度をとっていると言われるが、日仏ではかなりの違いがある。ナポレオンはアンシャン・レジームの大学を部分的に復活させたが、総合大学は復活せず、ドイツやイギリスの大学とは異なり、専門学校化していた。学問研究との結合を欠いた職業教育は、一九世紀半ばになると時代遅れになり、第三共和政に入ってドイツの大学をモデルにした大学改革が試みられることになる（一章）。

文学部、理学部が不振であったためもあり、エリート教育の中核的部分を担ったのは、中等教育機関、とくにリセであった。リセは、革命期の中央学校と同様に、生徒数の確保に苦しんだが、私立学校生徒にリセ通学を義務付けることによって、ようやく経営が安定していった。リセで主に教えられたのは古典人文学、要するにラテン語とギリシア語である（二章一・二節）。

次に重要な画期となるのは、七月王政の初期である。帝国ユニヴェルシテでは初等教育は対象にならず、初等教育はキリスト教学校修士会（ラ・サール会）など政府から認可を受けた教育修道会にまかされていた。公立初等教育が本格的に組織されるようになるのは、一八三三年六月二四日の通称ギゾー法によってであり、この法律によって人口五百人以上の市町村に男子初等学校の開設と、各県に一校、男子師範学校の開設が義務付けられた。同じ年に、ユニヴェルシテの再編によって、初めて中央の公教育行政の中で初等、中等、高等の三層構造が明確になった（二章二節、五章二節）。他方、カトリックによる学生の組織化と社会問題への取り組みは早くから進み、学生が中心になって七月王政期に慈善団体サン＝ヴァンサン＝ド＝ポール協会が設立されている（十章一節）。

続いて、一八四八年二月革命の後の政治反動の中で成立した一八五〇年のファルー法が、初等と中等教育に大きな転換をもたらすことになる。このときに左傾化した教員、とくに初等教員が議会で問題視され、初等教育と師範教育の水準が引き下げられ、師範学校は廃止の瀬戸際まで追い込まれる。ファルー法では、カトリックの長年の目標であった教育の自由が実現され、私立の中等学校は生徒をリセに通わせなくてもよくなった。初等教育でも、修道会教師の特権が維持・拡大されることになる。こうして、第二帝政期は初等でも、中等でもカトリック教育は大きく発展し、師範学校はユニヴェルシテの幹部の支持を受けて存続するが、公立初等学校も教会の影響下により一層置かれるようになり、中等教育では、古典人文学教育も保守派からの攻撃にさらされることになった（二章一節、三章一節、六章一節、七章一節）。

政治反動の時期が終わり、風向きが変わるのは一八五六年に公教育大臣にルーランが就任して以降のことである。

工業化の進展によって、教育を受けた大量の労働力が必要になり、民衆教育にも歴史・地理、自然科学など近代的な教科の教育が求められ、他方では社会の世俗化に伴い、宗教を通じて規範意識を植え付けるのは限界に来ていた。修辞学では優れた伝統を持つフランスのエリート教育も同様に、そのあり方が厳しく問われることになった。一八六三年に公教育大臣に就任した元共和派のデュリュイは、こうした近代化の要請にこたえるべく、初等教育と師範教育の水準を引き上げ（五章三節、七章一節）、中等教育の改革も行い、ドイツの実科ギムナジウムの教育に相当するラテン語のない中等教育を、一八六五年に専門中等教育という名称で導入した。こうしてフランス語や、さらにはそれに続いて自然科学の諸学が少しずつ中等教育に導入され、第二帝政期から次第に古典的人文学に対抗して近代的人文学が形成され始め、第三共和政初期には、教養教育の玉座をめぐって争うことになる（三章一・三節）。さらにデュリュイのもとでは、ドイツの大学と、イギリスの中等教育の調査に、それぞれ視察団が派遣されており、またドイツの大学への留学生の派遣も行われている。こうした調査や留学生の見聞が、第三共和政初期の改革につながっていくのである（一章二節、九章二節）。

そして第三共和政に入ると、高等教育から初等教育まで、一連の改革が実施され、ナポレオンの時期と並ぶほど大きな再編が行われることになった。この時期の改革は、義務・無償・世俗（ライシテ）の三原則に基づく公立初等教育を制度化したフェリー法をピークにした一八八〇年前後の時期と、一九世紀末から二〇世紀初頭の、ドレフュス事件で国論が二分されていた時期に分けることができる。

一八八〇年前後の改革は初等教育が中心であった。一八七九年の初等師範学校の整備に関するポール・ベール法に始まり、初等教育と師範教育が整備・拡充されていく（五章、六章二・三節、七章一節）。同時に、一八八〇年のカミーユ・セー法によって公立女子教育が初めて制度化されており、中等教育でも大きな改革が行われている（四章三節）。公立男子中等教育はカトリック系私学との競合で生徒数の確保に苦しんでいた。そこでフェリーは一八八八〇年に政令によってイエズス会を追放する強硬策を取った。他方で、第三共和政に入ってから続いていた寄宿舎でのリセ生徒の反乱はやまず、ついに一八九〇年に規律改革が行われた（九章三節）。これに比べて目立たないが、高等教育でも、一八七七年にリサンス奨学金が設けられ、文学部と理学部の登録学生を生み出す措置が取られ、さらに一八八三年に学生団体の結成が法的に認められることになった（一章二節、八章三節）。高等教育と初等教育との関係では、初等教育が世俗化された関係で、宗派を超えたあらたな道徳教育が必要になり、大学の教員が動員されて、「教育科学」が大学で教えられるようになった（五章三節）。一方、労働者の子どもへの慈善事業では行政や世俗派の活動を凌いでいたカトリックの側では、パリ・コミューン（一八七一年）後にカトリック労働者サークルが創設された。カトリック教会の聖職者、俗人によるこうした社会事業、慈善事業の流れとカトリック系学校生徒組織化の試みとが結びつき、カトリック青年会（ＡＣＪＦ）の設立（一八八五—八六年）に結実するのである（十章二・三節）。一九世紀末には、博愛団体によって都市労働者階級の子どもへの衛生的関心から始まったコロニー・ド・ヴァカンスが始められている（補章二節）。

一九世紀末から二〇世紀初めにかけては、フェリー期の改革を手直しして、再編がさらに推し進められることになる。この時期は修道会の教育禁止令（一九〇四年）、政教分離法（一九〇五年）と、共和国政府とカトリック教会の対立が激化し、カトリック系の私学に対して政府、行政が大きな攻勢をかけた時期にあたる。高等教育では文学部、理学部の充実の後、一八九六年の法律で「総合大学」が復活した。だが、この「総合大学化」は学部が基本構造にとどまったために、形の上だけのものに終わった（一章三節）。中等教育でも一九〇二年のレイグ改革によって、ラテン語だけでギリシア語のない課程と、ラテン語もない課程が生まれた。教養教育における古典人文学のヘゲモニーは揺るがなかったが、近代人文学がその地位を脅かす存在になるまで成長したのである（三章二・三節）。初等教育では、一九〇五年に師範学校改革が行われている。だが、同時に推し進められた一連の改革、とくに新しいソルボンヌと近代人文学、そして「教育科学」は、右派からの攻撃を受けたのみならず、共和派やユニヴェルシテ内部からも批判を招き、共和派からも師範学校廃止論が出るなど、内部での亀裂を生じさせた（三章三節、七章二・三節）。こうしたユニヴェルシテ内部の対立は、他方では共和派と社会主義派の政治的対立、初等教員と中等・高等教員の対立など、カトリック対ライシテ（世俗）派の対立図式に収まらない新たな矛盾・対立を内包するものであった（一章三節、六章四節、七章三節）。

その後は、一九三〇年代まで制度としては比較的安定した時期が続くことになる。ただし、その中でも、一九二〇年前後は、第三共和政初期のいく分ユートピア的であった教育改革の熱が戦争を経て冷却し、一定の揺れ戻しが起こった時期とみなすことができる。たとえば、一九一九年にソルボンヌにおける「教育科学」のコースが廃止され、その翌年に師範学校は、一九〇五年の体制から一八八七年の体制に戻っている。戦間期に注目されるのは、女性の中等教育、高等教育への進出であり、これを反映して、一九二四年のベラール政令によって男女中等教育の同格化が実現している（四章三節）。もう一つは、若者運動、とくにボーイスカウト、ガールスカウト運動とコロニー・ド・ヴァカンスの発展である。スカウト運動に参加した、ブルジョワの若者と師範学校生徒はコロニーを通して民衆の子どもたちと接することになる。さらに、一九三〇年代には公的なコロニーの指導者養成制度が整備されていく。コロニーは民衆の子どもの社会化と宗派、あるいは党派による囲い込みと社会化の場であり、スカウト運動や野外活動は、「新教育」と総称される新しいペダゴジーの実験場でもあった（補章）。

〈注〉

（1）Albert Thierry, *L'Homme en proie aux Enfants*, Paris, Ollendorff, 1909, p. 86.

（2）『子どもの虜になった男』の初出は、ペギーが発行していた雑誌『半月手帖（*Cahiers de la quinzaine*）』への掲載であった。チエリについては下記を参照のこと。Jean-François Chanet, *L'École républicaine et les petites patries*, Paris,

Aubier, 1996, pp. 104-114.

（3）「歴史のなかの教育と社会――教育社会史研究の到達と課題」『歴史学研究』八三〇号、二〇〇七年八月。「近現代世界における国家・社会・教育――「福祉国家と教育」という観点から」広田照幸・橋本伸也・岩下誠編『福祉国家と教育――比較教育社会史の新たな展開に向けて』昭和堂、二〇一三年。

（4）『私立学校からみる近代フランス――一九世紀リヨンのエリート教育』昭和堂、二〇〇九年。第1章は前田が最初に公けにした論文を書き改めたもの。

（5）十数年前のものになるが、「『教育史』の二〇年」と題して、一九七八年に創刊されて以降の掲載論文、書評を分類し、回顧した論稿がある。Pierre Caspard, « Vingt ans d'*Histoire de l'éducation* », *Histoire de l'éducation*, n° 85, janvier 2000.

（6）Mona Ozouf, *La République, l'Église et l'École:1871-1914*, Paris, Colin, 1963, Cana, 1982 ; Antoine Prost, *Histoire de l'enseignement en France (1800-1967)*, Paris, A. Colin, 1968.

（7）Cf. Boris Noguès et Philippe Savoie, « Marie-Madeleine Compère (1946-2007) : Historienne érudite et pionnière de l'éducation », *Histoire de l'éducation*, n° 124, oct.-déc. 2009, pp. 8-9.

（8）Marie-Madeleine Compère, *Du collège au lycée (1500-1850)*, Collection Archives, Paris, Gallimard/Julliard, 1985.

（9）*Lire et écrire:L'alphabétisation des Français de Calvin à Jules Ferry*, 2 vols, Paris, Minuit, 1977. フュレはフランス革命史研究の修正学派として日本では知られているが、一九世紀に関する著作もいくつかある。

（10）Jean-François Chanet, *op.cit.*, p. 116.

（11）Rebecca Rogers, *From the Salon to the Schoolroom : Educating Bourgeois Girls in Nineteenth-Century France*, Pennsylvania, The Pennsylvania State University Press, 2005 ; Sara A. Curtis, *L'enseignement au temps des congrégations (1801-1905)*, Lyon, Presses Universitaires de Lyon, 2003.

（12）Marie-Madeleine Compère, « introduction », le père François de Daiville, *L'éducation des jésuites (XVIe-XVIIIe siècle)*, Paris, Minuit, 1978, 2e éd. 1991, p. 9.

（13）Boris Noguès et Philippe Savoie, *art.cit.*, p. 9.

（14）*République des universitaires, 1870-1940*, Paris, Seuil, 1994. など多数の著書がある。

（15）Philippe Savoie, *La construction de l'enseignement secondaire (1802-1914) : Aux origines d'un service public*, Lyon, ENS, 2013.

(16) Bruno Belhoste, *La formation d'une technocratie : L'École polytechnique et ses élèves de la Révolution au Second Empire*, Paris, Belin, 2003.

(17) Pierre Moulinier, *La naissance de l'étudiant moderne (XIXe siècle)*, Paris, Belin, 2002.

(18) Jean-Michel Chapoulie, *L'École d'État conquiert la France : Deux siècles de politique scolaire*, Rennes, Presses Universitaires de Rennes, 2010.

(19) 桜井哲夫「民主主義と公教育――フランス第三共和制における『業績と平等』」『思想』六一八号、一九七五年一二月。原聖「ブルトン語の抑圧と擁護――フランス第三共和制期の公教育体制と少数派言語運動」『思想』六九七号、一九八二年八月。

(20) 二〇〇三年にミネルヴァ書房から復刊。

(21) 『国民国家論の射程――あるいは〈国民〉という怪物について』柏書房、一九九八年所収の論文を参照のこと。

(22) 二〇一五年に岩波現代文庫に収録された。

(23) 同じころ、政治思想史を専門とする小山勉が類似したテーマで研究書を出している。『教育闘争と知のヘゲモニー――フランス革命後の学校・教会・国家』御茶の水書房、一九九八年。

(24) 『近代フランス農村の変貌――アソシアシオンの社会史』第Ⅱ部「民衆教育運動と農村社会」刀水書房、二〇〇二年。

(25) 『アルザスと国民国家』晃洋書房、二〇〇八年。

(26) 「フランスにおける児童扶助行政の展開（1870―1914）――ノール県の事例から」『史学雑誌』一一四編一二号、二〇〇五年一二月など。

(27) 渡辺和行「近代フランス中等教育におけるエリートの養成」および「近代フランス高等教育におけるエリートの再生産――ファキュルテと高等師範学校」橋本伸也他著『エリート教育』ミネルヴァ書房、二〇〇一年所収（高等教育の論稿は後に渡辺和行『近代フランスの歴史学と歴史家――クリオとナショナリズム』ミネルヴァ書房、二〇〇九年に収められている）。白鳥義彦「ルイ・リアールとフランス第三共和政の高等教育改革」、『神戸大学文学部紀要』四一巻、二〇一四年など。

(28) 前田更子、前掲書。

(29) 監訳者による「あとがき」（安原義仁・橋本伸也監訳、昭和堂、二〇一二年、三四二―三四三頁）。同様の問題意識をもって、ロシア帝国内における大学網と民族知識人の形成を検討した日本人研究者による共同研究もすでに出版されている。橋本伸也編『ロシア帝国の民族知識人――大学・学知・ネットワーク』昭和堂、二〇一四年。

(30) Jean-Michel Chapoulie, *L'École d'État conquiert la France*, p. 29.

(31) 筆者は liberal education の訳語としては「自由教育」がより適切ではないかと考えているが、一般的な用法となっていないので、本書では「教養教育」という訳語を使うことにした。

(32) 舘昭『原理原則を踏まえた大学改革を――場当たり策からの脱却こそグローバル化の条件』東信堂、二〇一三年、九〇頁参照。

(33) ナポレオン時代についての筆者の見方は『ナポレオン――英雄か独裁者か』(山川出版社、二〇一三年)の中で示しておいた。

(34) 伊達聖伸『ライシテ、道徳、宗教学――もうひとつの19世紀フランス宗教史』勁草書房、二〇一〇年など。

(35) 『礼拝の自由とナポレオン――公認宗教体制の成立』山川出版社、二〇一〇年。

(36) 谷川稔「司祭と教師――一九世紀フランス農村の知・モラル・ヘゲモニー」。

第Ⅰ部　エリート教育と教養教育

第一章　第三共和政初期の大学改革

はじめに——ユニヴェルシテと大学

フランスにおいては、国のみが学位を授与する権利を有し、したがって学位は全国一率の性格を備え、少なくとも紙の上では、万人に対し、それを取得した大学がどこであるかを問わず、同一の価値を付与しています。国家免状制度を維持しながら、大学に真の自律性を与えることは事実上不可能です。この点を教えてくれるのが日仏間の比較です。どちらかひとつを選ばなければならないのです(1)（クリスチャン・ガラン）。

冒頭に引用したのは、クリスチャン・ガランの日仏大学改革比較のシンポジウムでの報告（二〇一三年三月七日、於神戸大学）の中の文章である。ガランは、日本の高等教育についておそらくもっとも詳しいフランス人研究者であろう。彼は、流暢な日本語を駆使しながら、当日の報告で、ナポレオン時代と現在の学位記をスクリーンに映し出し、二つが文言含めてほとんど違いがないことを示し、学位を国家が独占する構造はナポレオン時代に帝国ユニヴェルシテ（Université impériale）が創設されたときから変わっていないと述べた。

ナポレオン時代に創設されたユニヴェルシテとは、一般に理解される「大学」ではない。現在では使われなくなったが、大学から初等教育までの公教育教職員の団体にして同時に行政機関という意味である。この意味でのユニヴェルシテは単数形で表され、頭文字のUは大文字で表記される。

　これに対して他の国にあるような個別の大学、あるいは総合大学は一七九三年に廃止されて以後、存在せず、ようやく一八九六年七月一〇日の法律によって復活するものの、それは学部の寄せ集めにすぎず、その後も大学教育の実態は学部にあった。だからアントワーヌ・プロは、この法律を総合大学の「死亡証書」であると結論づけている[2]。フランス近代高等教育史の第一人者、クリストフ・シャルルもまた、十年ほど前に次のように語っていた。「一九世紀の末に第三共和政の改革によってファキュルテ［学部―筆者］がまとめられて大学が誕生しますが、やはりファキュルテは独自の伝統によって存続しました。ほかのファキュルテのことなど関係ないかのように、自立していたのです」。しかも「このような傾向はいまでも続いていて、むしろますます強まっているのです[3]」。その後の改革によって、こうした傾向が変化して総合大学が生まれたという議論もあるが、まだ明確な評価を下せる段階にはないであろう。シャルルが指摘するように、すくなくとも二一世紀初頭までのフランスの大学が抱えている問題の淵源をたどれば、第三共和政期初期の大学改革で、ナポレオン時代の総合大学化に失敗し、ナポレオン時代に再編された高等教育制度の欠陥を正すことができなかったことに遡ることができる[4]。

　そこで第一章では、ナポレオン時代のユニヴェルシテの創設に遡り、もう一つの画期である第三共和政初期の大学改革までの高等教育の歴史を振り返ることにしたい。

第一節　フランス革命後の大学

(1)　ナポレオン時代の高等教育の再編

　一七九九年一一月に成立した統領政府は、革命によって解体された医師、法曹の専門職養成の再建の必要性に迫られた。革命期に創設された、高等教育と中等教育の機能を兼ね備えるエコール・サントラル（école centrale）を廃止して国立中等教育機関としてリセ（lycée）の創設を定めた、共和暦十年フロレアル一一日（一八〇二年五月一日）の「公教育に関する一般法」の第四章「専門学校（Écoles spéciales）」には、第二四条で、すでに存在する専門学校（理工科学校など）は今後も存続するとし、さらに第二五条で、次のような新しい専門学校を設立する云々とある。その冒頭に上がっているのが「法学校（École de droit）」でこれを十校設立し、つづいて「医学校（École de médecine）」を三校設置するとされている。その他、「自然史・物理・化学学校」を四校、機械技術と化学技術を教える学校を二校、「高等数学（mathématiques transcendantes）」を教える学校を一校、「地理・歴史・政治経済専門学校」を一校設立する云々と書かれている。この法律は第六章で「陸軍専門学校（École militaire spéciale）」、のちのサン＝シール陸軍士官学校創設を定めており、リセ卒業後の高等教育を大学ではなく、各種の専門学校網で構成することを想定していたのである。(5) その後、一八〇四年三月一三日の法律によって法学校が設立され、九月二一日の法学校を組織した政令（décret）によって併合された地域を除いて九つの都市に法学校設置が決められた。続いて、一八〇六年の政令で帝国ユニヴェルシテの創設が定められ、さらに一八〇八年三月一七日の政令によって、ユニヴェルシテの組織の概要が明らかにされた。

帝国ユニヴェルシテについて説明を加えておこう。ユニヴェルシテは独特な性格のため、米英独の高等教育との比較が困難であり、R・D・アンダーソンの著書が現れるまでフランスの大学も含めた形で近代大学史が総合的に描かれることはなかった。(6) 帝国ユニヴェルシテは行政機関と教育団体が合体した組織であるが、二点留意しておかねばならない。まず、アンダーソンが指摘しているように、大学への国家の関与、介入の増大はフランスだけでなく、一八世紀の啓蒙ヨーロッパ、さらには一九世紀ヨーロッパに広がっていたことを考慮する必要がある。一八一〇年のベルリン大学の創設もプロイセン政府の関与があって初めて可能になった。アンダーソンはナポレオン時代の高等教育の再編を啓蒙専制君主による改革として位置づけ、シャルルもまた、近著の大学史の中で、ナポレオンの政策を「啓蒙専制主義」と形容している。そして、高度に中央集権化されたフランス・モデルを一九世紀にはイタリア、スペインが採用していくのである。フランスの場合は、コレージュ・ド・フランス、学士院など高等教育研究機関がパリに集中していたこともあり、中央集権的性格が一層際立つことになる。(7)

もう一点は、前田更子が明らかにしたように、ユニヴェルシテは中等教育と（高等師範学校など一部のグランド・ゼコールを含む）高等教育の行政機関であると同時に教職員の同業組合（corporation）であったことである。(8)日本では帝国ユニヴェルシテを中央集権的、国家主義的組織であると理解される傾向があったが、そうした見方は一面的である。また、フィリップ・サヴォワによれば、かつての大学、とくにパリ大学の「制度的な枠組み」を基本的に継承しているとされ、それを帝国全領土に適用させようとしたものとされる。よく知られているように、中世のパリ大学の起源は教員団体にあった。(9)

要するに、中央の教育行政は、国家による統制のもととはいえ、同業者による自治が原則となっており、それぞれの学問分野で権威のある学者や、現場での教育経験のある教育専門家（ペダゴーグ）が指導していたのである。こうした教育行政のありようは、いくつかの大きな変更を経ながらも、選挙で選ばれた現場の教員代表が行政機関で発言権を持っている点など、今日までも引き継がれている。地方行政単位として控訴院と同数で創設されたアカデミー（académie）もその一つである。「大学区」と訳されることがあるが、この訳では上意下達の中央集権的な行政機関としての側面が過度に強調されすぎている。たしかにアカデミーの長の recteur は任命制であるが、recteur が主宰するアカデミー評議会（conseil académique）という広範な権限を持つ合議制の機関の存在を忘れてはならない。こういう理由から、本書では「大学区」という訳語を避けて、académie には「アカデミー管区」という訳語をあてた。なお、recteur は、フランス革命以前は大学総長の意味であったが、任命制の行政官なので本書では「総監」と訳すことにする。

なお、一八〇八年の政令によって、医学校は医学部に、法学校は法学部に名称が変更された。もっとも、正式名称は変わっても、それぞれ医学校、法学校と呼ばれることがあった。同じ政令によって薬学校は医学部に附属する学校になった。医学部は第二帝政下でもパリ、ストラスブール、モンプリエの三校しかなかったが、多くの病院の附属施設として設置されていた二級医学校が一八〇三年以降、医学校（後の医学部）への準備学校とされている。ただし、医学、法学の「専門職養成（professionnelles）」学部は半ば独立しており、ユニヴェルシテの中にあって別個の存在であった。このほかに「専門職養成」学部としては神学部が一八〇八年に創設されている。こうして、カトリック神学部が四校、プロテスタント神学部が二校設立されたが、カトリックの高位聖職者養成は司教区の神学校が行っており、神学部はカトリック聖職者の養成には寄与しなかった。[10]

学部は法、医、神の三学部のほか、文学部と理学部があった。この二つの学部は革命前の学芸学部を受け継いでおり、それぞれのアカデミー管区（当時の帝国には三二管区、うち現在のフランスの領土には二六管区）の所在地に設置されるとされた。[11]だが、すべてのアカデミー管区に文学部と理学部ができるのはもっと後のことであり、一八一三年の段階でフランスの現在の領土で業務が行われていた文学部は二三校、理学部については、理系の教員養成が遅れていたため、十校にすぎなかった。[12]渡辺和行がすでに明らかにしているが、この二つの学部は一九世紀末の大学改革まで正規の登録学生はほとんどおらず、一般市民が自由に聴講できる公開講義を行っていただけであり、学部教授の主な仕事はバカロレアをはじめとした学位授与で、しかもパリ以外では、リセの教授が文学部、理学部の教授をしばしば兼任しており、[13]二つのアカデミックな学部はリセの附属施設にすぎなかった。そもそも、ユニヴェルシテ創設時では、中等教育と高等教育の明確な区別は存在していなかったのである。[14]

もっとも、公開講義は従来、否定的に見られてきたが、見直しが必要であろう。越水雄二によれば、コンドルセの公教育構想では高等教育を含む各段階の教育機関による「公開講座（conférences publiques）」の実施が想定されており[15]、学部による公開講義は、コンドルセが提唱した生涯教育の理想を受け継ぐものであった。アカデミックな学部、とくに文学部は象牙の塔に閉じこもった存在ではなかったのである。

こうして見ていくと、一八〇二年の「公教育に関する一般法」と帝国ユニヴェルシテを組織した一八〇六年、〇八年の法規の間には一定の開きがあることがわかる。帝国ユニヴェルシテは革命期の改革構想を引き継ぎながら、部分的にかつての大学の復活を目指したものであった。ただし、同業組合的組織といっても、その中には学生は含まれておらず、専門職養成学部は文学部、理学部とは独立した存在であった。文学部と理学部はかつての学芸部が二つに分かれ、上級学部に昇格したものだが、教養教育をほどこす役割がリセに移行し、他の国では大学で教えられる哲学がリセで行われるようになったため、文学部と理学部はドイツの哲学部のような役割を果たさず、英米的な、あるいはドイツ的な大学のイメージとはかなり異なった教育機関になったのである。

(2)　学位と資格

ガランが指摘しているように、フランスでは学位授与を国家が独占しており、それはナポレオン時代の一八〇八年の政令に遡る。高等教育の学位はバカロレア、リサンス（licence）、ドクトラ（doctorat）の三種に大別される。実は、表1-1にあるように、文学バカロレア、理学バカロレアの他にも法学バカロレアが存在したが、ここでは便宜上、バカロレアとは文学バカロレアあるいは理学バカロレアを指すことにしておく。

ドクトラの訳語は博士となるが、バカロレアとリサンスはすこし厄介である。仏和辞典では、バカロレアに大学入学資格という訳語を、リサンスに学士の訳語をそれぞれあてている。たしかに、大学入学後にとる最初の学位はリサンス（licence）である。だが、バカロレアは高等教育の最初の学位であり、バカロレア取得者はバシュリエ

表1-1　法，医学部などで与えられる学位

	授与される学位	学位取得のための条件	理論上の学修年限	就く職業
法学	法学能力証明証	バカロレアは不要	1年＋代訴人の下で5年間書生	代訴人（25歳から）
	法学バカロレア	文学バカロレア	2年	
	法学リサンス	法学バカロレア	1年	司法官，裁判所書記，弁護士，公証人
	法学博士	法学リサンス	1年	法学教授
医学	博士（ドクトゥール）	文学バカロレア＋ときに理学バカロレア＋1894年以後はPCN[1]	4年	全国で営業できる医者
	保健衛生師（オフィシエ・ド・サンテ）[2]	県審査会で面接	医学校で3年学習もしくは民間病院か軍の病院で5年研修，あるいは医者の下で6年研修	保健衛生師，面接を受けた県でのみ営業 大手術は医者の監督と検査のもとで
	一級助産婦	医学部での面接（1848年以後は，正書法，読み方，書き方の試験）	医学部あるいは産科院で1年	全国で営業できる助産婦
	二級助産婦	県審査会で面接（1848年以後は，正書法，読み方，書き方の試験）	県施療院での養成	面接を受けた県でのみ営業
	外科医-歯科医師[3]	初等教育修了免状あるいは上級初等教育修了免状 バカロレアが1925年以降必要	医学部あるいは認可された歯科医師学校で3年	歯科医師
薬学	一級薬剤師	薬学上級学校で面接 文学バカロレアが1840年以降必要 理学バカロレアは1852年以降必要	3年薬局で研修＋薬学上級学校で3年学習，あるいは8年薬局で研修	全国で営業できる薬剤師
	二級薬剤師	1854年まで県審査会 県審査会で面接（バカロレアは必要なし）	8年薬局で研修＋1854年から薬学校で受講	面接を受けた県でのみ営業できる薬剤師
	一級薬草販売者	学位は不要。職業的能力を問う試験の後で薬学上級学校で面接	学校での研修はない 場合によって薬局で研修	全国で営業できる 薬草販売者
	二級薬草販売者	学位は不要 県審査会で面接	場合によって薬局で研修	面接を受けた県でのみ営業 できる薬草販売者
神学 理学 文学	バカロレア	哲学級までの中等教育		
	リサンス	バカロレア	1年	アグレガシオン出願資格
	博　士	リサンス	1年	教　授

注：1）PCN は certificat d'etudes physiques, chimiques et naturelles の略称で，理学部で出される医学部学生対象の物理学，化学，自然科学講座修了証。
2）オフィシエ・ド・サンテは1892年に廃止。
3）1892年の法で規制の対象。

出典：Pierre Moulinier, *La naissance de l'etudiant moderne*, Paris, Belin, 2002, pp. 43-45.

（bachelier）と呼ばれ、英語のバチェラー（bachelor）すなわち学士に本来は相当していた。

バカロレア受験資格の要件のひとつとして、一八四九年までは、一八二〇年七月五日の王令のように、公立、私立中等教育での最低一年間の哲学の履修を証明する文書が挙げられていることに注目したい。哲学は中等教育の最高学年、すなわち哲学級で教えられる教科である。他の国では大学で教えられる哲学が中等教育の教科になっていることは、中等教育段階で教養教育は完成していて、イギリスやドイツのように、大学で一般教養を教える必要はない、という議論の論拠になった。逆に、後に消滅する制度だが、一八二二年一月一五日の省令では、中等教育を履修せず、家庭での教育の質を保証する書類も提出できない受験生でも、文学部の哲学講義の一年間の登録と規則正しい出席を証明する書類があれば、バカロレア受験を認めるとされていた。これは学芸学部修了が上級学部への進学資格となっていた革命以前の慣行の名残として理解することができる[16]。

バカロレアは大学入学資格と訳されるが、当初は厳格に守られず、一八二〇年七月五日の王令で法学部と医学部登録には翌年から文学バカロレアが、一八二三年以降は医学部登録には理学バカロレアも必要とされるとあらためて定めなければならなかった。その後一九世紀を通じて医学部登録でも文学バカロレアが常に必須であったが、理学バカロレアは不要となった時期がある。文学バカロレアの試験は古典人文学、とくにラテン語の能力を問うものであった。グランド・ゼコール受験資格にバカロレア所持が必須要件になったのも一八二〇年以降であった。理系と思われる理工科学校、サン＝シール陸軍士官学校、中央工芸学校（École Centrale）の受験資格でも理学バカロレアよりも文学バカロレアが重視された。これらの国立専門学校受験に理学バカロレアが必須となったのは一八五五年以降のことであり、しかも一八七二年以降は文学バカロレア所持者が有利に扱われた[17]。たとえば、理工科学校入学試験でも一八六〇年以降、文学バカロレア所持者の得点を上乗せしていた[18]。それほど古典人文学に威信があったのである。

正規学生として学位を得るためには学部に登録して、四半期ごとに登録料を払う必要があった。第三共和政初期の大学改革まで文学部、理学部、神学部の登録学生には、バカロレア取得後、博士まで続く「課程（*cursus studiorum*）」しか存在しなかった。だが、法学部と医学部にはバカロレアを入学要件にする長期課程の他に、バカロレアがなくても登録できる短期課程があった。なお、表1－1では短期課程で授与される免状、資格も学位の欄に含めている。

学位を得るためには、その課程の授業を受け、年度末に試験を受け、最後に学位試験を受けることになる。たとえば、表1－1のように、弁護士になるためには文学バカロレアを取得して、法学部に登録し、法学バカロレア課程を受講する。一年目の終わりに試験を受けて、合格すれば二年目の課程を受講し、二年目の終わりに法学バカロレアの学位試験を受ける。これに合格すれば、さらに一年間、法学リサンス課程に登録し、一年目の終わりにリサンス学位試験を受けることになる。法学部に登録してから法学リサンスの学位を得るためには、最短で三年間かかり、合計一二期分の登録料と法学バカロレア、法学リサンスの試験料が必要になった。だが、短期課程では、一年間の法学部での学習と、五年間代訴人のもとで書生として実習した後、代訴人の資格として法学能力証明証（certificat de capacité en droit）が授与されることになっていた。

医学部でも同様に二種類の課程があった。一八〇三年三月一〇日の法律によってドクトゥール（docteur）とオフィシエ・ド・サンテ（officier de santé）の二種類の医師が設けられた。ドクトゥールになるためには、バカロレアを取得した後、医学部で四年間の学習で博士の学位（doctorat）を取得する必要があった。「オフィシエ・ド・サンテ」をあえて直訳すれば「保健衛生師」ぐらいになるのであろうか。いわば二級の医師であり、資格を得た県内でしか営業ができず、大掛かりな手術はドクトゥールの監督と検査（inspection）のもとでしか行うことができなかった（同法二九条）[19]。バカロレアは必要でなく、県の審査委員会で面接を受けるだけであった。面接に合格すれば、三年間医学部で勉強するか、一四期（すなわち三年半）、後には一六期（四年）二級医学校もしくは医学準備校で学ぶか、軍あるいは民間の病院で五年間、もしくはドクトゥールのもとで六年間実習すればよかった。フローベールの小説『ボヴァリー夫人』のヒロインの夫はオフィシエ・ド・サンテであり、ルーアンの医学校、正確には二級医学校で学んだことになっている。さらに助産婦、外科医、歯医者、薬剤師の資格を得る短期課程も、医学部、あるいは医学部の附属施設である薬学校に存在していた。[21]

このように見ていくと、学位と職業資格、あるいは職業的出口の関係は極めて明確であり、専門職養成学部での教育と弁護士や医者などのもとでの、あるいは病院などでの実地研修を結びつけ、全体として国家が専門職の資格をコントロールしようとしたことがよくわかる。同時代のドイツほどではないにしても、フランスでも「資格社会」がこうして出来上がっていったと考えられる。

次に学費の問題を考えてみよう。ムリニエは、カルチエ・ラタンの小部屋に棲みついている貧乏学生というイメージは神話であって、現実とはかなり異なると指摘している。登録料は学部によって異なり、一八五四年の法規では法学部、医学部では一回ごとに三〇フラン、文学部、理学部では一〇フランかかった。法学リサンスを取得するまでの学費は、登録料、学位試験料、免状料も含めて一一〇〇フラン、さらに法学博士を取ろうとすると（バカロレアの料金を除き、リサンスまでの学費を含めて）一六六〇フランとなり、同様に医学博士取得にかかる学費は、登録料、学位試験料、学位論文料を含めて一二六〇フランかかった。ちなみに七月王政期（一八三〇―一八四八）、労働者の年収はよくて七五〇フラン、リセの教授でも一五〇〇フランであった。このように、医学博士取得には高額の学費が必要であったので、一部の「貧しい」学生は一八三三年ころなら二〇〇〇フランで済んだオフィシエ・ド・サンテになる道を選んだのである。なお、一八八七年になって登録料はすべての学部で同額の三〇フランとなっている。[22]

　地方から出てきてパリに住む場合、これに生活費が加わる。ジャン＝クロード・キャロンは一九世紀前半のパリで学生が生活するためには最低月一二〇フラン（年換算にすれば一四四〇フラン）必要であったと推定している。これには当時高額の出費になった実家への帰省旅費は含まれていない。当時、中等教育は有償であり、親が地方に住んでいる場合、息子をしばしばパリの名門リセに入学させようとしたが、その場合は授業料に寄宿費も加わることになる。このように中等教育だけでも相当な費用がかかるのに、それに加えて三年から場合によっては七年、八年もかけて高等教育を受けさせるのは親にとって重い負担になった。したがって、例外を除けば、学部は特権階級、資産家の息子が行くところであり、高等教育は中ぐらいか上位の安楽さの指標であった。(23)

　学生側にたてば、口実を設けてどうやって親から仕送りを得るかが問題になった。一九世紀前半の史料によると、子どもはそれほどでもないのだが、母親にとっては別離は辛いことであった。それでも、次第に田舎からパリに出るのは、息子の成功を考えると通常の、または避けられない選択のように受け止められていく。小説の中では、母や姉妹が、父親に反抗している息子に父親には黙ってひそかに仕送りする話が出てくるが、これは現実にあったことで、姉妹は時々兄弟のために犠牲になったという。そして学生が親からの仕送りを都市での放蕩生活に散財する話も稀ではなく、一九世紀前半では学生のフォークロアと化していたのである。(24)

　なお、第三共和政に入るまで、学部学生に対する社会的扶助は極めて限定され、奨学金制度は存在せず、登録料免除か減免が中心であった。登録料免除は、統領政府期から存在し、一八〇四年七月二一日の政令によって、競争試験によってリセと陸軍幼年学校（Prytanée militaire）の五〇名の生徒に法学の学費を無償としたのが最初である。だが、減免制度が一般の学生に拡大されたのは第二帝政（一八五二―一八七〇）になってからにすぎない。一八五四年八月二二日の政令によって、学部長の意見具申に基づき、成績優秀な学生や家族の状況を考慮すべき学生に諸手数料の減額ができるようになっている。(25)

(3) 学生の不正行為の取り締まり

日本の大学の履修要綱では、試験での不正行為の処分について明記されていても、出席に関する規定は、授業回数の三分の二以上の出席が前提となっていると書かれているだけで、詳しく書かれていない。その運用は授業を担当する教員の運用、裁量に任されているのが実情であろう。これに対して一九世紀のフランスの学部の場合、出席の問題はかなり大きな問題であり、政令などの法規で何度も取り上げられている。

学生の出席確保は一九世紀初頭から問題になっていた。たとえば、一八二〇年七月一九日の通達では、登録が形だけのものとなっていて、「講義室は閑散」としており、「学部にとって恥ずべき」ことだと嘆かれている。出席率を上げるため、先述の成績表の家庭への送付が行われたが、新しく得た自由の享受に夢中の学生を規律に従わせるには十分でなかった。そこで、講義のときに点呼して出席を取る慣行が生まれ、一八〇七年三月一九日の法学校への指示（instruction）以降、教員に課されることになった（三四条）。ただし一九世紀を通じて、教授は出席を取ることを嫌がったため、先述の一八二〇年七月五日の王令で最低月二回の点呼にして、この義務を軽減している。なお、受講生が多すぎて一回の授業ではすべての学生の点呼ができない場合は、一部の学生の点呼でもよいが、どの学生も月に最低二度は点呼され、かつ点呼される日があらかじめ予想できないようにしなければならないと定めている（一一条）。四半期の間に二度理由なく点呼に応えなかった学生は、試験を受けるときに求められる「出席証明証（certificat d'assiduité）」を受け取ることができなかった（一四条）。なお、欠席理由として認められたのは、病気、兵役、家族からの「一言」だけであった。また同じ王令によって、他の学生のために代弁したと認められた学生は登録を剝奪されるとした（一三条）。エミール・ド・ジラルダンの『フランスにおける公教育』（一八三八年）でも、法学部での出席に関わるこの種の不正行為の流行が辛辣に述べられている。他方で、ジラルダンは、一時間半の授業のうち三〇分もかけて点呼していると、法学部教師のやる気のなさと時間の無駄を指摘している[26]。

他にも様々な不正行為があった。試験における不正行為も古典的な犯罪であった。「通し屋（passeurs）」という職業があり、学位論文を代筆したり、替え玉受験をしたりした。替え玉受験でとくに狙われたのはバカロレア試験であったが、定期試験でも行われた。それを避けるために、一八三二年三月一六日の省令では、受験者は試験日当日に「出席票（feuille de présence）」へのサインが義務付けられ、筆跡が照合されることになった[27]。

このように法令を読んでいくと、医学部生は別にして、法学部生が真面目で勤勉であったという印象はとても持てない。出席しなくても通るほど試験が簡単であったということであろうか。七月王政下の法学部の試験について、先ほど引用したジラルダンは次のように揶揄している。

なるほど、資格（titres）はもはや売られることはなくなっているが、与えられている。試験はあまりに簡単である。生徒に出される問題は、「何歳で結婚契約ができるか？　後見人になるためにはどんな資格が必要か？　何種類の抵当があるか？」など、民法典のテクストをそっくりなぞったものである[28]。

もっとも当時の法学部では法律の逐条解釈のような講義が行われていたわけではない。最近の研究によれば、注釈的解釈の複雑なテクニックを教えることより、「修辞学的教養（culture rhétorique）」を陶冶することが優先されため、授業は政治道徳の授業のようなものであったという。その結果、リセの文学、哲学教育と強い親近性を持つことになった。このように法学部ではある種の教養教育がほどこされていたのである。ただし、一九世紀前半に一定のペダゴジーの改善があったものの、講義が無味乾燥であったのは否定できないし、雄弁術が教えられたわけではなかった[29]。また、法学部は一九世紀を通じて社会的にもっとも威信のある学部で、学部学生の中では恵まれた階層出身者がもっとも多かったのも、怠惰な学生を生んだ要因のひとつかもしれない。

第二節　第三共和政初期の大学改革

（1）ドイツへのまなざし

この節では、第三共和政初期の大学改革を総合大学化と一般教養あるいは一般教育の導入の、二つの面で検討してみることにしたい。なお当時の一般教養の概念については、フリッツ・リンガーの指摘を敷衍する形で論じることにする。[30]また、アメリカの研究者ワイス[31]の分析にかなりの部分を依拠している。

フランス第三共和政初期の高等教育改革で主要なモデルとなったのはドイツであった。とくに一八六〇年代になると、学術研究、とりわけ科学の領域でドイツの大学との遅れが顕著に感じられるようになり、六三年に公教育大臣となったヴィクトル・デュリュイによって改革が行われ始めることになる。デュリュイの改革は渡辺和行がすでに詳しく論じているので、[32]概略を説明することにとどめておこう。当時、実験室がないなど、予算が少ないために学部の教育研究はドイツに比べ貧困な状況に陥っていた。このときの最大の改革は高等研究院の創設（一八六八年）である。数学、物理学、自然科学、歴史科学、文献学、経済学の五部門に分かれ、ドイツで盛んになった新興の諸科学が研究され、実験室を備え、ドイツのゼミナール形式の授業が導入された。教員はバカロレア試験など学位授与と職業教育に追われる学部教員とは異なり、研究に専念することができた。だが、高等研究院は、現在は修士と博士課程も持つ高等教育機関となっているが、当時は学部の上ではなく、その外に位置づけられた。すなわち、学生は主に他の教育機関に登録している自由聴講生であった。むしろ第二帝政期で重要なのは、後の改革派がこの時期に育っていったことであろう。ブレアル、ラヴィス、ガブリエル・モノ、アルベール・デュモン、ルイ・リアールなど一八七九年から一九〇二年にかけて高等教育改革を主導した人々の多くは第二帝政下、高等師範学校ユルム校で教育を受けた世代であった[33]。

学部を迂回する形の改革に終わった第二帝政期の改革を受けて、第三共和政初期の大学改革でもドイツがモデルになった。ただし、クリストフ・シャルルが、日本では池端次郎が指摘しているが、この時期の大学改革を進めた人々も全面的にドイツの大学を賛美していたのではなかった。とくにドイツのカリキュラムや教授法など教育については批判的なまなざしが向けられていた[34]。デュルケームは講義の簡素さを評価していたが、ブロンデルとセニョボスは辛辣な見方をしていた。改革派の雑誌『教育国際雑誌（*Revue internationale de l'enseignement*）』一八八五年に掲載された論文の中で、歴史家であり法学博士でもあったブロンデルは「上手に語る技法はドイツ人の生まれながらの才能ではない」と断定し、歴史家のセニョボスは同じ雑誌の一八八一年の論文の中で「詳細な細部」で一杯になってしまって「全体像を示す観念（idées générales）」を引き出すことができない「ドイツ的精神」を批判し、「彼らの思想はあまりに複雑で、言葉はあまりに不明瞭（embarrassées）である」と手厳しい[35]。古典人文学を通して修辞学を鍛えられた二人のフランス人には、ドイツの教授はプレゼンテーション能力を欠いているように見えたのであろう。また、ドイツの高等教育の分権的構造は、一八七二年に、現在の政治学院の前身にあたる「私立政治学院（École libre des sciences politiques）」を創設したブトミーによって称賛されたが、大学教員の間では、大学間の競争が好まれず、批判的な意見が優勢で、市場原理に委ねられているからよくないという意見もあった[36]。

総合大学化と一般教養の導入の点で、フランスには固有の問題があった。第一節で論じたように、フランスでは哲学がリセで教えられており、ドイツの大学のように哲学部を作るとすると、リセ教員の反発を招かざるを得なかった。ただし、フランスでも一八五二年から一八六三年まで哲学級が存在しなかった時期がある。哲学級は一八六三年に復活するが、以後も議論の的となった。大学改革を推進した一人である、歴史家のガブリエル・モノは、一八七四年の論文の中で、高等教育の不振の理由のひとつとして、哲学教育が中等教育で行われていることを挙げていた。「中等教育を補わねばならないものを学部のコース（cours）で教える代わりに、哲学と特別数学級という形で、本質的には高等教育に属すものを導入した。それはよく言われることであるが、学士の学位を獲得すれば教育を修了し、成人服を身にまとったと、リセを出た若者が思えるようにするためである。バカロレアは非常に多くの数の公職に就くために十分な資格とみなされている」[37]。

高等教育の充実を求める側からすれば、モノの議論は当然の主張であった。一九世紀末でも、本来、哲学は大学で教えられるべきであるから、中等教育の教科としておくのは適切ではないという議論が起こっている[38]。古典派の代表であり、高等師範学校教員でもあったブリュヌチエールはリボ委員会（三章参照）で、こうした議論に反論している。「私が外国の大学を見て驚いた点は、まさにわが国では修辞学や哲学をしている年齢の若者が入学していることである。……ハーヴァードや他のところでは、中等教育はわが国でいえば第二学級［日本の高校一年程度］末の段階で終わっている。若者は四年間大学に在学するが、うち最初の二年間はわが国の修辞学級と哲学級のカリキュラムに相当する学習に割かれている。こうした大学では学生数は多いが、一部の国では、それが原因で中等教育が貧弱になっている」[39]。ブリュヌチエールは反改革派の旗頭のような存在であったが、哲学教育を高等教育に移すことには改革派の中にも異論があった[40]。

（2）　総合大学化と一般教養――修辞学と法学部への挑戦

なお、第三共和政初期の大学改革は一九世紀末から二〇世紀初頭にかけての中等教育改革議論と連動したものであった。とくに、一九〇二年には「レイグ改革」と呼ばれる中等教育の大きな改革が行われた。この改革については第三章で詳しく検討することにして、ここでは高等教育改革に限って論じることにしよう。

改革派は四学部の合同からなる総合大学の復活を企図し、文学部、理学部の地位向上と文学部の内部改革を追求した。公開講義が中心で修辞学が支配していた文学部の登録学生を増やし、閉鎖講義中心とした教育にし、修辞学ではなく歴史学など実証科学を中心とした学部にしようとしたのである。[41] たとえば、一八七六年に、ガブリエル・モノは科学的精神を次のように定義している。「それはすべてのことがらにおいて真正なこと（le vrai)、実在していること（le réel）を愛好し、追求することであり、偏見、旧套墨守、言葉（phrase）を憎むことである」[42]。

このように、改革派はリベラルアーツにおける古典人文学のヘゲモニーに異議を唱え、高等教育では歴史学をはじめとした実証科学がそれに取って代わることを求めた。高等教育全体についていえば、修辞学を基礎としていた法学部の威信への挑戦であった。第三節に見るように、ラヴィスやセニョボスは法学教育に対して辛辣な批判を行っていた。そして法学教育批判では、法学部とは異なるエリート官僚養成機関の設立をめざし、私立政治学院を創設したブトミー、イポリット・テーヌ、エルネスト・ルナンの問題意識と通底するものがあった。

当時の文学部と理学部は、正規の登録学生がほとんどおらず、講義は都市の社交界の人々を聴講生とする公開講義が中心であった。だが、すでに述べたように、公開講義は市民の啓蒙が目的であり、現在の日本の大学で開かれている市民講座に比較できる。また、ドイツのような研究所はまだなかったが、パリにはグランド・ゼコールのほか、コレージュ・ド・フランス、古文書学校、国立博物館など多様な研究教育機関が存在していた。教員は複数の機関で兼任しており、また公開講義であったので、学生は正規に登録している機関以外の高等教育機関に聴講に行くことが可能であった。こうしてある種の教養教育の機能も果たしていた。

教育史研究をリードする雑誌『教育史』一三〇号（二〇一一年四月―六月）は「クール・マジストラル（cours magistral)」を特集している。「クール・マジストラル」とは、現在では教師が一方的に講義をする授業形態を指し、双方向の授業が国際的に高く評価される今日、評判は芳しくない。ところが、この特集号をまとめたアニー・ブリュテルによれば、こうした形態の講義の起源は大学や中等教育機関ではなく、近世の大学の外で行われた公開講座の中に求めるべきであるという。コレージュ・ド・フランスなどの公開講座では化学をはじめとした新興ディシプリンの新しい学問的成果が披露されたのである。[43] 新しい学問であるから、当然のことながら、ラテン語教育のように教科書や練習問題は整備されていない。いきおい、講師が一方的に話さざるをえなくなる。しかし、それは聴衆に知的関心があり、講師が「上手に語る技法」を身につけておれば、可能な形態でもある。一九世紀に学部が開いた公開講義で一定の聴衆を集めることができたのは、フランスの修辞学的伝統によるところが大きいであろう。

だが、「クール・マジストラル」が閉鎖講義に適用され、均質な水準の学生を前にして話す場合は、「上手に語る才能」はそれほど必要ではない。改革派のミシェル・ブレアルは、正規の登録学生を前にした閉鎖講義の利点をこう述べている。閉鎖講義ではノートを読み上げ、書き取らせる講義が可能になり、授業で疲れなくなる。学生は三年で入れ替わるから、キャリアの最初のころに、三年分の授業ノートを作っておけば、あとはそれを部分的に訂正したり、補充したりして、同じノートを退職まで使うことができる、と述べている。要するに、現在の日本の大学で良くない授業の典型とされている授業が推奨されているのである。[44]

大学改革では、文学部と理学部の学生確保が重要な課題の一つとなった。実は、公教育省はすでに一九世紀前半から学生確保のため努力していた。一つは文学部と理学部を中等学校の教員養成学校にする試みである。もう一つは職業学部を志望するすべての学生に文学部か理学部の講義の履修の義務を課すことが考えられた。だが、両方とも失敗に終わっている。たとえば、公教育大臣フォルトゥルは一八五四年、アカデミー管区の改革を行った。当時の公教育省の幹部クルノによれば、「一六人のアカデミー管区総監のそれぞれが文学部と理学部に依拠することを望んでいた」。さらに、高等教育の歳入を増やすために、法学部生に対して文学部への登録の義務化をおこなったが、結局法学部生に無視され、この措置は死文となった。[45] 文学部と理学部の学生確保は、第三共和政に入り、リサンス奨学金（一八七七年）、アグレガシオン奨学金（一八八〇年）制度の創設で初めて軌道にのっていくのである。

第二帝政までは学生確保を正当化する論拠は結局のところ授業料の増収だけであった。だが、一八七〇年代に入ると、エミール・ボシールやモノなど改革派によって、高等教育における一般教養の必要性という、より説得力のある理由づけが、展開されるようになる。彼らの論拠のひとつは、他国では、大学でより高度な一般教養が教えられていることであった。(46) たとえば、モノは前掲論文でこう論じていた。「私が間違っていなければ、トルコとフランスを除いて、すべてのヨーロッパ諸国では、大学が存在している……。そこで若者のエリートは、教員、医者、司祭、官吏になるためだけでなく、教養ある人間という名にふさわしくなるために、教育を仕上げ、もっとも高度な一般教養ともっとも深い専門教育を同時に受けている(47)」。

ワイスは、文学部と理学部の教員は学部の合同の結果、法学部と医学部の学生に一般教育を提供する責任が与えられるのではないか、と期待していたと述べている。(48) 一般教養や一般教育の意義がどこまで理解されていたかはともかく、明確に一般教育を意識している教授も存在していた。たとえば、リール理学部教授のゴスレ（J. Gosselet）は以下のように述べている。「今日では、奨学金やあらゆる種類の奨励策のおかげで、頭のよい若者はすべての中等教育を受け、その出自にかかわらず、自由専門職を志望できる。彼らは社会に出たときに、一人前の大人になるための教育（éducation virile）を補完できる十分に高度な一般教育を見出すことが必要」であり、「それが総合大学の役割」なのである。(49)

改革派は、学部の閉鎖性を厳しく批判し、名実ともに総合大学化を目指していた。たとえば、ラヴィスは以下のように論じている。「各学部に共通の目的、共通の理想を与えることは、学部を接近させることであった。我々は学部を、全体の一部、高度な知的教養を提供する責任を負う一種の大きな同業組合の一部とみなすようになった」。ラヴィスは、同じ論文の中で、「各学部は、これこれの職業への準備教育を行う学校」であり、「隣接する学部から独立している」という考えを「我が国高等教育に関するアンシャン・レジームの教義」だと非難している。[50]

モノは前掲論文で、教員と学生が一体となった組織としての学部のあり方の根本的な変更を主張していた。「学部によって構成されるこうした団体が十分な活力をもち、派閥精神の影響力を減らすためには、文、理、法、医の四学部を共通の組織に合同しなければならない。そのとき、本物の総合大学ができるであろう。教育のすべての部門の統合はすべての学生の統合を生み出すだろう。学生は今日よりも人文知を結び付けている親密な連関を感じることだろう。あれこれの学部ではなく、総合大学に属することによって、学生は、それぞれの知性の適性にしたがいコースを選び、それを多様化させ、大学ですでにすごされた時間を無駄にせずに専門を変えることができるだろう。一言で言えば、教師にとってと同様に学生にも自由が生まれるだろう」[51]。

このように大学改革では、大学への一般教育の導入と関連して他学部受講、とくに法学部生による文学部のコース、医学部生による理学部のコース受講の必修化が大きな課題として浮上していた。一八八三年一一月一七日、公教育大臣ジュール・フェリーは総合大学化に関する問題に関して、アカデミー管区総監を通して各学部に意見を求めた。その中の第一の質問は、同じアカデミー管区の学部を総合大学に統合する利点はあるのか、というものである[52]。それに対する学部の回答が公刊されており、筆者はそのごく一部を読んだだけであるが、総合大学化の重要課題の一つとして、学部間のカリキュラムの調整や他学部の講義の受講が検討されていたことがわかる[53]。さらに、一八八六年五月一八日、公教育省通達では、多様な学部間のカリキュラムの調整や他学部受講の問題での意見聴取が、学部と学部総評議会（conseil général des facultés）に対して行われている。それに対する回答文書の一つ、「パリ学部総評議会への報告」では、法学部が法学部生に対して文学部の哲学や歴史のコースを奨励することや、理学部が医学部、薬学部学生に講義を提供し、学生が実用的な有用性から離れて、「抽象科学の素晴らしさに夢中」になり、「人格陶冶をめざす一般教育（éducation générale de l'homme）がより完全になる」と肯定的に評価している[54]。

（3）　セニョボスの文学部改革案

次に、改革派の文学部改革案の一例を取り上げて、彼らが総合大学化と一般教養の導入を具体的にはどのように構想していたのかを見ていくことにしよう。

取り上げるのは、歴史家セニョボスの『文学高等教育制度、その分析と批判』（一九〇四年）[55]である。この提言には文学部教員養成の在り方も論じられているが、ここでは、文学部に登録する学生の問題を中心にして紹介してみよう。当時の状況について簡単に補足説明しておくと、一八九六年の法律によって総合大学が生まれたが、まだ他学部受講や一般教育の導入はできていなかった。障害となった要因の一つは「専門学校」、すなわちグランド・ゼコールの存在であった。

「専門学校」には、内務省管轄の理工科学校のように公教育省の管轄ではない学校がいくつかあったが、高等師範学校（ユルム校）と古文書学校は公教育省管轄であった。二つの専門学校は文学部・理学部よりも威信を持っていた。高等師範学校はフランス革命期にできた師範学校を起源とし、本来は中等教育のエリート教員養成機関であるが、同時に研究者養成機関でもあった。古典人文学の拠点であると同時に、一九世紀後半には新興の諸学、すなわち歴史学、文献学、自然科学の実証科学が花開いていく。アーキヴィスト養成機関である古文書学校と高等師範学校への進学は、他のグランド・ゼコール同様、学部を経由する必要がなかった。

高等師範学校は、改革派（＝近代派）によって主導された大学改革で大きな試練に晒されることになった。一九〇二年のレイグ改革（三章参照）を受けて、〇三年にユルム校は改革派の拠点であったソルボンヌ、すなわちパリ大学に併合され、もはや固有の教員集団を持たなくなり、同校生徒はソルボンヌの講義を受講するようになった。セニョボスの改革案は、このユルム校のソルボンヌへの統合の翌年に出版されたものである。セニョボスによれば、古文書学校、高等研究院は学術研究を独自に行っており、高等師範学校については制度的にはパリ大学文学部に統合されたが、実質的な統合の方向性はまだ定まっておらず、これらの「専門学校」の古い枠組みは存続していた。

まず、セニョボスは大学の存在意義について論じ、「現代フランスの、すなわち自由民主主義の条件に適合しているのかどうか、またどのようにすれば適合可能かを批判的に検討する」ことが大事であると論じる（六頁）。セニョボスは、文学研究の中に今日では歴史科学と心理学全体が含まれるようになっており、文学研究が刷新されていることを強調し、以下のように提言する。法学部に「誤って」入っている歴史科学の部門（経済史、公法の歴史）を文学部に戻して、法と文の境界を合理的に引き直すべきである。二つの理論的学部、すなわち文学部と理学部は、学問分類に従い、理学部は客観科学の、文学部は人間諸科学に分けられる（七頁）。文学部で教えられる諸科学を学ぶことは、とくに心理学的手段、話し言葉あるいはペンを用いて活動するすべてのキャリアの準備教育になる（八頁）。今日の市民を指導し、未来の市民を養成する人々はもっとも親密な感情にも合理的な分析と批判を持ち込んで検討する習慣をつけておくべきであり、民主主義の知的な奉仕者を養成することによって文学がなすことができる奉仕を浮き彫りにしなければならない（九―十頁）。このような観点に立って、民主社会と人間科学（science de l'homme）の必要から、次のように文学研究を行う施設の任務を定義している。一つは、人文科学に必要な事実と史料の目録を作成すること、もう一つは社会に必要な教育者を養成することである（一一頁）。

当時、ドレフュス事件がまだ終結せず、右派からの激しい攻撃に晒されて共和国の存続、さらに寛容の精神までもが脅かされていた。セニョボスは、モノらとともにフランスでは少数派のプロテスタントであり、ユダヤ人のみならず、プロテスタントをも攻撃する一部の過激なカトリックの言動に危機感を募らせ、市民の啓蒙活動に熱心に関わっていた[56]。共和政の下での国民統合に果たす大学の役割の強調は、改革派の主要な論拠のひとつであったが、大学の役割として自由と民主主義の擁護を強調したのは、セニョボスにあっては、単なるレトリックではなく、自身の信念を守るためにも切実な課題であった。

セニョボスはユルム校出身であるが、「専門学校」に対しては厳しい評価を下している。彼のグランド・ゼコールは今でも通用するものなので、箇条書き風になるが、以下にその論点を紹介してみよう。一、入学に競争試験を課し、優秀な生徒を学部から奪って学部の学生の水準を引き下げている。二、選ばれた者とその他の学生大衆との間に敵対を生み出し、科学的精神に有害になっている。三、わずか数ヵ月間の努力の褒章として永遠の特権を競争試験の合格者に与えている。四、試験の偶然に一人の人間のキャリアのすべてを賭けさせている。五、競争試験で優秀な成績を収める能力に法外なボーナスを与えている。六、過労が修復不可能な災厄を生み出す危険のある年代に過度な努力を強いている。七、科学的学習の修業に有害な、性急で皮相な学習習慣をつけさせている（一七頁）。中等教育を終えれば大学で科学的教育を受けるべきであるのに、ドイツと違い、フランスでは、バカロレア取得後も一部の若者はリセに残って、「専門学校」の入学試験に備えるため、修辞学をさらに学ぶことになっている（一八頁）。それを解決するためには、競争試験を学部で一年あるいは二年間勉強した後にずらして、学部が推薦した学生だけに「専門学校」受験資格を限定すればよい（一九頁）。

また法律家、官僚の科学的な準備教育として文学研究を、法学部を職業的応用の学院（institut）としてみなすべきであると提案している。法学部教授は相変わらずまったくの孤立した状態にあり、法学とは異なる方法にしたがって研究されたすべての人間諸科学から隔絶したところにおり、法学部学生も文学部の授業を受けるべきであると論じている。さらに、第三共和政の初めに設立された私立政治学院についても、こう批判している。実際的動機から財政、外交のキャリアへの準備教育が組織されたときでも文学部に頼らずに専門職養成学校をまねて、私立学校として「政治学院」が設立され、職業教育だけでなく、学部とよく似た（歴史の）一般教育が与えられている。合理的な解決は、未来の法学部生を文学部に送り、理論的な学習をさせることである。文学部での予科の一年間は、歴史、哲学（心理学あるいは社会哲学）の学習にあてることができるだろう（二二頁）。

法曹、官僚、中等教員、アーキヴィストなど文系の専門職を志望する学生はまず文学部で一般教育を学び、自由と民主主義の精神を身につけ、その後、それぞれの専門学校に進学して職業教育をうけるべきである。これがセニョボスの改革案の骨子であった。

第三節　大学改革の現実

(1) 総合大学化の挫折

だが、学部の壁を崩すことは容易ではなかった。ワイスによれば先述の一八八〇年代の公教育省による調査に対する学部からの報告の多くが狭い学部利害に支配されていたため、改革派の指導的な人々は失望したという。一八八三年の調査でも、とりわけ法学部は総合大学化に消極的で、一三ある学部のうち五学部は制度的なオートノミーの拡大を要求していた。学部の慣行に変更をもたらす改革はほとんどすべて、いずれかの教員集団で抵抗にあった。たとえば、文学部の教授は、公開講義から学位を求めるフルタイム学生への教育への転換をあまりにも進みすぎていると難色を示し、法学部教授は文学部での導入的カリキュラム設置の試みに抵抗したのである。[57]

その上、四学部が同一都市に存在せず、総合大学化のためには学部移転が必要となっていたアカデミー管区では、移転に伴い学部が消失する都市からの猛烈な反対運動に直面した。それをよく示す一例が北部のドゥエ市とリール市の対立であった。北部ではドゥエに文学部と法学部が、リール市に医学部と理学部があり、ドゥエから北部の中心都市リールへの法学部移転が検討されていた。ラヴィスは、学部移転だけでなく、法学部生の文学部受講にも否定的であったドゥエ市の態度をたしなめて、法学教育の現状を批判している。「教理問答のように法律を覚え、文を注釈するのは巧みだが、その趣旨を理解することも、習俗と法との一致が永遠するものなのかどうか判断することもできない人間は恐るべき類の衒学者ではなかろうか」[58]。

他方、改革の手順も総合大学化には災いとなった。一八九六年に総合大学の名称が四学部の合同体に与えられる前に、一八八五年七月二五日の政令で学部に法人格が与えられ、同じ政令で、同じアカデミー管区にある高等教育機関の共通利害を検討する学部総評議会が規定され、さらに一八九〇年二月二二日の政令で、学部の予算と経理の事務が組織されていた[59]。総合大学化を実質化するには学部を相対化する必要があったが、学部がいったん獲得した権限を簡単には手放すはずがなかった。

（2）専門教育重視への批判

地方の抵抗などと並んで総合大学化への主要な要因のひとつはこのように学部エゴであった。前掲の「パリ学部総評議会への報告」では、総論としては他学部受講の意義を評価しながら、法学部で受講した後、さらに「補足的なコース」（cours auxiliaire）を文学部で受講するためには学部間のカリキュラム調整が必要であるが、それは物理的に不可能であると論じている。法学部は、学部に所属する学生が「補完的な学習」をすることは尊重するが、「歴史学や文献学に夢中」になって本業の法学から逸れるのは困ると考えていたのである。

また、一八八六年の調査では異なる学部に存在する類似のコースを「同等（équivalence）」とみなすことができるかどうかが、質問項目にあった。当時、物理、化学、自然史などが理学部、医学部、薬学部で同時に教えられており、同様に文学部と法学部でも、こうした類似のコースが存在していた。前掲の「報告」では、この質問に対しては「不可能である」と否定的であった。その理由は次のようなものであった。同等であることを認めるとコースの重複を認めることになり、結局コースの整理統合を招いてしまう。たとえ同じ学問であっても、各学部の教育にしたがって用途は異なるものであり、同じような科目が複数の学部にあるのは問題ではない。このように、学部は自らの学部教育を優先し、教養課程の設置や全学的なカリキュラム構築には不熱心であった。結局、一八九三年に医学部一年生に対する理学部講義の必修化が実現しただけで、その他の学部横断的なカリキュラム改革は実現しなかったのである[60]。

しかも、前述のように、学部の自律性は大学改革によって回復され、強められていた。また、改革によって研究の高度化が推進されたため、専門教育重視をもたらすことにもなった。たとえば、ゴスレは前掲論文で以下のように論じている。「私がソルボンヌで自然史の学生であった頃、［今の学生より］もっと自由な時間があったので」、医学部、博物館、鉱山学校などの講義を、さらに可能なときには、「サン＝マルク・ジラルダンの文学講義やオザナムの法学講義にも出ていた」。「こうして一般教育が完成していたのである」。ところが現在は、「カリキュラムの過剰によって学生の専門分化が強制され、社会にとって本当に危険になっている」。続けて、閉鎖講義について「あまりにも学生とともに社会から孤立した、離れた世界の中に閉じこもってはないか」と批判し、公開講義の利点の一つを次のように挙げている。「学生のように言い直しや訂正がゆるされうる選ばれた聴衆が相手ではない。もっと丁寧に講義を準備し、もっと長い時間をかけて考察するので、急いでおこなう準備では生まれない洞察が見出される[61]」。

中等教育改革を審議した一八九九年のリボ委員会でも、ブリュヌチエールによって、この高等教育の専門分化の弊害が問題にされている。フランスでは「二〇年来、様々な次元の高等教育の間に隙間のない障壁を立ててきた」。「一五歳の若者が広い理解力、全体を見通す観念（idées générales）を十分持っておらず、各人が自分が選んだ専門にあまりにひたすら閉じこもっていると、残念がる意見が出ている。ところで、こうした全体を見通す観念への適性、何に対しても抱く知的好奇心が獲得されるのは、まさに、あのギリシア・ラテンのテクストを教育の通常の基礎と目的とすることによって、獲得されるように私には思われる[62]」。

一九一〇年から第一次大戦が始まる一九一四年まで、大学改革で生まれた新ソルボンヌをめぐって激しい論戦が繰り広げられた。このときの論争は、まさに「教養」をめぐる論争であり、新ソルボンヌに対して攻撃を加えた人々は、古典的な意味での一般教養、すなわち古典人文学教育を支持し、新ソルボンヌを指導する立場についていたラヴィスら、かつての改革派は科学的方法の導入によって教養概念を拡大、刷新することを主張した。このときの論争は、しかしながら、レイグ改革の批判と中等教育に傾斜しがちで、大学教育に議論が及んでも文学部での教育に限定されていた。残念なことに専門分化への批判、一般教養重視の議論はレイグ改革以前の中等教育をノスタルジックに回顧することにとどまるか、あるいはモーリス・バレスのような人物による国粋主義の宣伝に利用されることに終わり[63]、学部の枠を越えた教育改革、ましてアメリカのような一般教育の創造へは向かわなかったのである。

（3）高等教育の自由と大学のオートノミー

一八七〇年代初めの改革議論では、教育の自由が声高に主張されていた[64]。そして教育の自由と関連させながら、大学のオートノミーが語られた。ところがカトリック教会の支持を受けた保守派が議会で多数を握ると、大学人や共和派は無条件の高等教育の自由を主張しなくなった。彼らが懸念していたように、保守派が多数を制する議会で、カトリックの念願であった高等教育の自由が一八七五年に法律として実現した。改革派は当初はアメリカのように高等教育でも市場原理が働くことを期待していた。しかし、自由競争はカトリックには有利であるが、改革派が依拠していた国立の教育機関には不利に働く可能性が大であった。というのは、私人による寄付は圧倒的に慈善活動に比重があり、産業界やブルジョワからの資金獲得があまり期待できなかったからである。実際、改革派の予想は正しかったといえよう。共和派が政権を握った後、一八八五年には学部に法人格が与えられ、寄贈、遺贈、地方公共団体や私人からの補助金が受けられるようになったが、公教育省や大学人の期待は裏切られることになった。ラヴィスや高等教育局長ルイ・リアールはアメリカのブルジョワによる大学への巨額な寄付を羨ましがっている。改革派はカトリック勢力との対抗上、国家権力にすがらざるをえず、大学人の多数派は早い段階から、「大学のオートノミー」という表現よりも「内的な自由」を好むようになった[65]。大学の改革派と共和派の思惑が一致して、一八八〇年の法律によって「大学」の名称と学位授与権が私立の高等教育機関から取り上げられることになる[66]。

改革派は大学改革を行う上でも公教育省の権威が必要であると感じていた。たとえば、ラヴィスは、大学には「絶対的な知的自由」が必要としながらも、国家の制度でなければならないとし、大学には国家という「外的な権威」が必要であると論じている[67]。アントワーヌ・プロによれば、大学人は、総合大学の創出を望んでもユニヴェルシテ解体を決して望まず、大学はユニヴェルシテの中にとどまるべきであると考えていた。同僚教員の選挙によって教授が学長となる自律的な大学を望んだ者は稀であった。改革派にとっても、総合大学の長は当然のごとく、中央権力の代表、アカデミー管区総監が想定されていた。だから、改革派が、大学人の自主的な改革努力よりも、国家のイニシアチヴに期待したのは不思議ではなかった。また、大学教授の中には、ポール・ベールなど、政治家となり、専門的能力を活かして、議会での教育改革議論をリードした人物もいた。たしかに、ラヴィスやブレアルはけっして政治の世界には入らなかったが、共和派のグループと緊密な関係を維持していた。他方、ジュール・フェリー、ジュール・シモンなど、一部の指導的な政治家は大学人と親密な関係を持ち、大学が国民統合の上で積極的な役割を果たすことを期待していた[68]。こうした大学人と政府の蜜月関係は、大学のオートノミーにはかえって災いしたのである。

第三共和政初期の大学改革は、いくつかの重要な成果を挙げながら、総合大学化には実質的に失敗した。その要因として、中央集権化に対する地方都市の反発とともに学部の利害を第一に優先する学部の閉鎖性、保守性をあげることができる。大学改革にとくに後ろ向きであったのは法学部であったが、改革派の拠点であるはずの文学部でも、指導的な改革派と一般の教員との間には温度差があった。改革派が、下からの大学人の自主的改革よりも、国家によるイニシアチヴに期待したのは、ある意味では合理的な選択であった。しかも、カトリック教会との対抗上も国立機関としてとどまらざるをえず、産業界やブルジョワからの寄付がアメリカほどには期待できなかっただけに、いっそう国家や地方公共団体からの資金をあてにせざるをえなかった。他方、権力を掌握した共和派は、政治的に蜜月関係にあった学部教員の自主性をある程度尊重せざるをえず、トップダウンの形で改革を大学に迫ることまではしなかった。

これを大学教育の観点から見直すと、改革派は、「一般教養の完成」を高等教育の段階で達成すべきであると論じたが、その主張は大学人の多数派のものにはならなかった、と言えるだろう。古典人文学を中心とした中等教育の成功のゆえに、逆に高等教育での「一般教養」という発想はなかなか浸透しなかったのである。また歴史学を初めとした新興のディシプリンを中心とした改革派による、古典人文学、修辞学への批判は、人文学・人文諸科学の中で亀裂を生じさせる原因にもなり、哲学教育がリセで行われていたこととともに、総合大学化への推進力をそぐことにもなった。現在の時点から見ると、改革派による修辞学批判も一面的なところがあった。ブロンデルの表現を借りれば「上手に語る技法はフランス人の生まれながらの才能」であった。改革派も古典人文学教育の恩恵を受けていたのであり、修辞学的伝統を活かしながら、ドイツに生まれた実証科学の方法を導入することが求められていたのではないだろうか。

他学部のコース受講も一部を除き実現しなかった。「パリ学部総評議会への報告」にあるように、学部教育のメーンのコース以外のコースは、「補足的な教育」という位置付けであった。たしかに医学部生は一年次に理学部のコースを受講するようになるが、「一般教育科目」としてよりも専門基礎科目としての位置付けが強かったのかもしれない。学問研究の進展に伴い、新たなディシプリンが高等教育に登場するが、フランスでは、法学部における経済学のように、あくまで学部教育の枠の中でのことであった。また、ドイツとは違い哲学部が存在せず、イギリスのような学寮がなかったフランスでは、ダブルメジャーや主専攻・副専攻といった発想も育ちにくく、専門的研究の進展は、狭い専門分化に陥る危険性が高かった。それはまた、登録学生の確保とひきかえに、文学部の教育を教養教育から中等教員養成の職業教育へと重点をシフトさせていくことにもつながっていった。

新ソルボンヌをめぐる論争に見られるように、専門分化の弊害に対する批判として、古典的な意味での一般教養が第一次大戦前夜に再評価されるようになったのは理由のあることであった。新ソルボンヌを攻撃するグループは、「フランス的教養擁護（Pour la Culture française）同盟」を結成し、それに対して新ソルボンヌ擁護派は「フランス語と近代的教養（culture moderne）友の会」を結成して防戦する。だが、論争は残念なことに、大学における教養教育の再構築へは向かわず、古典人文学教育、したがって中等教育か、せいぜい文学部改革の是非をめぐる議論になりがちであった(69)。

入学試験があるだけの存在になった高等師範学校であったが、改革の熱も冷めると、理系から次第に固有の教育機能を回復していき、第一次大戦後には独自の教員集団を復活させることになるのである(70)。

〈注〉

（1）クリスチャン・ガラン「国立大学／ＬＵＲ（大学の自由と責任に関わる法律）――どうして大学改革は日本では速やかになされ、フランスでは（まだ）そうではないのか」『日仏教育学会年報』一九号、二〇一三年三月、九一頁。

（2）Antoine Prost, *Histoire de l'enseignement*, p. 237. 一九世紀末まで総合大学がなかったので、本書では、〇〇大学△△学部と表記せずに、「パリ文学部」のように、〇〇・△△学部と表記している。

（3）アレゼール日本編『大学界改造要綱』藤原書店、二〇〇三年、一七九頁。
（4）Cf. Ch. Charle, *La République des universitaires 1870–1940*, Paris, Seuil, 1994.
（5）Beauchamps, *Recueil des lois et règlements sur l'enseignement supérieur*, tome 1er : *1789–1847*, Paris, Delalain Frères, 1880, pp. 81-85, 137-140, 142.
（6）R・D・アンダーソン著、前掲書。
（7）Christophe Charle et Jacques Verger, *Histoire des universités XIIe–XXIe siècle*, Paris, PUF, 2012, p. 89.
（8）前田更子、前掲書、第1章参照。
（9）Philippe Savoie, *op.cit.*, pp. 45-46.
（10）Fr. Mayeur, *De la Révolution*, pp. 462-464 ; Beauchamps, *op.cit.*, t. 1, p. 173.
（11）Mayeur, *De la Révolution*, pp. 464-465 ; Jean-François Condette, « Les recteurs d'académie sous l'Empire », in Jacques-Olivier Boudon (sous la direction), *Napoléon et les lycées*, Paris, Nouveau monde, 2004, p. 332.
（12）Marie-Madeleine Compère, « Les professeurs de facultés dans l'Université impériale », in Boudon (dir.), *op.cit.*, p. 306.
（13）渡辺和行『近代フランスの歴史学と歴史家――クリオとナショナリズム』第一部。宮脇陽三、前掲書、五五、七九頁。
（14）Philippe Savoie, « Construire un système d'instruction publique : De la création des lycées au monde renforcé (1802-1814) », in Boudon (dir.), *op.cit.*, p. 48.
（15）越水雄二「コンドルセの公教育構想が目指したもの――生涯教育による公教育の止揚」同志社大学社会学部教育文化学研究室『教育文化』二一号、二〇一二年三月。
（16）J.-B. Piobetta, *Le baccalauréat*, Paris, J.-B. Baillières et fils, 1937, pp. 35-38. なお、もともとバカロレア準備は国立中等学校が独占していたが、王政復古後に独占が破れ、私立学校、神学校、さらには家庭での教育でもその質を保証する書類があれば、バカロレア受験が可能になった。一八四九年一一月一六日の政令でバカロレア受験資格から中等教育修了証書が不要となり、一六歳以上であれば誰でも受験できるようになった。*Ibid.*, p. 76.
（17）Beauchamps, *op.cit.*, t. 1, p. 440 ; Chapoulie, *op.cit.*, pp. 119-122 ; Piobetta, *op.cit.*, pp. 31, 36-37, 73-76. 試験要綱の詳細は、宮脇、前掲書を参照のこと。
（18）Terry Shinn, *L'École polytechnique 1794–1914*, Paris, Presses de la Fondation nationale des sciences politiques, 1980, p. 50 ; cf. Belhoste, *op.cit.*, pp. 178-181.

（19）Beauchamps, *op.cit*., t. I, p. 98.

（20）Jacques Léonard, « Les études médicales en France entre 1815 et 1848 », *Revue d'histoire moderne et contemporaine*, tome 13, 1966, p. 87. なおジラルダンによれば二級医学校での学修期間は一八学期、すなわち四年半となっている。Emile de Girardin, *De l'instruction publique en France*, Paris, Mairet et Fournier, 1838, p. 102. 二級医学校は、一八三八年当時、全国で一六校存在した。ほかに四つの陸軍教練病院（hôpitaux militaires d'instruction）と五つの海軍病院が二級医学校と同等とみなされた。*Ibid*., p. 100.

（21）Moulinier, *op.cit*., pp. 42-44. オフィシエ・ド・サンテは、弊害が多く、結局一八九二年に廃止された。

（22）*Ibid*., pp. 90-91 ; Léonard, *art.cit*., p. 87.

（23）Moulinier, *op.cit*., p. 87 ; Jean-Claude Caron, *Générations romantiques : Les étudiants de Paris et le Quartier-Latin (1814-1851)*, Paris, A. Colin, 1991, p. 84.

（24）Moulinier, *op.cit*., pp. 91-93.

（25）*Ibid*., pp. 95-96.

（26）Beauchamps, *op.cit*., t. I, pp. 164, 441, 446 ; Moulinier, *op.cit*., pp. 38-39 ; Girardin, *op.cit*., pp. 239-242.

（27）Moulinier, *op.cit*., p. 39 ; Beauchamps, *op.cit*. t. I, pp. 668-669.

（28）Girardin, *op.cit*., p. 241.

（29）Frédéric Audren et Jean-Louis Halpérin, *La culture juridique française : Entre mythes et réalités XIXe-XXe siècles*, Paris, CNRS, 2013, pp. 23, 69-72. R・D・アンダーソンによれば、フランスでは「教養教育は法学教育を意味する傾向」にあった。Anderson, *op.cit*., p. 115（邦訳一二九頁）.

（30）F・K・リンガー著、筒井清忠他訳『知の歴史社会学――フランスとドイツにおける教養 1820～1920』名古屋大学出版会、一九九六年。

（31）George Weisz, *The Emergence of Modern Universities in France, 1863-1914*, Princeton, Princeton University Press, 1983.

（32）渡辺和行『近代フランスの歴史学と歴史家』、第一部第二章「教育改革の序曲」。Louis Liard, *L'enseignement supérieur, 1789-1893*, t. II, Paris, Armand Colin, pp. 271-286.

（33）Fr. Mayeur, *De la Révolution*, 2004, pp. 487-490.

（34）池端次郎『近代フランス大学人の誕生——大学史断章』知泉書館、二〇〇九年、一一八頁。
（35）Charle, *La République des universitaires*, pp. 31-32.
（36）Weisz, *op.cit.*, pp. 72-73. なお、グランド・ゼコールの一つであり、しばしば「シアンスポ（Sciences po）」と略称される政治学院は、第二次世界大戦後、国立の機関に移管された。官僚養成と私立政治学院の関連については、下記を参照。岡本託「一九世紀後半フランスにおける上級行政官の養成——第二帝政期および第三共和政期のコンセイユ・デタ傍聴官制度を中心に」『史林』九八巻三号、二〇一五年三月。
（37）Gabriel Monod, « D'une réforme de l'enseignement supérieur (II) », *La Revue politique et littéraire*, 2e série, n° 5, 1873-1874, pp. 1105, 1107.
（38）Bruno Poucet, *Enseigner la philosophie*, Paris, CNRS, 1999, pp. 15, 170-171.
（39）*Enquête sur l'enseignement secondaire : Rapport général*, Paris, Motteroz, 1899, t. 1, p. 185.
（40）たとえば、シャルル・ビゴ（Charles Bigot）はドイツのように哲学を高等教育に移すことに反対している。Charles Bigot, *Questions d'enseignement secondaire*, Paris, Hachette, 1886, p. 82.
（41）Claire Bompère-Evêque, « Le procès de la rhétorique dans l'enseignement supérieur à la fin du XIXe siècle », *Revue d'histoire littéraire de la France*, vol. 102, mars 2002, http://www.cairn.info/zen.php?ID_ARTICLE=RHLF_023_0389#re7no7, consulté le 24 mai 2015.
（42）Gabriel Monod, *De la possibilité de l'enseignement supérieur*, Paris, Ernest Leroux, 1876, p. 15.
（43）Annie Bruter, « Les cadres de la parole enseignante », *Histoire de l'éducation*, n° 130, avril-juin 2011.
（44）Michel Bréal, *Quelques mots sur l'instruction publique*, Paris, Hachette, 1872, pp. 342-343.
（45）Weisz, *op.cit.*, p. 42 ; Fr. Mayeur, *De la Révolution*, pp. 467-488 ; A. A. Cournot, *Des institutions d'Instruction publique en France*, Paris, Vrin, 1977, pp. 252-253.
（46）Emile Beaussire, *La liberté d'enseignement et l'université sous la Troisième République*, Paris, Hachette, 1884, p. 3.
（47）Monod, « De la possiblité d'une réforme... (II) », p. 1103.
（48）Weisz, *op.cit.*, p. 83.
（49）« La question de Douai-Lille », *Revue internationale de l'enseignement*（以下 *RIE* と略）, n° 13, 1887, p. 153.
（50）Ernest Lavisse, « La question des universités françaises : le transfert des Facultés de Douai à Lille », *RIE*, n° 12, 1886,

pp. 473, 481.

(51) Monod, « De la possibilité d'une réforme... (II) », p. 1111.

(52) Du Mesnil, « L'Enquête relative à l'enseignement supérieur », *RIE*, n° 11, 1886, p. 1.

(53) *Enquêtes et documents relatifs à l'enseignement supérieur,* vol. 16, 1884, pp. 209-210, 252.

(54) « Conseil général des Facultés de Paris : Rapport présenté par M. Labbé », *RIE*, n° 13, 1887, p. 362, 364-365.

(55) Charles Seignobos, *Le Régime de l'enseignement supérieur des lettres, analyse et critique*, Paris, Imprimerie nationale, 1904.

(56) Christophe Charle, *Paris fin de siècle : Culture et politique*, Paris, Seuil, 1998, chapitre 4 : L'histoire entre science et politique : Seignobos.

(57) Weisz, *op.cit.*, pp. 139, 141.

(58) Lavisse, « La question », p. 482.

(59) Louis Liard, « L'organisation des universités françaises », *RIE*, n° 34, 1897, pp. 46-47.

(60) « Conseil général des Facultés de Paris », pp. 366-367 ; Weisz, *op.cit.*, p. 178.

(61) Gosselet, *op.cit.*, pp. 152-154.

(62) *Enquête sur l'enseignement secondaire*, t. 1, p. 181.

(63) Claire-Françoise Bompaire-Evesque, *Un débat sur l'Université au temps de la Troisième République : La lutte contre la nouvelle Sorbonne*, Paris, 1988, pp. 153, 188, 220-221. 白鳥義彦「デュルケームとヌーヴェル・ソルボンヌ――アガトンによる批判とともに――」『ソシオロジ』四〇巻三号、一九九六年参照。

(64) Cf. Michel Bréal, *op.cit.*, p. 331.

(65) Prost, *op.cit.*, p. 237.

(66) Lavisse, « Le banquet universitaire franco-américain », *RIE*, n° 33, 1897, p. 76. ; Louis Liard, « Les bienfaiteurs de l'Université de Paris », *Revue de Paris*, vol. 20, n° 6, 15 mars 1913, pp. 327-328 ; id., *L'enseignement supérieur en France*, t. 2 : *1789-1893*, 1894, pp. 314, 320-321.

(67) « Le banquet universitaire », p. 76.

(68) Prost, *op.cit.*, p. 238 ; Weisz, *op.cit.*, pp. 85-86, 97.

(69) Bompaire-Evesque, *op.cit.*, pp. 185-186.

(70) Pierre Albertini, « La réforme de 1903 : un assasinnat manqué », Jean-Fançois Sirinelli (dir.), *Ecole normale supérieure : Le livre du bicentenaire*, Paris, PUF, 1994, pp. 69-70.

第二章　古典人文学の伝統

はじめに――ラテン語の帝国

私は［中等教育の］数年間に何よりもまして古代と親しむことを強く望んでいます。というのは、もし古代を知らなければ、知性の面では成り上がりにすぎないからです。ギリシア・ローマは人間精神の良い同伴者であり、あらゆるアリストクラシーが失墜した中で、ギリシア・ローマが今後も健在であるように努めなければなりません（フランソワ・ギゾー、一八三二年八月二〇日付けのブロイ公宛ての書簡[1]）。

ラテン語は近代に入っても決して死語ではなかった。一九九八年刊の著書の中で、フランソワーズ・ヴァケは西欧近代におけるラテン語と修辞学の再評価を行った[2]。それまで数十年間、言語の社会史的研究がピーター・バークらによって進められてきたが、主に俗語の台頭と国語の成立という角度での研究が多く、古典語の生命力については近年に至るまで十分に研究されてはいなかった。また、ラテン語の存続を認める研究者も、その役割を積極的に評価する論者はあまりいなかった。たとえば、『想像の共同体』の中で、ベネディクト・アンダーソンはラテン語は近代国家の形成にけっして役に立たなかったと述べている。ヴァケはこうした研究状況を批判し、一六世紀以降の近代ヨーロッパ社会でラテン語が重要な役割を担ってきたことを明らかにした。同様に、アメリカの研究者、マーチン・ギニーは、フランスのケースは、ラテン語が近代国家形成に貢献した例になるとし、ベネディクト・アンダーソンに反論している。(3) 一九世紀ではまだ、法曹、医師の専門職養成にはラテン語が必須であったことは良く知られているが、ヴァケによれば、二〇世紀に入ってもしばらくのあいだは、国際学会では共通言語としてラテン語が使用されていたのである。

簡単に近世以降の古典人文学教育の歴史を振り返ってみよう。アンシャン・レジーム期のフランスでは、イエズス会など修道会系経営の学院（コレージュ）が隆盛を誇り、古典人文学中心の教育を行っていた。古典人文学は自然科学など新興の学問を重視する啓蒙思想家によって手厳しい批判を受けるが、圧倒的なラテン語の優位が少しずつ崩れ始めるのは一八世紀後半、とくに一七六四年にイエズス会が追放されて以降のことといわれる。(4) フランス革命期には古典人文学に依拠しないエリート教育の創造が試みられることになる。だが、一八〇二年に創設されたリセで主に教えられたのは古典人文学、要するにラテン語とギリシア語であった。その後も、イエズス会が作り上げた古典人文学教育が規範的といってもよいほどの威信を保ち、実に一九六八年の五月革命後の改革まで、優越的な地位を保った。フランス語教育史の第一人者、アンドレ・シェルヴェルによれば、革命前よりも一九世紀のフランスではラテン語教育が強化されたという。フランス語の辞典に載っているラテン語の慣用句の多くは一九世紀になって使われたものであり、それはブルジョワの息子たちが学校でラテン語を学んだ結果であった。(5) 長い時間軸で見れば、たしかに古典人文学の威信は衰えていく。だが、歴史学として問題にすべきなのは、フランス革命後に、逆戻りともいえる古典人文学の復権がどうして生じ、しかも、その威信が長期にわたってなぜ持続したのか、その要因を探ることであろう。

そこで、この章では、一九世紀フランスにおける古典人文学教育の復権と威信の持続を、その社会的威信、すなわち名望家層の中での威信と、カリキュラム、教授方法など教育方法の質の高さ、そしてユニヴェルシテによるブルジョワ、中産階級の顧客獲得戦略から説明を試みたい。本章では第三共和政初期の改革を視野に入れながら、一九世紀中ごろまで、すなわち第二帝政の初めまでの中等教育の改革の歴史をふり返り、第三章で一八六〇年代から第三共和政初期の中等教育改革を取り上げることにする。

第一節　ラテン語による知的訓練

（1）ディシプリン

フランスで古典語が優越的な地位を得てきたのは、それなりの理由があり、根拠があった。教育史の中では百科全書派に典型的に認められる実質陶冶ではなく、「学び方を学ぶ」形式陶冶を重んじたと、位置づけられている。イエズス会のコレージュ（学院）で用いられたのは紀元前一世紀のラテン語のテクストであった。それは、そのころのラテン語が一番完成されており、純粋であったからである。文法がシンプルであることは、古典古代の社会構造のシンプルさとあいまって、学習において不必要に記憶に頼らずにすみ、それだけ思考訓練に集中できる利点があった。また紀元前一世紀のテクストは、エリートとして備えるべき美徳を教える教材としても適していた。もちろん異教古代のテクストの中の、キリスト教的価値観と矛盾する部分は巧妙に削除ないし改竄された。このような古典人文学の長所は、第三共和政初期の論争でも繰り返し主張された。たとえば、古典派は、直接的な実用性、功利性がない点に長所を求めたり、あるいは近代語と違い、「歴史の偶然」の制約から免れているからこそ良識や理性を養うのに適していると論じている。[6] これに対して、一九世紀末までの中等教育では、歴史など博識に関わり、記憶を重んずる教科は重視されなかった。

本節ではディシプリンという観点から、フランス中等教育における古典人文学の威信の源を検討することにしたい。ディシプリンとは、近年の教養教育再興の動きの中で、日本の高等教育でもよく使われるようになった概念であるが、単なる学問分野のことではない。安原義仁によれば「学生の知的訓練となりうる体系性をもった学問」であり[7]、舘昭によれば「それぞれがかけがえのない固有の方法を有している」ものであるという[8]。

手元にある『ロワイヤル仏和中辞典』（初版一九九五年、第二版二〇〇五年）で discipline を引いてみると、最初に「教科」という意味が、次に「規律」という意味が出てくる。ただし、フランスの場合、学問内容とか教育内容という意味でのディシプリンは、一九世紀の半ばから末にかけて出現したものであり、伝統的な概念とはいっても、比較的新しい概念である。アンドレ・シェルヴェルによれば、実際には一九世紀まで discipline といえば、普通は「規律」を指し、discipline scolaire は学校の中での規律や治安の維持の意味で使われていたという。教科とか教育内容を指す意味は他の表現が使われ、教科、教育内容の意味での discipline の用例は一九世紀後半になって現れ始め、一九世紀末以降に増えていく。そして教科、教育内容の意味での使用例では、最初から単なる知識の一定の塊ではなく、「知的訓練に適した内容」という意味で使われていた。なお、こうしたディシプリンの意味の変化は、外国の影響を直接受けずにフランスの歴史的文脈の中で生じたものであった[9]。

「知的訓練に適した内容」という意味の使用例が遅いのは、古典人文学以外は「知的訓練に適した内容」とはみなされていなかったからである。一九世紀末から二〇世紀初頭の中等教育における教養論争では、古典派と近代派とに分かれて激しく論争が行われるが、その際の中心的論点は、知的訓練にどのディシプリンが有効か、古典人文学の教育的価値をどこまで認めるかにあった。言い換えると、ラテン語とフランス語のヘゲモニー争いであり、フランス語に続く形で歴史・地理・自然科学などがディシプリンとしての権利を主張することになる。それはちょうど、一般教養（culture générale）という用語が登場する時期とも重なっていた。

本節と第三章の第一節では、シェルヴェルの論文で挙げられている文献を中心に、ゴーム師、ミシェル・ブレアル、ラウル・フラリなど、シェルヴェルが取り上げていない著者のテクストを付け加え、原典にさかのぼって参照しながら、この章では、知的訓練の道具として古典人文学がどのようにして擁護されたのかを検討することにしたい[10]。

（2）ラテン語は知性を鍛える道具

ラテン語教育に対する厳しい批判はすでに世紀前半に現れていた。シェルヴェルによれば、フランス革命以前、ラテン語学習を正当化する主要な論拠はモデルの優秀性にあった。ラテン語を学ばねばならなかったのは、ラテン文学を模倣する必要があったからである。キケロ、ティトウス＝リウィウス、カエサル、ウェルギリウスなどは永遠のモデルであり、フランス古典主義の偉大さを保証していたのは、こうしたローマのテクストであった。それが文化の型、さらには人間の型を形成していくと考えられたのである。アンシャン・レジームでは「オネットム」と呼ばれる宮廷社会で生きる理想の人間類型があった。当然のことではあるが、宮廷社会にふさわしい人間類型はフランス革命後の社会のモデルにはなりえない。だが、それに代わる、統治階級の理想的な人間像はまだできていなかった[11]。そもそも革命後の市民の平等を建前として重んずる社会の中では、一般市民とは異なる統治階級の人間像を創出すること自体がきわめて困難な作業であったと考えられる。

そうすると、文化モデルとは異なる論拠が必要となってくる。モデルではないにしても道徳的、文化的価値を強調する議論はなお根強く存在したが、それだけでは不十分と思われたのであろう。そこで、ラテン語学習は知的訓練になるという議論が生まれたのである。こうして古典人文学は知性を鍛える道具に次第に移行していく。

道徳的、文化的価値とは切り離した形で知性を鍛える道具としての古典人文学の重要性を最初に唱えた一人は、シェルヴェルによれば、ルイ＝マリ・キシュラである。このラテン文学者は、高等師範学校を卒業し、アグレガシオン（三節参照）試験に合格し、後にサント＝ジュヌヴィエーヴ（Sainte-Geneviève）図書館長になっている。キシュラは『上級学級用のラテン語詩作法概論』（*Traité de vérification latine à l' usage des classes supérieures*, Paris, Hachette, 1826）の中でこう述べている。

教育の目的は知性の発達であり、言語学習はこの目的を達成するのに大変適している。古代語は美しいという長所があり、また知の宝庫であるという理由で、好んで選ばれてきた。この学習を始める子どもには学ぶべき言葉と規則がある。記憶力はとくに鍛えられ、少しずつ判断力が形成される……（p. v）。

序文によると、この概論は「音長の規則と六歩格の詩句の構造を知っている生徒」用に書かれたものであり、「生徒の学習を容易にするために、ラテン語の詩が生み出す効果を探究し、生徒に鑑賞させ、詩の表現力の初歩を教えることを目的」としていた（p. ii）。羅文仏訳やラテン語作文でさえ抵抗がある中、ラテン語詩作は多くの攻撃の的になり、「苦労して学ぶ価値があるのか」と「誹謗」されていると述べている。それはキシュラによれば、商工業と「精密科学」が発展し、人々の精神も「物質的に有益な成果、厳密な解決策、実証的（*positif*）と呼ばれるものに慣れ」（傍点、原文ではイタリック、以下同じ）、その結果「想像力を働かせる芸術の良さをあまり感じ取れなくなった」ためであった（pp. ii-iii）。

ラテン語詩作への攻撃に対してキシュラはこう反論している。「考えることが目的であり、ラテン語詩作はその手段にすぎない」（p. vi）。

散文だと許される自由に甘えて、若者は表現にあまり気にしなくなる。辛抱して、苦痛を伴うことが多い作業である、洗練された表現を求める努力をしたがらず、書くことを学ばずに、次から次へと走り書きする。詩の韻律はこうした有害な性急さを食い止めてくれる。詩のリズムが求めるものを満たすまで言葉や言い回しを沢山検討せざるをえなくさせる……（pp. vi–vii）。

ラテン語教育がもっている価値観、文化の側面はここでは捨象され、知的訓練に役立つ道具を育てるのに役立つと述べられているのである。

（3）『近代社会を蝕む虫、あるいは教育における異教』（一八五一年）

このように、一九世紀前半に古典人文学教育不要論がすでにあったが、それでも、七月王政期は中等教育における古典人文学教育の全盛期であった。ところが、一九世紀半ばに古典人文学の擁護者であったカトリック教会の中から古典人文学教育に対して激しい批判が起こり、物議をかもすことになった。論争を呼び起こしたのは一八五一年に出版されたゴーム師の著書『近代社会を蝕む虫、あるいは教育における異教』（*Ver rongeur des sociétés modernes ou le paganisme dans l'éducation* Paris, Gaume frères、以下『蝕む虫』と略）であった。この著書の中で、ゴーム師は古代の教父のテクストよりも異教古代のテクストが小神学校を含めた中等教育で重視されていることを問題にし、異教古代のテクストの排除を求めたのである。

ダニエル・ムリネの研究によれば、ゴーム師は若い頃ラムネーの影響を受けたウルトラモンタン（教皇権至上主義者）[12]の司祭で、復古王政末から七月王政の初めまで数年間ヌヴェール（Nevers）小神学校校長を務めたことがあった。政治的には正統王朝派として知られ、七月王政期は宗務行政当局にとっては好ましからざる人物であったにもかかわらず、一八四三年にはヌヴェール司教座総代理に指名されていた[13]。

一八四八年の革命によって第二共和政が成立するが、議会では秩序党と呼ばれる保守派が多数を占め、一八五〇年には反動的な教育法として知られるファルー法（後述）も成立していた。一八五一年、『蝕む虫』の出版より前に、ゴーム師は子ども向けのキリスト教文学の叢書『学校教育用キリスト教的古典蔵書（*Bibliothèque des classiques chrétiens latins et grecs pour toutes les classes*）』の出版を開始しており、その中で、理想の時代としてカタコンベに象徴されるキリスト教古代を掲げていた。『蝕む虫』の中では、ゴーム師はルネサンスを、ギリシア・ローマの古典を教育のモデルとして称揚し、教父の教えと中世社会の成果から断絶することになったと非難し、逆にキリスト教古典を文学教育の基礎とする教育に戻るように求めたのである。[14] たとえば、ゴーム師は「教育における異教をキリスト教に代えなければならない。不幸なことに、明らかに冒瀆的な行為であるが、四世紀前にヨーロッパ全体でカトリック教育の鎖は、断たれてしまった。それを再び繫がなければならない」と述べている。[15]

ゴーム師は古典人文学を敵視した。中世の教育では異教徒はアリストテレスしか用いられなかったのに、[16] ルネサンス以降、「古典の異教（paganisme classique）」（この著書の中では古典人文学〔humanités classiques〕という表現は使われていない）の影響が強まり、それがモンテスキュー、ルソーを生み、さらにはフランス革命をもたらしたのだと、論じている。[17] さらには「読者が眉をひそめるのは覚悟の上で」と断った上で、アリストテレスの論理学を持ちあげて、古代語を次のように批判した。論理学のおかげで「人間の知性は曖昧さの中に道に迷ってしまうのを防ぐあの演繹の強い力」を得ることができる。この演繹の力は「古代語が一度も持ったことがない、最も貴重な長所、すなわち的確さ（précision）を近代語に伝えている」。[18]

『蝕む虫』はカトリックの中で激しい論争を巻き起こした。ゴーム師批判の急先鋒は自由派カトリックのオルレアン司教デュパンルーであった。これに対して、ウルトラモンタンで非妥協派のカトリックでは、アソンプション会（Assomptionistes）の創設者、ダルゾン神父や、カトリックの新聞『ユニヴェール（*Univers*）』紙を率いる俗人のルイ・ヴィヨなどがゴーム師を支持したが、ウルトラモンタンで非妥協派のカトリックの多くも古典人文学擁護の側に回った。このため、この論争ではウルトラモンタンないし非妥協派カトリック対自由派ないし穏健派カトリックという対立軸は形成されなかった。修道会経営学校が伝統的に行ってきた古典人文学教育を擁護する声が、教育修道会のみならず非妥協派も含めて高位聖職者の中に多かったからである。『蝕む虫』ではイエズス会も、「異教の鋳型を採用した」として名指しされて批判されている[19]。これに対してイエズス会は公然たる反論こそしていないが、ゴーム師に対しては批判的であった[20]。

ゴーム師に反対する側の論拠は、神学校や修道会経営のコレージュでの教育が異教古代のテクスト抜きに成り立たないこと、そもそもキリスト教教育や、青少年の教育から見て不都合な部分はテクストから削除したり、改訂されたりしていること、さらにバカロレアの試験では異教古代のテクストが出題されることであった[21]。論争の細部には立ち入らないが、ここではイエズス会を含めて教会の多数派が反ゴームでまとまり、そのおかげで古典人文学教育が守られたことを指摘しておきたい。教育史家のコンペールは「一九世紀を通じて保守派は人文主義的教育に革命の萌芽が隠されているのではないかと心配していた」と述べている[22]。見方を変えれば、イエズス会を含めてカトリック教会の中にあった古典人文学教育を擁護する勢力が、一層の教育反動化を食い止めるのに少なからぬ貢献をしたのである。

だが、ラテン語への脅威は別の形で現れた。一八五二年四月一〇日の政令で公教育大臣フォルトゥルが「分岐制（bifurcation）」と呼ばれる制度をリセの教育に導入したのである。前半三年は共通カリキュラムで、フランス語、ギリシア語、ラテン語文法、地理、フランス史などが教えられたが、後半四年を文系と理系に分け、理系では、ラテン語の代わりにフランス語が教えられることになった。こうして一九世紀後半は古典人文学教育の支配的地位が次第に脅かされていくことになる。

（4）知的訓練

一九世紀の半ばには、「知的訓練（gymnastique intellectuelle）」という表現が現れる。この表現が使われた最初の例のひとつが、ヴェルニオル師の『上級学級の主要な練習とみなされている羅文仏訳試論』（*Essai sur la traduction considérée comme le principal exercice des classes supérieures*, Paris, Etienne Giraud, 1856）である[23]。ヴェルニオル師は、シェルヴェルによれば、「小神学校の最良の教育者（pédagogues）の一人」であり、古典人文学の教科書執筆者として知られ、後に小神学校校長になっている。彼はアソンプション会神父で、ユニヴェルシテおよび公立学校とは対立する立場にあり、カトリック教会の非妥協派に属し、『試論』の中でゴーム師が編纂した『キリスト教的古典叢書』を推薦している。だが『試論』の中では実際には古典語教育では異教的古典を使わないわけにはいかないことを認めている（p. 44）。

ヴェルニオル師は、ラテン語教育への批判に応えて、ラテン語が身につくかどうかは二の次であり、知的訓練に役立っていることが大事であると力説し、「翻訳は子どもの知的・精神的能力を発達させる手段である」（p. 22）と題する節で数ページにわたって羅文仏訳練習の有益性を説明している。「古典学習の目的は、正確には、たくさん覚えることではなく、よく勉強した生徒を自分で学ぶことができるようにすることである。教師は知識（science）を与えるのではなく、知識を獲得するのに必要な道具を磨き、鍛えるように気をつけなければならない」（p. 23）。

ヴェルニオル師は、かつて若者は古代語の学習と翻訳に七年も八年もかけていたと述べ、ジョゼフ・ド・メーストルを引用して、自説を補強している。反革命の思想家として知られるメーストルは、ピエモンテ＝サルデーニャ王国の貴族で、トリノ大学に学び、法曹家として活動していた。ところが、一七九二年にフランス軍が当時サルデーニャ領であったサヴォワ地方に侵入したため亡命生活を余儀なくされ、一七九三年に『フランス革命に関する省察』という本を出し、一躍反革命の理論家として国際的に認知されることになった。一七九九年からナポレオン時代まで、ロシアで亡命生活を送っていたが、その頃、ロシアの貴族に宛てた書簡の中で（一八一〇年六月）、昔の人々の教育方法を守るべきだと論じて、次のように述べている。「誰もが上手に考え、上手に話し、上手に書くこと（bien penser, bien parler, bien écrire）ができなければならなかったので、この三点に一般教育（éducation générale）を限定していた」。その後、各自は自分が必要と思う学問に専門分化していったのだと。専門学部に上がるまでの教育が一般教育とされ、それが簡潔な表現で定式化されている点が興味深い(24)。

さらにヴェルニオル師は gymnastique intellectuelle という表現を用いて、精神にも身体と同様に、力と活力を与えるのにふさわしい訓練があると述べている。フランスでは身体教育はイギリス、ドイツと比べ遅れをとっていたので、それを考えると少し違和感があるかもしれないが、「体操」という近代的なペダゴジーの用語を使って正当化しているところも意味深長である。ヴェルニオル師はとくに羅文仏訳の長所を強調している。彼によれば「上手に翻訳するためには、同じ意味のように見えるが実際にはそうでない沢山の言葉をひとわたり見なければならない」。ニュアンスの違いをつかみ、それぞれに一番良く合う用法を探さなければならない。こうして判断力（jugement）が養われるのだとさえ述べている（p. 12）。

他方、ヴェルニオル師は、物理学や自然科学の教育的価値には否定的で、「大半の生徒にとって気晴らしになるか、単なる好奇心を満たすにすぎない」と述べ、「山のような事実と知識は知性を無気力にし、省察を引き起こさず、「思想を鍛える（discipliner les idées）」のに適した、あの内面の作業に子どもが慣れ親しむようにならない」と断じている（pp. 518–519）。カトリックの神父が最初に用いた gymnastique intellectuelle という表現は、やがて党派を越えて使われていくことになる。

第二節　中等教育の構築

(1)　エコール・サントラルの失敗とリセの創設

このように一九世紀のとくに前半では古典人文学の教育的価値が広く認められていた。ところで、冒頭に述べたように、革命期にラテン語のないエリート教育が試みられたが失敗に終わった。一九世紀における古典人文学の威信は、この教育改革の失敗の反動という面があるので、革命期から遡ってエリート教育の制度史を検討してみよう。それはまたブルジョワなど名望家層に存在した古典人文学教育への需要を確認することにもなるだろう。

フランス革命期は教育改革の実験場となった。一七九三年九月一五日の法令によって、いったんコレージュは廃止されたが、翌一六日、国民公会はこの法令の執行を停止し、その後もコレージュは教育活動を継続していた(25)。一七九五年になって、新しい公立教育機関としてコンドルセの一七九二年のプラン(26)に基づいてエコール・サントラル（école centrale）が創設された。エコール・サントラルの経験は、第三共和政初期の中等教育改革に大きな影をおとすことになるので、一九世紀中等教育研究の第一人者、フィリップ・サヴォワにしたがって簡単に説明しておこう。

コンドルセのプランでは教育は五段階に分かれていた。このピラミッド構造の中では、「中等学校（écoles secondaires）」はかつてのコレージュにも後のリセにも照応しておらず、四年間の「初等学校（écoles primaires）」に続き、「実践的な目的の教育（éducation à vocation pratique）」を行うこととされていた。その後に続く「学院（instituts）」は「一般教育（enseignement général）」をほどこし、各県に一校開設され、その教育は、「古い教育の中で支配していた教科」を犠牲にして、自然科学を優遇し、百科全書的なものとして構想されていた。学院はコレージュの代替物として、学院の上に位置する「リセ」は外国の大学に対応するものとして考えられていた。エコール・サントラルは学院をモデルにしており、初等学校と理工科学校、医学校、法学校のような専門学校との間に位置する教育の段階をカバーすることになっていた。だが、コンドルセのプランにあった中等学校がなく、それが新設の学校の失敗の一因として一般にみなされている。また、履修の順序が定まっていないコースが並置されたため、教育課程の編成では今日の大学に似たものになっていた(27)。

このように、入学者の学力水準が不均質で、カリキュラムが未整備なまま、百科全書的知育が重視され、自然科学や実用的教科が教えられ、文学が犠牲にされ、ラテン語は支配的な教科からいきなり、数ある教科のうちのひとつに格下げされてしまった。しかも、寄宿舎が併設されていなかったため、農村部のブルジョワが息子を都市に送り出すのに障害になった。国民公会が顧客としてあてにしていたブルジョワ層は子どもの進学先として、ラテン語を教えるコレージュや、パンシオン（pension）、アンスティテュシオン（institution）と呼ばれた私立寄宿学校を好んだのである。このため、生徒総数は一万人から一万五千人ほどと、以前のコレージュ生徒総数の四分の一に落ち込んでしまい、エコール・サントラルは失敗したと総括され、一八〇二年に廃止された(28)。設立意図や、それを支えた教育思想の再評価はあっても、実験そのものは失敗したという評価はその後の政府の公教育関係者にも引き継がれた。

なお、小林亜子は、学生の社会的出自に関する統計的研究をもとに興味深い指摘を行っている。小林は、「職人層出身学生の多さ、また日雇い労働者層出身の学生が一定の割合を占めていたという事実」から、エコール・サントラルが「もっぱらブルジョワジーを対象にして用意された」制度であった通説は見直す必要があると問題提起をしている。たしかに、学生の社会的出自の特徴や、デッサンという教科への登録が多かったという点(29)から見ると、ラテン語のない中等教育である専門中等教育や、高等初等教育、すなわち、シャプリが初等教育と中等教育との間に位置するという意味で「中間的教育（enseignement intermédiaire）」と呼んでいる教育（三章参照）にむしろ近く、その先駆的形態とみなすべきかもしれない。生徒数も少ないとはいえ、後述するように帝政末のリセ生徒数とそれほど違いはない。これは、設立意図を超えて、ブルジョワ層よりも下の職人層出身生徒を一定程度吸収できた結果であろう。

とはいえ小林の説にしたがっても、エコール・サントラルがブルジョワを十分ひきつけられなかったとする通説が否定されるわけではない。芳しくない結果を前に、統領政府は方向転換を強いられることになった。教育史の通説的解釈ではエコール・サントラルに代わって創設されたリセはエコール・サントラルのアンチテーゼとして描かれてきた。だが、サヴォワは、第三共和政期の革命史家アルフォンス・オーラールの説を甦らせ、通説を批判している。オーラールも、研究を始めた段階では同時代の多くの人々と同様に、エコール・サントラルからリセへの代替をカトリック反動の勝利であるとみなしていた。ところが、研究の結果、リセ創設時の人々は「この代替をほかならぬエコール・サントラルのシステムの改善、単純化、時代の必要、習俗、先入見への適合」であると考えていたことがわかった[30]。このオーラール説を継承したサヴォワはこう論じている。リセを創設した人々は、エコール・サントラルのモデルと教育に反対していたのではなく、むしろ、教育、行政、政治、軍、文官のエリート養成に対する国家統制の確保に適合的な道具を手にするという目的にかなうように優先順位を変更した。すなわち、エコール・サントラルが吸収できなかった顧客をリセに引き寄せ、ラテン語教育を施している多様な私立学校を中央集権的な枠組みの中に統合するために、革命前の学校組織と教育方法に復帰する以外に選択の余地はないと判断され、その結果、共和国市民の教育への平等なアクセスという理想の実現は後回しにされることになったのである[31]。

こうして、一八〇二年に国立学校のリセと市立コレージュの二つのタイプの公立学校が創設された。市立コレージュは都市が設立し、維持に責任を持ったが、校長と教員は国家当局がリクルート、指名、監督、懲戒の権限を持ち、リセが教育組織のモデルになった[32]。リセは、コンドルセの一七九二年では第五段階に位置付けられていた教育機関であるが、一八〇二年に創設されたリセは専門職養成学校の下に位置付けられ、自由専門職、行政、軍、学術研究のエリートの一般的陶冶が、古典人文学教育を通して行われることになった[33]。

（2）公立と私立の関係——教育の「独占」をめぐって

ところが、リセの船出は順調とはいえず、必要な建物、教員、そしてとくに十分な生徒数の確保に苦しんだ。奨学生はわずかの数であり、高額の学費に加えて、年齢と学力の二つの面で入学条件を満たす生徒を探すことさえ、地方の県では困難であった。そこで当時公教育の組織化の中心にいた公教育総監（directeur général de l'Instruction publique）フルクロワはリセ創設に責任を負う政府委員に対して、基礎学級（classes élémentaires）を設けて必要な年齢に達しない生徒を受け入れ、知識が足らない受験生でも救済措置をとって入学させるように奨励している。それでも、一八〇六年初めにフルクロワが作成させた表によれば、四五校の開校が政令で定められていたのに、わずか二六校のリセしか実際には開設されていなかった。サヴォワは「失敗したリセ」と評している。そこで、かつての大学の同業組合的モデルから着想を得て、新たな制度を構築しようとしたのである[34]。

こうした対策にもかかわらず、リセ生徒の増加には直接つながらなかった。革命起源の新制度に対する不信感を払拭することができなかったからである。新しく生まれたユニヴェルシテの幹部は、かつての大学が持っていた教育独占を復活させて、リセのクラスを私立学校生徒で満たそうと考えた。フランス革命以前、アンスティテュシオンやパンシオンは大学附属コレージュにその生徒を通学させる義務を負うていた。この先例に倣い、一八一一年一一月一五日の政令によって、リセや市立コレージュのない都市ではアンスティテュシオンは人文級までしか、パンシオンは文法級と算術・幾何の初歩までしか教えることができず、小神学校は一県一校に限定され、リセあるいは市立コレージュのある都市では、アンスティテュシオン、パンシオン、小神学校（あるいは教会中等学校[35]）生徒にリセ、市立コレージュへの通学義務が課せられることになった。サヴォワは、この政令を、公教育発展政策の大きな転換点を記したものであると評価している。[36]

こうした措置がどれだけ実施されたのかは疑問が残るようであるが、それでも一八四三年のヴィルマンの報告によれば、帝政期のリセ生徒数は、九〇六八名（一八〇九年）から一万四四九二名（一八一三年）に、通学生としてリセの学級に通うアンスティテュシオンとパンシオンの生徒数は九五三名（一八〇九年）から三七三六名（一八一三年）と増えている。だが、カトリック教会に好意的であった王政復古のもとで、小神学校と私立学校が優遇され、リセ生徒数は減少し、再び増加して一八一三年の数字が越えられるのは一八二八年のことになる。[37]

古典教育には一定の規制が行われたが、独占からは程遠かった。一八一四年一〇月の王令によって、小神学校は農村部への開設が許され、リセ、市立コレージュへの通学義務が免除された。さらに、一八一五年には、市立コレージュであり、同時に小神学校である「混合コレージュ（collèges mixtes）」の地位が法規に加わり、聖職志望でない生徒も小神学校の生徒として受け入れが認められた。そして、この種の学校のうちいくつかを未認可修道会であるイエズス会が経営するまでになった。[38]

教会学校と私立学校に対する規制では比較的甘かった復古王政であったが、当初抱いていたユニヴェルシテ解体を断念し、バカロレアを通して教育の「独占」を図ろうとし、第一章で見たように、一八二一年以降、法学部と医学部の長期課程登録にバカロレア所持を課した。さらに一八二八年には世論に押されて、それまで黙認していたイエズス会経営の教会中等学校八校を閉鎖し、教会学校の生徒数は全体で二万人までに限定され、ようやく歯止めがかかることになった。[39]

（3）バカロレアの強化、学部とリセの分離

アンドレ・シェルヴェルによれば、学校教育での古典人文学教育はむしろ一九世紀に全盛期を迎えたという。こうした伝統は、復古王政を経て、一八三〇年の七月革命後、いっそう強化され、公教育大臣ギゾーが一八三六年の中等教育法案の議会審議の場で、ラテン語を「中産階級の教養」と呼ぶまでになる。七月革命は、ブルジョワジーが再び政治権力を掌握した革命である。権力の座についた自由派を代表する、フランソワ・ギゾーの問題意識は、中産階級を統治階級に構成しなおすことであった。恐怖政治をもたらしたフランス革命の失敗の経験から教訓を引き出し、中産階級を貴族に取って代わる統治階級として教育し、編成しなおすことが必要であると考えた。ラテン語は、一九世紀前半にかつてないほど「社会的な認知」の標章となったのである(40)。この章の冒頭で引用した書簡の中で、ギゾーは、自分の息子がリセで受けている教育には一クラスの生徒数が多すぎるなど改善すべき点はあるが、それでもラテン語のない教育よりはるかにましであると論じている。

復古王政末期に始まるユニヴェルシテ強化の動きは、七月王政下、さらに進められ、リセが増設され、生徒数も増え、一八四二年には一万八六九七人になった。もっとも通学義務の抜け穴がなくなったわけではない。前掲のヴィルマン報告にはアンスティテュシオンの生徒の一部しか通学義務を守っておらず、全国で九一四校あるパンシオンのうち、生徒をリセあるいは市立コレージュに通学させているのは、そのうち三分の一程度にすぎないとしている(41)。それでもパリなど大都市では、リセと寄宿学校との協力関係も構築されていった(42)。パンシオンとアンスティテュシオンは、生徒をリセに引率する代償として、自校の優秀な生徒をリセに送り、それによって学校の評判を高めることができた。この種の寄宿学校としては、たとえば、文学者のフランシスク・サルセーやラヴィスを受け入れたマッサン（Massin）のアンスティテュシオンが知られている。二人とも、併設寄宿舎がないリセのシャルルマーニュ校に通学し、高等師範学校入学試験に合格している(43)。

同時に、七月王政はバカロレアの地位を上げ、不正や濫用から守ろうとした。創設当初、バカロレアの受験者は少なく、しかもそれほど難しくなく、上の学級までいかなくても合格できる程度であった。第二帝政期の一八六四年から第三共和政初期に活躍する公教育省幹部オクターヴ・グレアールによって「バカロレアの憲章」と呼ばれることになる[44]一八二〇年九月一三日の規程によってようやく試験要項が明確に定められた。この規程では口頭試問を公開とし、各受験者への時間を最低四五分かけ、ギリシア、ラテンの著作、修辞学、歴史、地理、哲学から出題され、試験官は最低三人とするなどと定められた。規程に関する通達では、「ずっと以前から、一部の文学部では文学バカロレアの学位があまりに簡単に与えられ」、学士の中には「言葉づかいや正書法が恥ずべき無知を示している」者までおり、こうした採点の甘さ（indulgence）は「学士（bachelier）の学位は今ではすべての公職への入り口を開き、したがって、社会に対する能力の保証となっているだけに、罪深い」と慨嘆されていた[45]。七月王政ではバカロレア試験の難易度がさらにひき上げられることになる。

バカロレア受験にはリセの最終の二つの学級の修了証が必要であったが、この修了証は実際にはリセの授業を受けていない生徒にも交付されていた。小神学校や混合コレージュは証明証を交付することが許されていたし、アンスティテュシオンも同様であった。通達で何度も禁止しているが容易にこの種の悪弊はなくならなかった。また、家庭学習の証明証も不正の温床であった。さらに、替え玉受験、偽証明証など試験での不正行為もあった。合格すると翌月にはすべてを忘れてしまう「機械的な勉強」も問題視された。公教育大臣サルヴァンディは、一八三七年、アンスティテュシオン校長にバカロレア受験対策講座の実施を禁じたが、うまくいかなかった。同様に、一八四〇年に、公教育大臣クザンの時に、不正行為取り締まり措置を含む試験要綱の全国的な統一を図る重要な改革が行われ、同時に羅文仏訳の筆記試験が導入されたのである。また、この改革によって筆記試験が初めて必修化された。こうした改革にもかかわらず、「にわか勉強（bachotage）」は大きな影響を受けなかったのではあるが。

図2－1　バカロレア試験の受験対策

バカロレア受験対策の予備校では，試験に合格さえすればよいとして，受験生に知識が詰めこまれた。「これで完璧な学士に（*Au parfait bachelier*）」と題された Marcelin 作の版画。*Petit Journal pour rire*，1856 より。

出典：Liesel Schiffer, *Nos années bac : 200 ans déjà!*, Genève, Aubanel, 2008, p. 28.

試験委員会（commissions d'examens）の不公平さ、あるいは能力のなさも問題になった。一八一五年に文学部、理学部の大半の学部が廃止され、試験委員会にとって代えられていた。この委員会はリセの校長、哲学、修辞学の教授と、同じアカデミー管区に属す文学部教授からなっており、試験委員は自校生徒を試験することになった。そのため、委員会は家族や当局の影響や圧力をうけているのではないかと疑われ、ユニヴェルシテ攻撃の一因となった。サヴォワによれば、試験委員会への不信感が、一八三六年以降、学部増設の本当の動機であったという。さらに一八四七年、サルヴァンディはすべての試験委員会を廃止し、全アカデミー管区に文学部と理学部を設置することにした。リセよりも一段上の文学部と理学部に試験の審査を委ねることによって、バカロレア審査の独立性と公正を担保しようとしたのである[46]。

一方では、バカロレアの水準の大幅な引き上げ、他方ではバカロレア審査をリセ・コレージュから切り離してアカデミックな学部の業務とすることによって、リセ・コレージュと学部との間の教育の区分が次第に明確になっていった。一八三三年にユニヴェルシテが再編されて、アカデミックな学部が中等教育の支配から解放されることはなかったものの、中等教育と高等教育の制度的な分離が生じ、同時に教育の三分割が初めて現れた。第一部局（ユニヴェルシテの人事と行政）の第二事務室が「高等教育」、すなわち学部と二級医学校を、第三事務室が「中等教育」という新しい旗印のもとに、リセ、市立コレージュ、高等師範学校、アンスティテュシオン、パンシオン、教会中等学校、商業・工業課程を、第四事務室が初等教育を管轄することになった。その三年後の一八三六年八月九日の王令によって、学部とリセの混同がようやく取り除かれる。この王令によって、「文学バカロレア所持を証明できなければ、学部に初回の登録をすることができない」と明記されたのである。(47)

第三節　高等師範学校とアグレガシオン

(1)　フランス的例外

古典人文学教育をめぐって私立学校との競争に晒されたユニヴェルシテには他にも重大な問題があった。教員養成の問題である。とくにフランスの場合、革命の結果、教員養成を修道会に任すことができなくなり、他の国よりも早い段階で俗人教師養成の必要性に迫られていた。この節ではアグレガシオン（agrégation）というフランス独特の中等教育教授資格を取り上げ、今まで検討してきた事柄を別の視角から検討しなおすことにする。

公立中等教育の教員になるための資格としては、一九世紀ではバカロレアもしくは文学リサンスあるいは理学リサンスの学位があり、現在ではカペス（CAPES）という教員免状がある。これに対してアグレガシオンはエリート中等教員の資格であり、有資格者はアグレジェ（agrégé）と呼ばれる。アグレガシオンは同時に、文学部と理学部での教授資格として、長い間機能してきた。文学部では今なおそうである。これに類した制度は他のヨーロッパ諸国にはなく、今も「フランス的例外」のひとつとなっている。このように、中等教育と高等教育をつなぐ役割を果たしており、第三共和政初期の教育改革のときも、両方の教育に関わって重要な争点となった。

リセの学級編成にしたがって、アグレガシオンにも哲学を頂点とし、古典人文学を中心とする位階制があった。同時に、それ以外のディシプリンが主要教科としての地位を得ていくのに貢献した。また、様々なディシプリンを結びつけるのに寄与し、さらに、アグレジェの資格は、第三共和政期に高等教育を含む教員を統一する上で決定的な役割を果たすことになる。(48)

一九六八年の五月革命のときに反アグレガシオン委員会が結成され、アンシャン・レジームの制度だと弾劾された。だが、実際には啓蒙思想の産物であり、イエズス会追放（一七六四年）後の教員の質確保のために創設されたのである。ルイ一五世は、一七六六年五月三日の開封令状で、パリ大学学芸学部に六〇のポストの「アグレジェ博士（docteurs agrégés）」を創設した。アグレジェは文法（第六、五、四学級）、文学（第三、二、修辞学級）、哲学に分けられていた。(49)これがアグレガシオンの起源である。

アグレジェという身分は一八〇八年の帝国ユニヴェルシテを組織した政令で復活する。同じ政令によってリセ教員養成のために師範学校が設立され、一八一〇年の規程で師範学校生徒はアグレジェとみなされ、その他の者は、理学、文学、文法の三つのアグレガシオン競争試験のうちひとつを受けることとされた。だが競争試験は復活しなかった。試験が復活したのは、一八二一年であり、当時のユルトラ（過激王党派）政府による分権化政策にしたがって、試験は全国統一ではなく、アカデミー管区ごとに実施された。翌年九月六日、師範学校は廃止された。ところが、地方での試験は受験生が三人か四人しかいないときがあり、しかもギリシア語では能力のある審査員をそろえるのも困難であった。地方における教育水準は低下し、教育は危機に陥った。この状況を打開するために一八二六年に準備学校の設立が図られたが、実際にできたのはパリのルイ＝ル＝グラン校に設置された学校だけであった。七月革命後の八月六日、パリの準備学校は「師範学校」という名称を再びとり、一八四五年には名称に「高等」をその名に冠するようになる。ユルム街にあったのでユルム校とも呼ばれた。(50)

図2-2　アンシャン・レジーム期のルイ＝ル＝グラン校

図版の中央にあるのがルイ＝ル＝グラン（ルイ大王）校。右手奥にはサント＝ジュヌヴィエーヴ聖堂（現在のパンテオン）が見える。ルイ＝ル＝グラン校は，16世紀にイエズス会によって創設された名門校である。第九章も参照のこと。

出典：*Louis le Grand 1653-1963: Études, souvenirs, documents,* Paris, 1963.

高等師範学校は文科と理科に分かれ、一八九〇年から一九〇四年までの間、文科は年平均二三人未満、理科は平均一六人の生徒を競争試験で受け入れた。一九〇二年にだされた公教育大臣宛の校長の報告によれば、文科の一年目は二〇人程度で、その後、文学、文法、哲学、歴史の専門に分かれるが、四人からせいぜい八人程度のクラス規模であり、「コンフェランス（conférence）」と呼ばれる少人数のゼミナール形式の授業が基本であった。修学年限は三年で、二年次まではリサンスの学位試験準備の、三年次はアグレガシオンの試験準備の授業を受けることになる[51]。難関の文科入学試験準備のため、バカロレアを取得してからリセの修辞学級に戻る慣行ができ、一九世紀末にはパリの名門リセに最初の準備級が生まれた。やがて「カーニュ（khâgne）」と呼ばれることになるユルム校文科準備級は、ユルム校文科とともに古典人文学の牙城となった[52]。同時に、パリの文学部、理学部が研究機関として十分機能せず、地方のアカデミックな学部はたいていの場合、学位授与機関となっていた一九世紀において、ユルム校は数少ない学術研究機関となり、古典人文学だけでなく、歴史学、自然科学など新興の学問が発展していく場となった。

七月王政は、アグレガシオンが専門分化し、水準も向上した時代である。一八二五年に哲学のアグレガシオンが創設されていたが、歴史・地理（一八三〇年）、理学アグレガシオンの数学と物理学・自然科学への分割（一八四〇年)、第二共和政には、近代語（英語とドイツ語）（一八四九年）と増え、八コンクール（競争試験）体制となり、様々なアグレガシオンのコンクールは新しい中等教育のショウウィンドウになった。アグレガシオン審査委員会は、まれな例外を除いて、各ディシプリンの大家が審査委員長になり、同時に、審査委員会から聖職者がいなくなり、師範学校卒業生によって占められるようになった(53)。

コンクールの水準の上昇の結果、中等教育、高等教育の水準も上がっていった。七月王政期の教員養成政策には学識があれば教育者としての資質もあるという教職観が暗黙のうちに前提とされていた。しかし、この教職観は保守派を納得させなかった。学問的に水準が高いと、中等教員という地位に飽き足らず、階級から脱落し、革命派となる恐れがあったからである(54)。

(2)　専門的な学識と教師としての職業的能力の対立

保守派の批判に応えて、公教育省は七月王政末期の一八四七年に高等師範学校に教育学（pédagogie）に関する研修を導入した。新設された「ペダゴジーと教育史のコンフェランス」は、後に碑文学で著名となるシャルル・チュロに託された。ところが、このペダゴジーのコースは失敗に終わる。そのときのことを、一八九九年のリボ委員会で、コレージュ・ド・フランス教授ガストン・ボワシエは、こう回想している。チュロは「大変気が弱く、赴任先のリセで生徒を抑えることができなかった。どこにも配置転換できなかったので、彼にはその能力がなかったのに［ペダゴジーを］他人に教える仕事をさせたのである。おそらく助言は無益ではないであろうが、経験のほうがよい。すぐれた教師なら授業をしながら授業の仕方をすぐに覚えることだろう」。すぐにチュロはペダゴジー・コース担当から降ろしてくれるように頼み、このコースは廃止された(55)。

一八五一年の哲学のアグレガシオンで、すでに哲学者として知られていたイポリット・テーヌが不合格になる事件が起こった。事件の後、一八五一年一二月三日に公教育大臣に就任したフォルトゥルは、哲学アグレガシオンを廃止し、数ヵ後に、一八五二年度のすべてのコンクールを中止にした。フォルトゥルはアグレガシオンを完全に方向転換させた。専門分化したアグレガシオンを廃止し、その代わりに「万能アグレガシオン（agrégation omnibus）」（多教科兼任可能なアグレガシオン）を設置し、アグレガシオンを文学と理学の二本に統合したのである。彼は一八五三年三月八日の通達で、アグレガシオンの改革理由をこう説明している。中等教育の良い教師であるためには学者である必要はない。学識がありすぎるのは障害になることもある[56]。

新しい規則では「アグレガシオン試験（examens）は中等教育の学習を対象としている教科に関するものに限定する」（一八五二年四月十日の政令七条）とされた。受験者の職業的な適性が試験されることになった。たとえば、文学アグレガシオンの受験生は「最終」試験では宿題の添削を課されることになった。また、受験生は二五歳以上で、教室での五年間の教育経験が要件とされ、高等師範学校生でさえも最低限三年の教育実習を課された。教員からは、アグレジェの学問的力量を減らすことによって、教師の地位に打撃を加えようとしていると受け取られた。実際、フォルトゥルは教員に対する厳しい締め付けを行っていた。行政の介入に対して、アグレジェは学問的能力の擁護によって教師としての威厳を保とうとしたのである[57]。

フォルトゥルが大臣に就任する以前にすでに、教育実習は行政による監督の手段としても使われていた。一八三八年八月一四日の省令によってユルム校三年生にパリのリセで授業をすることが義務付けられた。当時、同校生徒であったフランシスク・サルセーは、パリのリセでラテン語の教育実習をしている時に生徒の前で革命思想をとくとくと語った。この件は授業を受けていた保守的な良家の生徒を通じて、大臣が知るところとなり、公教育行政に危険人物としてマークされることになった。サルセーによれば、それが一八五一年にアグレガシオンの第一次の筆記試験で不合格にされた原因であったという[58]。

一八五六年、フォルトゥルが急死すると、後任のルーランのもと、フォルトゥル改革の骨抜きが始まる。アグレガシオンは一八五六年から、各アカデミー管区で筆記試験をした後、パリで口述試験を受けるという形になった。この動きは、一八六三年にデュリュイが公教育大臣になると加速し、アグレガシオンは再び専門分化していき、一八六五年には、一八五二年以前の八コンクール体制が復活した。さらに一八六九年には自然科学のコンクールが設置された(59)。

エコール・サントラルはステイクホルダーであるブルジョワの支持を十分得られず、国家による公教育の統制を目論んでいた統領政府・帝政は、やむなく方針を転換して伝統的な古典人文学教育に回帰していった。生徒数の確保の必要から、生徒は九歳ごろから就学し、バカロレアの取得まで、おおよそ一八歳ごろまでリセにとどまることになった。近世の修道会経営学校には哲学級も基礎学級もなかったので、六学級が基本であったから、それよりも三年ほど修業年限が伸びていることになる。さらに六、七歳の子どもも就学している場合もあった(60)。基礎学級の存在は複線型教育体系の強化につながり、単線型への移行の大きな障害となった。基礎学級がなくなるのは、ようやく一九六〇年代のことである(61)。

また、国費奨学生の数も国家からの財政援助も少ない中で、それぞれのリセは親が払う学費と寄宿料収入に依存するようになり、それが一九世紀の併設寄宿舎の隆盛の一因となった(62)。寄宿舎では厳しい規律が課され、第九章で見るように、世紀後半には社会的に大きな批判を浴びるようになる。さらに、近世のコレージュに比べ、古典人文学重視が一層強まり、知育の重視によってイエズス会の教育では重視されていた演劇が軽視されるようになった。このように、徳育の面だけでなく、ペダゴジーの面でも部分的に後退しているようにさえ見える。

逆説的であるが、基礎学級の存在も含めて、フランス革命を経たことによって、かえってエリート教育と民衆教育の乖離は広がり、同時に、フランス語、歴史、地理、自然科学の新興の教科の導入が遅れることになったのである。ペダゴジーの上での弱点は、第二期共和政期の政治反動の時代にユニヴェルシテ解体と教員統制を正当化する理由として利用された。一八五〇年に成立したファルー法では、中等教育の自由が実現し、リセへの通学義務が取り払われた。その中で、カトリック勢力も含め広範な支持を得た古典人文学教育は、ウルトラ保守派からの攻撃を受けながらも、ユニヴェルシテの存続を可能にし、政治的右傾化の歯止めにもなったことを忘れてはいけない。

〈注〉

（1）M. A. Bardoux, *Les grands écrivains français : Guizot*, Paris, Hachette, 1894, p. 69 ; Pierre Chevalier et B. Grosperrin, *L'enseignement français de la Révolution à nos jours*, t. II : *Documents*, Paris, Mouton, 1971, pp. 150–151.

（2）Françoise Waquet, *Le latin ou l'empire d'un signe : XVIe–XXe siècle*, Paris, Albin Michel, 1998.

（3）Benedict Anderson, *Imagined Communities : Reflexions on the Origin and Spread of Nationalism*, London, Verso, 1983, pp. 24–25（白石隆・白石さや訳『想像の共同体』リブロポート、一九八七年、三五—三六頁）; Martin Guiney, *Teaching the Cult in the French Third Republic*, New York, Palgrave, 2004, p. 145.

（4）Waquet, *op.cit.*, pp. 18–20.

（5）André Chervel, *Histoire de l'agrégation : Contribution à l'histoire de la culture scolaire*, Paris, INRP/Kimé, 1993, pp. 40–41.

（6）Guiney, *op.cit.*, pp. 166–167.

（7）安原義仁「イギリス教養教育の源流を訪ねて——学士課程の理念と構造」『大学教育学会誌』三〇巻一号、二〇〇八年五月、七頁。

（8）舘昭、前掲書、二〇頁。

（9）André Chervel, « L'histoire des disciplines scolaires. Réflexions sur un domaine de recherche », *Histoire de l'éducation*, 1988, n° 38, pp. 61–64. 教育内容、教科を指す言葉としては一九世紀にもっとも頻繁に出てくる用語は « objets »、« parties »、« branches » あるいは « matières de l'enseigment » であり、« facultés » も良く使われた。*Ibid.*, p.

61. サヴォワが編纂した中等教員に関する法令集（省令、規程などを含む）を瞥見した限りでは、教科の内容を指す言葉として objet を用いている場合はあるが、学問分野、教科という意味での discipline は見当たらなかった。Cf. Philippe Savoie (dir.), *Les enseignants du secondaire : Le corps, le métier, les carrières, Textes officiels*, tome I : *1802-1914*, Paris, INRP, Éditions Économica, 2000. なお、初等教育に関する一八三三年六月一八日（通称ギゾー法）では「教科」を指す特定の用語は用いられていない。フェリー法のひとつ、義務化と世俗化を定めた一八八二年三月二八日の法律では、初等学校で教える教科について matières de l'enseignement という表現が用いられている。ギゾー法のテクストは P. Chevalier et B. Grosperrin (éd.), *L'enseignement français de la Révolution à nos jours*, t. II : *Documents*, Paris, Mouton, 1971, pp. 121-127 に掲載されているものを、フェリー法については以下を参照した。http://www.senat.fr/evenement/archives/D42/mars1882.pdf, consulté le 27 mai 2015. ピエール・ジオリットは一九世紀の初等教育についての様々なカリキュラム案（Plan d'études）を紹介している。同書によれば、branches d'instruction、matières d'instruction などという表現が使われていたことがわかる。Pierre Giolitto, *Histoire de l'enseignement primaire au XIXe siècle*, t. I, Paris, Nathan, 1983, pp. 160-184.

（10）なお、シェルヴェルの論文はディシプリンの歴史研究の意義を教育学全体の中で明らかにすることが主たる目的で、その冒頭で discipline の意味の変遷について論究されている。シェルヴェルの著書、*La culture scolaire : Une approche historique*, Paris, Belin, 1998 の chapitre I は、前掲論文を書き改めたものだが、本書のテーマと関わる部分については基本的に同じ内容である。Cf. *Ibid.*, pp. 9-15.

（11）Chervel, *Histoire de l'enseignement du français du XVIIe au XXe siècle*, Paris, Retz, 2006, p. 61.

（12）当時のカトリック教会の中でのウルトラモンタンと自由派の潮流については、拙稿「一九世紀後半のフランス社会と教権主義――非妥協的カトリックを中心に」『史林』六六巻二号、一九八三年三月を参照のこと。

（13）Daniel Moulinet, *Les classiques païens dans les collèges catholiques? : Le combat de Mgr Gaume*, Paris, Cerf, 1995, pp. 25-27, 43.

（14）*Ibid.*, pp. 115-117. Ivan C. Kraljic によれば、この叢書は一八五七年までの間に約三〇巻出版され、聖書やキリスト教徒の著者のテクストに基づく教科書であったという。Ivan C. Kraljic, docteur ès sciences, « La Bibliothèque des classiques chrétiens latins et grecs de Mgr Gaume », Bibliothèque Saint Libère, 17 avril 2009. http://liberius.net/articles/La_Bibliotheque_des_classiques_chretiens_latins_et_grecs_de_Mgr_Gaume.pdf, consulté le 27 mai 2015.

(15) Gaume, *Ver rongeur*, p. 3.

(16) *Ibid.*, p. 86.

(17) *Ibid.*, pp. 143, 264, 298, 323.

(18) *Ibid.*, p. 86.

(19) *Ibid.*, p. 27.

(20) Moulinet, *op.cit.*, p. 129 ; Joseph Burnichon, *La Compagnie de Jésus en France*, t. IV : *(1860–1880)*, Paris, Beauchesne, 1922, pp. 26-37. 他方で、自由派カトリックの指導者である、俗人のモンタランベール（comte de Montalembert）はゴーム師を支持した。

(21) Moulinet, *op.cit.*, pp. 121–129, 132–139, 148–150.

(22) Vincent Troger (éd.), *Une histoire de l'éducation et de la formation*, Auxerre, Sciences humaines, 2006, p. 36.

(23) Chervel, *art.cit.*, pp. 62–63.

(24) Joseph de Maistre, *Lettres et opuscules*, t. II : *Opuscules*, Paris, A. Vaton, 1851, pp. 23–24.

(25) 松島鈞、前掲書、一四五、二〇三頁。

(26) コンドルセのプランについては、コンドルセ「公教育の全般的組織についての報告と法案」、コンドルセ他著、阪上孝編訳『フランス革命期の公教育論』岩波文庫所収、二〇〇二年参照。

(27) Savoie, *La construction*, pp. 27–29.

(28) Chervel, *l'agrégation*, pp. 31–33 ; Fr. Mayeur, *De la Révolution*, pp. 54–70. エコール・サントラルの通説的な評価を知るには、次のコンペールとのインタヴューが便利である。« L'école des élites entre XVIe et XIXe siècle : Rencontre avec Marie-Madeleine Compère », in Troger (éd.), *op.cit.*

(29) 小林亜子「フランス革命期の公教育と公共性」（安藤隆穂編『フランス革命と公共性』名古屋大学出版会、二〇〇三年所収）、一三八頁。

(30) Alphonse Aulard, *Napoléon et le monopole universitaire : Origines et fonctionnement de l'Université impériale*, Paris, A. Colin, 1911, pp. 367–368.

(31) Savoie, *La construction*, pp. 32–33.

(32) Chapoulie, *L'École d'État*, p. 119.

（33）Savoie, *La construction*, p. 33 ; Waquet, *op.cit.*, p. 23 ; Chervel, *l'agrégation*, pp. 34-35. ドイツなどでも、フランス革命後、古典人文学教育回帰の現象が見られ、その際、新人文主義の影響で形式陶冶重視になったとされている。ドイツの新人文主義については、曽田長人「近代ドイツのヒューマニズム」『地中海研究所紀要』第五号、二〇〇七年三月参照。管見の限りでは、新人文主義とリセの教育との明確な関係を指摘している研究は見当たらなかった。

（34）Savoie, *La construction*, pp. 29, 36-40.

（35）「教会中等学校」は écoles secondaires ecclésiastiques の訳。教会系学校には修道会経営学校も含めるべきかもしれないが、本書では便宜的に司教区が管理運営し、本来は聖職者養成が目的である écoles ecclésiastiques に「教会学校」の訳をあてておく。

（36）Savoie, *La construction*, pp. 46-47. 前田更子、前掲書、六一―六三頁。政令のテクストは下記を参照のこと。Beauchamps, *Recueil*, t. 1, pp. 319-322.

（37）Rapport au Roi sur l'instruction secondaire, du mars 1843, *Gazette spéciale de l'instuction publique*, samedi 11 mars 1843, p. 46 ; Savoie, *La construction*, p. 51. なお、復古王政期と七月王政期では、リセは「王立コレージュ（collège royal）」と改称されているが、本書では、煩雑さを避けるために、「リセ」の名称で統一する。学級（classe）とは年齢ではなく、学習水準を示している。上の学級から、哲学級、修辞学級、第二、第三、第四、第五、第六、第七、第八学級となる。このうち、第二と第三学級は「人文級」、第四と第五学級は「文法級」と呼ばれ、基礎学級はそれより下の学級を指す。学校によっては第一一学級まであった。

（38）Savoie, *La construction*, pp. 66-67.

（39）*Ibid.*, pp. 66-67.

（40）Chervel, *l'agrégation*, pp. 40-41. 前田更子、前掲書、第4章参照。

（41）ヴィルマンの前掲報告。*Gazette spéciale de l'instuction publique*, samedi 11 mars 1843, p. 46, mardi 14 mars 1843, p. 50.

（42）Chapoulie, *L'École d'État*, p. 119.

（43）Savoie, *La construction*, pp. 67-68 ; Ernest Lavisse, *Souvenirs*, Paris, 1912, préface de Jacques et Mona Ozouf, Calman-Lévy, 1988, chapitre VI.

（44）Octave Gréard, *Éducation et Instruction*, vol. 4 : *Enseignement supérieur*, Paris, Hachette, 1889, p. 168.

(45) Beauchamps, *op.cit.*, t. 1, pp. 447-449.

(46) Piobetta, *op.cit.*, pp. 52-53 ; Savoie, *La construction*, pp. 56-59. 宮脇、前掲書、九四―一〇二頁に詳しく論じられている。

(47) Beauchamps, *op.cit.*, t. 1, p. 736 ; Savoie, *La construction*, pp. 52, 65 ; Piobetta, *op.cit.*, p. 75 ; Guy Caplat et Bernadette Lebedeff-Choppin, *L'inspection générale de l'Enseignement supérieur au XIX*^{e} *siècle*, Paris, INRP, 2002, p. 85.

(48) Chervel, *l'agrégation*, pp. 168-170.

(49) Yves Verneuil, *Les agrégés : Histoire d'une exception française*, Paris, Belin, 2005, pp. 11-13. なお、天野知恵子『子どもと学校の世紀――一八世紀フランスの社会文化史』岩波書店、二〇〇七年、第二章を参照のこと。

(50) Chervel, *l'agrégation*, pp. 50-86 ; Verneuil, *op.cit.*, pp. 20-40. 高等師範学校の最初の開設は一七九五年であるが、開学後まもなく閉鎖されていた。

(51) Robert John Smith, *The Ecole Normale Superieure in the Third Republic : A Study of the Classes of 1890-1904*, A Dissertation in History, presented to the Faculty of the University of Pennsylvania, 1967, pp. 13, 97.

(52) Jean-François Sirinelli, « La khâgne », in Pierre Nora (dir.), *Les lieux de Mémoire*, tome 2 : *La nation*, vol. 3, Paris, Gallimard, 1988.

(53) Chervel, *l'agrégation*, pp. 86, 91-92, 134 : Verneuil, *op.cit.*, pp. 35, 38-39. （　）内はアグレガシオンが公教育省令で創設された年であり、アグレガシオンが最初に実施された年では必ずしもない。

(54) *Ibid.*, pp. 54-56 ; Verneuil, *op.cit.*, pp. 27-34.

(55) *Enquête sur l'enseignement secondare, procès verbaux des dépositions, présentés par M. Ribot*, Paris, Motteroz, 1899, t. 1, pp. 69, 141 ; Verneuil, *agrégés*, pp. 39-40.

(56) Chervel, *l'agrégation*, pp. 113-116, 149, 171 ; Verneuil, *op.cit.*, pp. 41-42. その前年に導入された、中等教育を理系と文系に分ける「分岐制」にしたがって文学と理学の二つのアグレガシオンだけが残った。

(57) Chervel, *l'agrégation*, pp. 150-153, 172 ; Verneuil, *op.cit.*, p. 44.

(58) Chervel, *l'agrégation*, p. 171 ; Francisque Sarcey, *Souvenirs de jeunesse*, Paris, Paul Ollendorff, 1885, pp. 169-172.

(59) Chervel, *l'agrégation*, pp. 154-157.

(60) Chapoulie, *L'École d'État*, p. 119.

(61) André Robert, « Les professeurs des classes élémentaires de lycée : Crépuscule et postérité d'une idéologie catégorielle (1881-1965) », in Pierre Caspard, Jean-Noël Luc et Philippe Savoie (dir.), *Lycées, lycéens, lycéennes : Deux siècles d'histoire*, Lyon, INRP, 2005, p. 318.

(62) Savoie, *La construction*, pp. 71-74, 100-105, 179.

第三章　第三共和政初期の中等教育改革

はじめに――「近代派」対「古典派」論争

遠い昔に遡らなくても、およそ二〇年ほど前でも、フランスのユニヴェルシテの教育はイエズス会の教育に著しく似ていました。そしてコレージュでは、自分の考えを表明できる人間……簡単に言えば、ジャーナリストと弁護士の二種類の人間しか養成しようとしていないように思われていたのです（ジュール・フェリー、一八七〇年四月十日の基礎教育協会での講演）[1]。

第二帝政末、当時まだ反体制の政治家にすぎなかったジュール・フェリーは、講演の中で、一九世紀中ごろまで中等教育は古典人文学教育が中心であり、工業化が本格化する一九世紀中ごろでは時代遅れになろうとしていると強調した。だが、同時に「自分の考えを表明できる人間」の養成に適していると述べているように、フランスの中等教育の長所をよく理解していた。一部のリセ教師は法廷討論を真似て弁論大会を組織していたし、家族や友人のコネを利用して、裁判を傍聴したリセ生徒も多かったのである[2]。

この章では、一八六〇年代から二〇世紀初頭までの公立中等教育改革と、改革をめぐる「近代派」と「古典派」の論争を中心に検討することにしたい。改革では、近代語を重視する「近代派」と、伝統的な古典語の教育を重視する「古典派」の間で激しい論争が行われた。この論争は、「古代人（Anciens）」と「近代人（Modernes）」のどちらが優れているかという、一七世紀に始まる論争の最終局面をなしていた。この時期の中等教育改革は、一九〇二年のレイグ改革で一応の決着を見るが、論争を通じて教養教育についての認識が深化していき、教養教育の内容も変化していった点が注目される。ペダゴジーが「教育科学」として昇格し、教養教育が単一のディシプリンではなく、多様なディシプリンからなる教育に変化していったのである。だが、新しい教養教育（「近代人文学」）は中等教員を含む教育者も世論も十分納得させることができず、激しい論争を呼ぶことになる。

本論に入る前に、一九世紀後半の公立校の状況について簡単に説明しておこう。一番大きな変化は、一八五〇年三月一五日のファルー法によって、中等教育の自由が実現したことであり、その結果、公立校はイエズス会など修道会経営コレージュとの厳しい競合にさらされることになった。修道会経営学校はカトリック名望家の財政的支援を受け、その他の私立校より優位に立ち、公立校との競争にも十分耐えることができた。カトリックの私立校は、スタニスラス校（collège Stanislas）やジュイイ校（collège de Juilly）など貴族や大ブルジョワの息子のために設立されたいくつかの学校を除き、一般に学費も公立校より安かった(3)。他方、公立校に生徒を通学させ、公立学校と協力関係にあったパンシオンとアンスティテュシオンは衰退していった。一九世紀後半にリセ通学するパンシオンとアンスティテュシオンの生徒数は絶対数でおおよそ半減し、リセ生徒の中の比率では最高の二九・二％（一八三九年）から三％（一八九三年）へと激減する(4)。ルイ＝ル＝グラン校と提携関係にあったパンシオンの数も最多であった一八四八年の二一校から次第に減って一八六〇―六一年以降では五校未満に減り、一八九四年以降はわずか一校になった(5)。こうして、公立と私立との関係は一九世紀前半とは異なり、競合ないし敵対的関係が主要なものとなる。前田更子が示したように、私立校は親の教育要求に応えて、リセが供給していない職業教育を含め、柔軟な教育を展開していた(6)。私学との競争に打ち勝つためにも、ユニヴェルシテは教育内容を時代に適合させて近代化させる必要に迫られていたのである。

第一節　ラテン語からフランス語へ

(1)　中間的教育の創造――専門中等教育をめぐって

ファルー法審議の過程で存続が危ぶまれたユニヴェルシテであったが、公教育省が存続の努力を傾注した結果、打撃を受けながらも生き永らえた。公教育省は、とくに一八六〇年代以降、公的資金を投入し、リセを増設し、断続的にカリキュラム改革を行っていく。創設期のリセでは数学や自然科学が古典人文学と対等で扱われるはずであった。ところが、王政復古期に数学を除く自然科学が後退し、古典学習偏重に戻っていた。七月王政期にアグレガシオンの種類の増加によって、エコール・サントラルで試みられた教員の専門分化が少しずつ進んでいったが、(7) 古典学習中心は揺るがなかった。第二章で見たように、代替可能な新しい教育方法の創造は簡単には行かなかったし、顧客であるブルジョワの信用をとりつけることも容易ではなかった。

その中で、一八六三年に公教育大臣に就任したデュリュイは中等教育改革に乗り出す。一八六五年に分岐制が廃止され、エリート教育では理系進学希望も含めて再び古典人文学が必修科目になった。それとともに同じ年に、古典語のない、したがってバカロレアの準備教育を行わない中等教育課程が創設されることになった。デュリュイは、古典人文学を中心とするエリート教育の維持を図りながら、それとは並行する形で、民衆教育の発展を背景に、民衆教育との接続が容易な中等教育の構築を目指したのである。ラテン語のない課程は、専門中等教育（enseignement secondaire spécial）と名づけられることになる。

専門中等教育課程の創設をめぐっては、性格規定とともに名称が問題になった。この課程はドイツの実科ギムナジウムに相当するものであったが、フランスには「実学」に相当する言葉がなく、「職業的」、「中間」（intermediaire）――初等教育と中等教育の中間という意味――とするか「専門」（spécial）などの形容詞が候補に挙がり、議論になった。[8] デュリュイは、初等教育よりもはるかに高い水準の教育を望んだので、「中等教育」と名づけた。「専門教育」としたのは、次のような理由によった。「古典教育はどこでも同一であるが、「専門教育」は、多くの所在地で、その支配的産業によって、変化しなければならない。それぞれの学校が地方の必要に最適なものになるように、カリキュラムが広がっているのはそのためである」（傍点は原文ではイタリック）。だが、高等教育に接続していないので、エリート教育とは呼びにくかった。また、「専門的」という形容詞には曖昧さが付きまとった。というのは、この課程で教えられる教科は、一八五〇年のファルー法によって減らされた初等教育の科目に一連の教科を付け加えたものであり、一八三三年にギゾーが創始したものの、あまり成功しなかった高等初等教育（五章参照）を新しい形でやり直すという側面を持っていた。また、グランド・ゼコールなどの専門学校のように明確な出口と結びついた教育課程ではなく、「地方の必要に最適なもの」とあるように、曖昧な規定しかできず、初等教育を超えるレベルの一般的な教育、あるいは普通教育と一定の職業教育を組み合わせることにならざるをえなかったからである。[9]

この議論に、ユニヴェルシテの元幹部A・A・クルノが介入している。クルノは高等師範学校に入学し、同校が一八二二年に廃止されたためソルボンヌでリサンスをとっている。専門は数学で理学博士であるが、学位論文は工学、第二論文は天文学であった。教育行政に長年携わり、ディジョン・アカデミー管区総監を最後に一八六二年に引退している。

クルノは、一八六四年初版の著書[10]の中で、「何度も繰り返されてきたことであり、本当のことでもあるのだが、古典学習は一種の gymnastique intellectuelle であり、知性を柔軟にし、鍛えるものである」（p. 28）と述べ、古典学習の目的を「知性を規律化する（discipliner les esprits）」ものであると論じている。そして、教育内容を指す

discipline の最初の用法が « discipline scolaire » という表現（pp. 36, 53）で、科学教育や歴史は「教育的な訓練を与える（fournir des exercices pédagogiques）」（p. 36）のに適していない、という否定的な文脈の中で出てくる。[11] クルノは、知性を鍛えるのに古典学習ほどには科学教育や歴史は適していないと考えた。「皮相な概念しか与えずに、記憶力に負担をかけ過ぎてしまうことになり、知性（intelligence）を鍛えるという、古典教育の優れた目的に応えることもできない」（p. 31）。さらに歴史については、宿題や課題を決めることができないという重大な欠陥がある（p. 53）とも述べている。

それでも、ブルジョワジーより下の階層、すなわち大ブルジョワや専門職のブルジョワを除いた中小ブルジョワのための、初等教育より上の段階の教育が必要であることは認めている。そして、当時議論されていた、初等教育より上の段階にあり、古典中等教育でもない中等教育の名称に関しては、ラテン語教育は「より高いレベルのフランス語教育」であることを認めるならば、「フランス語教育（enseignement français）」と呼ぶべきであろう、と述べている（pp. 34-35）。これは専門中等教育のその後の進化を見通すものであった。

シャプリは、専門中等教育を、高等初等教育などとともに「中間的教育」のひとつに入れて論じている。停滞気味の古典中等教育課程に比べ、専門中等教育課程は四年程度の短い修業期間を望む家庭の需要に応えて順調に成長した。大半のリセと市立コレージュには古典教育課程と専門教育課程の両方があったが、いくつかの名門リセには専門教育課程がなく、逆に古典中等教育課程のない市立コレージュがあった。専門教育課程の教育は、実際には教員という資源によって左右され、一般には専門課程（cours spéciaux）や高等初等教育の法規の中に書かれている教科を組み合わせたもの、すなわち初等教育を延長させ、それに部分的に職業教育を加えたものにすぎなかった。他方で、専門教育課程の学級がないために、あるいは生徒からの要求によって、専門教育課程でもラテン語が教えられている時もあった。後者の場合、家族にとって、ラテン語学習は教養と社会的ステイタスの徴であった。また

「中等教育」という名称を望んでいた家族もいた。[12] こうした顧客の要望は、専門中等教育が職業教育ではなく、普通教育あるいはフランス語を中心とする教養教育へと進化していくのを促した要因のひとつと考えられる。

(2) フランス語の昇格

第二章で論じたように、古典人文学も時代への適合を迫られ、立脚点を変え、「知的訓練」という論拠によって擁護されることになった。ただし、シェルヴェルの言うように、知的訓練という論拠はラテン語教育を守るための最後の一線であり、モデルではなくなったにしても文化的教育的価値は強調され続けた。その一つは、フランス語やフランス文化を学ぶ上で優れているという議論である。国民統合が進められていく時代の要請に合わせてフランス・ナショナリズムを育むために古典人文学が動員されたのである。

国民統合ではフランス語の役割が枢要になるので、ナショナリズムの論拠が前面に出てくるに伴って、フランス語とラテン語の主客が入れ替わることになった。フランス語は中等教育の中で古典語に部分的にとって代わる地位を獲得するが、これを推進したのが近代派であった。先行研究では、この事実自体は紹介されているが、その意義が十分に踏まえられているわけではない。そこであらためてフランス文学の地位向上の意味をギニーにしたがって整理してみよう。まず第一に、一八世紀後半から一九世紀の初めに「文学礼拝」ともいうべき現象が起こった。キリスト教の影響力の衰退と並行して、文学が霊的な機能を引き受けるようになり、啓蒙思想家が聖別された。ところが第一共和政はフランス語を強制しようとしたにもかかわらず、文学という制度が政治的な正統化の保証機能を果たすことを認識できなかった。ギニーによれば、それに対して第三共和政は文学的な領域の自律性を認識し、国民文学の遺産を強調することによって第一共和政が成し遂げられなかった国民統合を達成することができたのである。第三共和政初期の初等教育改革では世俗化が進められると同時に、聖書に代わって文学、とくにフランス文学の古典がカノンの地位に昇ることになる[13]。

このフランス語を俗語とみなしてはいけない。そもそも当時の大部分のフランス人はフランス語の読み書きができなかったから、一種の外国語のように教えられたのである。さらに言えば、学校教育で教えられるフランス語は「一種のラテン語」[14]「古典語」[15]であった。ディシプリンとしてのフランス語の成熟は、イエズス会流の修辞学的伝統を学ぶことによって実現した。規範とされたのは一七世紀の古典フランス語であった。紀元前一世紀のラテン語と同様に、一七世紀のフランス語がもっとも純粋であり、完成されたフランス語とみなされた[16]。おまけに一七世紀フランス文学の多くの作品はラテン語古典をカバーしたものであった。このようにして改良されたフランス語教育は、国民統合の観点から中等教育にも適用されていった。初等教育との違いは、ラテン語という威信のあるライバルが存在したことである。

(3)　フランス語教育が抱えた問題点

そこでフランス語を中心にした人文学、近代人文学の構築が求められることになった。だが、一九世紀中ごろの時点ではラテン語教育と比べ、フランス語教育は文化的にも技術的にもまだ重大な弱点を抱えていた。ここでは技術的な問題について触れておくことにしよう。一番問題であったのは、フランス語を中心とした教育では長期のカリキュラムが組めないことであった。せいぜい二年ぐらいのカリキュラムしか組めないと当初は言われた。長い間、フランス語は古典人文学教育のおまけであり、古代語から国語への移行は学習が修了する時、すなわち修辞学級の時に行われており、古典の作文との比較に耐えうる水準にまで全課程のカリキュラムを構築することが果たして可能かどうかさえ危ぶまれ、伝統主義者の敵意だけでなく、教養ある世論の中でも無理解にあった。つねにラテン語によって、ラテン語の枠内で、ラテン語をモデルにして、フランス語は教えられてきたからである。そもそも、ラテン語をショートカットすることは技術的に可能なのか疑問視されていた。フランス語専門の教師養成はなかなか進まず、伝統的なタイプの中等教育、すなわち古典中等教育課程のアグレガシオンにはフランス語はなく、リセではラテン語、ギリシア語の教師がフランス語教育を行っていた。ドイツ語、英語からの翻訳、あるいはドイツ語、英語作文で代行できるのではないかとも思われるが、当時は、羅文仏訳、あるいはラテン語作文と比べ教育学的に劣っていると評価されていた[17]。ラテン語のない公立中等教育の創設はドイツなどと比べずいぶん遅れるが、遅れた背景にはカリキュラム編成上の技術的な問題が存在していたのである。

初等教育、専門中等教育、女子教育でフランス語教育が発展していき、その中で、ラテン語がなくてもフランス語教育だけでも知的訓練は可能ではないか、と次第に考えられるようになった。ただしそのためにはフランス語教育の一層の改革が必要であった。そこで第三共和政初期に理論的に大きな役割を果たしたのがミシェル・ブレアルである。ブレアルはノルマリアン（高等師範学校卒業生）で、ベルリンに留学して、サンスクリットや比較言語学を学び、一八六六年からはコレージュ・ド・フランス教授になっていた。後に視学総監として教育行政を指導し、第三共和政初期の教育改革に大きな影響を与えることになる。

ブレアルはエリート教育における古典人文学の重要性を認めながらも、ラテン語学習とくに文法教育を厳しく批判する。教育史に名を残す『フランス公教育への提言』（*Quelques mots sur l'instruction publique en France*, Paris, Hachette, 1872）の中で「我々が行っている古典語学習の方法は、社会が求める権利のある知的利益を得るためにもっとも適したものであろうか」と疑問を呈している（p. 5）。フランス語教育については、シンタックスは条件付きで「子どもの知性にとって一種の gymnastique となりうる」と（p. 31）しながらも、現状のフランス語文法教育には批判的であった。また初等教育について「体操教師が生徒の筋肉の活力と敏捷性を発達させるのと同じように、［初等学校教師は］生徒の理性を訓練しなければならない」（p. 124）と述べている。ここでは、フランス語教育を通しても知的訓練が可能であること、したがって、ラテン語が教えられない初等教育や専門中等教育でもフランス語教育によって知的訓練が可能であると主張されている点に注目しておきたい。

専門中等教育、すなわちラテン語のない中等教育課程の修学年限の変遷の歴史は、そのままフランス語（フランス文学）教育のカリキュラムの発展の歴史でもあった。設立当初（一八六五年）四年しかなかったが、一八八二年に五年、一八八六年に六年、そして一九〇二年、すなわちレイグ改革の時に七年と、ようやく古典中等教育と同じ年限になる。レイグ改革で生まれる四つのコース（後述）のどれを選択しても、フランス語教育が、哲学級、あるいは理系志望者の場合、数学級に先立つ六年間を通じて行われることになるのである。[18]

第二節　近代人文学

（1）フラリのラテン語教育批判

この後に紹介するフェリックス・ペコーの文献よりは、時期的には少しになるが、行論上、先にラウル・フラリによる gymnastique intellectuelle 論批判を紹介しておこう。古典人文学批判は、行き過ぎると人文学や教養教育自体の否定につながりかねない。ここで紹介するフラリの議論は、その種の過激な批判の典型である。フラリは一八八五年に『ラテン語の問題』[19]を公表し、物議をかもした。彼もまたノルマリアンで、文学アグレジェであるが、ラテン語擁護の論拠を初めて徹底的に攻撃したと評されている。フラリはラテン語擁護の議論を四つにまとめている。①子どもの「知的訓練」になる、②フランス語を学ぶために不可欠である、③古代の偉人と大作家の文章に親しむことによって知性と感性（cœur）が陶冶される、④近代文明はギリシア・ローマ文明の娘であり、次世代に伝えることができる最良の教養である（p. 112）[20]。

フラリは次のように知的訓練論を論駁する。「結局のところ、あの gymnastique の成果とは何なのか。知性はより明晰に、より強固になるとでも思っているのであろうか。おそらく、選り抜きの知性ならこうした過酷な制度に耐えることであろう。しかし生徒の多数派は一種の精神的だるさと治癒不可能な歪みしか得られないであろう」(p. 115)。「あの有名な gymnastique intellectuelle の理論が思いつかれたのはそんなに古いことではなく、二〇人のうち一九人までの生徒がラテン語学習を修了していないからなのである」(p. 117)。「学校 (collège) を卒業する時、授賞式のスピーチで次のような警句が卒業生に向けて述べられ、素晴らしい効果をあげている。……バカロレア合格者に対してこう言われる。「君たちはまだ何も知らない。学び方を学んだだけなのだ」。人々が称賛しようとする学習についてこれほど厳しい評価は見つからないであろう」(p. 118)。

また、フラリは一九世紀後半に再燃していた古代人対近代人論争に言及し、「近代人が古代人より優れている」(p. 144) と自らの立場を鮮明にし、フランス語、地理、歴史、自然科学の教科を評価している。他方で、ラテン語だけでなく、修辞学は本来、高等教育に属すものであると中等教育における人文学教育にも否定的な評価をくだしており、人文学擁護派であった近代派の人々とも立場を異にしていた。[21] 興味深いことに、「もし、一七八九年以前に中等教育が古代語ではなく、現代語の学習に基づいていたならば……事件も違った歩みをたどったことであろう」(p. 133) と述べているように、古典人文学教育批判の論拠の一つに、ゴーム師と同じようにフランス革命との結びつきを挙げていることである。

(2)　人文学の救出と「一般教養」

だが、古典語学習を批判する人々の中でフラリのような極端な立場は少数派にとどまった。アントワーヌ・プロは、一八八〇年代の論争の当事者を三つに分類している。新しいスタンダードに基づく近代教育の支持者は急進派と穏健派に分かれ、急進派はラテン語に対する全面攻撃を行った。だが、共和派の中でも支配的であったのは、穏健改革派であり、ラテン語とギリシア語を救うために、カリキュラムに割り当てられた時間数を減らし、教育方法を変えようとした。そして三番目に、現状維持を求める古典派であり[22]、主にカトリック勢力からなっていた。第三共和政ではしばしばそうなるように、穏健派が勝利した。穏健派はラテン語の役割を中等教育の必要不可欠なものとして保持し、フランス語を、遠い将来、反ラテン語勢力が支配的になる時代に備えて、ラテン語に代替する「神官の言語」として樹立しようとしたのである[23]。

その間に、知的訓練に適した学問分野という意味での discipline は古典中等教育以外の課程で市民権を得ていく。すこし遡るが、一八七八年初出の、専門中等教育と高等初等教育に関するフェリックス・ペコーの論文の中に「科学的ディシプリン（discipline scientifique）」という表現が見られる。これは、肯定的な文脈の中で discipline が使われた最初の例のひとつであろう[24]。そして「二つの中等教育の改正」（一八七九年二月九日）という論文の中では、専門中等教育について書かれたところで、一般教養（culture générale）という表現とともに「人文学の救出」というテーマが現れている。

将来、社会の政治的・道徳的指導に参与することになる中産階級の多くの若者が、有益性が際立ち、そしてより直接的である（prochaine）学習に没頭し、ギリシア・ラテンの古い一般教育の道から逸れている現状がある。だから、少なくとも若者が過度に専門分化し、そのためにさらには偏狭にならないようにしようではないか。（中略）現在と過去の、民主主義と過去の、専門的知性、あるいは、実証的とも言われる知性と全体を見通す知性（esprit d'ensemble）とのつながりを維持するのは骨が折れる作業であるが、なんとかして維持しようではないか。ラテン語とギリシア語がないなら、近代文学あるいは古代文学が、技法（art）と協力して、利害得失とは無縁である一般教養の正規の道具にならなければならない。要するに、人文学（*humanités*）を救い出そう。人文学がなければ、どんなに繁栄しているように見える文明でも実質はあまり良質でなくなってしまうであろう。幸いにも、人文学の運命は、ギリシア・ラテン語学習という伝統的なシステムと切り離せないというものではない。(25)

「人文学の救出」という課題は、フラリの荒々しいラテン語教育批判が現れて、緊急性を帯びることになる。これに対して、古典中等教育課程で教育内容という意味でのディシプリンが使われるようになるのは少し遅れることになった。長い間、知性を鍛えるのにふさわしいのは古典人文学しかないと考えられ、ディシプリンという表現を用いるまでもなかったからである。この課程に関してディシプリンという表現を用いた最初の例のひとつは、セレスタン・イポーによるものである。イポーは市立コレージュなどで教鞭をとった後、ストラスブール、続いてカーン文学部フランス文学講座教授となり、名誉教授となった後も当時の公教育大臣デュリュイからパリにおける女子中等教育の組織の仕事を託されるなど教育に生涯関わった人物である。一八八三年に八〇歳で死去しているが、一八八五年に出版された著作の中で次のように述べている。

教育システムの中では人間の知のどの分野も無視してならないから、古代語学習はおそらく重要な地位をこれからも保持していくことであろう。しかし、古代語学習を他のどの学問（science）よりも知性を発展させ、訓練し、規律化する（discipliner）のにふさわしいとみなす議論の有効性を誇張して考えてはならない。我々の母語や他の外国語の科学的学習に同じような利点がどうしてないのか、説明するのは難しい。知的なディシプリン、慣用的に認められた表現では知性の訓練（*gymnastique de l'esprit*）という言葉が、判断力、理性、ものごとを組み合わせる能力と創意の育成を意味しているのだとすれば、数学、物理、化学がより確実に、より強力に寄与するのは確かなことである。[26]

このようにして、古典中等教育でも、ラテン語以外の教科も知的訓練にふさわしい科目、すなわちディシプリンとして認められていくようになるのである。

続いて、ガブリエル・コンペイレの議論を紹介しよう。コンペイレも高等師範の出身でボルドー文学部哲学教授のときに教育科学の講義を始め、教育科学のディシプリン構築に大きな役割を果たした人物である。一九〇八年には中等教育視学総監に任命されているが、その年に出た著書『知育と徳育』(*L'éducation intellectuelle et morale*, Paris, Paul Delaplane)の中で、一般教養は初等学校の存在理由であり(p. 12)、学校を卒業した後も生涯学び続けなければならない、と一般教養の重要性を強調している(p. 15)。これに対して、大学は「一般教養の源(foyers)、発見の学校」であると同時に職業学校であると位置付けられている(p. 26)。なお、中等教育だけでなく、初等教育も教養教育であるという認識は、第三共和政初期の教育改革を行ったペダゴーグ(教育学者)、官僚に共通したものであり、五章で詳論するが、「一般教養」という言葉が最初に普及するのは初等教育であった。[27]

gymnastique intellectuelle については、コンペイレは以下のように論じている。知性(intelligence)の様々な能力は、身体の諸器官とは違い、発達させる前に生み出さねばならない(p. 48)。知的能力、記憶力は一つではなく、いろんな種類がある(p. 50)。続けて形式陶冶が批判されていく。知識内容と形式は切り離せない。古い教育では、判断力そのもの、論理的思考(raisonnement)そのものが、あたかも知性が行使される知識の外にあるかのように陶冶されていた(p. 51)が、それは間違いで、あれこれのカテゴリーの学習によって実証的知識を増やし知性を豊かにする以外に真の教育はない。こうして、古典学習以外の科目もディシプリンとしてふさわしい価値をもつことが認められていく。ただし、古典学習ほどの体系性をもたない科目がディシプリンであると主張するのには、まだ説得力が欠けているように思われたのか、そこで技法（art）としての心理学やペダゴジーが援用されていくことになる（p. 52）。

（3）人文学の革新と歴史の援用

ラテン語以外の教科が知的訓練に相応しい内容を備えるためには、ペダゴジーの援助を得るとともに、それぞれの教科が刷新される必要があった。中等教育の教科のレベルでの変化はアカデミック・ディシプリンの領域での革新と密接に結びついていた。もともと高等教育では中等教育とは違い、多様なディシプリンが共存、競合していた。第一章で論じたように、フランスのアカデミックな学部は、パリの学部を除いて研究活動は貧弱であったが、それでも一九世紀後半から二〇世紀初頭にかけてフランスの人文学はドイツに生まれた近代大学のモデルに影響を受けて大きく刷新された。渡辺が詳しく論じているように、刷新された歴史学の成果は初等・中等教育の歴史教育に導入され、国民統合に活用されていった。「科学」こそ第三共和政初期の「改革派」の旗印であり、それは反共和派およびカトリック勢力とのヘゲモニー争いを闘い抜く上で共和派の切り札の一つであった[28]。筆者は、それに加えて、歴史学あるいは歴史的手法は中等教育における古典人文学のヘゲモニーを切り崩すための切り札としても使われたことを強調しておきたい。

ナポレオン没落後、歴史学は大学や政治の中で重用されてきた。ところが、中等教育では相変わらず古典人文学教育の補完物であり、しかも古代史中心であった[29]。こういう状況を打破すべく、ラヴィスら改革派が奮闘することになる。ところで、さきほど述べたように、古典人文学の威信は圧倒的であったので、ラヴィスが歴史教育の改革の必要性を主張するときにも、古典人文学教育を正面から否定するのではなく、その欠陥を指摘し、改革する必要性を強調する形で論じられた。たとえば、ラヴィスは、自分の学校生活を述べた『回想録』（初出一九〇二年）の中で、リセで受けた教育をこう述べている。

「私たちは文学作品を時代の順番にならべることができなかった。無知な私たちの目には古代ギリシアと古代ローマが」同時代のように「並んでいた」。「どちらが先なのかもほとんど知らなかった」。理解しやすいということで、ホメロスよりもルキアノスが先に説明された。「私たちに教えられたような古典人文学が人間性について教えてくれたことはあまりに少なかった。……私は、我々に教えられたような、古典人文学がフランスを薄く削り取ったことを非難する(30)」。

このように歴史性を無視した古典人文学教育への批判は、デュルケームによるイエズス会の教育への評価と通底していた。デュルケームは、ソルボンヌでの教育科学の講義でアンシャン・レジーム期のイエズス会のコレージュの教育を次のように述べている。「生徒たちがその中で生活せしめられていたギリシア・ローマの世界は、全く本来のギリシア的、ローマ的なものを喪失し、一種の非現実的、理想的世界となっていた。もちろん、そこに歴史上生活した人物も登場してきたが、こうして描かれた人物はいわば歴史的特性を失っていたのである。人物とは、だから、徳とか悪とか人類のあらゆる偉大な情熱の象徴的像でしかなかった」。「こうした古代の特色を喪失させる仕方がイエズス会には容易にできたのは、少なくとも長期間、イエズス会のコレージュにはあらゆる歴史教育がほとんど完全になかった事実によるのである。そこでは文学史さえもが教えられていなかった」。

デュルケームはこうしてイエズス会の古典人文学教育を「もっとも徹底した形式主義」と断罪した(31)。この欠陥を補うものとして歴史学と他の人文学のディシプリンへの歴史的手法の導入が唱道された。フランス文学ではギュスターヴ・ランソンによって文学史が導入されたのである(32)。

(4)　レイグ改革

一八七〇年に第三共和政が成立し、七〇年代末に共和派が政権を掌握すると、一九世紀末から、一連の中等教育

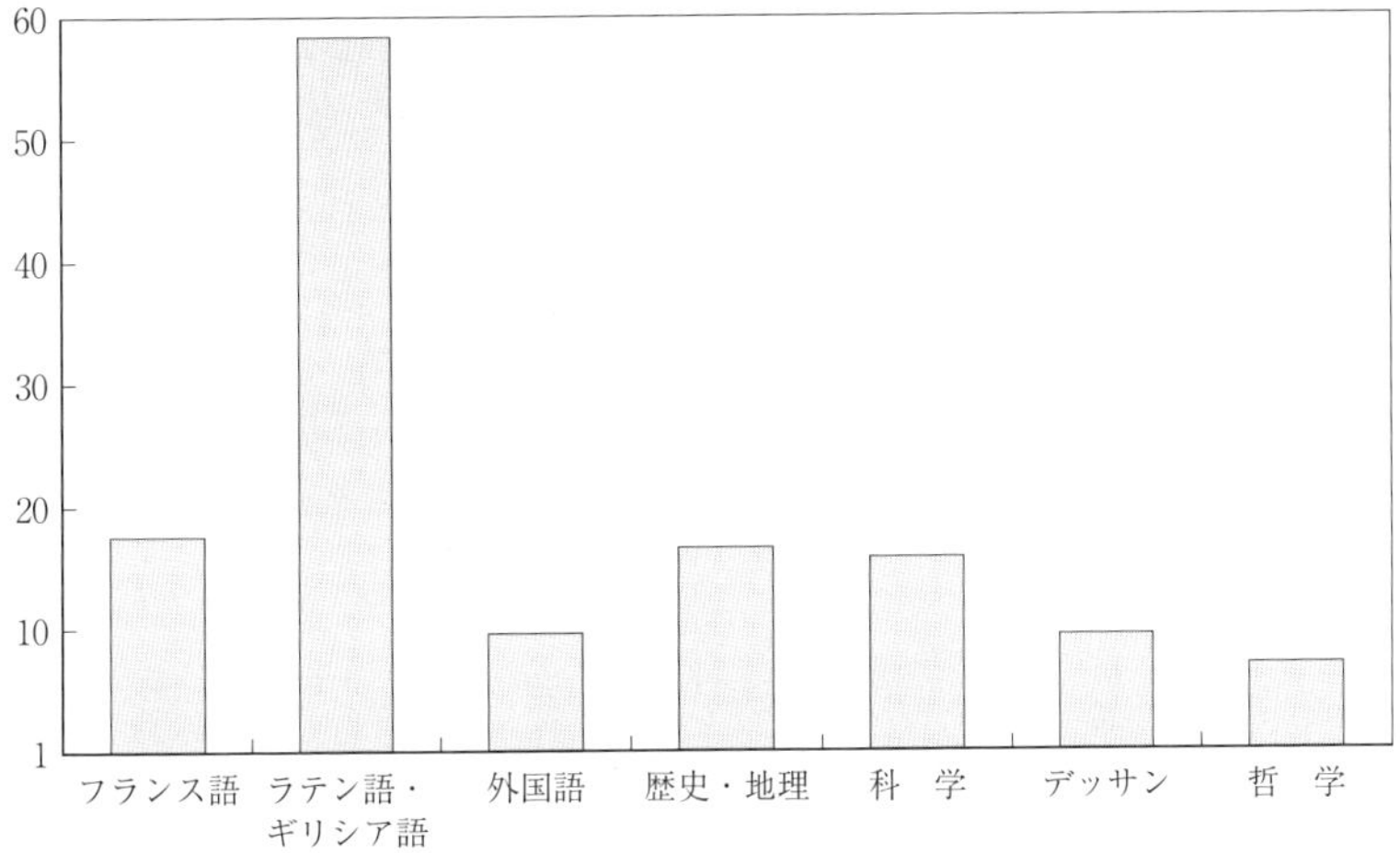

図3-1　1890年6月21日の週時間割で古典中等教育課程にわりふられた各教科の時間

出典：Fr. Mayeur, *De la Révolutions à l'école de la République*, t. III *de l'Histoire de l'éducation et de l'enseignement*, 1981, 2004, p. 564.

改革が行われた。まず、専門教育課程は専門教育の側面を犠牲にして中等教育の側面を強めていき、一八九一年にはついに、近代中等教育（enseignement secondaire moderne）と改称された[33]。だが、この教育課程（「近代教育課程」）では大学進学は不可能ではなかったが、ラテン語が教えられず、伝統的な古典人文学中心の中等教育（「古典教育課程」）（図3-1）に比べ、格下のコースであった[34]。一九〇二年にレイグ改革によって中等教育改革は一応の決着がつくが、結論から先に言えば、意外なほど、改革は微温的であった。

レイグ改革の結果、二つの課程は統合され、中等教育の前期課程（第六学級から第三学級までの四年間）でラテン語のないコースができ、後期課程（第二学級、修辞学級、哲学級の三年）はA（ラテン語とギリシア語）、B（ラテン語と外国語）、C（ラテン語と科学）、D（科学と外国語）の四つのコースに分けられ、そのうちDコースはラテン語のないコースとなった。だが、前期課程でラテン語のないコースを選択すると後期課程ではDコースしか選択できず、将来の進路を狭めることになるので、Cコースが実質的に理系進学コースとなり、ラテン語のないDコースは、かつての「近代教育課程」と同様に、威信を欠き、一段下の二流のコース扱いとなった。このようにして改革で「古典語のゆるぎない支配」は終わりを告げたが、中等教育での古典語の優越的地位は一九六八年の五月革命まで続くことになる[35]。他方で、多様な教科がディシプリンの地位を獲得し、中でも、フランス語の地位が、ラテン語の地位を脅かすほど上昇し、カリキュラムの構造も教授方法も大きな変化を経験することになるのである。

サヴォワはこの変化を次のように要約している。

ラテン語の訓練と修辞学のヘゲモニーは、フランス文学教育の興隆を前にして、もはや表面的なものにすぎなくなった。人文学の統一的な必要性は学校ディシプリンの増加に道を譲った。クラス（classe）と自習（étude）に基づく標準的な時間割は新しい教科の侵入と二時間の授業時間への批判によってかき回された。復活した大学が中等教育に対して科学的正統性を対置し、強制しようとしたため、エリートを教育しフランス的エスプリのつぼであった中等教育の支配的地位は異議申し立てを受けた。高等初等教育が柔軟で絶えず姿を変えていく教育を再び提供したため[36]、公立中等教育の生徒の確保は高等初等教育の興隆によって制約をうけることになった。

高等初等教育の発展は五章で論じることとして、ここでは、初等、高等教育の発展と連動する形で、中等教育も、授業時間を含め、カリキュラムや授業方法にまで変化が及んだということを強調しておこう。すなわち、それまで朝と夕方の二時間の授業が基本で、総授業時間は一日五時間足らず（一八〇三年六月一〇日のアレテ（arrêté）によれば、四時間四五分[37]）で寄宿生の場合は自習室での自習時間（七時間半）のほうが長かった。そして、リセ創設以来重視された数学は例外にして、日本の小学校のように基本的に一人のラテン語の教師が一年間同じクラスを担当する構造になっていた。それが一八九〇年の部分的修正で一部の教科の授業時間が一時間半に短くなり、さらに一九〇二年の改革によって、授業時間は一時間が基本となり、新興の教科がディシプリンの地位を得て、教科ごとに異なる教師の授業を生徒は同時並行的に受けるようになるのである。(38)

これは一面では、時間割にある種の混乱を生じさせることになった。ヴァケによれば、教師が一方的に授業ノートを読み上げて、生徒に書き取らせる授業形態を意味する「クール・マジストラル」あるいは「ルソン・マジストラル（leçon magistrale）」という用語が現れるのは一九世紀末のことであるという。アンシャン・レジーム期のコレージュを含めて、それまでの中等学校での授業は、教師が一方的に話すだけではなく、生徒に読ませたり、宿題の答え合わせをしたり、生徒同士でディベイトを行わせたりするなど、最近の日本の大学教育で流行りの言葉で言えば、「双方向」の授業が中心であった。だが、いくつかの要因が重なって大学の講義のような「クール・マジストラル」が中等教育でも現れるようになった。その一つは名門リセにおけるクラスの生徒数の増大である。ルイ＝ル＝グラン校の修辞学級と哲学級は一九世紀後半に一クラスが八〇人前後に膨れ上がっていた。第二に、公的に定められたカリキュラムを一通り最後までこなす必要があった。それにバカロレア準備の必要が加わり、一回分の授業時間が二時間から一時間に削減されたことが重なった。このため教師が読み上げて生徒に書き取らせるだけの授業がはびこることになり、公教育省によって何度も禁止されても、なかなか改善されなかった。(39)

歴史の授業は「クール・マジストラル」にどうしてもなりがちであるが、シェルヴェルによれば文学教育でも「クール・マジストラル」の授業形態が一九世紀後半に増えていった。とくに、問題になったのは、一八六〇年代以降、専門中等教育課程から始まり、やがて古典中等教育課程にも広がっていった「フランス文学史」の授業であった。宿題の添削を疎かにして得意になって大学の講義のような授業をする若い教師まで現れた。近代派のリーダーの一人であり、歴史学的方法の導入によって文学研究を刷新したランソンも弊害に気づいて一八九〇年代に論争に介入し、文学史は高等教育の科目であり、中等教育では読解に必要な限りにおいてのみ教えればよいと論じている。(40) 教育改革によって生じた混乱、あるいは新たな困難を解決するためにも、授業方法改善を含めたペダゴジーの導入が求められていたのである。

第三節　高等教育改革とアグレガシオン

(1) 科学としての教育学

この時期に重要なことは教育学がアカデミック・ディシプリンとして形成されたことである。歴史学やフランス文学と同様に、国民統合の観点から共和国政府によって重視されたが、この二つのディシプリンとは違い、初等教育の中から生み出された教育学はアカデミック・ディシプリンとしては一九世紀末までなんの地歩もえていなかった。ギニーによれば、共和派は高まる科学の権威によって教育改革をサポートする必要性を痛感していた。(41) コンペイレの教育学やビュイッソン編の記念碑的な『教育学（pédagogie）・初等教育辞典』（以下『教育学辞典』と略）はこうした要請に応えるものであった。辞典の寄稿者は、建築家ヴィオレ＝ル＝デュク、歴史家ラヴィス、などそうそうたる顔触れであり、まさに教育学の「壮大な記念碑」（ピエール・ノラ）であった。二つの版があるが、とくに重要なのは八二年から八七年にかけて四巻本でだされた旧版で、出版された時期はちょうど「フランスにおける学校の革新運動と重なって」いた。辞典は公立、私立の初等教育に関わるすべての人々に宛てられた理論的、実践的な手引きであった。その際、彼らは教育思想の歴史的検討と心理学の導入によってペダゴジーを教育科学（science de l'éducation）にしたと主張したのである。(42) こうして教育科学、あるいはペダゴジーの科学が創造されることになった。

コンペイレは、カトリックとプロテスタントの闘争を一九世紀のカトリシスムと共和主義の闘争と比較し、プロテスタントの精神的・教育的原理を共和主義の教育の原理として位置付けた。また、イエズス会の形式主義に抗する共和主義と中世の大学に抗する人文主義者の共通性を強調した。こうした歴史観は『教育学辞典』やエミール・デュルケームの一九〇四年と〇五年に行った講義録にも流れていた。同時に、忘れてはならないのは、コンペイレからランソンに至るまでの第三共和政の教育関係者は、イエズス会と同じように学校教育における文学教育の重要性を認めていたことである(43)。

第一章で見たように、一八七〇年の普仏戦争の敗北によって、フランスは高等教育、エリート教育の改革を迫られることになった。政権の座に就いた共和派は、ユニヴェルシテにおける資格水準向上の努力を続けた。興味深いのは、ドイツの大学を賞賛する改革派もアグレガシオンの制度を優れているとみなしていたことである。デュルケーム、ラヴィス、セニョボスらのドイツの大学に関する報告、論文には、ドイツの大学制度への賞賛と同時に、共通して教育的配慮の欠如が指摘されていた。フランスは、将来の中等教育教授の養成と学部教員の養成との間に有機的な絆を作り上げており、その点でドイツに比べ優れていると、彼らは考えたのである(44)。

一八七六年、中等教育教員の半分はリサンスの学位さえ持っていない状況であった。アグレジェの数を増やす必要があったが、そのためにはまず一定の水準を備えた志願者の数を増やすことが大事であった。公教育省が期待したのは、文学部と理学部の学生であった。一八七七年、リサンス奨学金が創設され、これは一八八〇年のアグレガシオン奨学生制度の創設（十月一日の通達）によって補完された。さらに、一九〇三年に奨学生試験と高等師範入学試験が統合された。こうして、高等師範学校と並行するアグレジェ養成のコースができることになった。水準は急上昇し、全国の様々な学部がアグレガシオンをめぐって高等師範学校と争うようになった（表3－1）。七月王政によって作られた高等師範とアグレガシオンとの絆に、第三の要素、学部が付け加わったのである。第三共和政初期の改革で、リセ教員に占める非アグレジェの割合は一九〇九年には三四・五％まで下がった。共和派は、教員資格の水準向上は修道会系学校との競合に対する切り札であると考えていたようである。そのため、学部教授の学問的

表3－1　歴史・地理アグレガシオンの受験者数と合格者数（1913年）

受験者の身分	受験者数	合格者数
高等師範学校生徒	9	5
パリ大学学生	32	3
リヨン大学学生	20	6
ボルドー大学学生	4	0
リール大学学生	2	0
トゥールーズ大学学生	2	1
公立コレージュ教師	18	0
リセ講師・代用教員	16	2
高等初等教育教員	3	1
私立学校教員	1	0

出典：Verneuil, *op.cit.*, p. 86.

水準を基準にして中等教育教員の学識を引き上げようとしたのである[45]。

その一方で、第三共和政期に入ると、ふたたび中等教員、とくにアグレジェの教育者としての資質向上が問題にされていく。アグレガシオン合格者の大多数は職業的経験の全くない若者となっていた。他方では、一八九〇年代末に、リセは修道院系学校の繁栄と対照的に生徒数の減少に見舞われた。生徒の親は知育だけでなく訓育（éducation）にも関心を持つようになり、それがリセ離れの大きな要因となっていた[46]。すでに一八八三年一二月には公教育大臣の働きかけでソルボンヌに教職課程として教育科学「補完コース」が創設され、リセのアンリ四世校教授アンリ・マリオンに任されていた。このコースは一八八七年には講座に昇格している[47]（五章三節参照）。

第三共和政初期の改革では、歴史・地理アグレガシオンが最初の舞台となった。ラヴィスら歴史家がとくに資質向上に熱心であったのは、愛国心の涵養や国民統合を進める上で歴史教育改善の必要性を痛切に感じていたからであった[48]。一八九二年以降、歴史・地理アグレガシオン審査委員会委員長であったラヴィスは、一部の受験生の異様なまでの博識と教育者としての資質のなさの落差に驚いていた。一八九三年のコンクール報告では、一部の受験生の模擬授業は「もし生徒が聞いていたと仮定したら絶対に理解不可能な嘆かわしい授業」であったと述べている。ラヴィスらの働きかけで、翌一八九四年、歴史・地理アグレガシオン志願者のために高等教育修了証書（ＤＥＳ、diplôme d'études supérieures）の制度が実現した。ＤＥＳには学問的能力を確認する役割が、アグレガシオンには職業的適性を検査する役割が与えられたのである[49]。

一八九九年には議会にリボ委員会が設置され、大学、リセ、私立校の関係者が呼ばれて意見陳述を行い、中等教育について様々な角度から検討が加えられた。一九〇二年のレイグ改革に結実する、この委員会報告の多くの証言がアグレガシオンの教育的価値を批判していた。ラヴィスも教育学的養成をアグレジェに施す重要性を強調し、競争試験の後、教育科学の講義や教育実習を含む一年間の研修を提案している。

一九〇四年六月一八日の省令では高等教育修了証がアグレガシオン試験のあるすべてのディシプリンに拡大され、アグレガシオンの研修が、自由聴講生、リセの代理教員や復習教師などを含むすべての志願者に課されることになった。さらに、一九〇六年七月二六日の省令で、アグレガシオンの新しい研修には三週間のリセ、コレージュの授業への援助と参加とともに、新しい点として理論的研修が含まれることになった。一年目（高等教育修了証書を得る年度）に、すべての研修生は（パリ文学部ではデュルケームによる）中等教育に関する二〇回の一般講義を受講し、同様に視学総監による教育行政に関する講義と、医者による学校衛生と子どもの心理に関する講義を受けることになった。二年目（アグレガシオンの試験を受験する年度）には、それぞれの専門に合わせてコンフェランス（ゼミナール形式の授業）があった。(50)

(2)　教育学へのアグレジェの批判

だが、ペダゴジーの導入による教職の専門職化をすすめる改革は不徹底に終わった。その要因はいくつか考えられるが、こうした動きに批判的な中等教育、高等教育教員が少なくなかったことをとくに挙げておきたい。第一に、ペダゴジーの実践的有効性を疑う議論が根強くあった。先述したガストン・ボワシエの回顧談はこのリボ委員会での意見陳述であった。代表的な意見として、高等師範学校元校長のフュステル・ド・クーランジュの次のような考えを紹介しておく。「教えることを学ぶのは無益である。教師が学問を深く愛しているということだけで十分にその学問を生徒に教えることができる」[51]。

一九二七年、『リセ新聞』の論説委員ルネ・コンタール（René Contard）は、自分の体験を次のように思い起こしている。「一般に私は研究室にいるペダゴーグを信用していない。授業を行う技術は本を読んで学ぶものではない。理論よりも実践が必要である。［……］ソルボンヌでは、学生に対するペダゴジーのコンフェランスが一般に、リセで教えたことのない教師に任されている。一九〇七年、我々はソルボンヌ大学教授のペダゴジー講義を受講したが、だれも講義に集中しておらず、私語でざわめいていた。この著名な人物は授業のやり方を我々に教えていたが、その講義を学生に聴かせることはできなかった」。このソルボンヌの教授はおそらくデュルケームのことであろう。リボ委員会で発言したアグレジェによれば、「教えられたペダゴジー」は、たいていはリセで授業をもはやしていないか、あるいはうまくできなかった人々によって「でっちあげられた」ものであった。こうして、学識はあるが授業は「下手くそな」アグレジェに、講義ができないペダゴジーの理論家が対置され、どちらの場合も学生や生徒からシャユされる（chahuté）（八章参照）、すなわち口笛で野次られるのではないかという強迫観念に襲われることになった[52]。

誤解のないように指摘しておくが、ラヴィスらによる改革を批判する人々も教育者としての資質の重要性を否定していたわけではない。また、アグレガシオンの試験では従来から、「リセの授業」と呼ばれた二次試験の口述試験では、五〇分の模擬授業が課されていた[53]。問題にされたのは教育学の制度化であった。教育学を知らないからといって、悪い教育者であるとは限らなかった。たとえば、シャルル・ペギーはラカナル校の高等師範学校文系準備級の恩師を賞賛した。返す刀で、ペギーはよそよそしかったソルボンヌ教授、とくにラヴィスを手厳しく攻撃している[54]。第二に、初等教育から生み出された教育学は、エリートの教育に適切ではないという意見があった。関連して、専門的な学識が軽視されるあまり、蒙昧主義に陥る危険性も指摘された。

第三に、行政や地方名望家による教員統制に道を開きはしないかという疑念があった。教員としての資質重視は、第二帝政下の政治的抑圧の経験を思い出させた。こうしたアグレジェの不信感には根拠がないわけではなかった。ソルボンヌでの教育科学講座創設は、公教育省の資金提供で可能になったものであり、アンリ・マリオンに続く教育科学講座の二代目の正教授には、初等教育局長フェルディナン・ビュイッソンが天下ることになった。また、行政によるリセ教師に対する監督は第三共和政期でも続いていた。アグレジェの正教授でも、授業だけでなく、私生活を含め学校外での生活の監督を受け、とくに政治活動については厳しい監視の目が向けられていた。アグレジェにとって、ペダゴジーの拒否は、知識、批判精神、啓蒙の価値観を擁護することを意味したのである[55]。

一九〇二年のレイグ改革を受けて、一九〇三年、高等師範学校ユルム校は改革派の拠点であったソルボンヌに併合された。その結果、高等師範学校はもはや固有の教員集団を持たなくなった。ラヴィスは第三共和政初期の大学改革によって、学部で真の高等教育が発展しているから、師範学校は本来の使命に専念すべきであると考えたのである[56]。

高等師範学校はソルボンヌに従属し、生徒はソルボンヌの講義を受講しにいくことになった。ほぼ同時期に行われた未認可修道会の追放（主として狙われたのはイエズス会）と同じように古典人文学への攻撃であった。それはまた、ドレフュス事件における「知識人（intellectuels）」の活躍という当時の歴史的文脈を考えると、別の面が見えてくる。ドレフュス事件とはスパイ容疑をかけられ、軍事法廷で終身流刑に処せられたユダヤ系のドレフュス大尉をめぐって、冤罪を主張するドレフュス擁護派と反ドレフュス派に分かれて国論が二分した事件である。ドレフュス派は人権と共和国の擁護を掲げたのに対して、反ドレフュス派はナショナリズムと反ユダヤ主義を煽り、共和政を攻撃したので、事件は体制の正統性をも問うことになった。この事件でドレフュス擁護の側にたって「知識人」と称される一群の大学教授、学者、文学者、哲学者など有識者が新聞等で意見表明したり、マニフェストに署名するなどして積極的に政治参加を行った。フランスでは第二次大戦後のサルトルなど政治参加をする知識人の伝統が存在するが、最初に「知識人」という言葉が使われたのは、このドレフュス事件の時であった。ところで、ノルマリアンはアグレジェとともに「知識人」のシンボル的存在であり、ナショナリストからは憎悪され、共和派からは高く評価されていた。皮肉なことに、ラヴィスら改革派による高等師範改革は「知識人」の牙城の一つへの攻撃にもなった。しかも、セニョボスやモノなどプロテスタント系歴史家とは違い、もともと第二帝政では皇太子の家庭教師もしていたラヴィスの政治的経歴はきわめて怪しく、ドレフュス事件でも最初から擁護派であったわけではなかった。こうして改革派の歴史家、とくにラヴィスはドレフュス派知識人にして同じノルマリアンであるペギーによる攻撃の格好の的となったのである(57)。

このように、ペダゴジーと、歴史学など新興のディシプリンは手を携えて教養教育における古典人文学のヘゲモニーに挑戦したが、両者の関係は必ずしも良好ではなく、緊張と軋轢を伴うものであった。

(3)　高等師範学校入学試験改革

高等師範学校はアグレガシオンの合格者をもっとも多く輩出してきた。同時に、研究者養成機関ともなっていた。この高等師範学校は、近代派によって主導された大学改革で大きな試練にさらされることになる。一九〇二年のレイグ改革を受けて、一九〇三年に高等師範学校ユルム校は改革派（＝近代派）の拠点であったソルボンヌに併合され、もはや固有の教員集団を持たなくなり、同校生徒はソルボンヌの講義を受講するようになった。こうして、高等師範学校はもう廃止されるのではないかと思われた。ところが、そうした予想に反して、改革派は高等師範学校存続の道を残し、現在に至るまでユルム校の威信は衰えていない。それには様々な背景があるが、ここでは、高等師範学校とカーニュの存続が可能になった経緯を同校文科入試改革議論に限定して述べてみよう。

一九〇三年に入試改革をめぐってユルム校の教師の間で改革派と保守派に分かれて激しい論戦が繰り広げられた。結果的には、ユルム校入学試験はそれほど大きく変わらなかった。この時の入試改革議論では、中等教育改革で近代派として活躍したランソンがギリシア語を必修科目からはずすように強く要求した。これはレイグ改革によってバカロレアが四つの種類、すなわちA（ラテン語―ギリシア語）、B（ラテン語―外国語）、C（ラテン語―科学）、D（外国語―科学）に分けられたのに対応して、A、B、Cのいずれかのバカロレアを取得した者すべてにユルム校受験資格を与えようという趣旨であった。このランソンの要求は表決の結果多数決で採択され、ギリシア語は「共通の幹」すなわち「一般教養」から除外されることになった。続いて、試験では「一般教養」（この場合はフランス語、ラテン語）を重視するか、「専門的教養（culture spéciale）」（歴史、哲学）を重視するかが議論になった。フランス語作文を廃止し、歴史を試験科目に加える案もあったが、近代派は一つにまとまらなかった。たとえば、マルク・ブロックの父親である歴史家ギュスターヴ・ブロックは一般教養支持に回っている。結局保守派が近代派の一部の取り込みに成功し、一般教養重視は変わらなかった(58)。

一九〇三年の改革の翌年には、カーニュの存続も危ぶまれていた。しかし、幸いなことに、パリ大学文学部の課程は歴史学、地理学などと専門分化し、古典人文学教育ではカーニュに劣っていた。表3-2のように、ユルム校の入学者の中には、ソルボンヌの学生も一定数存在したが、一般教養が重視された高等師範学校入試ではカーニュの生徒に太刀打ちできなかったのである。

古典人文教養へのこだわりは、自国の古典人文学教育の水準の高さへの矜持によっても支えられていた。その良い例として、一八六八年に公刊されたイギリス中等教育視察報告をあげてみよう。当時、身体教育を大胆に取り入れ、生徒に自主性を与えたイングランドのパブリックスクール改革が国際的に注目を浴びていた。そこで当時のデュリュイ公教育大臣は一八六六年、イングランドとスコットランドに教育視察団を派遣したのである。だが、イ

表3-2　出身校別ユルム校文科合格者数 1890—1904年

アンリ四世	ルイ＝ル＝グラン	ラカナル	ミシュレ	コンドルセ	スタニスラス	その他	ソルボンヌ	情報なし	総　計
102	76	22	16	10	6	20	58	24	334

出身校は合格時の所属を示す。
スタニスラス（collège Stanislas）は完全コレージュの私立学校，
アンリ四世，ルイ＝ル＝グラン，ラカナル，ミシュレ，コンドルセはリセ。
出典：Robert John Smith, *The Ecole Normale Superieure in the Third Republic*, p. 18.

ギリス教育視察報告書では、パブリックスクールの徳育、身体教育を高く評価しながら、知育についてはこう書かれていた。「外国人は、イングランドの大学の最初の数年が、自分たちがすでにうけた学習を……繰り返すだけであり、しかもそれがフランスの中等教育でされる学習の難易度をしばしば超えていないのを見て驚くのである」[59]。自国の中等教育の知育に対する高い評価は、ラテン文化をフランス国民文化の源泉と考えるナショナリズムともあいまって、衰えを知らず、第一次大戦前夜になるとかえって強まっていくのである。

一九〇七年頃から、ナショナリズムの風潮とともにレイグ改革と、それを推進したソルボンヌの改革派への風当たりが厳しくなってくる。批判した人々はかならずしも保守派ばかりではなく、高等師範学校の卒業生や、政治的には改革派に近い人々もいた。改革によって生じたフランス語・フランス文学教育の混乱が、こうした批判を招いた要因の一つであった。この中で、一九一一年に当時の公教育大臣ジュール・ステーグは、フランス語の乱れをレイグ改革のせいにする議論に次のように反論している。

わが国の言語は熱に浮かされたような現実生活の喧騒のあおりを食っている。正しい表現、言葉の的確さ、文体の明確さを細心の注意を払って追求するのに好都合な時代では必ずしもない。できの悪い造語、不正確な語法、外来語起源の言い回しによって語彙は醜くなった。しかし、古典フランス語のこうした嘆かわしい腐敗をユニヴェルシテやその教師のせいにすることはできないであろう[60]。

その上で、次のように述べている。「ユニヴェルシテは時代と調和する。過去のディシプリンのうちから、最良のものを保持し、同時に社会の進化によって必要とされた新しいディシプリンを創造するように努力する」。

近代派は実証的手法を導入することによって人文諸学を「科学」にした。新興のディシプリンの中でも、教育学は独特な地位を占めていた。近代派にとっては「科学」となった教育学は古典人文学が占有していた教育的価値を批判し、その優位を揺るがす重要な使命を与えられていた。だが、教育学とその他のディシプリンとは対立する側面があった。アグレガシオンは啓蒙思想の系譜を引いており、専門的学識を引き上げる自由派、後には共和派のおかげで、古典人文学以外の教科は中等教育に市民権を得ていった。ところが、ペダゴジーはアグレガシオンによって高められた教員の威厳を損なう作用も持っていた。逆にアグレジェの学問的能力は、中等教育教員の威厳を高める役割を果たした。

こうして、ペダゴジーにはアグレジェからも古典派からも厳しい批判が向けられることになった。こうした批判や不安をペダゴジーを擁護したラヴィスら近代派は払拭することはできなかった。ここではペダゴジーと官僚統制の問題をもう一度とりあげておきたい。第三共和政は全体としては初等を含め教員の地位向上と権威の確立に努力したが、官僚統制を行わなかったわけではない。たしかに官僚統制は比較的軽微だったが、それは「知識人」としてドレフュス事件に際し、共和国擁護で顕著な功績のあったアグレジェへの政治的配慮によるものであると指摘されている(61)。

この章を締めくくるにあたって、帝国主義との関連で古典人文学教育の持続の問題を考えてみたい。ここで念頭にあるのは「国民国家は植民地主義の再生産装置である」という西川長夫の指摘(62)である。第三共和政初期は国民国家建設が一応の完成を見る時期であり、同時にフランスが本格的な帝国主義的侵略を始めた時期でもある。しばしば指摘されることではあるが、初等教育の義務化とインドシナ侵略とがフェリーという共和派の政治家によって主導されたことは偶然ではないであろう[63]。帝国主義的侵出と初等教育との関係は言い尽くされている観があるが、中等教育、とくに古典人文学教育との関連は言及されることが少ない。フランソワーズ・ヴァケの『ラテン語あるいは記号の帝国』でもとくに触れられてはいない。だが、たとえ古典語擁護の論拠として明示的に挙げられてはいなくても、帝国主義時代で活躍するエリートの教養として、中等学校で学ぶ古代ローマの政治家のテクストや、ローマ帝国の歴史は役立った可能性がある。フランス文学を学ぶだけでは得られない帝国的な視野を、古典学習によって得ることができたのではないだろうか。たとえば、「文明化の使命」というフランス帝国主義を正当化するために用いられた理屈は、属州支配を正当化するためにローマ帝国が用いた「文明の恩恵」というレトリックとよく似ている。このように考えると、古典人文学はフランス文学と相補的な関係にあったように思われる。

〈注〉

（1）Jules Ferry, *Discours et Opinions de Jules Ferry*, sous la direction de Paul Robiquet Paris, A. Colin, 1893, tome I, p. 292.

（2）Haudren et Halpérin, *op.cit.*, pp. 65-66.

（3）Chapoulie, *L'École d'État*, p. 134. 第二帝政下、授業料と寄宿費を合わせて学費は年間五〇〇―一五〇〇フランかかり、一八六五年で、リセの平均的な学費は寄宿費を含めて七二九フラン、市立コレージュは六四九フランであった。Patrick J. Harrigan, *Mobility, Elites, and Education in French Society of the Second Empire*, Ontario, Wilfrid Laurier University Press, 1980, p. 100.

（4）Savoie, *La construction*, pp. 198-199.

（5）Gustave Dupont-Ferrier, *La vie quotidienne d'un collège parisien pendant plus de trois cent cinquante ans : Du collège de Clermont au lycée Louis-le-Grand (1563-1920)*, tome II : *Du Prytanée au lycée Louis-le-Grand (Organisation moderne, 1800-1920)*, Paris, E. de Bocard, 1922, p. 75.

（6） Fr. Mayeur, *De la Révolution*, pp. 518-519. 前田更子、前掲書。

（7） Compère, *Du Collège au lycée*, p. 189.

（8） Instruction du ministre de l'instruction publique aux recteurs, relatif à l'établissement de l'enseignement secondaire dit professionnel dans les lycées (2 octobre 1863), *Recueil des lois et des actes de l'instruction publique*, 1863, n° 10, pp. 365-374 ; Vincent Troger (éd.), *op.cit.*, 2006, p. 36.

（9） Fr. Mayeur, *De la Révolution*, pp. 574-575.「　」の引用はデュリュイの回想録から。Victor Duruy, *Notes et souvenirs*, 1901, Paris, Paleo, 2005, t. II, p. 30.

（10） A. A. Cournot, *Des institutions d'instruction publique en France*, Paris, 1864, Vrin, 1977.

（11） Chervel, *art.cit.*, p. 64.

（12） Chapoulie, *L'École d'État*, pp. 122-124, 131-135.

（13） Guiney, *op.cit.*, pp. 30, 49 ; Paul Bénichou, *Le sacre de l'écrivain, 1750-1830 : essai sur l'avènement d'un pouvoir spirituel laïque dans la France moderne*, Paris, José Coti, 1973, Gallimard, 1996.

（14） Michel Bréal の表現。Waquet, *op.cit.*, p. 26.

（15） Anne-Marie Thiesse and Hélène Mathieu, " The Decline of the Classical Age and the Birth of the Classics", in Joan DeJean and Nancy K. Miller (ed.), *Displacements : Women, Tradition, Literatures in French*, Baltimore and London, John Hopkins University Press, 1991.

（16） Cf. Guiney, *op.cit.*, pp. 50, 150 ; André Chervel, *Les Auteurs français, latins et grecs au programme de l'enseignement secondaire de 1800 à nos jours*, Paris, INRP/Publications de la Sorbonne, 1986, pp. 170-171.

（17） Chervel, *Histoire de l'enseignement du français du XVIIe au XXe siècle*, Paris, RETZ, 2006, pp. 60-61.

（18） *Ibid.*, pp. 54-56.

（19） Raoul Frary, *Question du latin*, 2e éd., Paris, Léopold Cerf, 1885.

（20） Philippe Cibois, « Le livre de Raoul Frary de 1885 », Le 24 octobre 2009 @ 10 : 51 Dans Histoire, —La question du latin— http://enseignement-latin.hypotheses.org, consulté le 28 mai 2015.

（21） Frary, *op.cit.*, pp. 117, 119, 123, 140-141.

（22） Prost, *op.cit.*, 1968, pp. 249-250, 332-333 ; Fr. Mayeur, *De la Révolution*, p. 675.

(23) Guiney, *op.cit.*, pp. 148–149.
(24) Félix Pécaut, *Etudes au jour le jour sur l'éducation nationale*, Paris, Hachette, 1879. 2e édition 1881, p. 99 ; Chervel, *art.cit.*, p. 63.
(25) *Ibid.*, p. 218. art とはこの場合、ペダゴジーのような教育技術か、あるいは雄弁術、修辞学などを指しているものと考えられる。
(26) Célestin Hippeau, *L'éducation et l'instruction considérées dans leurs rapports avec le bien-être social et le perfectionnement de l'esprit humain*, Paris, Delalain frères, 1885, p. 309.
(27) Chervel, *Histoire de l'enseignement*, pp. 65–66.
(28) 渡辺和行『近代フランスの歴史学と歴史家』第三章、同「一九世紀末フランス史学を見る目について」『香川法学』七巻三号、一九八七年七月。
(29) Patrik Garcia et Jean Leduc, *L'enseignement de l'histoire en France de l'Ancien Régime à nos jours*, Paris, A. Colin, 2003, pp. 58–59, 76.
(30) Lavisse, *Souvenirs* (1912), Paris, Calmann-Lévy, 1988, pp. 223–225.
(31) Emile Durkheim, *L'évolution pédagogique en France*, Paris, 1938, PUF, 1999, pp. 287–289. 小関藤一郎訳『フランス教育思想史』行路社、一九八一年、四九九—五〇〇、五〇四頁。表記の仕方は一部改めた。
(32) Guiney, *op.cit.*, p. 172.
(33) Fr. Mayeur, *De la Révolution*, p. 577.
(34) 渡辺和行「近代フランス中等教育におけるエリートの養成」橋本伸也他著『近代ヨーロッパの探究4　エリート教育』ミネルヴァ書房、二〇〇一年、九五頁。「近代教育課程」の前身である「専門教育課程」にはもともと大学進学の道は開かれていなかった。一八八〇年代以降の一連の改革で「専門教育課程」に照応する「専門教育バカロレア（大学入学資格）」が創設され、理学部への入学が可能となり、多くの省庁で官吏任用でも建前では古典教育バカロレアと同格扱いとされるようになった。Prost, *Histoire de l'enseignement*, pp. 253–254.
(35) Waquet, *op.cit.*, pp. 27–31 ; Nicole Hulin, *L'enseignement et les sciences : l'expemple français au début du* XXe *siècle*, Paris, Vuibert, 2005, pp. 19–22, 42 ; Guiney, *op.cit.*, p. 146. なお、ここでは languages vivantes を「外国語」と訳している。

（36）Savoie, *La construction*, pp. 401-402.
（37）Maurice Gontard, *L'enseignement secondaire en France de la fin de l'Ancien Régime à la loi Falloux 1750-1850*, Aix-en-Provence, Éd-sud, 1984, pp. 71-72. テクストには「共和国政府は、内務省の報告に基づき次のように定める」とあるので、「省令」とはせずに「アレテ」の表記にした。*Recueil de lois et règlements concernant l'instruction publique depuis l'édit d'Henri IV, en 1598, jusqu'à nos jours*,（以下 *RLR* と略）t. 2, Paris, Librairie de l'Université, 1814, pp. 418-429.
（38）Françoise Grèze-Rueff et Jean Leduc, *Histoire des élèves en France : De l'Ancien Régime à nos jours*, Paris, A. Colin, 2007, p. 61.
（39）Françoise Waquet, *Parler comme un livre : L'oralité et le savoir (XVIe-XXe siècle)*, Paris, Albin Michel, 2003, pp. 72-75.
（40）Chervel, *Histoire de l'enseignement*, pp. 756-761.
（41）Guiney, *op.cit.*, p. 88.
（42）Gabriel Compayré, *Histoire critique des doctrines de l'éducation en France depuis le seizième siècle*, Paris, Hachette, 1904 ; Pierre Nora,《Le « Dictionnaire de pédagogie » de Ferdinand Buisson》in id. (dir.), *Les lieux de mémoire*, t. 1 : *La République*, Paris, 1984, pp. 330-336 ; Ferdinand Buisson (dir.), *Dictionnaire de pédagogie et d'instruction publique*（以下 *DN* と略）, 4 vols, Paris, Hachette, 1887-1888. 新版が一九一一年に出版されている。本書の六章二節も参照のこと。
（43）Chervel, *l'agrégation*, pp. 154-157.
（44）Charle, *La République des universitaries*, pp. 21-24, 31-33.
（45）Verneuil, *op.cit.*, pp. 77-79, 82-83 ; Chervel, *l'agrégation*, pp. 172-173.
（46）前田更子、前掲書、第5章。
（47）Verneuil, *op.cit.*, pp. 107-108. ただし、一八八五年にすべてのアグレガシオンで宿題添削の試験が消滅していた。
（48）公教育を通じての愛国心の涵養に果たしたラヴィスの役割については、渡辺和行『近代フランスの歴史学と歴史家』七、八、九章参照。
（49）Ernest Lavisse, « Le concours d'agrégation d'histoire et de géographie de 1893 », *Revue universitaire*, 1893, t. II. pp. 241-254 ; Verneuil, *op.cit.*, p. 109.
（50）Verneuil, *op.cit.*, pp. 110-114. コレージュ教師やリセの講師はこの教育研修を免除された。理論的研修をアグレガシオンに統合したのはラヴィスの要望に従ったものであった。なお、アグレガシオンの受験にはリサンスの学位が必要であった。表1－1参照。

(51) Charles-Victor Langlois, « Avertissement aux candidats à l'agrégation d'histoire », *Vingtième Siècle : revue d'histoire*, n°65, janvier-mars 2002, p. 130. 一九〇一年一一月に、歴史家ラングロワがアグレガシオン志願者を前にしてソルボンヌで行った演説のテクスト。ラングロワはクーランジュのこうした議論を嘆いている。

(52) Verneuil, *op.cit.*, pp. 113-114 ; *Journal des lycées*, janvier 1927.

(53) ラングロワやラヴィスは、より教育学的な能力を確かめる試験にしようと運動を起こし、その結果、一八九八年からは名称も「教育学的授業（leçon pédagogique）」に変わった。Charles-Victor Langlois, « Avertissement », pp. 130-133.

(54) Charles Péguy, Préface du 2e *Cahier de la quinzaine*, 6 série (11 octobre 1904), pp. XXI-XXVII ; Verneuil, *op.cit.*, p. 116.

(55) Verneuil, *op.cit.*, pp. 114-116.

(56) Pierre Albertini, « La réforme de 1903 », in Jean-François Sirinelli (dir), *op.cit.*, p. 53. Verneuil, *op.cit.*, p. 85.

(57) Verneuil, *op.cit.*, pp. 80, 116 ; Albertini, « La réforme de 1903 », pp. 64-65.

(58) Albertini, *art.cit.*, pp. 65-68.

(59) J. Demogeot et H. Montucci, *De l'enseignement secondaire en Angleterre et en Écosse : Rapport adressé à son exc. Le ministre de l'Instruction publique*, Paris, Imperimerie impériale, 1868, p. 24.

(60) *Bulletin administratif du ministère de l'Instruction publique*, 1911, t. 89, 20 mai 1911, Partie non officielle, p. 644.

(61) Verneuil, *op.cit.*, pp. 118-119.

(62) 西川長夫『〈新〉植民地主義論』平凡社、二〇〇六年、「あとがき」二六八頁。

(63) フランスの植民地主義については、平野千果子『フランス植民地主義の歴史』人文書院、二〇〇二年、『フランス植民地主義と歴史認識』岩波書店、二〇一四年などを参照。

第四章　女性と中等・高等教育
――ラテン語の障壁を乗り越えて

はじめに――「遅れた」フランス

これまで述べてきた公職あるいは私的な職種と同様に、古文書保管室でなされる職務についても、女性は男性と同じ条件で、男性と同じ教育を受けられることがまず第一に認められなければならない。というのは、これまでの議論で分かるように、個々人が受けた教育で劣っていることが、結果として、女性の賃金の減少に作用しているからである。司書とアーキビストの職についても同様で、学識（science）がないことを理由に女性はこの職務から排除されてきたが、そもそも社会が女性を教育することを拒否してきたのである。しかしながら、女性はこれらの職種に対する高い適性をすでに示していた。一八〇〇年、夫をなくした年に、カロンヌ夫人はセーヌ県古文書室室長となった。多くの法学者は、優れた能力をもったカロンヌ夫人を忘れなかった。（中略）現在は、司書とアーキビストの職に就くには古文書学校で三年間教育を受けなければならず、女性に門戸が閉ざされている。（中略）図書館のこれよりも下の職種については、一八五八年から文学バカロレアが必要になった。こうして女性は古い権利を失って失望している。これが近代文明の急速な進歩のおかげなのである。もしカロンヌ夫人が半世紀後に、より進んだ文明の中で生まれていたならば、職務を遂行するのに適切ではないと判断されたことであろう。公的な教育を受けてはいるが、彼女よりも活動力、知性、さらには適性においてさえも劣っている男性が就いていてもである（ジュリー・ドービエ『一九世紀における女性の貧困』一八六六年[1]）。

フランス人女性のバカロレア受験は長い間認められなかった。右に紹介した文章の作者、ジュリー・ドービエは一八六一年に初めてバカロレア試験に合格した女性として知られている。ドービエはこの著書の中で、バカロレアなどの学位に基づく資格が社会に定着するにつれて、女性は職業活動で不利な扱いをうけるようになり、その地位はむしろ逆に不安定化、さらには低下したと述べ、教育の普及と高度化が女性差別を強化する逆説を指摘している。

フランスを対象にした女性史あるいはフェミニズム研究は盛んであり、蓄積も相当ある。ところが、意外なことに邦語文献では中等教育について多少論じられている程度で、高等教育についてはあまり紹介されてはいない。そこで、本章では女子中等教育と女性の高等教育の歴史の諸相をいくぶん概説風に論じてみることにしたい。

ドービエがバカロレアを取った数十年後の二〇世紀初頭でも女性の学生は希少な存在であった。次に紹介するのは、ある学生新聞で語られた逸話である。ルーマニア出身の女性学生が部屋を借りようとしたところ、管理人の女性が眉をひそめて拒絶し、こう言った。「ここはお前みたいな人間の来るところではない。お金持ちのお住まい（maison bourgeoise）なんだ。家主様はあれをしたいなんて思ってないんだ」。管理人の剣幕に彼女は強いショックを受けた。彼女は知らなかったのだろうが、実は、当時、フランス語で学生を意味する étudiant の女性形「エチュディアント（étudiante）」は、女学生のことではなく、カルチエ・ラタンの尻軽娘、学生の愛人のことであった。管理人の女性は「エチュディアント」と聞いて、下賤な女だと勘違いしたのである。[2] また、このエピソードにでてくる女性学生は外国人であるが、それは偶然ではない。当時は女性学生では外国籍の女性がフランス人より多かったのである。ところが、現在のフランスでは大学進学率やバカロレア取得では女性が男性を上回っている。およそ百年の間にキャンパスの相貌はすっかりかわり、希少な存在であった女性が多数派となったのである。

この対照的な二つの事実を整合的に説明することが本章の一つの課題である。バカロレア受験には性別の条件はなかったが、長期にわたり女性は排除された。フランス革命によって「性差の境界」が鮮明にされ、[3] 女性は公的な領域から排除され私的な領域、とくに家庭に閉じ込められていくが、高等教育についても例外ではなかった。むしろフランス革命以来、能力主義的原理でエリート養成を行っていたフランスにあって、女性の排除は一層際立つことになった。第三共和政に入っても、女性のアクセスには大学側の執拗な抵抗があった。また、一八八〇年まで公立女子中等教育も存在しなかった。このように、女子教育は中等教育、高等教育とも「遅れた」ロシアの後塵を拝することになる。(4) それでも、第三共和政初期にいったん大学入学が原則的に承認されると目覚ましい拡大を遂げていった。公立中等教育も同様で、男子生徒数は二〇世紀初頭から停滞気味でたいして伸びなかったため、女子生徒数の増加によってなんとか面目を繕うことができたのである。

また、フランスでは女性だけを対象とした高等教育は発達せず、男性しかいなかった学部に女性があとから参入し、ついには多数派となっていく道筋をたどる。同様に、男子教育とは異なる教育目標を掲げて始まった公立女子中等教育も、それを担う女性中等教員も、戦間期に男子中等教育、および教員と同質化、同格化（assimilation）、または一体化（identification）されていく。性別役割分担、ジェンダーによる差異化が際立っていた革命後のフランスで、どのようなプロセスを経て中等教育と高等教育で、女性が男性と対等な地位を獲得していったのであろうか。

なお、ここでは女性学生という場合、文、理、法、医、薬の各学部に登録している学生を基本的に指している。高等教育機関としては他にグランド・ゼコールがあるが、第三共和政期では女性に開かれているグランド・ゼコールはほとんどない。女子中等教員を養成する女子高等師範学校セーヴル（Sèvres）は、公式に高等教育行政に帰属するのは一九三六年であるが、本章では高等教育機関として扱う。

第一節　女性の高等教育の二百年

(1)「静かな革命」――高等教育への女性の進出

「静かな革命」とは、女性の高等教育と職業への著しい進出を数量的に明らかにしたボドロとエスタブレの共著の副題である。フランスでは大学への女性のアクセスは一九世紀末まで事実上閉ざされていた。中等レベルの女子教育はカトリック教会の女子修道会か私立の教育機関に任されることになった。

だが、一九世紀末に大学への門戸が開放されると、グラフ（図4-1）を見てわかるように、男性学生に比べても急速に増加していった。男性学生の成長率は一八九九年から一九三八年まで年一・五%に過ぎなかったのに対して、女性学生は一八九九年から一九三九年までその数倍の九・五%であった。その後の成長も女性が大きく、男性学生は一九四九年から一九八三年にかけて年四%の割合で増加したのに対して、女性学生は倍近い年七%の増加を記録している。フランスでは女性学生の増加ほど持続的な成長を記録した社会的変化は珍しく、一九六〇年代のテレビの普及がこれに匹敵するくらいであるという。こうして一九〇〇年にはフランス全土でわずか六二四人だけであった女性学生の数は、一九七〇年代初めに男性学生に肩を並べ、二〇一二年には一三二万二〇〇〇人、全体の五五・四%に及んでいる。バカロレアに合格した女性の数も男性を上回る率で増加し、一九七一年には男性を上回り、同一年齢階層に占める一般バカロレア合格者の割合は二〇一二年で女性は四二・八%に対して、男性は三一・六%となり、どの種類のバカロレアでも女性の成績が男性を上回っている。二〇一二年では理系の博士課程で女性がまだ少ないものの、リサンス課程、修士課程では、人文社会科学系だけでなく、生命科学など一部の理系のディシプリンでも女性が多数派になっている。たしかに、二一世紀初頭の段階では理系や技術系グランド・ゼコールなどで

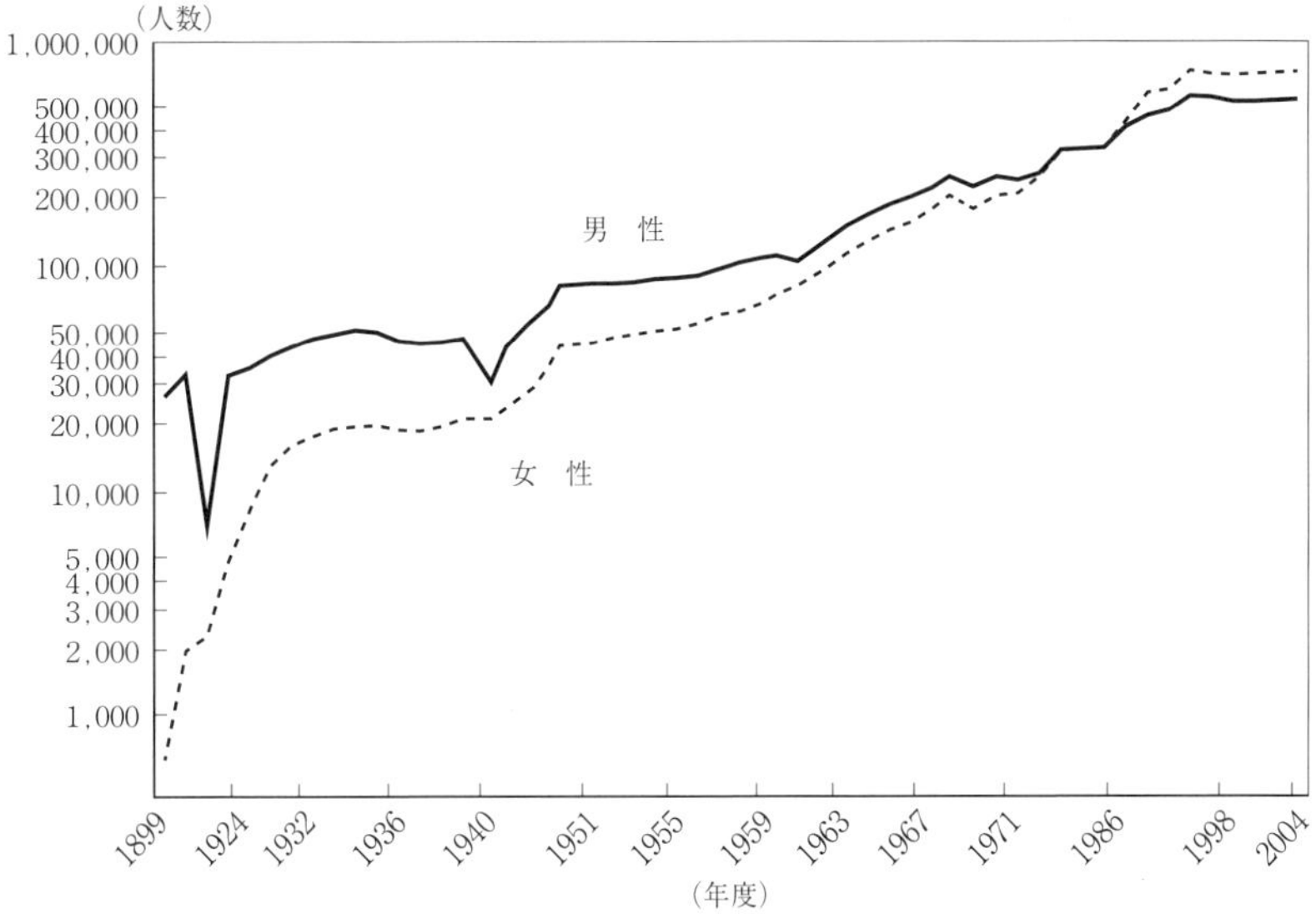

図4－1　男女別学生数の変化（1889―2004年）

出典：Christian Baubérot et Roger Establet, *Allez filles!: Une évolution silencieuse*, Paris, 1992, nouvelle éd. 2006, p. 8.

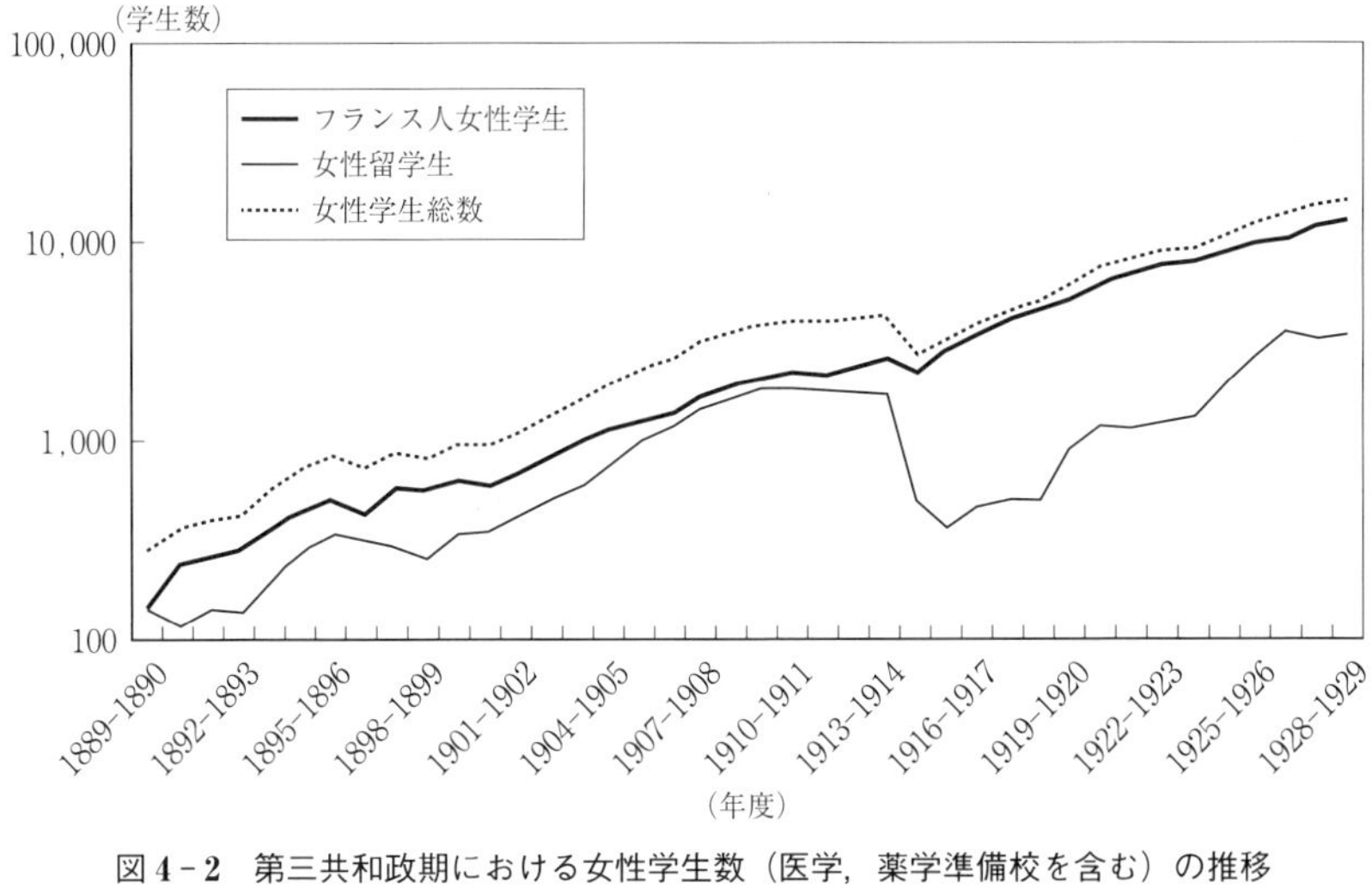

図4－2　第三共和政期における女性学生数（医学，薬学準備校を含む）の推移

出典：Charrier, *Évolution intellectuelle féminine*, Paris, 1931, tableau XX より作成.

は少数派であるが、近年では商業高等教育機関への入学者では、四割を占め、医業でも進出が著しい。理工科学校などの理系グランド・ゼコール進学を目指すリセの理系準備級、あるいは法学、経済では、なお男性の支配的な地位は脅かされてはいないが、それでも、これらの進路がかつて持っていた男性の排他的な独占というイメージは崩れている。(5)

グラフ（図4-2）で第三共和政期の変化をもう少し詳しく見ていくと、第三共和政の初期に始まった女性の学部へのアクセスの歴史は第一次世界大戦の前と後で大きく二つに区分されていることがわかる。まず第一次大戦勃発までは、女性の中で外国人が少なくない割合を占め、年によってはフランス人とほぼ匹敵するくらいの数がいたことである。第一次大戦後に女性の増加が目立つが、中でもフランス人女性は男性学生を上回る規模で急速に増加している。

(2)　フランス革命後の女子中等教育

ドービエが述べているように、「女性のバカロレア受験をサリカ法典もナポレオン法典も禁じていなかった」(6)。バカロレアを創設した一八〇八年三月一七日の政令にも性別による受験資格の規制は明文化されていなかった。ところが、女子のためのバカロレア準備の教育制度は存在せず、女性に大変不利な状況であった。一八一〇年にパリ文学部の若い教授ラクルテル（Lacretelle）が女子のための文学高等教育の萌芽を創設しようとしたことがあったが、学部教授会の決定ですぐに廃止されてしまった。この事件は高等教育への女性のアクセス自体が当時の行政や大学関係者には想定外であったことをよく示している。(7)

女性にラテン語を教える中等教育機関がなかっただけでなく、女性のための公立中等教育も制度化されなかった。公立女子中等教育の最初の試みとして、学校ではないが、一八六七年に女子中等教育講座が開設されることになった。時の公教育大臣ヴィクトル・デュリュイは講座開設の提案にあたって、フランスには女子中等教育は存在しないと断言している。たしかに一八五三年一二月三一日の政令によって、すべての女子教育は初等教育制度の一部とされていた。だが、それは修道院での教育を含め、私立の女子教育の存在を無視するものであった。それまでの間、フランスの女性はまったく教育から排除されていたわけでも、さらには私的な領域に閉じ込められていたわけでもなかった。(8) それまで未開拓であった一九世紀の私立女子教育について本格的な研究を著したレベッカ・ロジャーズによれば、一般の認識のレベルでは第二帝政期においても初等と中等の教育は明確に区別され、パンシオンあるいはアンスティテュシオンと呼ばれる俗人経営、あるいは宗教系の寄宿学校が女子中等教育機関の役割を果たしていたという。(9) ドービエも先述の著書の中で、女子の中等教育について論じている。(10)

もっとも、デュリュイにも言い分がある。法規の中での女子教育の位置付けは曖昧であり、「明確に区別」されていなかったからである。一八二一年一〇月三一日の王令は初等学校より「上の段階の女子教育施設」の存在を認めていたが、初等学校と同様に、県に監督権限があるとしていた。(11) 女子教育の規制は国家ではなく地方レベルで行われ、とくに数多くの俗人経営の女子寄宿学校が存在した首都パリを管轄するセーヌ県が先駆けていた。一八一〇年、パリ市は全国に先駆けて女子学校に関する規則を定め、教員資格試験と学校を監督する女性視学官を設置して、女子教育の改革を行った。二一年に、セーヌ県は、初等のレベルを超える女子教育機関を下から中等学校（écoles secondaires）、パンシオン、アンスティテュシオンの三段階に区分し、学校を開設する女性校長の資格、助教諭の最低年齢、女性視学官の任務などを詳しく規定した。(12) これが全国的にも女子中等教育に関する最初の規制であった。その後、女子初等師範学校開設に関する一八三六年六月二三日の王令に伴い、女性初等教員の免状試験要綱が同年六月二八日のユニヴェルシテ王立評議会令によって規定されることになった。(13) こうした初等教育レベルの女子教育の強化の動きと連動する形で、一八三七年にセーヌ県は、中等レベルの女子学校で教える女性教員免状（通称「パリ市庁舎免状（brevet de l'Hôtel de Ville de Paris)」）を創設した。[14] セーヌ県では女性視学官を設置して監督に当たり、その教員免状は高い社会的な評価が与えられ、他県でも通用する場合があったが、原則として県内でしか有効ではなく、またセーヌ県の例に従って同様の免状を創設する県も数県にとどまった。おまけに、ロジャーズも認めているように、初等学校を経営する女性と中等レベルの学校を経営する女性の区別は曖昧であり、地方当局は初等免状の所持だけで学校開設を認める傾向があった。[15]

さらに、ドービエによれば、「反動的な」一八五〇年のファルー法によって混乱は拍車がかかった。同法による教育の自由化、すなわち規制の緩和によって、せっかく生まれかけていた女子教育における初等と中等の区別は再び曖昧になっていった。その結果、セーヌ県アカデミー管区総監は一八五〇年に、初等教員免状をもった女性教員が大挙して女子寄宿学校に侵入し、女性視学官も自分の権限に自信が持てずに十分監督ができていないと嘆く事態になっていた。一八五三年の政令は、この種の苦情に「我々の中等教育の廃止」（ドービエ）によって応えたものであった。[16] カトリック系私学を高く評価するロジャーズも、「一八五三年、女子中等教育は第二帝政初期の保守的な反動（backlash）の犠牲になった」と述べ、一八五三年の政令がファルー法の「結果として」出されたものであると指摘している。[17]

法規上の混乱あるいは未整備にもかかわらず、これらの女子教育機関は一九世紀半ばに大きく成長を遂げていた。全国統計がないために正確な数値の把握は困難であるが、寄宿学校が全国各地に設立され、比較的統計が残っているパリとその近郊では一八六四年に俗人経営、宗教系あわせて寄宿学校の数は三一六、生徒数は一万二〇〇〇人であった。興味深いのは寄宿学校の教育内容である。ロジャーズによれば、音楽、ダンス、絵画など社交界で必要とされるようなたしなみ、物腰を育てる教育が「軽佻浮薄（frivolité)」なものとして非難され、次第に後景に退き、代わって修道院での教育を含めて、知育が重視され、知性を鍛えることが強調されるようになった。男子教育と同様に、競争（émulation）が奨励され、能力主義的価値観が女子教育でも浸透していたのである。もちろん、音楽などの芸術や裁縫の存在など、女子教育の特徴は残るが、古典人文学教育を除けば、男子に施されていた教育と共通する部分が大きくなっていった。もう一点、注意すべき点は、この時期の私立女子教育機関では良妻賢母教育にとどまらず、職業教育も行われていたことである。修道会の修練所は教員と看護師養成所として機能しており、寄宿学校では初等教育免状の取得が強く勧められていた。社会活動や職業生活への志向をもった女性にあわせて、きわめて柔軟な対応が行われていたのである。[18] このように、フランス革命から一九世紀末までの私立の女子教育の成長、発展の歴史を踏まえておかなければ、その後の公立女子教育の発展も、女性の高等教育への目覚ましい進出も正しく認識できないであろう。

（3）外国人女性

外国人留学生は未開拓の研究分野であったが、最近になってピエール・ムリニエの研究が現れ、その実態がかなり明らかにされている。[19] ベル・エポックの時代に、フランスのリベラルな大学政策、パリの魅力、そしてフランス国内で占めたパリの学部の支配的位置のために、カナダから日本、アルゼンチンからロシアまで多くの留学生を惹きつけ、ポーランド人やロシアのユダヤ人のように迫害された民族の青年エリートの避難所となり、東欧、ラテンアメリカの新興国家、さらにはエジプト、オスマン帝国のエリートの高等教育需要にも応えた。男性に比べ少数とはいえ、女性留学生の存在は無視できないものがあった。第二帝政期に高等教育が再編されて以来、留学生は入学者数制限もなく受け入れられ、多様な奨励策の恩恵を受けていた。一九世紀前半のパリは、とくに医学では外国人にとって留学のメッカであった。[20] 第一次世界大戦まで女性留学生の大半はパリの各学部、つまりソルボンヌに入学し、数の上でフランス人女性を上回っていた（図4－3）。その傾向が逆転するのは第一次大戦以降のことである。フラ

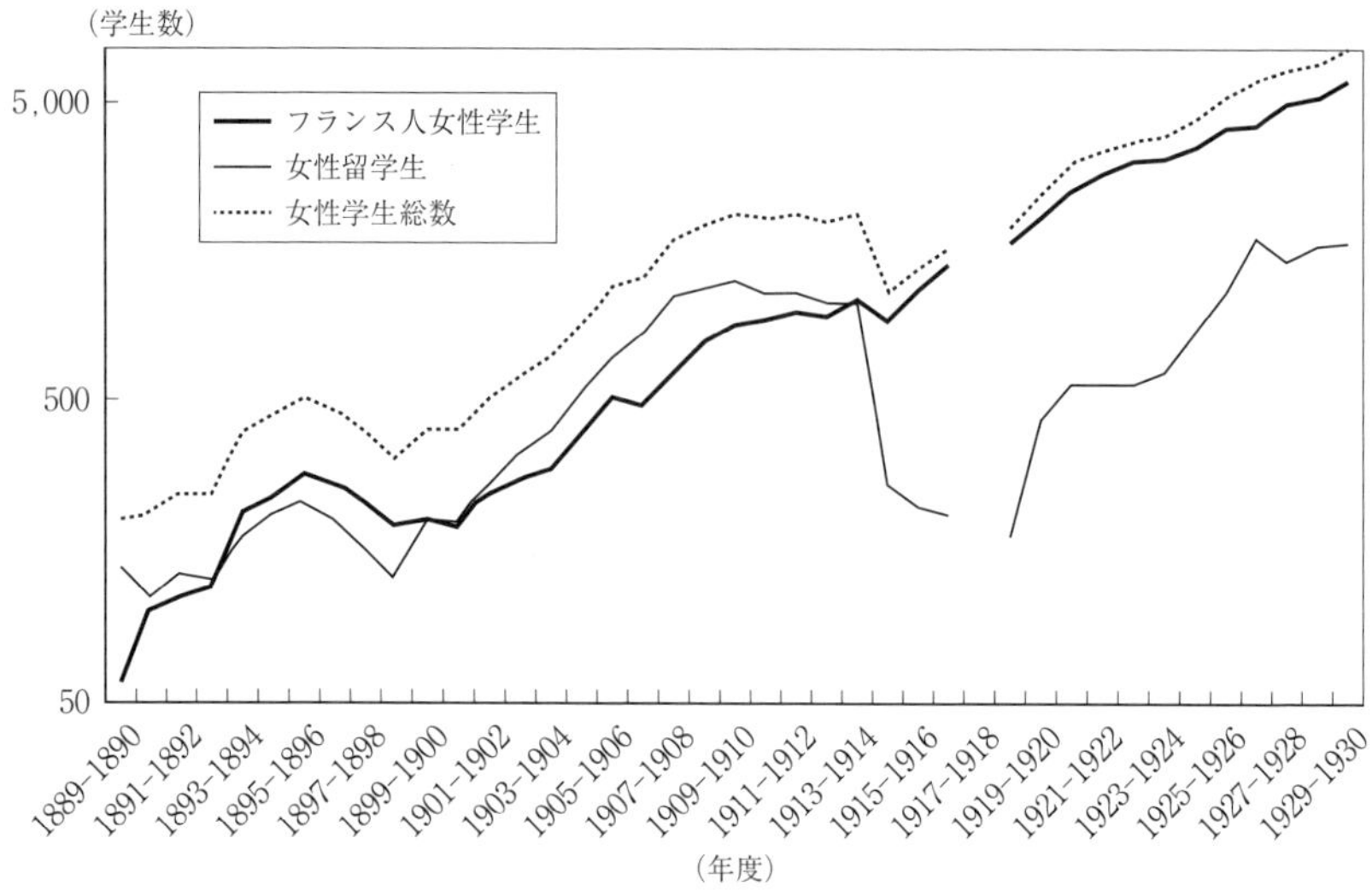

図 4－3　ソルボンヌ大学における女性留学生とフランス人女性学生

1917—1918年度のデータは欠如している。

出典：Charrier, *op.cit.*, tableau VI より作成.

ンス全国を見ても、第一次大戦までは女性留学生はフランス人女性と数の上でやや下回る程度で遜色なかった。

　留学生はフランス人と比べ入学する上で有利であった。というのは、留学生はバカロレアの特別免除と、資格認定あるいは読み替えの制度（système des équivalences de diplômes）の恩恵を享受したからである。一八四〇年七月二四日のユニヴェルシテ王立評議会令によって、留学生は自国の修了証書および学位試験証明書を提出し、当該学部がバカロレアの学位に相当するものかどうかを審議することになった[21]。この評議会令は以後百年間にわたり、学部へのフランス国籍を持たない者の受け入れの基礎となった。読み替え制度によって、外国の中等教育修了者は、ほとんどの場合申請すれば受け入れられたとまで言われている。これに対してフランス人女性は、一九世紀末までバカロレア受験者そのものがきわめて稀な存在であり、特別許可の恩恵も留学生ほどに受けることができなかった。皮肉にもフランス人女性よりも外国人女性のほうがフランスの大学へのアクセスは容易だったのである。

公教育省は国際的な影響力を重視し、外国の将来のエリートの留学を歓迎し、優遇策をとった。個々の学部にとっては、学部の威信を高めることと同時に、授業料収入が魅力であった。だが、第三共和政期に入ると、留学生と、フランス人を含めて女性学生の流入が、大学の質低下をもたらしたと激しい非難の的となった。というのは二つのカテゴリーの学生は学部入学にふさわしい教育、すなわち古典人文学教育を受けていないとみなされたからである。たとえば、一八八三―八四年度の報告でパリ医学部長はこう述べていた。「免除があまりに安易に与えられ、慣例化される傾向がある……外国からフランスにやってきた男性学生に対しては、女性にあれほど安易に気前よく与えられている免除が、はるかに出し惜しみされていることを指摘しないではおられない」[22]。

最初のうち男女とも留学生がもっとも多かったのは医学部であった。これには以下のような事情があった。まず、医学部創設を定めた帝政期の法規が外国人の受講登録を拒否しておらず、フランス以外の大学で学位を得た医者にフランスでの医療従事を政府が許可する可能性まで認めていたからである。また、パリでは解剖費用が安く、死体の数も多かったのも留学生が殺到した理由であった。最初に女性学生の登録を認めたのも医学部であった。一八六八―六九年度に四人の女性学生の登録の記録があり、これが最初の女性の登録であった。そのうち、三人は留学生であり、残りの一人がフランス人であった。留学生の一人、イギリス人女性、ガレット（E. Garette）は、一八七〇年にフランスで初めて医学博士の学位をとった女性でもある。外国人女性の中で国籍別に一番多かったのはロシア国籍を持つ女性であった。たとえば、一八八三―八四年度には総数六五人の医学部女性留学生の中で四七人がロシア国籍の女性であった。しかし、多くの女性留学生は十分な文学と科学の学習を証明することができず、批判に晒された。その結果、古典学習の学位認定が厳しくなり、また、サンクト・ペテルブルクで女性のための医学校が開設されたこともあってロシア人女性は減少していった。

それでも、第一次世界大戦までの十年間は、公権力の留学生獲得の努力が実り、留学生全体としては増大した時期にあたっている。この増加の主な要因は女性留学生の増加であり、一八九〇年から一九〇九年にかけて十倍に膨れ上がっている。学部別では、文学部での増加が目立つ。一八九〇—一八九四年において、パリの女性留学生の四分の三以上が医学部生で、文学、理学はそれぞれ一八%、五・七%であった。ところが、一九一〇—一九一四年に状況は劇的に変化し、パリの女性留学生の中で医学部生は三〇・五%と大きく減ったのに対して、文学部は五六%、法学五%、理学八・五%、薬学〇・二%となった。[23]

第二節　高等教育への女性の進出

(1) 英雄時代の女性たち

フランスでは七月王政期にフェミニズム運動が盛り上がり、高等教育へのアクセスを求めて活発な運動が繰り広げられた。だが、フランス人女性が自国の高等教育にアクセスできるようになるのは、留学生より遅れ、一九世紀後半であり、とくに受け入れ側の抵抗がなくなるのは二〇世紀初頭のことである。ミシェル・トゥルニエが一九世紀末までの時代を「英雄時代」と呼んでいるように、文字通り、先駆的な女性が英雄的な闘いを行った時代である。また、ちょうど公立女子中等教育（後述）の発展の時代と重なっていた。[24]

高等教育へのアクセスといっても実際にはいくつかのレベルがあり、大まかには学部への受講登録、バカロレア、リサンス、博士など高等教育の学位試験の受験、登録せずに自由聴講生としての講義への出席の三つが考えられる。本章では前の二つ、とくに前者について「アクセス」という表現を用いることにしたい。学部への登録では、第一章で述べたように、医学部と法学部にはリサンス、博士の学位を取得するための長期課程と、それ以外の免状を取得するための短期課程があり、後者はバカロレアの取得が条件ではなかった。医学部の短期課程の助産婦免状を得る課程に登録している女性受講生が一九世紀の一八六〇年代ごろまで、男性学生と肩を並べて講義を受講している唯一の女性であった。だが、一八八〇年代になるまで、この女性受講生は学生としては扱われていなかった[25]。すでに述べたように、文学部と理学部では長い間、登録学生がほとんどいなかった。公開講義への女性の参加は比較的古く、コレージュ・ド・フランスや地方の学部の公開講義への出席は、七月王政期にすでに何の障害もなく認められていた。ソルボンヌはなかなか認めようとしなかったが、女性の要求におされて、一八六四年三月に女性の受講を認めた公開講義が始まっている。

この章の最初で述べたように、ジュリー・ドービエが一八六一年に女性として初めてバカロレアに合格した。ドービエは何年もパリ文学部にバカロレア受験許可を求めていたが、拒否され続け、ようやくリヨン文学部で受験を許されたのである。リヨン文学部長は最初その行為の大胆さにたじろいだが、法律は女性に高等教育の試験を禁止してはいないという理由をつけて、許可してくれたのである。もっとも受験後も難題があった。公教育大臣ルーランが書類に署名するには、リヨンの実業家の働きかけが必要であった[26]。

いったん前例ができると、その後は少しずつバカロレア取得者が増えていった。一八六三年、二人目のバカロレア（理学）が

図４－４　バカロレア試験を受験している女性
幾何学の問題を解いているところ

出典：Alexis Lemaistre. *Potaches et bachots*, Paris, Firmin-Didot, 1893, p. 353.

ソルボンヌからエマ・シュニュ（Emma Chenu）に授与された。一八六七年にはシュニュは数学のリサンスに合格している。こうして次第に高等教育の学位試験はすべて女性に開放されるようになった。学位ではないが、一八八五年に女性にも病院のインターン生の競争試験への出願が許され、一年後、最初の女性のインターンが誕生している。だが、当時は女性にラテン語を教える教育機関がなく、バカロレアに受験する女性はまだ例外的であった。一八八七年に、ある女性がバカロレアを受験したとき、男性受験生とは離されて、試験官の机の端に座らされ、そこで答案を書いたというエピソードが残っている。また、すべての問題が一挙に解決していたわけではなかった。講義への女性の通常の形での出席は、地方の学部ではすでに認められていたのに、パリ文学部では一八八〇年ごろまで拒否され続けたのである。たとえば、ドービエはソルボンヌの文学部に登録を許可され、リサンスを取っているが、実際の受講は「受講免除」という形で拒否されている。[27]

（2）第一次世界大戦まで

女性学生の数は、一八七〇年から一八九〇年までの間で、十人未満から約二〇〇人に増えた。グラフ（図4-5）でわかるように、最初のうち、一番多かったのは医学部であった。続いて文学部で女性が増え、医学部を一九世紀末には上回るようになる。法学で最初の女性を受け入れたのはやっと一八八五年のことであった。パリの学部全体では女性学生の数は第一次世界大戦までに十倍以上になり、戦争中に若干減るが、それでも、パリでは学生四人のうち一人が女性となり、その比率は一九一九年以降上昇していく。第一次世界大戦までの学部別に女性学生の増加をみると、もっとも増加したのは文学部であった。文学部における女性の比率は一九一四年には三五％にまで上昇している。教職志望が一番の進学動機だったと思われるが、他に、中等学校では飽き足らない女性が文学部により高度な一般教育を求めたことが考えられる。ワイスによれば、医学部に比べ法学部に女性学生が少なかったのは、

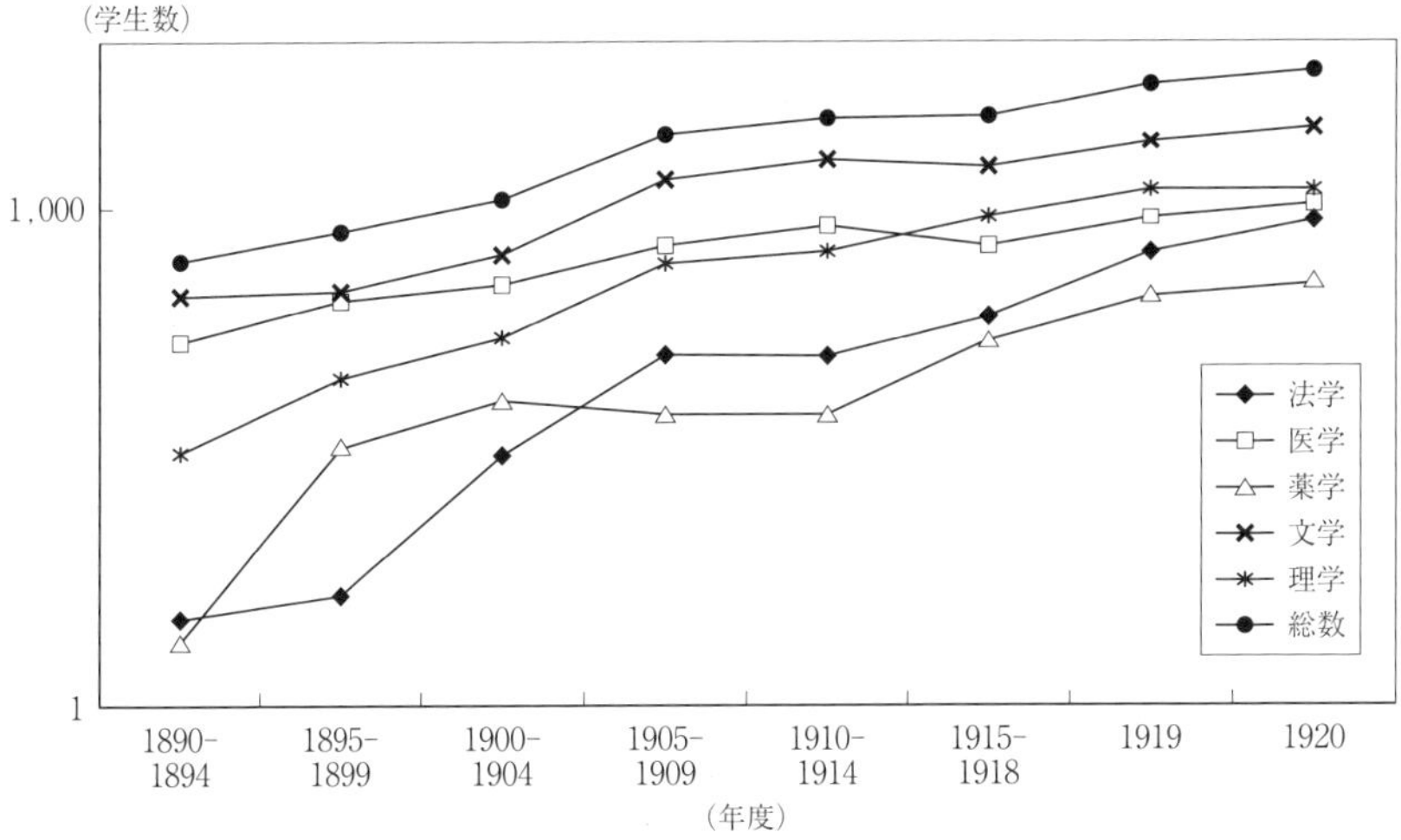

図4-5　学部別の女性学生数の変化（1890─1920年）

フランス全体，1919年と1920年を除いて5年ごとの年平均。縦軸は対数表示。

出典：Pierre Moulinier, *La naissance de L'etudiant moderne*, p. 78, tableau 8 より作成.

開業医としてやっていくには患者の信頼があれば十分であったが、女性が弁護士会に入会できたのは一八九九年になってからのことであり、その後も法職で生計を立てることができるかどうかは確実でなかったからだという(28)。

留学生を含め、女性学生の出現はベル・エポックのカルチエ・ラタンに新しい魅力を与えたが、彼女たちは中傷や揶揄の対象にもなった。想像力をまずかきたてたのは女性医学生であった。一八七〇年代末には時評欄担当者たちは若い女性の清純さと引き比べて、解剖によって血にまみれた女性医学生の過酷な生活をもの笑いの種にした。医学部の女性学生は女性らしさをまったく欠いており、醜く、傲慢であり、おまけに、解剖で「死体」の臭いが染み付いていると書き立てられた。産科や看護とは違い、医者のような男性の職業に従事するのは女性のアイデンティティを損なうとか、あるいは、男性の職業に身を捧げる女性は「青鞜派」であり、「男のような女」であるなどと、非難されたのである。一八八〇年代には、女性学生は堕落したセクシュアリテの病人とされ、さらには学業は女性を早く老化させると書いた小説まで現れた。女性の高等教育への進出をもっとも体系的、理論的に攻撃したのはレンヌ法学部の経済学教授シャルル・チュルジョンであろう。彼は、男性の知的優越は疑いがなく、性別役割分担を維持すべきであると主張し、学問研究の領域では、女性は男性に比べ情緒的な感性の領域では優れているが、知性では劣っていると論じ、女性にはしっかりした論理的思考能力、抽象化したり、総合する能力が欠けている、と決め付けている。それでも、二〇世紀の初めの数年間のうちに、反発は確実に沈静化していった(29)。

女性学生が男性学生と対等の扱いを受けるのはまだ先のことであった。というのは、当時の女性学生の多くはバカロレアを取得していなかったので、留学生と同様に、二流の学生扱いされていたのである。バカロレア取得者は一九〇五年には女性学生のうち十人に一人程度で、一九一三年でも、三〇%にすぎなかったと推定されている。留学生と同様に、特別免除や資格認定制度のおかげで入学できた女性学生の存在は、男性の仲間の職業的未来を脅かしかねなかった。このため、第一次世界大戦まで、女性学生には不正な「侵入者」というイメージがつきまとっていた(30)。

（3） 第一次世界大戦後のアクセスの拡大

第一次世界大戦の勃発は、女性の高等教育へのアクセスや社会進出に大きなインパクトを与えた。戦争中、高等教育機関は男性学生数の激減に見舞われた。学部は男性学生の減少を埋め合わせるために女性学生の受け入れに抵抗を示さなくなり、歓迎する声も出てきた。他方では、結婚の見込みが低下し、独立して生計を立てるために「保証」として学位を求めて学業を続ける女性が増加した。また、グランド・ゼコールの中でも、中央工芸学校のように女子に門戸を開放する学校も現れ、一九一六年には、女子商業高等実習院、一九一七年には工場女性福祉主事養成学校が創設された。高等師範学校ユルム校でも、一九二七年には最初の女性学生が誕生し、受講が許可されている(31)。

戦争が勃発すると、様々な職種で多くの女性が、前線に駆り出された男性に取って代わった。戦争中に女性に開かれたセクター（技師など）は、戦後も女性に開かれ、さらに行政の文書作成係（rédactorat）のような、戦後に拡大した職業も女性の職種として付け加わった。高度な専門職での女性の数は大幅に増大した。たとえば女性弁護士は、司法修習生をあわせて一九二九―三〇年度では総数の〇・九％であったが、一九三六―三七年度には四一一名、全体の中の一五％にまで急成長をとげた。これに比べると伸び率は劣るが、女性医師は、一九二八年に五五六人にすぎなかったのが、一九三九年には八〇〇人、全体の中では三％と着実に増加している。これにともない、法学部と医学部に女性学生が増加した。女性の進出が遅れた薬学部でも、一九三八年までには半分近くになっている。理学部の女性学生も堅調な伸びを示したが、技術的な学習よりも教職が志望動機として強かった。中でも数の上では、一番多かったのは文学部である。文学部はキャリアとしては教職の道を提供してきたが、文学部の女性学生は文書作成係など行政、サービス業にもあたらしい就職先を見つけていった。ワイスによれば、教職志望ではなく、一般教育を求めて文学部に入学した良家の女子も、卒業後は単に結婚を待っていたのではなく、むしろ職業教育を受けたり、あるいは同族会社に就職した者が多かったという[32]。

第三節　「差異を前提とした平等」から「同格化」へ

（1）「差異を前提とした平等（**égalité dans la différence**）」

デュリュイが創設した女子中等教育講座はカトリック教会の反対にあって受講生を十分獲得できず、挫折した後、通称カミーユ・セー法によって公立女子中等教育が制度化されるのはようやく一八八〇年のことであった。

カミーユ・セーら公立女子中等教育を創設した共和派が望んだのは、男子中等教育の複製ではなかった。栖原弥

図4－6　セーヴル校での化学の実験（1928年）

出典：Tristan Lecoq et Annick Lederlé, *Le Centre international d'études pédagogiques à Sèvres : Une histoire plurielle d'un lieu singulier*, Sèvres, Centre international d'études pédagogique, 2010, p. 40.

生らによって指摘されているように、ブルジョワ女性をカトリック教会の影響力から引き離し、共和国の良き母、良き妻を育てることが目的であった。カミーユ・セー法で設けられた「女子中等教育修了証（diplôme de fin d'études de l'enseignement secondaire des jeunes filles）」は、職業的な資格にはならず、古典人文学教育を欠いていたために大学入学資格にもならなかった[33]。また、公立女子中等学校教員と校長には、性別役割分担に基づいて、女性が望ましいとされ、新たに創設された女子高等師範学校セーヴル校を頂点にして女性教員の養成が行われ始めた。

ただし、一九世紀の私立女子教育での支配的傾向と同様に、女子リセでも社交界で成功するための嗜みは「軽佻浮薄」なものとして忌避され、フランス古典文学を中心とした「近代的教養」が教育され、言語能力を中心にした文章表現能力、論理的、批判的思考能力の育成が基本とされていたことは見落としてはならない。フランス語学・フランス文学を軸とした近代人文学教育が古典人文学教育とその地位を争うまでにカリキュラム、教科書などの点で整備されるようになるのは、専門中等教育課程などとともに公立女子中等教育課程での教育実践の蓄積が大きかった。また、当初は共和国の良き母、良き妻を育てることに、すなわち徳育に力点が置かれていたが、一九世紀末から二〇世紀共和政が安定していくと、「実物教育」（五章参照）を積極的に導入し、教室で科学の実験が行われ、写真、地図が導入され、生徒を遠足に引率し、遺跡や歴史的建造物の見学を行った。セーヴル校自身も範を示し、一九〇六年までに一年で二六回も遠足を組織している。古典的な中等教育ではあまり見られなかった新しい教育方法の導入が先駆的に試みられたのである。[34]

共和派の思惑とは異なり、女子生徒の就職志望は根強いものがあった。親の意向を受けて生徒は、私立学校生徒と同様に、在籍中に初等教育上級免状（brevet supérieur de capacité pour l'enseignement primaire、以下「上級免状」と略）の取得を目指した。さらに公立女子中等学校の教職免状も目標となっていった。女性教員は伝統的なジェンダーによる障壁を乗り越え、男性創設者の思惑を超えて、やがてブルジョワの女性文化に根本的な変化をもたらすことになる。[35]

女子中等教員の養成の仕方は複雑なので、少し説明をくわえておこう。教員資格としては、女子リセ・公立コレージュ中等教育免状（certificat d'aptitude à l'enseignement secondaire dans les lycées et collèges de jeunes filles、以下「女子中等免状」と略）と女性アグレガシオン（agrégation féminine）（一八八三年一月三一日の省令によって創設）があり、リセの正教授となるためにはアグレガシオンが必要であった。女性アグレガシオンは、それまでに存在していた男子中等教育のためのアグレガシオン（男性アグレガシオン）にならって創設されたものであるが、専門分化はせず、創設時は文学と理学のアグレガシオンしかなかった。その代わりに試験に道徳、あるいは教育の作文があり、審査委員会は女性教師の物腰、品位を重視して、「話し方の適性」を判断した。このように、男性アグレガシオンにくらべ専門的な学識よりも教育的資質を問うものとなっていた。また男性アグレガシオンとは違い、高等教育のポストを得るための資格でもなかった。[36]

女性アグレガシオンの試験は、広範な知識を問うものとなっていたため、男性アグレガシオンよりも難しく、受験勉強の負担が大きかった。にもかかわらず、男性アグレジェの授業時間は週一五時間が上限であったのに対して、女性アグレジェ（agrégée）は一六時間と、労働条件も俸給も悪かった。このように女性アグレジェは一段格下の扱いをうけた。しかもセーヴル校の毎年の入学者数は数十名とごくわずかであった上に、制度としても教員養成を独占する仕組みにはなっていなかった。学部一年次の終わりで取得できる文学と理学のリサンスは女子中等免状と同じ扱いを受け、さらにアグレガシオン受験資格になった。その上、リサンスを取得するほうが楽であった。文学リサンスの場合、古典人文学教養と専門科目の知識が問われただけだが、女子中等免状は公立女子中等教育のいくつもの教科にわたる、広範囲な知識を求められたからである。また、哲学やドイツ語、英語などの外国語教育はセーヴル校ではなされておらず、こうした科目の中等教員になりたければ文学部に行かねばならなかった[37]。

おまけに、栖原が指摘しているように、老親、さらには幼い弟、妹の扶養の負担が重くのしかかり、女性に対して伝統的な社会規範にしたがうように要求する地域社会の厳しい監視も加わり、女性教員の生活は過酷であり、健康を理由に休職する女性教員も少なくなかった。また、第一次世界大戦まで、修道女と同様に女性教員は独身が理想とされ、一八八〇年代にセーヴル校に入学した女性教員の六割は独身で生涯を終えている[38]。

(2)　バカロレアを目指して

他方、一九〇二年のレイグ改革によって、女性がバカロレアを取得して学部に入学する可能性は大きく広がった。この改革で四つのバカロレアが設けられたが、新設されたラテン語—外国語セクションが女子中等教育にもっとも適合的であった。女子中等教育で施されたフランス文学を中心とした教養教育はテクストを含め、古典人文学教育をモデルにしたものであり、そこにラテン語学習を接木するのは、我々日本人が想像するほど困難ではなかったからである。一九〇二年一二月八日に開催された公教育最高評議会は男女に同じ教育を施す考えを否定したが、選択科目としてラテン語が女子リセ・コレージュで教えられることは容認した[39]。

一九〇五年までは女性のバカロレア受験には公教育大臣の特別許可が必要であったが[40]、その制約も取れ、一九〇五年以降、私立学校がバカロレア準備教育を始めることになる。準備教育を最初に始めたのは俗人経営の私立学校であったが、それに続いてカトリック系学校も準備教育を開始した。カトリック系私立学校は、政教分離による打撃と修道会に対する激しい政府の攻撃にさらされて、生き残り策としてバカロレア対策を目玉にしたのである。もともと私立学校は、上級免状の取得の援助など就職支援も行っていたので、このような方向転換はそれほど難しくなかった。私立学校との競争に晒された公立学校は、強まる親の要求におされて私立学校を後追いせざるをえなくなった。公立学校の場合、古典語授業は追加的授業として、親から余分に授業料を徴収して運営された。こうして一九一三年には、パリのすべての女子リセがバカロレア対策をするようになった。(41)

ところで、すでに述べたように、当時、女性が大学に入る主要な方法はバカロレア取得ではなかった。二〇世紀初頭では、上級免状や女子中等教育修了証などがあれば、理系を中心に、フランス人女性も特別免除や資格認定（読み替え）制度の恩恵を受けていたのである。だが、二〇世紀にはいり、女性学生が増えてくると、こうした抜け穴は激しい抗議を惹起した。世論の反発の背景には、女性の進出を快く思わない男性の存在があったが、他方ではバカロレアの威信の強さ、あるいは能力主義的価値観の浸透が認められる。同時に、セーヴル校教員やその卒業生の中等教員を筆頭に女性教員も、女性に対する優遇措置を続けていても女性学生は「二流の学生」扱いされ続け、したがってキャリア形成で男性に不利なままであると認識し、バカロレア準備が可能となった以上、こうした優遇措置への執着は得策でないと判断するようになった。新たに女子バカロレアを創設する提案が、カミーユ・セーらによって提案されたときにも、同様の理由で女性教員は強く反対している。女子バカロレア創設は、女子中等教育修了証をバカロレアと同等とみなす措置と同じように、男子と対等の形での学部入学にならず、普通の学部とは格下の「女子大学」を生み、必然的に就職で男性に比べ不利になると批判したのである。(42)

カミーユ・セーを初めとした公立女子中等教育の創設者を自負する人々からは反発を受けたが、結局、女子中等教育の教員や行政官の間で広がっていったのは、女性にバカロレアをとるように奨励することであった。これならば、フランス革命が打ち立てた能力主義的原理を違反せずに、また女性への特別待遇に反対する世論の動きにも逆らわずにすんだからである。バカロレアがこれほど重視されたのは、バカロレアは単なる学位にとどまらず、「社会制度」となっていて、フランスの法制度に根付き、数多くの規則がバカロレアに言及し、それに権利や利点を与えていたからである[43]。

すでに一八六六年の段階でドービエは次のように主張していた。男性教員や雇い主の恩着せがましい「思いやり」が何をもたらすか、女性は「苦い経験を通じて」よく知っている。「男性より知的に劣っていると、遅かれ早かれ地位と賃金で男性より下になってしまう。だから男女とも同じ学校、同じ試験、同じ研修を与えなければならない」。こう考えたドービエは男女共学を理想とし、中等教育で女子生徒が望めばラテン語を教えるべきであり、助産婦や古文書館などでの職業生活の上でも女性がラテン語を学ぶ重要性を説いていた[44]。公立女子中等教育はドービエとは異なる思想の下に創設されることになったが、結局のところ、歴史はドービエに先見の明があったことを示したのである。

（3）男女中等教育の同格化

一九世紀末から公立中等学校の無償化が行われる一九三〇年までの間、公立男子中等学校の生徒総数は停滞気味であった。基礎学級に在籍する生徒を除くと、七万三二一一人（一八八一―八二年）から七万七一三七人（一九三〇―三一年）と八万人を超えることはなかった。公立女子中等学校は生徒数増加策で男子校より冷遇され、奨学生の比率も一割程度と、男子生徒の半分の比率に留まり、おまけに女性校長は男性校長に比べて、生徒獲得に積極的ではなかった。にもかかわらず、公立女子中等学校生徒数は七七七一人（一九〇一―〇二年）から二万九九三四人（一九三〇―一九三一年）と順調に伸びていった。シャプリによると第六学級に在籍する女子生徒数は一九二四―二五年度から一九三九―四〇年度までの間に、四八二四人から一万三八七七人へと倍になり、同時期に就学率も一・五一％から三・七三％に上昇している。同じ時期に男子リセ・公立コレージュの第六学級の生徒数は一万五〇〇八人から一万九九五七人、就学率は四・五％から五・七％と、女子に比べると増加の絶対数でも率でも下回っている。バカロレア合格者についても同様で、男子のバカロレア合格者の同一年齢人口に占める比率は一九三三年から一九四五年にかけて、三・六％から四・八％に増加しただけだったが、女子合格者の比率は同じ時期に一・三％から三・六％に三倍近く増えている。(45)このようにユニヴェルシテに占める女子教育の比重は大きくなり、これに応じてその地位も上がっていった。

とくに第一次世界大戦勃発とその長期化は女子中等教育に直接的影響を及ぼした。動員によって男子学校で大量のポストが空席になり、臨時的に女性教員が男子リセで教えることになった。生徒の親は息子の就学を救ってくれた女性教師に感謝の念を表した。すでに第一次世界大戦以前に男性アグレガシオンに合格する女性が現れていたが、すべて黙許によるものであった。戦争が始まると、仮の措置で女子が哲学、文法、数学のアグレガシオンに出願が可能になった。こうして女性に教職への新しい道、すなわち、学部に入学して、男性のアグレガシオンをめざす道が開かれた。第一次大戦後は、男女の中等教育と男女教員集団の同質化に対し、親も世論も好意的になり、大きな流れとなっていった。一九二〇年には、セーヴル校卒業生を中心に女性アグレジェ協会（Société des agrégées）が創設され、同格化を目指して運動を開始している。

一九二四年三月二五日、公教育大臣レオン・ベラールは女子中等教育に大きな転機をもたらした政令に署名した。これが通称「ベラール政令」である。これによって、男女の中等教育は同一のものとみなされ、選択的セクションとしてであったが、バカロレア準備が制度化されることになった。カミーユ・セー法の「差異を前提とした平等」

の原則は否定されて、男子教育との同格化、同質化の原則が勝利することになったのである。

男女の中等教育の一体化を定めた政令の一週間前、公教育大臣ベラールは男性アグレガシオンと男子中等免状試験を女性に開放すると決定した（一九二四年三月一七日の省令）。一九二七年には男性と女性のアグレジェの俸給の平等が実現し、一九三二年には授業時間数の上限について男女アグレジェ間の平等が実現した。このように、待遇、労働条件の平等は着実に実現していった。アグレガシオン自体も、完全な統合は第二次世界大戦後になるが、自然科学アグレガシオンが男女混合になる（一九二七年）など、少しずつ統合へと向かっていった[46]。

セーヴル校とその卒業生が男女の中等教育の一体化、教員に対する性別による差別の是正に果たした役割は決定的であった。だが、皮肉なことに、同格化は学部生に有利に働き、セーヴル校生徒のアグレガシオン合格者に占める比率は低下していった。他方では、第一次大戦後には、ユルム校が正規学生として女性を受け入れるようになっていた。セーヴル校は初期の役割を失い、大きく変化しようとしていた。女性アグレジェ協会自身もセーヴル校の再編を望むようになっていた[47]。セーヴル校は第二次世界大戦後にパリに移転し（一九四九年）、さらにユルム校と統合することになる（一九八五年）。こうしてその歴史を閉じることになるが、それはセーヴル校とその卒業生の果たした歴史的な役割を否定するものではないだろう。

第四節　ボーヴォワールの場合

フランス女性は厳しいジェンダーの障壁を乗り越えて、第三共和政期に高等教育に進出し、教職などの専門職に重要な地歩を築いた。J・B・マーガダントによると、フランスの女性中等教員は女性の職業の歴史の中でも例外的な位置を占めるという。アングロ＝サクソン諸国では、性別役割分担に基づいて女性に割り当てられた職業は、第二次世界大戦までには男性の進出を受け、女性に残ったのは貧しく低い地位、すなわち、男性エリートによって支配された職業の中の女性化されたセクターだけとなった。これに対して、フランスの女性中等教師は、戦間期に徐々に男女の教員の報酬の平等化を実現し、なおかつ、教職から排除されることもなく、男性の教職離れも伴わなかったのである。このような例外的な現象が生じた要因の一つとして、マーガダントとともに、ユニヴェルシテに広がっていた「業績主義的エートス」を挙げておこう(48)。フランス革命によって聖別され、バカロレアの持つ威信に象徴される能力主義と平等主義の原理が、高等教育へのアクセスと同様に、当初は女性に不利に働いたが、長期的には有利に作用し、「差異に基づく平等」という論理を乗り越えるのに役立ったのである。この点では女性アグレジェ協会をはじめ、女性教員がとった態度は正鵠を得ていた。女性への優遇措置に甘んじることなく、男性が設定した能力主義的原理に基づく競争という土俵の上で勝負するという困難な道を選び、その中で結果を出すことに成功したのであるから。

最後に、シモーヌ・ド・ボーヴォワールの教育歴をフランス女性の高等教育史の中に位置づけて本章をしめくくることにしよう。シモーヌは、一九〇八年にカトリックのブルジョワの家に生まれ、カトリック系私立学校で学んだ。だが、第一次世界大戦によって一家は没落し、シモーヌは、当時のブルジョワの多くの娘と同様に、働いて生活する道を選ぶことになった。一九二四年にラテン語―外国語のセクションで「優等」でバカロレアをとった彼女は、教職を志望し、男性アグレガシオンの一つ、哲学アグレガシオンを受験する道を選んだ。「当時、哲学アグレガシオンや博士号を取った女性は指で数え上げるほどしかいなかった。私はそれらの先駆者のひとりになることを望んでいた」。この選択には父親も反対しなかった。なお、哲学アグレガシオンには男性アグレガシオンしかなく、その準備教育はセーヴル校には存在しなかったから、文学部進学しか選択肢に残らなかった。実は、哲学の女性アグレガシオン創設案もあったが、男女教員の差別の固定化につながるという理由で女性アグレジェ協会などからの反対があってつぶれていた。しかも、幸いなことに彼女が学部に入学する一九二四年から男性アグレガシオンが女性にも開放されることになった。また、文学と数学のバカロレアを取得し、ソルボンヌでは文学、ギリシア語、ラテン語、数学、哲学と、できる限り多くの修了証を取った彼女の学位蒐集熱には、保証として学位を求めた当時の女性学生と共通する心性を見出すことができよう。

彼女は、アグレガシオンの筆記試験に合格したあと、ユルム校のサルトルらに口述試験の準備を一緒にしないかと誘われ、仲間に入ることに同意する。(49)ともにアグレガシオンの準備をした学生たちは強い仲間意識を持ち、この知的な共同体はしばしば一生持続するものであるという。(50)アグレジェは知識人と同義であった。シモーヌは、知識人の卵の共同体に入らないかと、ユルム校の秀才から誘われたのである。一時期構想されていた哲学の女性アグレガシオンができていたら、こうした出会いはなかったかもしれない。一九二九年、彼女はサルトルについで二位で哲学アグレガシオンに合格した。その年の哲学のアグレガシオンの合格者は、男女合計でわずか一四名、女性はボーヴォワールを含めて三人であった。(51)

ボーヴォワールは男性学生に対して「後日私をいらだたせたアメリカ女性のあの『挑戦的態度』をけっしてとることがなかった」と述べ、「出発点において、男性は私にとって仲間であり、敵ではなかった」と書いている。これはアグレガシオンの試験では女性学生を定員の枠外で取ったという事情はあるが、女性の能力を公平に評価することができた異性の友人に対する信頼の表れでもあった。同様に、ボーヴォワールが、眼前に「未来が男性学生とおなじくらい広がっていた」と感じることができたのは、(52)ただ単に彼女の卓越した能力、特権的な地位によるものだけではなかった。中等教育の教職の道では、女性は一つ一つ権利を獲得し、平等の闘いにおいて前進を続けていた。前途洋々とした未来は、彼女だけでなく、当時の女性学生全体が共有できたものであった。

〈注〉

（1）J.-V. Daubié, *La femme pauvre au XIXe siècle*, Paris, Librairie du Guillaumin et Cie, 1866, pp. 213–214.

（2）Moulinier, *La naissance*, p. 69.

（3）長谷川まゆ帆「第八章　女と子どもの関係史」、谷川稔・渡辺和行編『近代フランスの歴史――国民国家形成の彼方に』ミネルヴァ書房、二〇〇六年、二五八頁。

（4）橋本伸也『エカテリーナの夢　ソフィアの旅――帝政期ロシア女子教育の社会史』ミネルヴァ書房、二〇〇四年参照。

（5）Christian Baudelot et Establet Roger, *Allez les filles !: Une révolution silencieuse*, Paris, Seuil, 1992, 2006, pp. 5, 8–9, 21, 246–250 ; *Filles et garçons sur le chemin de l'égalité de l'école à l'enseignement supérieur*, l'édition en 2014, Ministère de l'éducation nationale, 2014. http://cache.media.education.gouv.fr/file/2014/08/3/FetG_2014_305083.pdf, consulté le 29 mai 2015. 二〇一二年度の学生数は狭い意味での大学セクターだけでなく、国民教育省が管轄するリセのグランド・ゼコール準備級（ＣＰＧＥ）、リセ付属高級技術者養成短期高等教育課程（ＳＴＳ）、大学付属職業技術教育課程（ＤＵＴ）、職業技術課程（formations d'ingénieurs）の学生も含む。

（6）Daubié, *op.cit.*, p. 216.

（7）ラクルテルの試みは、正規の登録ではなく、自由聴講生として女性を受け入れようとしたものらしい。Édmée Charrier, *Evolution intellectuelle féminine*, Paris, Albert Michelinck, 1931, pp. 141–143.

（8）Rogers, *From the Salon*, p. 123–124, 128.

（9）*Ibid.*, pp. 28, 56–57, 123, 144–159, 168, 174, 184.

（10）ドービエによれば、市立女子寄宿学校（pensionnats municipaux）も存在したが、一八二〇年以降、ユニヴェルシテが女子パンシオンに厳しい規制をかけたため、法的保護の点で初等教員よりも劣る不安定な状況に追いやられて衰退していったという。Daubié, *op.cit.*, p. 131. なお、女子寄宿学校については、本章脱稿後に公刊された下記の論稿が参考になる。前田更子「十九世紀フランスにおける寄宿学校の娘たち」（永井万里子・杉浦未樹・伏見岳志・松井洋子編『世界史のなかの女性たち』勉誠出版、二〇一五年所収）。

（11）Gréard, *La législation*, t. I, pp. 145–146.

（12）Rogers, *From the Salon*, pp. 48–49.

（13）*La formation des maîtes en 1792–1914 : Textes officiels* réunis par Marcel Grandière, Rémi Paris et Daniel Galloyer,

INRP, 2007, pp. 80-82.

(14) 「セーヌ県女子パンシオン・アンスティテュシオン規則」一八三七年三月七日。テクストは Gréard, *La législation*, t. I, 1874, pp. 453-458 を参照。

(15) Rogers, *From the Salon*, pp. 115-123.

(16) Daubié, *op.cit.*, pp. 133-134. 一八五三年一二月三一日の政令の女子教育に関する条項を説明した、一八五四年一月二六日付けの公教育大臣の通達で、かつての分類では女子教育のための施設は初等学校と中等学校に分けられていたが、今後はすべて初等教育を規制する条項に従うものとする、となっている。Gréard, *La législation*, t. III, 1893, pp. 572-573.

(17) Rogers, *From the Salon*, p. 123.

(18) *Ibid.*, pp. 28, 56-57, 144-159, 168, 174, 184.

(19) Moulinier, *La naissance*; id., *Les étudiants étrangers à Paris au XIXe siècle : Migrarions et formation des élites*, Rennes, Presses Universitaires de Rennes, 2012. 邦語文献では、白鳥義彦「世紀転換期フランスにおける外国人留学生の動向」『教育社会学研究』第六〇集、一九九七年。

(20) Moulinier, *La naissance*, p. 49; Weisz, *op.cit.*, p. 253.

(21) Beauchamps, *op.cit.*, t. 1, p. 871.

(22) Moulinier, *La naissance*, pp. 50, 52-53, 71-72, 78-79; Weisz, *op.cit.*, p. 231; Fr. Mayeur, *De la Révolution*, p. 122; Charrier, *op.cit.*, p. 151.

(23) Charrier, *op.cit.*, pp. 150-151; Moulinier, *La naissance*, pp. 49, 58, 77.

(24) Michèle Tournier, *L'accès des femmes aux études universitaires en France et en Allemagne (1861-1967)*, Thèse de 3ème cycle soutenue à l'Université René Descartes, U.E.R. des Sciences de l'Éducation, Paris, 1972, p. 25.

(25) Moulinier, *Les étudiants étrangers*, p. 77.

(26) Charrier, *op.cit.*, pp. 144, 148. 阪本佳代「公教育大臣デュリュイの女子中等講座（一八六七年）――「教会の膝元」から「ユニヴェルシテの腕の中」か」『史学研究』二三三号、二〇〇一年七月、六七頁。

(27) Tournier, *op.cit.*, pp. 26-28; Poirier et Nahon, « L'accession des femmes à la carrière médicale (à la fin du XIXe siècle) », in J. Poirier et J. L. Poirier (éd.), *Médecine et philosophie à la fin XIXe siècle*, Val de Marne, 1980, pp. 27-30; Moulinier, *La naissance*, p. 76; Charrier, *op.cit.*, pp. 151, 191.

(28) Moulinier, *La naissance*, pp. 76-77, 80 ; Weisz, *op.cit.*, pp. 245-247.
(29) Charles Turgeon, *Le féminisme français*, t. 1, Paris, Librairie de la Soiété du Recueil général des Lois et des Arrêts, 1902, pp. 138-139, 152-154, 223-224.
(30) Moulinier, *La naissance*, p. 86 ; Weisz, *op.cit.*, p. 245 ; Tournier, *op.cit.*, pp. 45-46.
(31) Tournier, *op.cit.*, pp. 133-134 ; Fr. Mayeur, *L'enseignement secondaire des jeunes filles sous la Troisième République*, Paris, Presses de la Fondation nationale des sciences politiques, 1977, p. 409 ; Sirinelli (dir.), *op.cit.*, p. 432.
(32) Tournier, *op.cit.*, pp. 133, 140-142 ; Weisz, *op.cit.*, pp. 247-251.
(33) 栖原弥生「女子リセの創設と『女性の権利』」（谷川稔他『規範としての文化』所収）。Jo Burr Margadant, *Madame le Professeur : Women Educators in the Third Republic*, Princeton, Princeton University Press, 1990, p. 33.
(34) Margadant, *op.cit.*, pp. 226-227.
(35) *Ibid.*, pp. 3-4.
(36) Chervel, *l'agrégation*, p. 166 ; Verneuil, *op.cit.*, pp. 191-193. 道徳、教育作文は一九三八年の試験から廃止された。
(37) Fr. Mayeur, *L'éducation des filles en France au XIXe siècle*, Paris, Hachette, 1979, p. 172.
(38) Margadant, *op.cit.*, pp. 138-139 ; Verneuil, *op.cit.*, pp. 193-196.
(39) Moulinier, *Les étudiants étrangers*, pp. 80-81.
(40) *Ibid.*, p. 80.
(41) Fr. Mayeur, *L'enseignement secondaire*, pp. 388-401 ; Weisz, *op.cit.*, p. 244 ; Piobetta, *op.cit.*, pp. 309-310.
(42) Weisz, *op.cit.*, pp. 231, 244 ; Fr. Mayeur, *L'enseignement secondaire*, pp. 397-398 ; *Revue Universitaire*, t. I, 1905, pp. 342-343.
(43) Piobetta, *op.cit.*, p. 315 ; Fr. Mayeur, *L'enseignement secondaire*, p. 400.
(44) Daubié, *op.cit.*, pp. 151-152, 162-163, 182-195, 215.
(45) Chapoulie, *L'École d'État*, pp. 151, 164, 192-193, 198-199. 公立中等学校の無償化（一九三〇年）後の、一九三八―三九年度の公立中等学校の生徒総数は男子が一四万三四一人、女子が六万一五七一人と、三〇―三一年度に比べそれぞれ倍加している。ただし、第六学級の就学率は、男子は七・四％であった一九三〇―三一年度に比べて三八―三九年度にかえって減っており、女子も三〇―三一年度に三・四〇％あったので微増にとどまっている。バカロレア合格者の数値は公立、私立別の合格者の統計数値がないために、私立学校の生徒の合格者も含まれている。

(46) Verneuil, *op.cit.*, pp. 202-204 ; Fr. Mayeur, *L'enseignement secondaire*, pp. 397, 399, 412, 427.

(47) Verneuil, *op.cit.*, pp. 204-205 ; Fr. Mayeur, *L'enseignement secondaire*, p. 412.

(48) Margadant, *op.cit.*, pp. 10, 326.

(49) Simone de Beauvoir, *Mémoires d'une jeune fille rangée*, Paris, Gallimard, 1958, pp. 158-160, 174, 330-336（朝吹登水子訳『ある女の回想——娘時代』紀伊國屋書店、一九六一年、一四二—一四六、一五九、三一二—三二〇頁）. 訳文は一部改変した。以下も同じ。Cf. Fr. Mayeur, *l'enseignement secondaire*, p. 414.

(50) 筆者の知人であり、長年リセの準備級で教鞭を取ったピエール・ベリエ（Pierre Berrier）氏の証言。

(51) Cf. André Chervel, « Les agrégés de l'enseignement secondaire. Répertoire 1809-1960 », mars 2015 [en ligne] http://rhe.ish-lyon.cnrs.fr/?q=agregsecondaire_laureats, consulté le 29 mai 2015. クロディーヌ・セール＝モンテーユ著、門田眞知子・南知子訳『世紀の恋人ボーヴォワールとサルトル』藤原書店、二〇〇五年、五三—五五頁。

(52) Beauvoir, *op.cit.*, p. 295（邦訳、二七六—二七七頁）.

第Ⅱ部　民衆教育の再創出

第五章　ジュール・フェリーの初等学校
――フェリー神話を超えて

はじめに――初等教員の三部会

みなさん。

私は大変気にしながら、また大いに信頼しながら、この大会の成果を待っていました。大変気にしていたと言いますのも、大会は新しいだけでなく大きな事業であるからです。なによりもましてこれは初等教育の三部会の最初の会合なのです……（拍手）。そうはいっても、私は大いに信頼していました。というのは、政治においてもペダゴジーにおいても、普通選挙に対してしても教員集団（corps enseignant）に対してしても、私が常に従ってきた政策、そしていつも私の役に立ったのは、信頼の政策であるからです（聴衆から、そうだ、そのとおりの声）。

公教育省は思想と方法の源であるだけでなく、学識を用いる機関（mécanisme savant）、強力な官僚機構でもあります。ペダゴジーに関する事項と、大きくて運営が難しい行政機関に信頼の政策を適用するために、教員集団自身の自由、自由な議論、自由で十全な協議という、この新しい政策を公教育省に導入するためには、若干の努力とすこしばかりの意志で十分でした。教育協議会（conférences pédagogiques）が［ユニヴェルシテ］最高評議会によって――制定され、組織され、こう言っても良いでしょうが、歓呼の声で迎えられたのです（ジュール・フェリー　一八八一年四月一九日の教育大会での演説[1]）。


教育協議会とは、アカデミー管区視学官によって主宰された理論的、実践的なペダゴジーに関する研究協議会であり、カントンごとに開催され、すべての初等正教員の出席が求められた。教育協議会の起源は一八三七年に遡るが、その後すたれてしまい、一八八〇年六月五日の省令によって再編され、復活した。[2] こうした地方の教育協議会を全国的に総括するのが教育大会（congrès pédagogique）である。教育協議会や教育大会は、当時の教育行政と現場教員との関係を理解するために知っておくべき重要な制度である。

現在のフランスでは、フェリー時代の学校が、困難を抱える現在の学校と対比されて理想視される一方で、社会的不平等を再生産し、監獄のような強制と調教の場であったと非難する議論も根強くある。[3] フェリー改革を否定的に見る議論は直接、間接にブルデュー、フーコーの影響を受けた学校文化批判の影響が認められる。ただし、序章で述べたように、フランスではアリエス＝フーコー・ショックの洗礼を受けながら、方法論的にも教育史研究が大きく刷新され、実証的にフェリー改革が相対化、歴史化がすすめられた。日本でも一九八〇―九〇年代にフェリー改革が研究対象となったが、二一世紀に入ると、後でも触れる岡部造史の論稿を除けば、伊達聖伸ら社会学者、あるいは宗教社会学者によってライシテに関する研究が注目される程度で、[4] この十数年間のフランスでの研究成果は十分紹介されていない。そこで本章では、とくに教育行政の役割に注意を払い、フランスにおける最近の研究成果をいくつかピックアップし、フェリー改革の歴史的位相を再考することにしたい。

第一節　フェリーの初等学校の実態

(1)　競争原理と成績による序列化

一九九三年にクリスチャン・ニックとクロード・ルリエーヴルは、共著『共和国はもはや教育しないであろう――フェリー神話の終焉』[5] という挑発的なタイトルの本を出版し、その中で初等教育の世俗・義務・無償の三原則をうちたてたフェリー改革を「神話」であると激しい批判を加えた。出版されてからすでに二〇年以上になるが、議論のとっかかりとして、共著者が展開している議論を最初に紹介してみよう。ニックとリエーヴルは、フェリーの初等学校が民主的な学校ではなかったこと、フェリー自身は階級別の学校体系を擁護していたことを辛辣に指摘している。フェリーは「二つの階級を一つの平等な国民にする」と一八七〇年四月一〇日の演説に述べているが[6]、フェリーによって目指されたのは二つの階級が威厳において平等になり、両階級に共通するモラルを建設することであり、二つの階級が別々の学校に通うことを妨げておらず、急進共和派などとは違い、統一学校を支持してはいなかった。ブルジョワジーの子どもは、リセやコレージュの基礎学級に通い、初等学校に行く必要はなかった。基礎学級の存在は複線型から単線型教育制度への移行の最大の障害の一つであったが、フェリーと共和派はこれを廃止するどころか、かえって強化する措置をとった。まず第一に、初等学校の無償化を定めた一八八一年六月一六日の法律は基礎学級に適用されなかった。第二に、一八八一年一月八日の政令で初等免状とは別個に「古典教育基礎学級教育免状」を創設し、基礎学級の特殊性を強めた。さらに基礎学級の拡大を図るために、ラテン語教育を遅らせて第六学級からとし、古代語以外の外国語を導入し、「初等学校の初等教育より上で、高等初等教育よりも下の内容」を教えようとさせた[7]。こうして基礎学級生徒数は第三共和政期に増え続け、一八八一年に一万六〇〇〇人（数字は男子のみ、以下同じ）だったのが、一九一三年には三万一〇〇〇人に増えた。一九三〇年代に第六学級以上の中等教育は無償化されたが、基礎学級は有償のままであったにもかかわらず、基礎学級の生徒数は五万五〇〇〇人を超えていた[8]。

たしかに、フェリー時代の初等学校は複線型教育制度を前提としており、学校教育を通じての社会的上昇、階層、階級間の移動の促進を考えていなかった。奨学金を得て中等教育を受ける民衆出身の子どももいたが、中等教育が有償で奨学生の数が少なかったために、例外的な存在にすぎなかった。初等学校に通う民衆の子どもの中で成績優秀な生徒が望みうる最高の出世とは、通常、師範学校に行って初等学校教師になることであった。それはまた、競争原理を働かせて、成績によって子どもを選別したり、あるいは野心を掻き立てたりすることにおのずと限界があったことを意味している。

競争主義といえば、現在のフランスには「全国高校作文コンクール」と訳されているリセでのコンクールがある。これは全国のリセ生徒の学力を競わせ、優秀な成績をとった生徒に賞を与える制度である。だが、パトリック・キャバネルによれば、一九世紀では初等教育次元のコンクールは推奨されず、それどころか実施に制約を課していた。初等学校は三学級（cours）編成を基本としたが、一八八七年一月一八日の省令では、「三学級のうちの少なくとも一つの学級が全員参加になっていない公立学校間のコンクールは禁止される」としており、新版『教育学辞典』でも「学校コンクール」に対して手厳しい批判が行われていた。リセでの全国コンクールの威信は今日に至るまで揺るがないのに、大きな違いである。初等教育での学校コンクールへの強固な拒否は、顧客が根本的に異なっていたためであった。一九世紀では、リセの準備級やグランド・ゼコールに与えられる業績主義のアリトストクラシーの生産は中等教育の目標とされ、初等教育ではエリート主義ではなく、平等なやり方で最低限の知識を各人に与えることが目指されたのである。(9)

カントン次元でのコンクールは第二帝政期の一八六四年以降一時盛んになったことがあった。ただし、対象となったのは初等学校生徒よりもむしろ、成人講座（cours d'adultes）の二〇歳未満の生徒であり、しかも、同時期に始まった県レベルで授与される初等教育修了証（certificat d'études primaires）試験との競合、および成人講座受講生の減少によってコンクール受験者数は減少していった。さらに学校によって学級が年齢、生徒数で異なり、学校間のまともな比較ができないなどの批判を浴びるようになった。そこに、教師による答案の抜き取りなど様々な不正行為の発覚も相次ぎ、他方ではカトリックとプロテスタントの対立の激しい県では宗派抗争を煽ることになり、評

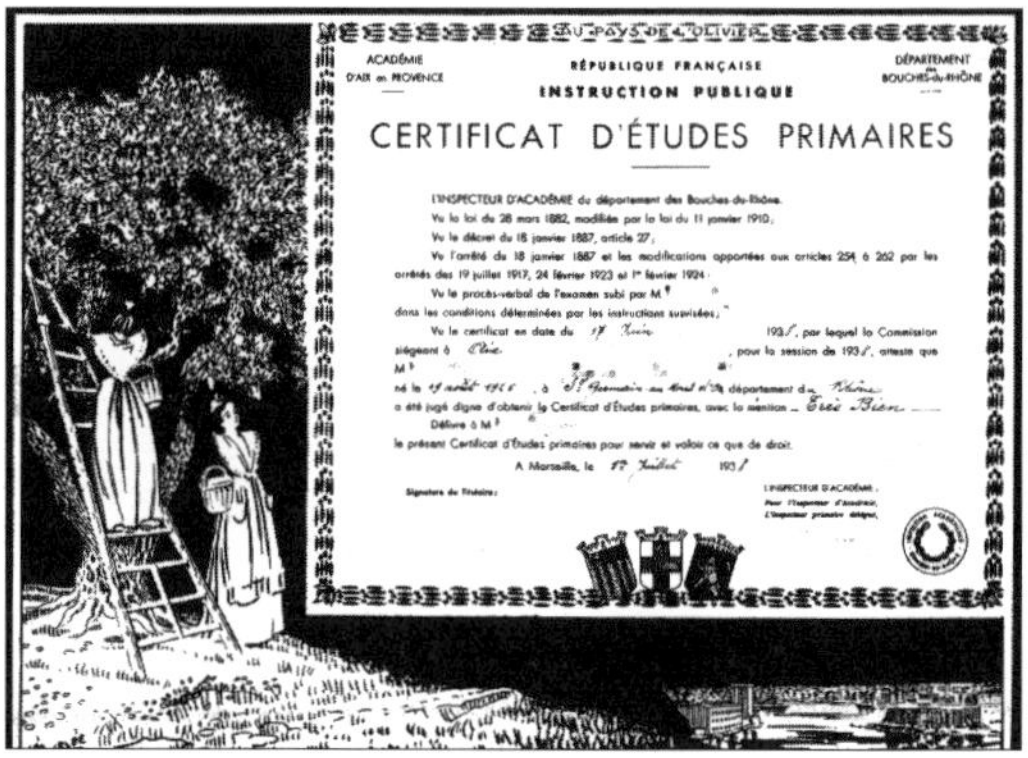

図5－1　初等教育修了証

初等教育修了証は多くの家庭で額縁にはめられて子どもの部屋や主室に掛けられた。1930年代から1950年代末まで，地方の行政は縦30センチ，横40センチ以上の大判修了証を交付した。図柄は地方ごとに異なり，ほとんどの場合、多色刷りであった。伝統的な白黒の修了証とは異なり，有料であり，たとえば，ブッシュ＝デュ＝ローヌ県では1936年，500フランかかった。図版は1938年にブッシュ＝デュ＝ローヌ県で実際に授与された修了証。

出典：Patrick Cabanel, *certificat*, pp. 192-193, II.

判を落として一八八〇年代に廃止されたのである。[10]

それでは初等教育修了証は競争原理による生徒の管理統制の手段になったのであろうか。初等教育修了証の起源は一八三四年四月二五日の初等学校に関する規程の第一八条と第一九条に遡るが、この条項は結局死文化し、その後、デュリュイのもとで県レベルで初等教育修了試験が実施され、修了証が発行されることになった。このセーヌ県修了証をモデルにして、一八八〇年六月一六日の省令で初等教育修了証が全国的に統一されることになった。さらに八七年一月一八日の政令および省令で初等教育高等課程（cours complémentaires）と高等初等学校入学、そして奨学生応募に必要な資格とされた。ただし、この免状は職業目的、とくに教職に関する適性を証明するものではなく、「ジェネラリストの試験」であり、その語源的意味において平凡さを目指しており、エリートの選抜を目指したものではなかった。それでもすでに世紀末には郵便局員、鉄道員、税関職員など下級公務員採用資格として利用されていた。これはまた、資格社会化が民衆の世界にも徐々に広がっていたことを示すものでもあろう。[11]

初等教育修了証は一八八一年には六万八六三七人に交付され、九四年には一八万三九八九人に増加している。合格率も七〇％を前後し、かなり高かった。ところが、キャバネルの計算によれば、同一年齢階層の中での合格者の比率はそれほど高くなく、九七年では九・一二%、一九〇七年でも一一・三%にすぎなかった。受験者数が少ないのは、初等教員が受験生を決めていたからである、とキャバネルは説明している。第一次大戦前は一部の生徒しか対象になっておらず、管理統制の手段としての有効性には疑問符が付く。第一次世界大戦後は、一九三〇年代になると五〇%未満に達している。一般化されるにつれて、修了証を持たないことは、ある種のスティグマと化したのは事実であろう。それでも、民衆層を細かく序列化したわけではない。キャバネルは、第一次大戦後に再びフランス領になったアルザス・ロレーヌ地方に適用されるなど、国民統合の手段としての利用や、初聖体拝領に代わる通過儀礼や記憶の場になっていった点も強調しており、業績主義にこだわらず、もっと広い文脈で理解されるべきであろう。(12)

(2)　義務化の限界と無償化の効果

ニック、ルリエーヴルは義務化についてもその効果を疑問視する。一九七七年刊のフュレ、ジャック・オズフの共著は、フェリー法成立以前に読み書き能力がすでにかなり上がっており、フェリー改革はそれまでのプロセスを「完成させた」ものと位置づけた。(13) 実際、フェリー改革の時には就学の量的な問題だけでなく、その質も問題になっていた。一八七七年でも夏の生徒数は冬の生徒数の七九%でしかなく、農繁期に長期欠席する児童が相当数おり、また就学期間も長くはなかった。

ところがフェリー法以後も、厳密にいえば法令違反となる欠席、入学時期の遅れ、途中退学など就学不良の問題は長い間克服されなかった。これはJ・ガヴォワルが明らかにしたことである。ドゥーブ県では、夏の出席児童の割合は一八八二年の法施行直後に九四%にまで上昇したが、その後九〇%未満になり、再びゆっくりと上昇した。だが、実際の延べ出席数と出席可能延べ数との比によって正確に出席率を測定すると、八二年法直前に八九%あったのが、法施行後の最初の二年間で八六％、次の三年間に八三％、一九一一―一二年度には七八％にまで下がっていた。フランス全体でも同じ傾向があり、一八八〇年代にほとんどすべての県で出席率は悪化したのではないか、とガヴォワルは推定している。同様に、満六歳での入学、七年間の修学期間も守られていなかった。ヴァンデ県のある村では一八八七―八八年度でも五〇％の児童が七歳以上で入学し、修学期間が五年以下の生徒も五六％に達していた。一九〇九年の議会報告によれば、都市部の学校で一七％、農村部の学校で四〇％の生徒が一年に二〇日以上欠席していた(14)。

このように、就学不良の問題は根本的に解決されなかった。こうなったのは、岡部造史が指摘しているように(15)、違反した場合の罰則が軽微であった上に、罰則の適用も稀であったからである。義務化の履行に責任を持ったのは市町村の学務委員会（初等視学官、市町村長、カントン教育委員〔délégué cantonal〕一名、市町村議会が指名する複数の委員で構成）であり、年に最長三ヵ月までの修学免除を親に与えることができた。正当な理由がない欠席が月に四日を超える生徒の親は委員会に出頭しなければならず、出頭を拒否したり、一二ヵ月の間に同じ違反が繰り返された場合、親の氏名が役場の入り口に掲示されるとされた。違反が繰り返されれば、違警罪となり、有罪になれば一一あるいは一五フランの罰金もしくは五日間の禁固となった。だが、学務委員会の委員になった市町村議会議員は住民と近い立場にあり、最高刑を適用することはきわめて稀であった。

ニックらによれば、初等教育における就学不良が顕著に改善するのは、結局一九三〇年代に不就学の場合に家族手当の支給を中止する措置が導入されてからのことであった。これに対してシャプリは、一部の県では一九二〇年から顕著な改善が見られたが、多くの県では就学の改善は一九二〇年代末であるとし、改善の要因として、家族手当の支給中止の脅しではなく、アカデミー管区視学官の要請にもとづいた憲兵隊の介入を挙げている(16)。

無償化の面でも、フェリー改革の効果が疑問視されている。もともとキリスト教学校修士会経営の学校は無償であったが、一八三三年のギゾー法によって原則として公立学校に通う貧しい家の子どもの授業料はそれぞれの自治体で負担することとされ、さらに一八六七年の法律によって市町村が初等教育無償化を目的として四サンチームの付加税を徴収することが認められていた。一ヵ月の授業料は一フランから三フラン程度であったが、市町村の独自措置で一八八〇年の段階で三分の二の生徒が免除になっていた。無償化がすでに進んでいたため、フェリーが用いた理屈は、機会均等ではなく、「社会的統合（unité sociale）」であった[17]。

だが、ニックらの議論はいくつか見逃すことができない問題点を抱えている。第一に、無償化の恩恵を受けた生徒が全体の三分の一に及んだのであるから、それ自体大きな前進である。第二に、高等初等教育の発展の意義が過小評価されている。たしかに二人が指摘するように高等初等教育は初等教育に位置付けられ、複線型教育体制の枠内にとどまっていたが[18]、ブリアン、シャプリのように民衆教育の発展を長期的にとらえれば、フェリー改革の及ぼした効果はかなり大きかったと言えるだろう[19]。高等初等学校と初等教育高等課程が一八八一年二月一五日の政令および省令によって初等教育局の管轄とされた結果、無償化の対象となった[20]ことも重要である。この結果、ギゾーの時代に始められたものの、一部の都市を除いて定着しなかった高等初等教育はフェリーの時代に再出発した後、順調に伸び、教育制度の単線化を準備することになるからである。

第三に、フェリーが持ち出した社会的統合、国民統合の意味を当時の文脈の中で理解する必要がある。モナ・オズフは近著『ジュール・フェリー――自由と伝統』の中で、フェリーの議論を次のようにまとめている。子だくさんの家にはとくに授業料は重くのしかかっている。祖国に一番多くの子どもを与えた父親にこのような負担をさせるのが公正なのか。また、子どもが汚いとか下品であるという理由で、授業料を免除されているぼろを着ている子どもと授業料を払っている綺麗な服を着ている子どもとの分離が行われているが、こうした分離は破廉恥であり、なくさなければならない。義務化についても同様で、富裕な家の子どもとは違い、貧しい家の子どもは家計を助けるために、働かなければならない。農村の子どもは都市部の子どもと異なり、農繁期には働かなければならない。こうした差別も正さなければならない。[21]このように、フェリーの社会的統合には社会的公正の実現、差別の是正という観点が含まれていた。このオズフの議論はとくに新しいものではなく、以前から指摘されていたものであった。[22]研究者の間での共通認識が、一般の人々の間になかなか広がらない一例であろう。

第二節　初等学校における規律——初等教員の権威と立場との関連で

(1)　学校はパノプティコンか？

規律の問題の最初に、監獄、あるいはパノプティコン（一望監視装置）になぞらえて学校の規律を考える見方を問題にしてみよう。なお、フーコーが『監獄の歴史』の中で取り上げているのはアンシャン・レジーム期のコレージュとキリスト教学校修士会の民衆学校、そして一九世紀前半に民衆教育で一定の影響力を持った相互教授法（後述）に基づく学校である。[23]学校＝監獄あるいはパノプティコンという等号が成立するための一つの要件は閉じ込めであり、全寮制の寄宿学校が唯一条件を満たしている。だが、これはエリート向けの教育であり、本章の対象ではない。

一九世紀の初等学校の建築をフーコーの理論に基づいて検討した多少とも学術的な議論は一九七〇—八〇年代に二つ現れている。一つは社会学者、もう一つは、後でも紹介する哲学者ミシェル・ブイエによるものである。[24]だが、一九世紀の教育史に関する実証的な歴史研究でフーコーの議論を明示的に参照している文献は、学校における暴力の問題を扱ったジャン＝クロード・キャロンの著作がある程度であり、[25]しかも第三共和政期を主たる対象にしていない。結局のところ、フェリー改革期を扱っている実証的研究で該当するのは、一九九六年に出版されたイヴ・デロワの著作ぐらいであろう。ただしデロワは、第三共和政のペダゴーグ（教育学者、教育行政の幹部も含めた教育の専門家）が発展させた「市民的責任の倫理学」を分析しており、教室空間は主たる関心事になっていない[26]。

一九世紀の学校建築については、一九八〇年代に歴史家が取り上げた後、建築史を専門とするアンヌ＝マリ・シャトレによる学位論文が一九九九年に公刊されている[27]。シャトレの著書が現在のところ、このテーマに関するもっとも実証的な研究であろう。シャトレが指摘するように、一八八〇年六月一七日の省令によって公教育省が定めた初等学校建築に関する規則は一般的な内容であり、各部分の用途や生徒一人当たりの面積など空間は重視されているが、空間の配置、外観など細部は定めていない。そこに規律化を目指す権力の意図を読み取るのは、かなりの想像力が必要である。また、一七世紀の教区の学校では生徒の注意散漫を防止するために教室の外が見えないようにすべきであるとされていたのに、一八八〇年の規則では窓台は床から一メートル二〇センチの高さとされ、外周に建物を建てて、外界と隔絶する空間を創り出す修道院のような建物配置も放棄されている[28]。このように、当時の初等学校建築が衛生学的、教育学的に配慮されるようになったとしても、監視や閉じ込めが意識的に強められたとは言い難いのである。そもそも、第三共和政以前の初等学校の建物はリセに比べ、貧弱であり、別の施設を転用している場合も珍しくなく、一八八四年の法律によって全国の市町村に

図5－2　学校と役場

ウール（Eure）県 Goupillères 村の学校と役場の写真を絵葉書にしたもの。この絵葉書では左手に学校，右手に役場があるが，一般には中央に役場があり，その両側に女子学校と男子学校があるという配置が多い。

出典：Yves Gaulupeau, *La France à l'école*, Découvertes Gallimard, Paris, Gallimard, 1992, 2004, p. 88.

初等学校の建設がようやく義務付けられたのである。こうして第三共和政は学校建築では画期をなし、一八七〇―一九一四年の間に、三万校に上る学校が建築あるいは改築されたとされている。しかも、民衆向けの施設としてはかなり立派であり、右派から「宮殿のような学校（palais scolaires）」と揶揄されるほどであった。財源が豊かなパリ市では、文化遺産として残っている一九世紀の学校建築の大部分が第三共和政期に建てられたものであった[29]。

大事なのは、フーコーの規律＝権力論を無媒介に歴史に当てはめることではなく、その着想をどのように活かすかであろう。この点で、ミシェル・ブイエによる研究は、同時にヴァルター・ベンヤミンやハンナ・アーレントの理論も援用しながら、一七世紀から二〇世紀初頭までの学校制度を分析しており、示唆に富んでいる[30]。ブイエは、「古典時代」について、パノプティスム（panoptisme）の痕跡をもつ小さな建築装置を記録するのは容易であっても、その実際的な効果を図るのはそれほど簡単ではないと述べている。修道会が経営する民衆向けの学校の第一の教育目標は、子どもを良きキリスト教徒にすることであるが、そのためには、原罪の観念を植え付け、「神がすべてを視ている」という意識を生徒に浸透させる必要があった。それは教室の中での秩序を保つ前提にもなっており、神の具現化された姿である教師がすべてを視ている、という意識をどう子どもに持たせるのかが課題となった。ところが、原罪の創出だけではパノプティスムが機能するのに不十分であり、生徒を様々な懲罰で脅さなければならなかった。というのは、子どもは神が自分たちを実際に視ていると信じているとは限らないし、他方では、教師が生徒を監視する能力には限界があったからである[31]。こうして学校は監視を容易にするために学校空間を整備するとともに、懲罰の体系を作り出すが、それは規則をめぐる教師と生徒との争い、駆け引きも生みだすことになるのである。

パノプティコンを成立させる条件の一つとして挙げられるのは、一方的可視性、すなわち監視する者は監視される者からは見えず、監視される側が一方的に視られている状況が形成されることである。民衆教育には、個人教授法、相互教授法、一斉教授法の三つの教授法が競合していたが、条件を満たすのは相互教授法の学校であろう。というのは、このタイプの学校では教師が直接生徒を教えるのではなく、教師がモニターと呼ばれる伝達係に指示を出して生徒に作業をさせているからである[32]。だが、相互教授法は、後でも触れるが、民衆教育で支配的になったことは一度もなく、結局一九世紀半ば以降衰退していくものである。これに対して、七月王政期以降、公教育省によって奨励される一斉教授法は教師が生徒に教師を見るように仕向けることで初めて成立する教授法である。どんなに機械的なものであっても、教師のパフォーマンス、職業的能力が問われることになる。一斉教授法に基づいたラ・サールの『キリスト教学校の指導』でも、次のように書かれている。「子どもを前にするときはいくら用心しても用心しすぎることはない。子どもはすべてを視ており、すべてを聴いている。しかもしばしば思われている以上に視ており、聴いている[33]」。子どもの注意を惹きつけるためには、話し方に気をつけなければいけない。たとえば、教理問答を教えるときに「生徒の注意を得るために、教師は興味を惹くやりかたで教授し（faire des instructions）、力強くかつ穏やかに話し、とくに軽薄さをいっさい避け、生徒の答えが間違っていても、驚いたり、苛立ったりした様子を見せないようにしなければならない[34]」。

しかも一九世紀後半になると、ペダゴジーの変化が加わる。シェルヴェルによると、アンシャン・レジーム期から一九世紀の大部分の期間、伝統的な学校では教師は生徒に話しかける義務はなかったし、現在のフランスならば、教職のもっとも必要とされる職務の一つである正確かつ流暢に国語を話して言葉をシャワーのように浴びせる義務はさらに少なかった。個人教授法でフランス語の授業を行う場合、教師は教壇に生徒ひとりずつ呼び出して五分間、本を読み上げさせればよかった。相互教授法では、教師はモニターである生徒を毎日一時間トレーニングし、その残りの時間はモニターが生徒とコンタクトをとることになり、教師の唯一の役割は合図を送ったり、机を棒でたたいたりして、授業の展開を区切り、リズムをつけることであった。一斉教授法を行うキリスト教学校修士会でも、沈黙が大事で、教師はめったに話しかけず、生徒の宿題の誤りなどを訂正するために話す必要があるときも小声で生徒に話しかけなければならなかった。ところが一九世紀中ごろになって、初等学校のペダゴジーに大きな転換が起こった。教師は述べ、大きな声で読み上げ、時には説明したり、さらには物語るようになった。こうして、かつては中等教育や高等教育でしか行われなかった口頭での説明（exposition orale）、教育的説明（exposition didactique）が初等教育でも市民権を得るに至る。さらに同じころから「生徒に話させる」教育が導入されていく。[35]生徒に話しかけ、かつ生徒に話させながら、教室の静穏を維持する能力、すなわち、これまでよりはるかに大きな能力が教師に求められることになる。

また、序章で触れたが、実は一九世紀では大半の学校には教師が一人しかいなかった。一斉教授法では水準別に最低三学級が必要とされ、一八三四年四月二五日の規程（statut）でも、フェリー改革の時でも、三学級編成が推奨された。[36]ところが、三学級を設けるのに十分な数の生徒がいたのは、都市部の学校に限られていた。その上、教師の不足に加えて、フェリーも認めているように、農村部では建物が小さいために教室が一つしかない学校が多く、一八八〇年の学校規則でようやく一クラスの生徒数が八〇人から五〇人にまで引き下げられたばかりであった。[37]この結果、一八八七年の統計によれば、世俗学校の八五％（四万四三三三校）、修道会経営学校の四一％（七四六二校）が全校で一学級しかない単級学校であった。[38]したがって、本当の意味での集団的な教育も、一斉教授法による規律化も、都市部を除けば困難であった。他方では、一八八三年三月二〇日の法律では、隣接する初等学校との距離が三キロあり、かつ少なくとも二〇人の学齢期の児童がいる場合、市町村に学校を開設する義務を定めていた。[39]これは交通手段が限られていた時代に、すべての子どもに教育が行き渡るための措置であった。

（2）学校における体罰および教師による暴力

監視と懲罰は一体の関係にあり、懲罰のシステムの構築とその効果的な作動が校内の秩序維持にとって重要な問題となった。ここでは、一九世紀フランスで教育問題の争点のひとつとなった体罰、とくに鞭や篦《へら》を使った体罰に焦点をあてて論じることにしよう。なお懲戒規定に関する評価は、梅澤収による先行研究と一部を除いてほぼ同じである。(40)

志村真幸、石井昌幸によれば、西洋の事例に共通する事例の特徴の一つは、日本と異なり、体罰が突発的・個人的でなく、学校という組織によるものであり、一定の手続きの下に行われ、教育的効果を上げるのが目的であるという。(41)二人が挙げている例は英米が中心であるが、同じことは革命前のフランスについてもあてはまる。民衆教育はキリスト教学校修士会が、エリート教育ではイエズス会がそれぞれ指導的役割を果たし、二つの修道会とも公式に体罰を用いていた。だが、暴力行使には一定の制約がかけられていた。西欧の法治主義は学校の中にも及んでいたのである。(42)体罰で負傷したり、虐待を受けた生徒の親の苦情や訴訟の記録が残っており、有罪となった教育者は罰金刑、時には停職、ごくまれに解雇の処分を受けていた。(43)

イエズス会追放後の一七六九年、ルイ＝ル＝グラン校の新しい規則が制定され、生徒を直接監督する助教諭（sous-maîtres）は「いかなる理由でも生徒の虐待あるいは、殴打を控え（se garder）なければならない」とされていた。フランス革命期に入ると一七九五年四月一三日の「初等学校内部の治安」に関する規則で「すべての体罰は禁止される」と明記され、さらに、ナポレオン民法典で、殴打した場合、教師は民法上の責任を問われる可能性が生じ（一三八二条三項）、一八〇三年六月一〇日のアレテ（arrêté）によってリセでは「体罰は禁止される」と規定されたのである。(44)

一九世紀の公立学校の俗人教師の場合、神の権威に代わって前面に出てくるのは法であった。キャロンはこう書いている。「民主主義の加護が社会に及んだ一九世紀では、法を制定する者も規則に従わねばならない」。「法を尊重しない生徒が犯罪者扱いされるかもしれないのならば、教師であれ教授であれ、この頃にちょうど制定された手続きによって同様の扱いを受けることになる」。実際、教師による体罰や性的虐待は訴訟になった。有罪になるのは比較的少数であったが、子どもの証言が証拠として採用されるなど、教師の権威は法による制約を受けることになった。(45)

一八一一年一一月一五日の政令の七四条では次のように警告されていた。「生徒の親族が訴えた場合、あるいは検察の訴追があった場合、裁判所で訴追をうけるが、これとは別に、ユニヴェルシテのメンバーは誰であれ、懲罰の口実のもとに、規則で禁じられている懲罰、あるいはどんなものであれ虐待を生徒に対して敢えて行った場合、状況に応じて譴責、停職、解雇の処分を受ける」。ユニヴェルシテが出す規則はその管轄下にある施設にしか適用されなかった。一九世紀では、国家が定めて公立学校に適用された規則と、私立学校の規則で異なり、私立学校では明文化されていないケースが多かった。第二帝政期の公教育大臣、ルーランとデュリュイ、さらに第三共和政のフェリーなどの公教育大臣が、教育の場での重大な暴力事件をもとに論じたてて、ようやく少なくとも体罰禁止については懲戒規定を統一することができたのである。(46)

イエズス会は簡単に体罰を放棄しなかった。追放される一七六〇年代の半ばにはイエズス会を攻撃する小冊子、パンフレットがいくつも出版されたが、攻撃の的になったのは主に体罰であった。王政復古後にイエズス会は復活するが、その後も鞭、笞の使用を明確に放棄しなかったために、一八二〇年代末以降、何度か激しいバッシングを受けることになる。(47)キリスト教学校修士会も同様であった。キャロンによれば、ラ・サールが執筆した教育関係の著作の中でもっとも有名な『キリスト教学校の指導』一八一一年版では、体罰非難の風潮に配慮して一定の手直しがされているが、鞭や笞による体罰は廃止されていなかった。その後も改訂が続けられていくが、一八三七年版で

も、万策尽きた場合、「革切れで左手」を打ってよいと書かれていたという。(48)

公立初等学校でも体罰規制は遅れ、箆の使用が王政復古期では大目に見られていた。初等学校での懲罰の限度を最初に明確に定めたのは一八三四年四月二五日の規程である。生徒に対する褒賞として許されたのは、下から順に、プラス・ポイント（bons points）、賞状授与、優秀生徒用長椅子への席の移動のみとされ、財源があれば、学年末に賞品が与えられた（二八条）。二九条では「生徒を殴打できない」と明記され、許された懲罰は軽微な順から、マイナス・ポイント（mauvais points）、叱責、授賞の取り消し、休憩時間の取り消し、授業時間あるいは休憩時間にひざまづく罰などと細かく規定され序列化された。その後、懲罰規定の本質的な変化はなかったという。(49)この規則は私立学校は対象外であったが、教育修道会経営の公立初等学校もかなりの数にのぼっていた。この場合、一九世紀後半、とくに一八六〇年代以降、行政による学校の監督をめぐって教会とユニヴェルシテの間で激しい闘争が展開されることになる。(50)

キャロンが調べた七月王政期から第二帝政期までの訴訟となった教育現場における暴力事件約五〇件のうち、俗人教師に関する事件は約五分の一、修道士教師に関する訴訟は約五分の四を占めていた。俗人教師に関する事件はほぼすべて、教師の「赤化」が問題になった一八四九年から五〇年に、修道士に関するものは一八六〇年代に集中していた。六〇年代の訴訟増加は、第二帝政が修道会に対する立場を硬化したことが一つの要因であるが、それだけでは説明がつかない。キャロンは、習俗が変化し、暴力がもはや容認できなくなっているためでもあるとし、アラン・コルバンを引用して、一八六〇年代は「フランス農村のただ中で暴力の弱まり」が見られる時代であった、と述べている。習俗の変容の中心にあったのは子どもに対する見方の変化であった。子どもに対する暴力と虐待に関する鑑定手続きを最初に確立した一人であるアンブロワーズ・タルデューが『公衆衛生・法医学年報』で、それまで闇に隠されていた親や教師、さらに雇用主による子どもの虐待を告発し、反響を呼んだのも一八六〇年であった。その翌年には、アンジェ裁判所で子どもの証言が証拠として採用されて、修道士教師が有罪になっている。[51]だが、一般に一八六〇年代の暴力事件では、司法官、市町村長、アカデミー管区総監は、とくに修道士が被告の場合、教師を「保護」し続け、判決は打撲傷が残っていても禁固二週間程度の刑、痕が残っていない場合は罰金刑のような軽微な刑で終わり、体罰を生徒指導に用いていた校長が転任ですまされるなど、妥協の産物になるケースもあったという。そのほかに、訴訟事件にならなかった体罰は当時まだかなりあったと考えられている。[52]

フェリー時代になると、一八八〇年六月七日の「公立初等学校に関する県の規則作成用学校規則モデル」の第一九条には「いかなる体罰を課すのも絶対に禁じられる」と明記された。八七年一月一八日の学校規則モデルでも同じ文言がある。キャロンは八七年の規則は三四年の規程にくらべて表現がより曖昧になっていると主張している。ただし、この議論は主張は説得力を欠く。というのは一八五四年四月二五日の規程の認められている罰には、ひざまずかせる罰や、不行跡を示す掲示物を持たせる罰があったのに、八〇年と八四年の規則には消滅しているからである。禁止された体罰の概念が拡大され、この種の屈辱を与える罰が加えられたため、「殴打」という表現から「体罰」という表現になったと考えるのが自然であろう。[53]

一八七八年に、ガブリエル・コンペイレは一七六四年出版のイエズス会を批判したパンフレットをあらためて紹介する小論『ペダゴジーの興味を惹くもの――オルビリアニスムあるいは一八世紀イエズス会のコレージュにおける鞭の使用』を公表した。その中でイエズス会は「手を用いる矯正（corrections manuelles）」をすでに放棄しているが、それは進歩の法則、世論に対するやむをえない譲歩であって、人間の尊厳に配慮せず、生徒に屈辱を与えることをいとわない団体にとって、それは高くついたのだと論じている。[54]フェリー時代の共和派にとっても、体罰問題は、修道会経営学校を攻撃し、公立世俗学校を引き立たせるために有用な道具であったことがわかる。

当時の教育関係者は、フランスが体罰禁止で他の西欧諸国よりも先んじていることを意識していた。たとえば、一八七九年にはリヨン教育全国協会（Société nationale d'Éducation de Lyon）が、「なぜ、フランス以外のいくつかの国の学校では、フランスの学校とは違い、体罰が廃止されなかったのか」というテーマで懸賞論文を募っている。受賞したのはリヨン師範学校助教諭A・ラロリであった。ラロリは受賞論文の中でフランスの先進性を強調し、「人間の威厳」という観点から体罰を否定し、体罰をただ単に廃止するだけでなく、早期から子どもに人格についての意識を吹き込み、並行して個人の自由と道徳的責任感を育むことが大切であると論じている。[55]

ラロリは「本物の規律」と「優秀な教師の道徳的影響力」によって体罰廃止に至ることができると主張している。[56]「神に対する義務」は教えるものの、キリスト教の神を直接持ち出さなくなり、体罰も表立っては行使できなくなった初等学校での規律はどうであったのか、この問題は次の章で論じることにしよう。

第三節　教育行政の役割とペダゴジーの発展

（1）教育行政と現場の教師の関係

次に教育行政、とくに視学官が公教育の発展に果たした役割と現場教師の関係を近年の研究に基づいて検討することにしよう。二〇世紀末以降、初等教育視学官の歴史を明らかにしたジャン・フェリエの研究[57]など、教育行政に関する研究が盛んになっている。一連の研究によって、第二帝政の途中から、教育行政は教師の専門的能力を高め、現場教師の意見を教育改善に役立てる政策をとっていったことが明らかになっている。

一八五〇年のファルー法によって市町村議会に初等学校教員の任命権が与えられていたが、五二年三月九日の政令によってアカデミー管区総監に任命権が移され、さらにその二年後の五四年、知事が、県庁所在地に在住するアカデミー管区視学官と連携して初等教員の任免、初等学校の懲戒、財政の責任を負うことになった。同じ法律に

よって、ファルー法によって細分化されていたアカデミー管区は以前のように数県を管轄する大きな組織になった。(58)

一八三五年の創設時に初等視学官は八四名であったが、ファルー法によって初等視学官が各郡に置かれることになり、その後の数年間で、保育園（salle d'asile）を含めた初等教育機関の視学にあてられる職員の数が百人ほど増員された。初等視学官のリクルートも変化し、一八三五年に指名された者は一般に中等教育出身者であって初等教員出身は一〇％に満たなかったが、一八六八年にその比率が四〇％になっている。一八四六年に新設された初等教育高等視学官（inspecteur supérieur）のポストは、一八五二年に視学総監と改称されて中等、高等教育に責任を負う視学総監と同列とされ、一八五四年までに四番目のポストが創設されている。相当な分量にのぼる視学官の査察報告は教育現場の実態を知る上で貴重な史料であるが、彼らの精力的な活動によって、学校教育の問題は「政治的」と規定される領域に含まれなくなり、教育専門家、すなわちペダゴーグによって検討されるべき対象として認識されるようになったのである。(59)

だが、公教育大臣フォルトゥルの時代は教会との関係が優先され、俗人教師への監視が強化された時期であり、従来、教育政策の転換では公教育大臣デュリュイの時期が重視されてきた。たしかに、この時期に、初等教員は様々な教科の高い水準の知識が求められるようになり、師範学校のカリキュラムも徐々に豊富化、高度化していった（七章一節参照）。一八六四年一二月に、デュリュイは樹木栽培の教育を推奨し、六五年一月三〇日の省令で師範学校での音楽教育が必修となった。さらに六六年七月二日の政令によって、師範学校の教科（matières d'enseignement）に住民票の管理と園芸が加えられた。(60)教職専門性の向上は多機能化と結びついて、教師の地位の向上につながった。第三共和政期の初等教員は多機能型であると谷川稔は指摘しているが、こうした性格は、デュリュイの時期に付与されたものである。

もっとも、近年の研究では少し遡って権威帝政から自由帝政に転換する一八六〇年前後が教育行政の転換期としても注目されている。ジルベール・ニコラによれば、デュリュイの前任者ギュスターヴ・ルーランの在任時期（一八五六年八月―六三年六月）にすでに教育政策の明確な転換が起こっていたという。六〇年夏、リセ全国コンクール授賞式に、ルーランは学部教授だけでなく、農村の学校の初等教員に至るまで、すべての段階の教員の境遇が精神的にも財政的にも改善される必要性を強調した。こうして、五二年から五九年まで伸びなかった公教育予算が、一八六〇年を境に増加に転じることになった(61)。

一八六〇年一二月一二日、ルーランは「学校、生徒、教師の三つの観点から、農村地帯の町村での初等教育に必要とされるものは何か」というテーマで懸賞論文全国コンクールへの応募を全国の初等教員に呼びかけた。これは国民の中で最多の人口をなす階級を教える教員団と権力が介在者なしに直接交渉するというボナパルト的な慣行の面を持っていた。応募期間は七週間と短く、大都市の教師、私立学校教師、女性教師に応募資格がないという制約はあったが、大臣が全国規模で現場の初等教員に直接、教育改善への参加を呼びかけたのは前例がなかった。約一七％、六千人未満の初等教員が応募したと推定されている。一本の論文の分量は、レンヌ・アカデミー管区の場合、平均一二―一三頁で、他の地方の平均枚数も同じぐらいであったが、他県の論文の中には数十頁もの長編もいくつか存在していた。この大規模なアンケートが契機になって、一八六二年に俸給の増額、一八六六年七月二日の政令によって師範学校での教員養成の改善がなされ、さらに就学率向上のための政策がとられていくのである(62)。

第二帝政下、教育行政のスタッフに俗人が増えると同時に多様化し、地元の人間と大臣の距離も縮まっていた。四人の初等教育視学総監は、たいてい初等教育の専門家であり、初等学校教育に関する著書を執筆し、六〇年のコンクールへの応募論文にも権威ある指導者として引用されている者もいる。またアカデミー視学官が県庁所在地に配置されることになった。初等視学官はファルー法によって各郡に配置されることになっていたが、実際には各郡に一人ずつの配置にはならなかったものの、増員されたおかげで、以前に比べて、頻繁に初等教員と接触できるようになった。しかも、一八六〇―六五年の間では、レンヌ・アカデミー管区の中でニコラが調べた二五人の初等視学官のうち、六四％がブルターニュ出身であり、したがって地方語であるブルトン語を理解できた。また、一八六五年では六三％以上の初等視学官が初等教員出身であった。こうして、ブルターニュ地方では一八五〇年代に視学官は初等教員にとって物理的にも心理的にも近い存在になった。さらにフェリーの時代では一八八〇年六月五日の政令によって初等視学官候補は例外なく初等教育免状の所持が義務付けられ、事務職を除いて、初等視学官のポストから教員でない者は除外されることになった(63)。

一八八〇年二月二七日の法律によってユニヴェルシテ（正式には公教育）最高評議会が改革されるが、この改革はフランソワーズ・マイユールによってフェリー時代の改革の「穹窿の要」と評されている(64)。最高評議会のメンバーは一八七三年に学部教授などが付け加わり、より多様化されたが、学士院会員が聖職者の代表と共存するなど、構成は以前の体制を引き継いでいた。八〇年の改革によって、大司教、司教など聖職者代表が排除されると同時に、新たに中等教育と初等教育の代表が最高評議会に加わることになった。リセ教員を代表して八人のアグレジェ、コレージュ教員を代表してリサンスを持つ二人の教授、初等教育の代表六人、私学の代表二人が評議会のメンバーに加わった。初等教育代表は、初等教育視学総監、セーヌ県初等教育局長、県アカデミー管区視学官、初等視学官、男子初等師範学校校長、初等師範学校校長、パプ＝カルパンチエ学校校長、保育園を監督する視学総監と専門委員（déléguées spéciales）によって連記投票で選出されることになった。さらに八六年一〇月六日の法律によって、初等教育代表を選出する選挙人に、男子初等高等学校校長、女子高等初等学校校長、初等教育県評議会委員に任命された男女の初等教員が加えられた。県評議会のメンバーには県内の初等正教員の選挙によって選ばれる委員も若干名含まれていた。このようにして限定的であれ、学校長以外の初等正教員が選挙を通じて自分たちの代表を最高評議会に届ける正規のルートが開かれたのである。もう一つ注目すべきは、中等、高等教育とは違い、女性の委員が

含まれていたことである。(65)

次に初等教員の参加の別の例として、教科書採択を取り上げてみよう。一八五五年以降、初等、中等の公立学校で使用される教科書は、公教育評議会が作成した「模範的教科書」のリストの中から選ぶことになっていたが、出版点数増加で機能しなくなっていた。デュリュイ公教育大臣は、一八六五年一月一一日の省令によって、審査に時間がかかり、また審査に不正があるという理由で、出版された教科書用図書の中から除外する図書のリストを毎年作成する方法に切り替えた。その後、七三年に事前許可制に戻ったが、七五年七月三日の省令では、リセ、コレージュ、師範学校の場合は校長主宰の下に教員が会議を開いて次年度に使用する教科書リストを決め、公立学校では初等教員が初等視学官に使用する教科書リストを伝え、大臣によって指名される委員会でリストが審査され、排除する教科書リストが作成されることになった。だが、実際にはほとんどの県で教科書の検討がされず、リスト作成あるいは改訂が行われなかった。他方で、教科書出版点数増加のため事前検定の制度への単純な復帰は不可能であった。初等教育局長ビュイッソンが公教育大臣フェリーに宛てた報告（一八七九年一一月六日）の中で、単一の、あるいは少数の教科書を国家が採用するという発想は「妄想」であるが、他方では、事後的に一部の不適切な教科書を排除するだけでは、質の良くない教科書の侵入を防ぐには十分でないと論じ、リスト作成に教員を参加させる方法が選ばれることになった。(66)

この結果、一八八〇年六月一六日の省令によって、初等視学官主宰のカントン協議会に初等学校正教員が集められ、そこで公立初等学校で使用する本のリストが作成され、アカデミー管区視学官主宰の県協議会（男女それぞれの師範学校校長、副校長、教員から構成）が調整して県内で使用可能な「模範的教科書」の最終的なカタログの作成にあたることになった。フェリーは一〇月七日のアカデミー管区総監宛て通達で編集者の自由競争と教員の自由選択の尊重を強調しているが、デロワは、カントンと県協議会では、それぞれ初等視学官とアカデミー管区視学官の役割が決定的であったと論じている。[67] だが、ニコラやフェリエなどの研究成果と照らし合わせると、単に上司としてだけでなく、教育に関する専門的能力・見識も協議会で視学官の発言が重きをなした大きな要因であるとみなすのが妥当であろう。多くの初等学校では相談する同僚教師も校内にいない状態であり、七五年のシステムが最初から機能しなかったのは、選定作業が現場教師の労力と能力を超えていたためではないかと思われる。

ジュール・フェリーは冒頭に掲げた演説で、初等教員が村長、司祭、城主の従僕であった時代があったことを想起し、集まった教員の前で社会の中での初等教員の地位を変えなければならないと論じ、市町村長は学校を監督する権利はあるが、「あなたたちを指導したり、強制したりする権利」はないと述べ、小さなことでは妥協の精神は必要であるが、大きなことでは譲るべきではないとして、次のように初等教員を激励している。「みなさんが自らの権利を毅然として守り、自らの独立を死守する（vous barricarder dans votre indépendance）ことを許可、というよりも、強く勧めます[68]」。これは言葉だけのことではなかった。ルーラン以降、教育行政と現場の教師の間に、一定の信頼関係が醸成されていたのである。

（2）「教育的編成」とペダゴジーの刷新

次にペダゴジーにおけるフェリー改革の歴史的位相をおさえていくことにしよう。フランス革命期には修道会に依存しない形で公教育の組織化が試みられたが、結局失敗し、ナポレオンのもとでキリスト教学校修士会など教育修道会の復活が認められ、民衆教育が任されることになる。[69] キリスト教学校修士会は一九世紀前半における男子初等教育の普及に大きな役割を果たし、そのペダゴジーは初等教育のモデルとして規範的な影響力を持っていた。復古王政期には自由派によって推進される相互教授法の学校が強力な競争相手として出現するが、一八三四年にだされた初等学校の規程でモデルとして推奨された学級編成は一斉教授法をもとにしていた。このように公教育省によって一斉教授法は公式に優位が認められることになる。

だが、一八三四年の規程では教科や学級編成の一般的な原則が示されただけであり、教える内容、学級編成の具体的な方法など細部は個々の学校、あるいは教師に任されていた。そこで視学官などのペダゴーグによって、どのように効果的に学校を組織するかが問題となった。その時によく使われるようになるのが「教育的編成」(organisation pédagogique) という言葉である。「教育的編成」とは、一九世紀の初等教育行政官の間で、生徒の入学条件の基準、生徒の集団編成、カリキュラム (programme) と時間割からなる体制 (système) という意味で用いられていた。一九世紀前半の教育方法、教授法をめぐる対立は政治的イデオロギー的対立が絡んでいた。だが、学校の教育活動の問題は一八五〇年以降、公教育の行政官という新しい専門家に委ねられるようになっていく。「教育的編成」が、少なくとも都市部の初等学校で実現するのは第三共和政成立前後のことであった。シャプリは、一八八〇年以降、無視できない数の生徒の、基礎初等教育を超えた学習へのアクセスを可能にしたのは初等学校における学校活動の「教育的編成」のおかげであった、と述べている(70)。

ジオリットによれば、一八五〇年から一八八〇年にかけて初等学校に導入された、ルソーやペスタロッチに由来する近代的ペダゴジーに基づく教授法、教育方法の改革が取り組まれた。これをジオリットは「ペダゴジーの刷新」と呼んでいる。第二帝政のある時期まで、刷新運動はカトリック系のペダゴーグの支持も受けて広がっていた。伝統的な方法の限界は一九世紀の早くから明らかであったが、一八三〇年から一八五〇年まで、教育学的省察よりも学校のインフラ整備を優先しなければならない状態であった。一八五〇年代になると、教育方法の改善が権力の関心を惹き始める。経験主義的、機械的な教育方法では経済が必要とする熟考とイニシアチヴを発揮できる能力のある労働者を供給できないことが明らかになっていた。機械的な暗記や記憶を重視する伝統的方法から知性を育てる教育への方向転換が模索されるが、そこで注目されたのがペスタロッチなどのペダゴジーであった。これは行政主体で推進されており、他面ではブルジョワの文化的規範を初等学校に持ち込むという階級的性格もあったと指摘されている(71)。

ユニヴェルシテの中で、修道会の方法に学びながら、それとは異なる、俗人教員を担い手とする独自のペダゴジーが形成されることになる。シャプリによれば、キリスト教学校修士会をしのぐ教育方法が創造されていくのはパリであった。とくにデュリュイのもとで、ユニヴェルシテのペダゴジーの形成に大きな貢献をしたペダゴーグとしてパリ・アカデミー管区視学官オクターヴ・グレアールの名前が挙げられている(72)。ペスタロッチなどプロテスタント系のペダゴーグへの関心の高まりや直観教授法に基づく実物教育の導入はカトリック系のペダゴジーとの分岐の始まりを告げるものであった。『教育学辞典』にジャム・ギヨームが執筆した長大な論文(73)によれば、ペスタロッチは革命期のフランスでもすでに著名であったが、教育学者として再評価されるようになったのは一八四七年、道徳・政治科学アカデミーがフェリックス・ド・ボジュール（Félix de Beaujour）賞のテーマにペスタロッチの教育システムの検討をとりあげてからのことであった。

それでも、プロテスタント系ペダゴジーが師範学校の中に入っていくのに時間がかかった。パトリック・デュボワによれば、七月王政期の民衆教育の発展に伴って、教職関連文献の伝統、教師や師範学校生徒のための「理論的・実践的」ペダゴジーの教科書が数多く出版され、一つの伝統を形成していた。だが、こうした職業的文献はドイツをモデルにした哲学的教育学を繰り返し拒否してきた。こうした事情もあり、初等師範学校へのペダゴジー教育の導入は一八六六年と遅かった。その年にデュリュイによって初等師範学校生徒三年生にペダゴジーに関する正規のコースが課されたのである。ただし、その内容は、知育、体育、徳育に関する最良の技法（procédés）や学校組織に関するもので、理論的な教育学ではなかった(74)。第二章で述べたように、中等教員養成のために、第二共和政期、高等師範学校にペダゴジーのコースが初めて設けられたが、失敗に終わっている。その後、一八六六年に、前年に創設された専門中等教員養成機関として設立されたクリュニー専門中等教育師範学校（École normale spéciale de Cluny）でペダゴジーの授業が開設され、校長が担当することとされた。残念ながら、このコースの内容も、制度化の理由もあまりわかっていない。担当教員に学問的能力も特別な職業的能力も求められず、一八七二年には中止されている。(75)

ほぼ同じころに実物教授法の導入も始まる。通説的には、幼児教育で成果をあげ、ルソーの信奉者でもあったパプ＝カルパンチエが、一八六七年にパリ万博に派遣された初等学校教師を前にソルボンヌで行った講演会で、保育園に導入されていた実物教授法を紹介したのがきっかけとされている。その後、一八七〇年代になると、師範学校でのペダゴジーのコースで初等学校への実物教授の普及が推奨され、フェリーの改革によって実物教授に対して初等学校の門戸が開かれることになる。(76)

もっとも、一般に思想運動の開始ないし終焉の時期を定めるのは、方法論上の問題があり、簡単ではない。ペダゴジーの場合、理論紹介か、教育実践への普及かによっても、導入時期は異なってくるであろう。加えてフランス語圏スイスの影響もある。ダニエル・アムランは実物教育の導入時期を、スイス・フランス語圏の初等教員向けの雑誌『教育者（*Éducateur*）』が創刊された一八六五年から、指導要領で公式に直観教授法が推奨された一八八二年の間とかなり広くとっている。ただし、八二年以後も、視学官や師範学校教師からなる中間的なペダゴーグのレベルでは、ためらいが見られたようである。(77)『教育学辞典』の理論教育学でもかなりマイナーな地位しか占めなかったと指摘されている。(78)

また、一九世紀における幼児教育の歴史を研究したジャン＝ノエル・リュックによると、幼児教育でも遊戯を重視したフレーベルの理論を実践に移すには親の抵抗などがあり、かなり困難であった。(79)実際、教師は全体として書物中心の教育しかしていなかったという指摘もなされている。そのほうが時間も稼げたし、時間通りに授業計画をこなしていくことが可能であったからである。百科事典のように多様なことを教えなければならなかったし、書きとりが重視された初等教育修了証試験も教師にとっては大きな重荷であり、実物教授や遊戯を重視した新しい手法に時間をかける余裕はあまりなかったのである。(80)

外国からの影響という点では、ペスタロッチ以上にフランスの教育に影響を与えたスイスの教育学者がいる。コルドリエ会士のジラール神父である。ジラール神父は、民衆向けのフランス語教育の改善方法を模索していたフランスの公教育関係者に大きな示唆を与えたとされている。同時に、宗教教育とは切り離された形で、フランス語教育を通して道徳教育を行う道、「道徳の「世俗化」」の方法を示しており、ライシテの道徳の構築を目指していたユニヴェルシテのペダゴーグが求めていたものと合致したのであった。(81)

二節の（1）で述べたように、授業中に、生徒に朗読とは違ったやり方で話すことができる、あるいは教師が出した質問に応えるために話すことができるという考え方が一八五〇年以降広がっていく。この「子どもに話させる」という新しい方法もジラール神父が起源であった。ジラール神父の影響は、一八五〇年以降、のちに視学総監になったジャン＝ジャック・ラペ(82)など個人的に親しかった人物に始まり、多くの師範学校校長に受け入れられ、一八八二年には公教育省の公式教義になったとされる。(83)ここでも視学官、師範学校校長など教育の専門家集団の役割が注目される。

（3）「教育科学」の制度化——大学教員の動員

このように、教育問題への関心は広がり、処方箋を与えてくれるものとしてペダゴジーへの期待が高まり、初等から高等まで段階の異なる教育関係者の接触、交流が始まっていた。それを一挙に推し進め、制度化したのがフェリー改革、直接的には、「道徳・公民教育」の導入（六章参照）であった。それまでの教員養成方法では、ペダゴジーの理論的な学習も一般教養（とくに哲学的教養）も不足しており、共和国市民を教育する教員を養成できないと公教育省幹部は認識したのである。(84)

同時に、初等教育の位置づけも大きく変わった。尾上雅信がすでに指摘しているように、初等教育は自由教育（éducation libérale）であるとされたのである。もう少し詳しくいえば、知識量などは異なるが、本質的に中等教育と変わらない自由教育（＝教養教育）が初等教育で目指されることになった。(85)初等教育の位置づけの変更は初等教育への高等教育の介入を正当化する役割も果たした。共和派は、高等教育が社会統合の促進に大きな役割を果たしてくれるものと信じていた。(86)たとえば、ビュイッソンによれば、ソルボンヌでの教育科学コース創設にあたって、高等教育局長アルベール・デュモンは高等教育は民主主義を監督する守護神であるから、そのほかのすべての教育を感化し、導かねばならないと考えていたという。(87)そこで、初等学校から離れることになるが、大学における「教育科学」の導入について論じておくことにしたい。

大学に教育科学を導入するため、まず行政的装置が整備された。それが本章冒頭で紹介した地方の教育協議会と全国大会として開催される教育大会である。また、各種の教員免状試験に心理学や教育学の試験が課されるようになった。八一年の新学年から、初等師範学校のカリキュラムに道徳と心理学のコースがペダゴジー・コースに付け加わり、同じころにサン＝クルー男子初等高等師範学校とフォントネイ＝オ＝ローズ（Fontenay-aux-Roses）女子初等高等師範学校でも類似の改革が行われた。(88)当時、師範学校でリセや大学教員は教えることができなかったが、二つの初等高等師範学校の教員は中等・高等教育教員の中からリクルートされたことも忘れてはならない。

一八八二年に、ボルドー市当局、ジロンド県議会、学校行政の責任者、文学部の一部の教授など、地方の共和派のイニシアチヴによってボルドー文学部で「ペダゴジー」コース（cours）が始まり、共和派として長い経歴を持つ哲学教授アルフレッド・エスピナスに担当が任された。ガブリエル・コンペイレが七四年にトゥールーズ文学部哲

表5－1　文学部における教育科学あるいはペダゴジー・コースの開設（1883—1914年）

年	学部の所在地	担当者	形　態	名　称
1883	パ　リ	Marion	省補完コース	教育科学
1884	ボルドー	Espinas	省補完コース	教育科学
	リヨン	Thamin	省補完コース	教育科学
	モンプリエ	Dauriac	省補完コース	教育科学
	ナンシー	Egger	省補完コース	教育科学
1887	トゥールーズ	Dumesnil	省補完コース	教育科学
	ドゥエ	Penjon	市コース	ペダゴジー
1888	リール	Penjon	市コース	ペダゴジー
1898	グルノーブル	Pérès	大学 cf.	教育科学
1899	ディジョン	Gérard-Varet	県議会 cf.	ペダゴジー
1903	ブザンソン	Rayot	*自由講義	ペダゴジー
1906	アルジェ	Boucher	補完 cf.	教育に適用された心理学と道徳
1907	レンヌ	Dugas	大学 cf.	ペダゴジー
1910	カーン	Pérès	大学 cf.	ペダゴジー

注：担当者は開設時のもの。すべて哲学アグレジェであった。1887年にドゥエ文学部はリールへ移転している。

凡例：省補完コース：公教育省設置補完コース，市コース：市設置コース，大学 cf：大学設置コンフェランス（コンフェランスはゼミナールに似た授業形態），*自由講義：自由聴講講義として始まり，その後，ブザンソン大学友の会（Société des Amis de l'Université de Besançon）の資金援助を受けた補完コースとなっている。

出典：Jacqueline Gautherin, *Une discipline pour la République*, pp. 26 Tableau 1 et 27-41.

学講義の中でペダゴジーについて教えたことはあったが、正式名称としてペダゴジーを掲げたコースは、これが最初であった[89]。

そして、一八八三年一一月にソルボンヌに、公教育省設置コース（cours ministériel）として「教育科学」コースが開設された。担当者にはフォントネイ校で「教育に応用された心理学」を教えていたアンリ四世校哲学教授アンリ・マリオンが指名された。予算は半分は初等教育局から、もう半分は高等教育局が負担することになった。初回の授業は八三年一二月六日に行われ、ビュイッソンら公教育省幹部や社交界の人々が列席した。その後、八三年から八七年にかけて、高等教育局は担当者を指名してボルドー、リヨン、モンプリエ、ナンシー、トゥールーズに「教育科学」という名称のコースを開設した。これらの講義はソルボンヌを含めてすべて補完的コース、したがって臨時的なコースであり、ソルボンヌともう一例を除いて、ポストの創設はなく、教育科学は教授の正規の教育業務に追加され、その手当ては初等教育局と高等教育局が半分ずつ負担することになった。このように行政による創出は明白であるが、公教育省は教授の自由を尊重し、カリキュラムも時間割も定めなかった。高等教育に関しては八〇年と八三年以降の法令改正によって、大臣によるカリキュラム承認が廃止され、大学教授に教育の支配権が与えられていたのである。教育科学コースは公開講義と、実践的なコンフェランス（conférence pratique）、あえて訳せば「実践演習」からなり、公開講義の受講生は師範学校生徒、初等学校教師、初等教育免状受験志望者で占められていた。こうして固有の学位、専門化されたポストはなかったものの、一挙にアカデミック・ディシプリンにふさわしい特徴を備えることになった。一八九六年の法律によって総合大学となった一六大学のうち、一三の大学で教育科学、ないしペダゴジー・コースが、一九世紀から二〇世紀転換期にかけて、存続期間は大学によって大きく異なるが、すくなくとも一時期に存在していた。またこの種の教育学コースがなかった二大学にも、「教育に応用された心理学コース」が存在した。(90)

大学側も学生確保やポストと予算の増加につながると、ペダゴジーに期待を寄せていた。公開講義には、初等教育教職志望、続いて中等教員志望学生も加わり、社交界の人々を含めて、聴衆は当時としてはかなりの数にのぼった。たとえば、ボルドーでは、視学官によると、八四―八五年度で八〇人、八五―八六年度で二〇〇人に上った。

教育科学の創設によって初等、ついで中等教育の教員養成の市場に文学部は参入したのである。(91)

創設期の教育科学は哲学から派生した。担当教授はいくつかの小さな学部を除いて、すべて哲学アグレジェにして哲学博士であった。(92)ジャン＝ルイ・ファビアニは、第三共和政初期の教育改革を行う一種の哲学＝行政複合体が形成されていたと述べている。(93)だが、哲学とペダゴジーの関係は必ずしも単純ではない。ゴートランは、フェリーや、ビュイッソンなどの周りに改革案の作成に参加し、ペダゴジーの概念形成に関わったインフォーマルなグループが存在したことに注目し、この集団を「ペダゴーグ・サークル（cercle des pédagogues）」と呼んでいる。このグループは中等・高等教育改革を推し進めた改革派と重なっており、哲学者が多いが、歴史学者ラヴィス、言語学者ブレアルなど多様な専門分野にまたがり、グレアールなど公教育省幹部も含まれていた。他方で、ペダゴーグ・サークルに担当教授はマリオン含めて二人しかおらず、教育理論構築への関与の度合いも低かったとされる。それでも担当教授はユニヴェルシテの一員として使命感を抱いていたという。彼らの多くは初等教員や民衆向けの講演会にボランティアで講師となっており、何人もが社会事業や民衆大学に関わっていた。ただし、せいぜいリセでの教育経験しかなく、初等教育の現状は知らなかった。だが、それでもよかったのである。彼らに求められたのは政治的社会的哲学であった[94]。

他方で、歴史学の台頭によって劣勢に立たされていた哲学は、学部とリセのポスト不足に悩まされており[95]、その中で、ペダゴジーは新たな就職先の機会を提供するものであった。もっとも、哲学者にとって、教育科学は二流の学問にすぎず、多くの担当者にとって、より威信の高いポストに上がるためのステップにすぎなかった。教育科学担当教授は、初等学校教師の息子など相対的に民衆階層出身者が多く（二八％）、新興のディシプリンは出自などのハンディを相殺する役割をある程度果たしていた。だが、見方を変えればディシプリンの威信の低さを物語っていた。一九〇二年のソルボンヌのビュイッソンの後任人事をめぐる議論は示唆的である。候補として、社会学者のデュルケームと生粋の教育学者ジョルジュ・ルフェーヴル（Georges Lefèvre）の二人があがっていた。文学部長から意見を求められたビュイッソンが推薦したのは、教育科学の業績で上回っていたルフェーヴルではなく、高等師範学校卒業生であるデュルケームであった[96]。

教育科学の講義と実践コンフェランスは多くの場合、教育現場の現実から離れた一般的考察の場であり、実践的と銘打たれていても「偉大な教育家」のテクストの説明や指導要領の検討が中心で、そうでない時は、哲学演習とそれほど変わらないものであった。反対に、初等教育関係者の間では、理論的ペダゴジーへの要求はあまり強くなく、大学での教育学講義を求める声はほとんどなかったのが実態であった[97]。

他方では、公教育省幹部は、初等学校教師の自主的な運動を抑え込もうとした。たとえば、初等学校教師が一八九二年と翌年に自律的に教育大会を組織した時のことである。中央行政とアカデミー管区行政は、この教育大会の開催をためらったのちに承認したが、報告と請願を『教育学雑誌（*Revue pédagogique*）』に公表することを禁じている[98]。だが、世紀転換期には、こうした抑え込みは功を奏さなくなる。一九世紀末に公立学校初等教員友の会（amicales d'institutrices et d'instituteurs publics）の中から、さらに、一九〇三年以降は、社会主義的傾向を強める教員組合の中から、大学の教育科学への批判が現れ始め、ペダゴジーの面での初等学校教師の自律、解放を求める声が強まることになる[99]。

ペダゴジーは大学の中でも二重の反対に出会った。ひとつはソルボンヌのカトリック右派の反対[100]、もうひとつは、ライシテ派の哲学者フイエに代表される哲学者からの反対である。フイエは、改革派のペダゴジーを批判し、「哲学だけが教育の真の心理学的、道徳的、社会的原理を据えることができる」「唯一のペダゴジーは、哲学である」と論じている[101]。他方では、デュルケーム、ブグレらは社会学者としてペダゴーグ・サークルとは注意深く一線を画しており、ベルクソンのようにペダゴジーに関わらなかった哲学者もいる[102]。『教育学辞典』の「フレーベル」の事項でジャム・ギヨームは「教育科学は未完成である」が、これから生理学、心理学、社会学の知識が広がるにつれて確実なものとなっていくだろうと期待していた[103]。だが、ギヨームの予測は楽観的過ぎたと言えよう。

効率的な知識の獲得・定着を図るために心理学が必要とされる一方で、ライシテの道徳のための新たな社会哲学の構築が求められていた。こうした要請に応えるために行政主導で大学やリセの哲学教授が動員されて新しいディシプリンが生み出された。第三共和政初期に大学で教えられた「教育科学」は、現在のフランスの大学にある「教育科学」とは異なり、単数形で書かれていた。だが、その内容は雑多であり、いく分人為的な構築物であった。教育改革の情熱が薄れていくとコースの維持が負担となり、第一次世界大戦後には、「教育科学」のコースはいったん大学から姿を消すことになる[104]。

フェリーは、この章の冒頭で紹介した演説の中で、次のように述べていた。「読み書き算術」以外に、実物教育、図画、音楽、デッサン、体育、などを導入するのは、こうした「アクセサリー」が田舎の初等学校を「教養教育の学校」にするからである。詰め込み教育であるという批判があるが、「知性の機械的訓練」という伝統的な方法に頼るような馬鹿げたやり方はしない。我々は直観教育（六章参照）をすべての領域に浸透させるという方法をとる。こうして、初等教育は「小型の中等教育」となり、初等と中等の間の溝は越えられないものではなくなり、「全国民を対象にした教養教育が始まるのである」[105]。直観教授法へのフェリーの過剰なまでの期待がよくわかる一節である。同時に、フェリーは、彼なりのやり方でエリート教育と民衆教育の統合を考えていたこともわかる。フェリー改革は行政が強力なイニシアチヴを発揮して中等、高等教育をも巻き込んで行った壮大な実験、プロジェクトであった。教育改革のかなりの部分は、一九世紀前半から試行錯誤を繰り返し、蓄積され、形成されてきたペダゴジーの延長上にあった。一番大きな違いは、新たな市民道徳の構築（六章参照）のために教育哲学が導入され、ペダゴジーが「科学」に格上げされた点であろう。そのために、再編されたユニヴェルシテの枠組みが有効に活用されたのである。

〈注〉

（1）Jules Ferry, *Discours*, t. IV, p. 245.

（2）« Conférences pédagogiques, L'édition électronique du Ferdinand Buisson (dir.), *Nouvelle dictionniare de pédagogie et de l'instruction primaire*, 1911. http://www.inrp.fr/edition-electronique/lodel/dictionnaire-ferdinand-buisson/

（3）Cf. Guillaume Perrault, « Mona Ozouf, « Pour Jules Ferry, la sélection à l'école est une idée progressiste » », *Le Figaro*, 7 avril 2014.

（4）伊達聖伸、前掲書。宇野重規・伊達聖伸・高山裕二編著『社会統合と宗教的なもの――十九世紀フランスの経験』白水社、二〇一一年。

（5）Christian Nique et Claude Lelièvre, *La République n'éduquera plus : La fin du mythe Ferry*, Paris, Plon, 1993.

（6）Ferry, *op.cit.*, t.I, pp. 284-288. 第三章の冒頭で引用した演説。

（7）« Discours du 4 août 1880 à la distribution solennelle des prix du concours général » in Ferry, *op.cit.*, t.IV, p.291.

（8）Nique et Lelièvre, *op.cit.*, pp.32-35.

（9）Patrick Cabanel, *La République du certificat d'études : Histoire et anthropologie d'un examen (XIXe-XXe siècle)*, Paris, Belin, 2003, pp.15-16 ; « Concours scolaire », L'édition électronique du *Dictionnaire* de Buisson.

（10）Cabanel, *certificat*, pp.17-22.

（11）*Ibid.*, pp.14, 22, 34-40, 82-86.

（12）*Ibid.*, pp.10, 53-60, 82, 208-218, et chapitre 6.

（13）Furet et Jacques Ozouf (dir.), *op.cit.*, t.I, p.56.

（14）Jacques Gavoille, « Les types de scolarité : plaidoyer pour la sythèse en histoire de l'éducation », *Annales, Économies, Sociétés, Civilisations*, 41e année, n° 4, 1986 doi : 10.3406/ahess.1986.283320 http://www.persee.fr/web/revues/home/prescript/article/ahess_0395-2649_1986_num_41_4_283320, p.929, consulté le 20 déc. 2014 ; Nique et Lelièvre, *op.cit.*, pp.20-23. 出席可能延べ数は各月の登録生徒数を授業日でかけて算出し、実際の出席数は授業日ごとの欠席数を引いて算出している。

（15）岡部造史「フランス義務教育における家族介入の論理（１８８２―１９１４年）」『日仏教育学会年報』一五号、二〇〇九年。

（16）Nique et Lelièvre, *op.cit.*, pp.15-17, 24 ; Chapoulie, *L'École d'État*, pp.202-222.

（17）Nique et Lelièvre, *op.cit.*, pp.22-27.「社会的統合」とは、フェリー自身の言葉。Ferry, *op.cit.*, t.IV, p.42.

（18）Nique et Lelièvre *op.cit.*, pp.35-36.

（19）Jean-Pierre Briand et Jean-Michel Chapoulie, *Les collèges du peuple : L'enseignement primaire supérieur et le développement de la scolarisation prolongée sous la Troisième République*, Paris, CNRS, 1992.

（20）Chapoulie, *L'École d'État*, p. 93. 高等初等教育課程とは、基礎初等学校に設けられた高等初等教育の課程のことである。

（21）Mona Ozouf, *Jules Ferry : La liberté et la tradition*, Paris, Gallimard, 2014, pp. 52-54.

（22）たとえば、一般向けの本の中でも、「無償化を制度化した法律によって学校の中で貧しい子どもがうける屈辱に終止符が打たれることになる」と書かれている。F. Pisani-Ferry, *Monsieur l'instituteur : L'école primaire a 100 ans*, Biarritz, Jean-Claude Lattès, 1981, p. 167.

（23）ミシェル・フーコー著、田村淑訳『監獄の歴史――監視と処罰』新潮社、一九七七年（原著一九七五年）、一九九〇年、一六八―一六九頁。

（24）Anne-Marie Châtelet, « L'architecture des écoles au XXe siècle », Histoire de l'éducation [En ligne], 102―2004, mis en ligne le 27 mai 2009, consulté le 21 juin 2015. URL : http://histoireeducation.revues.org/696 ; DOI:10.4000/histoire-education.696. 日本では伊達聖伸が学校の空間を問題にしている。伊達、前掲書、二九五―三〇八頁。

（25）Jean-Claude Caron, *À l'école de la violence : Châtiments et sévices dans l'institution scolaire au XIXe siècle*, Paris, Aubier, 1999.

（26）デロワによれば「市民的責任の倫理学」とは「市民に自己を規律化させ、控えめな態度をとらせ、予測不可能な行動を抑制させ、なんらかの方法で、もともとあった自分の従順さを受け入れる」ように仕向けるものであった。Yves Déloye, *École et citoyenneté : L'individualisme républicain de Jules Ferry à Vichy : controverses*, Paris, Presses de la Fondation Naitonale des Sciences Politiques, 1994, pp. 25-27. デロワはとくに自己規律を重視している。

（27）Anne-Marie Châtelet, *La Naissance de l'architecture scolaire. Les écoles élémentaires parisiennes de 1870 à 1914*, Paris, Champion, 1999.

（28）*Ibid.*, pp. 82-86. グレアール編初等教育法令集の一八七九―八七年に関する巻を読んでも、建物関係の法規に「監視」という言葉が出てくるのは「トイレ（privés）」の箇所だけである。Gréard, *La législation*, t. V, 1887.

（29）Châtelet, *op.cit.*, pp. 2-7 ; Chanet, *op.cit.*, p. 58 ; Mona Ozouf, *Jules Ferry*, p. 66.

（30）Michel Bouillé, *L'école, histoire d'une utopie? : XVIIe-début XXe*, Paris, Éditions Rivages, 1988.

（31）*Ibid.*, pp. 127-128.

（32）モニトリアル・システムについては、柳治男『〈学級〉の歴史学――自明視された空間を疑う』講談社叢書メティエ、二〇〇五年参照。

（33）*Conduite des écoles chrétiennes*, Lyon, Rusan, 1819, pp. 9, 18. 初版は一七二〇年。一八一九年の緒言では、体罰など時代に合わない教育方法は、他の方法に代替したと断っている。

（34）*Ibid.*, p. 127.

（35）Chervel, *Histoire de l'enseignement*, pp. 390, 396-404.

（36）Pierre Giolitto, *Histoire de l'enseignement primaire au XIXe siècle*, t. I : *Organisation pédagogique*, Paris, Nathan, 1983, pp. 66-67.

（37）一八八一年一月二二日の上院での首相フェリーの答弁、および本章冒頭で引用した教育大会での演説。Ferry, *op.cit.*, t. IV, pp. 180, 248.

（38）Giolitto, *op.cit.*, t. I, pp. 90, 249. しかも当時は男女別学が原則であったが、人数が少ないために、男女を混合して教えていた学校も少なくなかった。行政は是正に努めたが、なかなか改まらなかった。

（39）Chanet, *op.cit.*, p. 64 ; Gréard, *La législation*, t. V, pp. 529-530.

（40）梅澤収「フランス近代における親の懲戒権と教師の懲戒規定」牧柾名他著『懲戒・体罰の法制と実態』学陽書房、一九九二年。

（41）近代社会史研究会例会（越境する歴史学研究会との共同企画）での報告より（二〇一四年一二月一四日於京都大学文学部校舎）。

（42）「法治主義」的側面は、同じ研究会で川島昭夫によって指摘されたもの。

（43）Caron, *À l'école de la violence*, p. 93.

（44）Buisson (dir.), *DP*, première partie, t. I, Paris, Hachette, 1887, p. 1715 ; François Grèzes-Rueff et Jean Leduc, *Histoire des élèves en France : De l'Ancien Régime à nos jours*, Paris, A. Colin, 2007, p. 175 ; *RLR*, t. 1, 1814, p. 79, t. 2, 1814, p. 434.

（45）Caron, *À l'école de la violence*, pp. 42-44.

（46）*Ibid.*, pp. 88-89 ; *RLR*, t. IV, 1814, p. 313.

（47）*Ibid.*, pp. 94-95, 97. 一七六四年には、体罰の慣行を非難するために orbilianisme という新語まで作り出された。ホラチウスの書簡集によって知られている教育学者 Orbilius から採られた言葉であり、ホラチウスは Orbilius が開いていた学校でひどい体罰を受けていた。

(48) *Ibid.*, pp. 100, 109–110.

(49) *Ibid.*, p. 90. 法規のテクストは *Bulletin universitaire*, tome III, 1835, pp. 537–538.

(50) Caron, *À l'école de la violence*, p. 113.

(51) *Ibid.*, pp. 118–124, 133–134 ; Alain Corbin, « L'histoire de la violence dans les campagnes françaises au XIXe siècle. Esquisse d'un bilan », in *Ethonologie française*, « Violence, brutalité, barbarie », 1991, n° 3, p. 233 ; Ambroise Tardieu, « Étude médico-légale sur les sévices et mauvais traitements exercés sur les enfants». *Annales d'hygiène publique et de médecine légale*, 2e série, tome XIII, pp. 361–398.

(52) Caron, *À l'école de la violence*, pp. 115, 148–150.

(53) Gréard, *La législation*, t. III, 1874, première série, p. 552, t, V, 1887, pp. 172, 825 ; Caron, *À l'école de la violence*, pp. 90–91.

(54) Gabriel Compayré, « Curiosités pédagogiques. L'orbilianisme ou l'usage du fouet dans les collèges des Jésuites au dix-huitième siècle », in *Mémoires des sciences, inscriptions et de belles-lettres de Toulouse*, 1878, 7e série, t. X, pp. 490–498.

(55) A. Lalaurie, *Quelques mots sur la discipline scolaire en France et à l'étranger*, Lyon, Charles Palud, 1880.

(56) *Ibid.*, p. 27.

(57) Jean Ferrier, *Les inpecteurs des écoles primaires 1835–1995*, 2 tomes, Paris, L'Harmattan, 1997.

(58) Gilbert Nicolas, *Le grand débat de l'école au XIXe siècle*, Paris, Belin, 2004, pp. 16–17.

(59) *Ibid.*, p. 18 ; Chapoulie, *L'École d'État*, pp. 55, 72–73.

(60) Jean-François Condette, *Histoire de la formation des enseignants en France (XIXe–XXe siècles)*, Paris, L'Harmattan, 2007, p. 97.

(61) Nicolas, *Le grand débat*, pp. 15–16.

(62) Gilbert Nicolas, *Quand les instituteurs répondaient au ministre : Mémoires des maîtres de l'enseignemnet primaire sous le Second Empire*, Rennes, Presses Universitaires de Rennes, 2012, pp. 7–8 ; Nicolas, *Le grand débat*, pp. 38–39, 57–58, 288.

(63) Nicolas, *Le grand débat*, pp. 19, 25–28 ; Ferrier, *op.cit.*, t. 1, p. 158.

（64）Fr. Mayeur, *De la Révolution*, p. 590.

（65）Gréard, *La législation*, t. V, pp. 126-128 ; Verneuil, *Les agrégés*, pp. 80-81 ; Régis Jallifier, *Le conseil supérieur de l'instruction publique (1880-1889)*, Paris, Imprimerie nationale, 1889, pp. 22-23. 初等教育県評議会は一八八六年一〇月三〇日の法律によって次のように規定された。県の初等教育の組織に責任を持ち、知事が議長、アカデミー管区視学官が副議長で、委員に県会議員から互選される委員、男女の初等師範学校校長、初等視学官、男性初等教員と女性初等教員からそれぞれ選挙で選出される委員（男女同数）からなっていた。なお、初等教員代表にはいくつかの学級がある学校の校長、師範学校付属校校長、退職教員の中から選出可能であった。パプ＝カルパンチエ校長、保育園視学総監、専門委員は原文ではすべて女性形で表記されている。Gréard, *La législation*, t. V, pp. 669-699. 中等、高等教育の試験、カリキュラム、懲戒に関する答申をだす責任を負うユニヴェルシテ評議会は、ファルー法によって公教育最高評議会と名前を変え、帝政期に「最高」という形容詞が削除された後、一八七三年にファルー法時代の呼称に戻っていた。

（66）Alain Choppin, « Le cadre législatif et réglementaire des manuels scolaires. I, De la Révolution à 1939 ». *Histoire de l'éducation*, N. 29, 1986. pp. 41-46, 47-52. doi : 10.3406/hedu.1986.1366 http://www.persee.fr/web/revues/home/prescript/article/hedu_0221-6280_1986_num_29_1_1366, consulté le 3 janvier 2015.

（67）Déloye, *op.cit.*, pp. 211-212.

（68）Ferry, *op.cit.*, t. IV, pp. 254-256.

（69）Alexis Chevalier, *Les frères des écoles chrétiennes et l'enseignement primaire après la Révolution 1797-1830*, Paris, Poussielgue frères, 1887, pp. XII-XVIII.

（70）Giolitto, *op.cit.*, t. 1, pp. 25-38 ; Chapoulie, *L'École d'État*, pp. 46-73. 「教育的編成」の定義はシャプリにしたがった。

（71）Giolitto, *op.cit.*, t. 1, pp. 27-28, 33, 35, 68, 253-255, 257-258.

（72）Chapoulie, *L'École d'État*, pp. 62-66.

（73）J. Guillaume, « Pestalozzi », in Buisson (éd.), *DP*, 1re partie, t. 2, 1887, pp. 2283-2358.

（74）Patrick Dubois, *Le Dictionnaire de Ferdinand Buisson : Aux fondations de l'école républicaine (1878-1911)*, Berne, Peter Lang, 2002, pp. 89-90 ; « Circulaire du Ministre de l'Instruction publique, relative à l'exécution du décret du 2 juillet 1866 concernant le régime des Écoles normales primaires », in Gréard, *La législation*, tome IV, 1891, p. 97.

（75）Jacqueline Gautherin, *Une discipline pour la République : La Science de l'éducation en France (1882-1914)*, Bern.

Peter Lang, 2002, pp. 11-13.

(76) Chervel, *Histoire de l'enseignement*, pp. 394-395. 一八八二年七月二七日の省令（二六条）で公式に実物教授が奨励される。Eugène Brouard, « Pape-Carpentier (Mme) », in *DP*, partie 1, t. 2, pp. 2199-2202. 尾上が、前掲書、第三章、第六章で詳細に論じている。細谷俊夫他編の『新教育学辞典』には次のように書かれている。「フランスプロイセン戦争が終わった後、にわかにペスタロッチ運動が盛んになってきた。一八七八年の博覧会に開催された全仏教員会議では、直感主義に立つ実物教授法が圧倒的な支持を獲得した」。細谷俊夫他編『新教育辞典』第一法規、一九九〇年、四七〇頁。

(77) Daniel Hamelin, « Les malentendus de la méthode intuitive », in Daniel Denis et Pierre Kahan (éd.), *L'École de la Troisième République en questions : Débats et controverses dans le Dictionnaire de pédagogie de Ferdinand Buisson*, Paris, Peter Bern, 2006, pp. 75-89.

(78) Dubois, *op. cit.*, pp. 130-131, 135-136, 140-141, 148, 172-175 : « Intuition », in *DP*, partie 1re, t. 1, pp. 1374-1377 ; Compayré, « Sens », in *DP*, partie 1re, t. 2, pp. 2764-2766 ; id., « Volonté », in *DP*, partie 1re, t. 2, p. 2976 ; cf. Laurence Loeffel, *La question du fondement de la morale laïque sous la IIIe République (1870-1914)*, Paris, PUF, 2000, p. 52. 尾上雅信『フェルディナン・ビュイッソンの教育思想――第三共和政初期教育改革史研究の一環として』東信堂、二〇〇七年、一八一―一八六頁参照。

(79) Jean-Noël Luc, *L'invention du jeune enfant au XIXe siècle : De la salle d'asile à l'école maternelle*, Paris, Belin, 1997, pp. 418-419. 就学前教育施設である保育学校（école maternelle）の主知主義的傾向については、佐藤栄一郎がすでに指摘している。梅根悟編、前掲書、一四四―一四六頁。

(80) Béatrice Compagnon et Anne Thévenin, *Histoire des instituteurs et des professeurs de 1880 à nos jours*, Paris, Perrin, 2001, p. 70.

(81) Daniel Hameline, « Grégoire Girard (1765-1850) », in Jean Houssaye (sous la dir. de), *Nouveaux pédagogues*, t. 1 : *Pédagogues de la modernité*, Paris, Fabert, 2007, pp. 129-130 ; Chervel, *Histoire de l'enseignement*, pp. 394-395, 402 ; Alexandre Daguet, « Le père Girard », in *DP*, partie 1re, t. 1, pp. 1178-1182.

(82) Bonaventure Berger, « Rapet », in *DP*, partie 1re, t. 2, pp. 2538-2540.

(83) Chervel, *Histoire de l'enseignement*, pp. 402-403.

(84) フェリーは一八八〇年四月二日、教育大会の閉会演説で、師範学校校長と初等視学官を前にして、師範学校では一般教養を重視し、教師の卵である生徒に読書の習慣をつけさせるようにと説いている。Ferry, *op.cit.*, t.III, pp. 522-523.

(85) 尾上、前掲書、二二〇頁。Compayré, *L'éducation intellectuelle et morale*, Paris, Classique Paul Deplane, 1908, p. 11 ; Gilles Laprévote, *Splendeurs et misères de la formation des maîtres : Les écoles normales primaires en France 1879-1979*, Lyon, Presses Universitaires de Lyon, 1984, pp. 38-39.

(86) Weisz, *op.cit.*, p. 270.

(87) Buisson, « Leçon d'ouverture du cours de science de l'éducation faite à la Sorbonne le 3 décembre 1896 », *Revue pédagogique*（以下 *RP* と略）, nouvelle série, tome XXIX, nº 12, 15 décembre 1896, p. 588.

(88) Gautherin, *op.cit.*, pp. 46, 57-58, 60-61.

(89) *Ibid.*, pp. 15, 18-19.

(90) *Ibid.*, pp. 26-28, 30-36, 40-41, 60-61, 94-95 ; Weisz, *op.cit.*, p. 125.

(91) *Ibid.*, pp. 50, 127-128, 133.

(92) *Ibid.*, pp. 56-57, 77-79. 創設期の教育科学担当教授はほとんどが高等師範学校卒業生でもあった。

(93) Jean-Louis Fabiani, *Les philosophes de la République*, Paris, Éditions de Minuit, 1988, pp. 21-22.

(94) Gautherin, *op.cit.*, pp. 56-57, 72-74, 77-78, 122, 197-198, 153-154 ; Buisson, *art.cit.*, p. 603.

(95) Fabiani, *op.cit.*, pp. 30-31.

(96) Gautherin, *op.cit.*, pp. 136, 139-140, 149, 151.

(97) *Ibid.*, pp. 46, 131-132.

(98) *Ibid.*, pp. 68-69, 131-132.

(99) Frédéric Mole, *L'école laïque pour une République sociale : Controverses pédagogiques et politiques (1900-1914)*, Rennes, Presses Universitaires de Rennes, 2010, pp. 193-196.

(100) ドレフュス事件の時、反ドレフュス派の学生が授業妨害をしたのは、シャルル・セニョボスの歴史講義よりも、むしろビュイッソンの教育科学の講義であった。Gautherin, *op.cit.*, p. 85 ; Christophe Charle, *La naissance des « intellectuelles » : 1880-1900*, Paris, Minuit, 1990, pp. 175-179（白鳥義彦訳『フランス知識人の誕生一八〇〇―一九〇〇』藤原書店、二〇〇六年、二〇二―二〇六頁）.

(101) Alfred Fouillée, « L'échec pédagogique des lettrés et des savants », *Revue politique et parlementaire*, tome 27, 1901,

pp. 495, 497.

(102) Gautherin, *op,cit.*, pp. 75-76, 79-80, 297-298.

(103) Dubois, *op.cit.*, p. 154 ; *DP*, 1re partie, t. 1. p. 1130.

(104) Cf. Gautherin, *op.cit.*, pp. 327-330.

(105) Ferry, *op.cit.*, t. IV, pp. 250-251.

第六章　第三共和政初期の市民教育とライシテ

――フェルディナン・ビュイッソンを中心に

はじめに――直観教育と自由教育

初等教育の領域は直観的なものすべてを包含します。いくつかの点ではそれを超えますが、それ以下にとどまることはありえません。民衆教育を擁護するために、この穹窿の下で何度も聞かれた、ラテン詩人の言葉を引用させてください。「私は人間である。人間に関することで私にとって無縁であることは何もない」。この格言はしばしば偉大なユニヴェルシテの教育に適用されてきました。私はこの言葉を初等教育に適用します。初等教育もまた人間全体を発達させなければならないからです。初等教育は修学期間も長くなく、古典学習という得難いディシプリンも持ち合わせていませんが、すくなくとも、自然によってすべての人間に与えられている本能、すなわち良識の光、心情と知性の生まれつき備わっている自発的な諸力、要するにすべての次元における真善美への生き生きとした直感を持っています。それだけで十分であるかもしれません。真善美の直観こそ、我々みんなが親戚関係にあることを示す、もっとも明らかな資格なのです。

もし初等教育がこうした生来備わっている強力なばねを利用できるなら、もし単に訓練（apprentissage）であるだけでなく教育（education）であるなら、我々の知的・道徳的能力のそれぞれを把握して、より良く、より正しく、より力強くするのならば、民衆教育と古典教育との間には性質の違いはもはやなくなり、あるのは程度の違いだけになります。前者は後者よりも早く修了しますが、ふたつとも同じ道を歩み、ふたつとも人間をつくるのです。みなさん、こうして我がつましい初等教育はユニヴェルシテに接続するのです（フェルディナン・ビュイッソン「直観教育に関する講演」一八七八年八月三一日）[1]。

図６－１　フェルディナン・ビュイッソン（1841—1932年）

平和主義者としても知られ，第一次世界大戦後は独仏和解に努め，1927年にノーベル平和賞を受賞している。

出典：http://www.museeprotestant.org/notice/ferdinand-buisson-1841-1932-3/

フェルディナン・ビュイッソンは、第三共和政初期に初等教育局長としてフェリーの教育改革を支えたペダゴーグである。尾上雅信が指摘しているように、ビュイッソンは直観教授法の概念を広げて、「感覚的直観」、「精神的直観」、そしてさらに「道徳的直観」の存在まで主張した[2]。この「道徳的直観」こそ、初等教育を自由教育＝教養教育にするために欠かせないものである。章の冒頭に掲げた一節は、ビュイッソンの教育思想の中で道徳的直観と自由教育との結びつきを示す格好の例であり、初等教育における直観教授法にエリート教育における古典人文学教育の役割があてがわれていることがわかる。ビュイッソンが構想した道徳教育は知性の陶冶と密接に結びついており、自由教育＝教養教育の文脈の中で理解されるべきものである。

この時期の道徳・市民教育に関する先行研究には、ライシテの哲学的基礎をめぐる研究、『教育学辞典』に関する研究、フェリー改革によって初等教育に導入される道徳・公民教科書導入をめぐる紛争、教科書の内容分析が中心であり、その他には、宗教社会学者のボベロによる、当時の生徒のノートを検討した興味深い研究[3]がある。本章では広い意味での政治的な角度から、長期間にわたって初等教育局長をつとめ、フェリーの主要な協力者であったフェルディナン・ビュイッソンを軸に据え、プロテスタンティスムと共和主義の関係を検討し、ライシテの道徳教育をめぐる紛争を再検討し、さらにフェリー改革後の初等教員の実態と学校現場での規律の問題を考えてみたい。

なお、ビュイッソンの教育思想については、尾上とは別の観点から、すなわち中等教育や自由教育＝教養教育とプロテスタンティスムとの関連から見直すことにしたい。

第一節　プロテスタントと共和派

(1)　信教の自由の実態と教会組織の再編

一八八一―八二年に、「世俗・義務・無償」の三原則からなる公立初等教育の定めた諸法が成立した。この原則の中で最大の焦点となったのは「世俗性＝非宗教性（ライシテ）」の原則である。「ライシテ」は単に学校教育におけるカトリック教会の影響力の排除だけではなく、積極的に市民道徳の創造を目指していたため、その理解は擁護する陣営でも哲学的宗教的立場によって微妙に食い違っていた。フェリー改革の時に限っても大きく分けて自由主義的プロテスタンティスムと啓蒙思想の流れを汲む実証主義的潮流があるとされている。ビュイッソンは前者を代表する人物であり、彼が唱える自由教育の「自由」の意味を考える場合、避けては通れない問題である。というのは、ライシテに関する著名な研究者で、現役の視学総監でもあるローランス・ルフェルによれば、ライシテとは自由、とりわけ精神の自由と同一視されるものであったからである(4)。

一八七九年二月四日に成立したワダントン内閣では十名の閣僚中実に五名がプロテスタントであった。閣僚の中に占めるプロテスタントの比率だけとれば、第三共和政のこの時期が「プロテスタントの影響力の絶頂期」であろう(5)。しかし、閣僚レベルよりも重要なのは公教育省幹部にプロテスタントの影響力が強く、しかもその影響力が長期にわたったことである。

第三共和政初期の教育改革とプロテスタンティスムとの結びつきは当時からすでに指摘され、モーリス・バレスやシャルル・モーラスといった極右の思想家から、フランスに外国の教育文化を移植しようとしているとか、「フランスをプロテスタント化」しようとしているなどと非難されていた。しかし、こうした議論はナショナリスト極右からのものであったために、単なる中傷として片付けられていた。あるいは、共和派指導層や共和主義歴史家は、この問題に深入りすれば、教権派対世俗派の対立がカトリック対プロテスタントという宗派対立にすりかえられてしまう危険を感じていたのかもしれない。しかし、そのためにミレイユ・ゲイサーズ＝ペイルが指摘するように、プロテスタントのペダゴーグに対する関心の欠如が生まれることになり、この時期の教育改革の焦点であったライシテに彼らが特別に何を賦与したのかという問いかけも、フランスのライシテの特殊性も問われることがないままになった。(6) しかしフェリー改革百周年を前後して研究は大きく進展し、一九七八年に開かれた学会報告集『第三共和政初期におけるプロテスタント（一八七一―一八八五）』(7) に結実する。この段階での研究はプロテスタントのフランス社会への統合を強調する傾向が強かったが、二〇―二一世紀転換期にパトリック・キャバネルらプロテスタント歴史家は、むしろ教育改革に与えたプロテスタントの独特な影響を高く評価するようになった。これは、フランス社会が以前にも増して文化的多様性を認めるようになったことと、イスラム教徒のスカーフ問題との関連で第三共和政初期のライシテの議論が再評価されていることに関係しているようである。(8) なお、前述の学会報告集に従い、プロテスタントの家に生まれながら、信仰から離れた人々も、多くの場合はプロテスタント文化を共有していたので「プロテスタント」として扱うことにする。

フランスは普仏戦争に敗北したため、ルター派が多かったアルザスとロレーヌの一部がドイツに割譲される。このため、プロテスタントの人口は八五万人から六〇万人とおおきく減少し、一八七二年の調査によれば、カルヴァン派（フランスでの通例に従い「改革派」と呼ぶことにする）が五四万人、ルター派がわずか六万人であった。当時のフランス人口の中でプロテスタントの占める割合はわずか一・五％にすぎなかった。(9)

第二共和政下でも、一八四九年の選挙で右派が勝利した後、地方当局によるプロテスタントの宗教的プロパガンダに対する妨害の事例がすでに増えていたが、第二帝政に入ると、プロテスタントの学校の閉鎖と礼拝集会の禁止が相次ぎ、プロテスタントの集会が森や野原で開かれ、一部の現象にせよ新たな「荒野」さえ生まれた。ただし、第二帝政期に投獄された牧師は数名、罰金刑を受けた俗人と牧師は数十名、生活と日々の宗教生活で困難な目にあったのは数千名の規模にとどまった。しかも、重大な事件は一八五二年から五六年までの間に集中している。一八五九年に、ナポレオン三世がフランス内外のプロテスタントの苦情に応えて、礼拝場所の新規開設許可を国務院で行うことを決めた政令を出し、これ以降、開設許可はほとんど支障なく出されるようになった。ただし、礼拝の自由はかならずしも存在せず、福音伝道は黙認されていたにすぎず、平等を求めての闘いは一八七〇年の段階ではまだ終わっていなかった(10)。

第二帝政下で見落とすことのできないのは改革派教会組織の再編である。改革派教会は全国教会会議の設置を求めていたが、政府は一八五二年三月二六日の政令によって、その代わりに行政の意向を入れやすい改革派教会中央評議会（Conseil central des Eglises réformées）の設置を決めた。この会議は、政府によって指名された「プロテスタント名望家」とパリの二人の最長老の牧師から構成されることになった。だが「中央評議会」はプロテスタントの多数派である福音派（後述）から十分な信任を得ることができず、政府が期待した役割を果たさなかった。結局、全国教会会議が帝政末の一八七〇年に許可されることになる。許可が遅れたのは皇帝の姿勢よりもむしろプロテスタントの内部分裂（後述）が原因であったが、いずれにせよプロテスタントを取り込むには遅きに失した。なお、全国教会会議は、第二帝政崩壊のため延期され、一八七二年にようやく開催された。最後に開催された一六五九年から数えると実に二一三年ぶりであった。それでもコンコルダ体制下ではカトリック教会の司教が一堂に集まる会議はついに許されなかっただけに、プロテスタントの全国会議開催の意味は大きかった(11)。

（2）プロテスタントと共和派

このように、第二帝政はプロテスタントを体制内化しようとしたが失敗した。プロテスタントの指導的な階層は政治的には自由主義的であり、けっして一二月二日のクーデタを許しはしなかった。一方、一八六三年から一八六五年にかけて共和派が再建され、プロテスタントの多数派はこの共和派の陣営に与するようになる。[12] 共和派とプロテスタントはもともとフランス革命の原理を擁護するという点で共通点があったが、世紀後半のカトリシスムの変化を前に結びつきが強化された。権威帝政の下で、カトリック教会の社会、とくに教育に対する影響が格段に強化される。しかも、世紀後半のカトリシスムはローマ教皇への忠誠を強め（ウルトラモンタニスム）、自由主義反対を掲げ、同時に聖母マリア信仰を推進して大規模な巡礼、行列を組織し、開明的なブルジョワから見れば「迷信」的な信仰を広めようとしているように見えた。こうしてウルトラモンタンにして非妥協的なカトリシスムという共通の敵が生まれ、プロテスタンティスムを称賛する動きが共和派の有力な知識人の間で顕著になる。その代表はエドガー・キネである。母親がプロテスタントであるキネは、一八六五年『フランス革命』を公表した。その中で、プロテスタントへの共感を示し、宗教改革の重要性を説き、政治革命の前に「宗教革命」が必要であると主張し、政教分離を提起していた。他方、歴史学の分野で、この時期に、プロテスタント、とくにユグノーの歴史がフランス国民史の中に初めて統合されるようになった。ここで大事なのはジュタールが述べているように、プロテスタントの抵抗運動が、「自由主義、続いて共和主義の歴史家たちによって、自由のための闘争や一七八九年の革命家たちの先駆者」とされたことである。もちろん「ユグノー史の国民史へのこの統合」はまだ完全ではなく、「共和主義者にとっての事実」にとどまっていたのであるが。[13]

ただし、プロテスタントは政治的に一枚岩ではけっしてなく、しかもプロテスタントの名望家にはもともとオルレアン派が多かった。第三共和政に入っても、共和派が政権をとる以前の一八七二年の国民議会（総数七三七名）

について見れば、プロテスタント代議士二八名（全体の三・七九％）の中で旗幟鮮明な共和派は十人にすぎず、他方明確な君主派は七名もおり、君主派の代議士は一般的にはオルレアン派であった(14)。

一八七〇年代末から一八八〇年代にかけては政府の中でプロテスタントの影響力が非常に強まった時期とされている。だが、過大評価は禁物である。第三共和政初期の内閣の中で一番プロテスタントが多かったワダントン内閣の成立は「プロテスタントによる支配」よりもむしろそれ以前から進行していたプロテスタントのフランス社会への統合を象徴する事件であった。十人の閣僚のうち五人と、半分をプロテスタントが占めたのは、当時プロテスタントが人口の二％にも満たない国にあっては「驚くべき」事実であったかもしれないが、彼らの大半は元オルレアン派であり、共和主義的な信条よりもむしろ経験と能力を買われて大臣に指名された大名望家であった。逆に新しく議員になったばかりのプチ・ブルジョワジー出身の共和派の政治家の多くは政府の要職につくには経験が不足していた(15)。要するに共和派の本格政権ができるまでのつなぎの内閣であったのである。

同様に、高級官僚の中のプロテスタントの比率は、フランス全体におけるプロテスタントの人口比とくらべると不釣合いに多いが、それでも高級官僚の中ではつねに少数派であった。共和派は政権をとると高級官僚の粛清をおこなうが、プロテスタントの高級官僚については、それ以前から職についていた者も少なくなく、他方では罷免されたプロテスタントも存在する。実際にはグループとしてのプロテスタントの影響力は、政治的な状況、心理的＝社会学的圧力、部局、官僚団の間での対立、プロテスタントの内部分裂などの要因によって中和ないし、消滅させられたといわれる。その中にあって一八八〇年代においてプロテスタントの影響力がもっとも指摘されるのは公教育省である。とくに、ビュイッソン、ジュール・ステーグ、フェリックス・ペコーの三人は公教育省の「三巨頭」と称された。しかし、七月王政期の公教育大臣ギゾーはプロテスタントであったし、第五章で見たように、第二帝政期のルーラン以降、公教育省は反教権的な姿勢を強めていた。たとえば、ビュイッソンと協力して教育改革を進めたオクターヴ・グレアールを登用したのはデュリュイであった。こうして公教育省は久しい以前からすでに反教権的であるという定評があった[16]。したがってビュイッソンらが公教育省の高官として登用されたのは省の伝統に即していたのである。

(3) プロテスタントの内部対立――自由派対正統派

プロテスタント社会は近代化、自由化が進む社会にたいする対応の仕方をめぐって自由派と正統派の二派に分かれて激しい対立を経験する。共和派の政治家の中には正統派プロテスタントもかなり見られ、自由派と正統派のうち、どちらがより共和主義的か明確にはいえない。だが、ビュイッソンら公教育省で活躍することになる三人は、自由派、しかも過激自由派に属していた。しかもビュイッソンとペコーはプロテスタントの内部対立の中で改革派教会から出て行ったのである。

正統派が教義的に保守派であるかといえば、必ずしもそうではない。一九世紀中葉以降の正統派は、「福音派」とも呼ばれ、アングロ＝サクソン起源の「信仰復興運動（revivalism）」（フランスでは「レヴェイユ（Réveil）」）の影響を受け大きく変容していた。「レヴェイユ」は宗教改革期の信仰を再び蘇らせようとする運動であり、救済をめぐる善と悪との二元的対立と聖書を神の言葉の絶対的な啓示としてみなす点に特徴があった。フランス革命後、プロテスタント社会には一種の宗教的無関心がうまれ、教義の上でも規律の上でも弛緩が生じていた。その中でメソディストの伝道活動が一八二〇年代以降フランスで開始され、改革派の霊的生活に新しい息吹を吹き込んでいった。たとえば、ビュイッソンが通っていたのはパリのテブ教会（Chapelle Taitbout）は福音派の主要な教会の一つであるが、イギリス大使館の庇護のもとにある集団によって一八四〇年に創立され、コンコルダ体制の外にある独立教会であった。他方、自由派はフランス革命以来の自由主義的伝統を継承する緩やかな集団であり、聖書批評を受容した一部の元福音派が合流し、自由主義神学を確立することになる。信仰はより内面化され、イエスを神の子としてよりも道徳的模範とみなすように、道徳的側面が強調された。ところが、自由派の中から世紀中葉に、理神論的議論を展開した急進的聖書批評を展開するペコーらの過激自由派が登場した。「過激な」自由派の取り扱いをめぐり、福音派＝正統派と自由派が激しく対立し、ついに一八七二年の全国教会会議の後に改革派教会組織の分裂にまで発展することになる。(17)

一八六〇年代に遡るが、福音派と合体した正統派による自由派攻撃は一連の自由派牧師排除へと進んだ。(18) たとえば、ギゾーらの正統派が支配するパリ長老会は、一八六四年二月、アタナーズ・コクレル・フィスの牧師代理職更新を拒否する決定を行った。この事件はビュイッソンが改革派教会を去ることになる直接の契機となった事件である。ビュイッソンは、一八六二年に健康診断の結果、高等師範学校入学を拒否されたが、六二年七月に文学リサンスの学位を取り、六二年二月から三つのアンスティテュシオンで教えていた。その間、ガブリエル・モノ、一八八〇年代に社会キリスト教の推進者となるシャルル・ジードらとともに、テブ教会に通っており、牧師の一人のエドモン・ド・プレサンセの感化を受けた。その時にコクレル・フィスの事件に遭遇したのである。この事件では、テブ教会牧師代理ウジェーヌ・ベルシエがパリ長老会の決定を支持する論文を公表し、「権威の原理」が改革派教会内に復活することを正当化した。だが、ビュイッソンは聖書の自由な解釈を求めてベルシエを批判する小冊子を出し、テブ教会を去らざるをえなくなった。(19)

(4)　フェルディナン・ビュイッソンの「自由キリスト教協会」

福音派＝正統派と袂を分かち、またナポレオン三世への忠誠宣誓を拒否したため、ユニヴェルシテの教員になる道も閉ざされたビュイッソンは、一八六六年スイスのヌーシャテルに新しく設立されることになった高等教育機関アカデミーの哲学・比較文学講座教授として招聘されることになった[20]。ヌーシャテルでの運動はビュイッソンの活動の原点とされている。この運動によって彼は過激自由派のペコー、ステーグと出会い、同時にエドガー・キネやジュール・フェリーら共和派指導者に注目されるようになったのである。

彼は一八六九年二月三日、『自由キリスト教宣言』を出版し、自由キリスト教協会（Union pour le christianisme libéral）設立を提起し、協会の目標として自由教会（Église libérale）の創立を掲げた。自由教会は「盲目的な信仰」と「権威の信仰」と闘い、「なんらの信仰宣言、教理、教理問答」もないとされ、非キリスト教徒でも加入が可能とされていた。この運動はキネから称賛を受け、ミシュレやジュール・シモンも共感を示したという。また、自由派プロテスタントを代表する主だった人々がビュイッソンの招きに応じて講演をヌーシャテルで行い、ヌーシャテルでの運動はフランス、スイスの枠を越えて自由派プロテスタントの国際的な運動となっていった[21]。

ビュイッソンはカトリック教会のみならずヌーシャテルの国家教会のような、権威主義的なプロテスタントの教会からも住民を解放することを目的とする団体が必要であると考え、一種の自由思想家の「サン＝ヴァンサン＝ド＝ポール協会」（十章参照）、すなわち、すべての宗派の自由思想家の結集を可能とする慈善団体の機能をもつ団体を結成しようとした。宗教は、権威の原理が一掃されてしまえば、「開花した道徳」に他ならなかった。道徳を宗教に、あるいは宗教を道徳にかえて、善と真を愛するすべての人を「宗教的」であるとみなし、こうした人々を可能な限り幅広く結集しようとしたのである。だが、理神論者、汎神論者、実証主義者、唯物論者までも教会に受け入れるという宣言は当惑を招き、運動は急速に尻すぼみになっていく。直接には「自由教会」の牧師探しが不首尾に終わったため、ヌーシャテルにおける運動は挫折してしまう[22]。

彼はこの都市の初等教育改革の緊急性を訴え、正統国家教会の「公式の」精神的支配に終止符をうとうとした。ジョージ・チェイスによれば、ヌーシャテルでの経験はビュイッソンにとって、彼の思想の中で統合されていなかった宗教、政治、教育思想を収斂させる契機となり、ライシテの理解を深める際に重要な経験となったのである[23]。自由教会設立が共和主義国家建設に置き換えられた点を除けば、後年の彼の思想と相当部分共通しており、彼の行動の原点といってよい。彼は八三年、最初の教育改革の措置が承認された後、「共和国が学校を作った。いまや学校が共和国を作らねばならない」と主張している[24]。

第二節　ライシテと市民的モラル

(1)　初等教育局長ビュイッソン

ジュール・フェリーが最初にビュイッソンと出会ったのは一八六七年ジュネーヴ平和大会のときであったが、六九年にローザンヌ平和大会で再会を果たしている。フェリーはヌーシャテルでのビュイッソンの活動とキネが彼に与えている高い評価をよく知っていた。キネの『民衆教育（*L'enseignement du peuple*）』（一八五〇年）はフェリーの座右の書であった。ビュイッソンはすでに行政と教育の専門家として名が知られるようになっており、とくに教育関係の国際的なネットワークを持っているのが彼の強みであった。六八年に哲学アグレガシオンを受験し、見事に二位で合格しているように[25]、祖国への関心が失われていたわけではなかった。普仏戦争で帝政が崩壊すると、パリに戻り、パリ・コミューンの時には孤児院の運営を行っている。これが彼にとって実質的に最初の民衆教育の経験であった[26]。そして七一年にジュール・シモンによってセーヌ県初等視学官に任命された後、ウィーン万博（七三年）とフィラデルフィア万博（七六年）に派遣され、フェリーによって初等教育長に任命されるのである。ビュイッソンは局長の仕事をこなしながら『教育学辞典』の編集を行っている。宗教思想、哲学思想、社会思想のキーとなる事項ではほとんどすべてプロテスタントが執筆しているが、非常に広範な人々を寄稿者にしている点が特徴である。

ゲイサーズ＝ペイルによれば、新しい教育学の創造よりむしろ、「様々な自由主義イデオロギーを一堂にあつめ」、カトリシスムや場合によっては権威主義的プロテスタンティスムとの闘いを組織することが彼の狙いであった。[27]

彼が初等教育局長を務めていた期間、とくに最初の一〇年間は教育改革関連諸法が可決され、実施されていく時期であり、その法案作成やその具体化に直接携わり、どの書類にも出てくるので黒幕的存在と目されていた。[28] 盟友ペコーも、ビュイッソンの推薦を受け、フェリーによって七九年に公教育省に登用され、八〇年にフォントネイ＝オ＝ローズ女子高等師範学校が開設されるとその教育主監（directeur des études）となっている。またステーグは八一年に代議士となり、一連の教育改革法案成立に尽力した他、道徳教科書を執筆し、教育博物館館長（一八九〇―九六）、その後、死去したペコーを継いでフォントネイ＝オ＝ローズ校教育主監（一八九六―九八）を歴任している。[29]

（2）学校の世俗化に対するプロテスタントの態度

フェリー学校改革でもっとも議論を呼んだのは初等教育のライシテ（世俗性、非宗教性）の問題である。ライシテの必要性は、国民統合の観点と世俗化という歴史的趨勢から説かれることになる。ライシテの原理は義務化とともに一八八二年三月二八日の法律によって法制化された。

フェリーとならんでこの時期の教育改革に大きな役割を果たしたポール・ベールは、一八八〇年一二月四日、下院で同法案を擁護して以下のように論じている。一八五〇年のファルー法によって公立宗派学校の設立が法制化されたが、実際にはプロテスタントなど少数派の宗派の学校の設立は十分でなかった。これらの宗派に属す家父長の権利が侵害され、また有害な「論争」を引き起こした。したがって「学校を中立化させる必要、宗教的で宗派的な教育を学校から取り除き、……司祭に戻す必要」があり、「この学校の中立化は義務化と密接に結びついており、しかもその第一の条件」である。また、「公立学校で宗教教育を義務化した場合、初等教員は彼が教える宗教に属していなければならない」なくなり、教員免状取得の前に告解が求められたり、教理教育の知識が試験で問われたりすることになる。実際にファルー法によって師範学校は一種の神学校、修道院と化したといっても過言ではない。「このジレンマから抜け出すための手段はひとつしかない、それは宗教教育を廃止することだ」。ポール・ベールは、宗派学校での「子どもの学校ごとの分割」には否定的であり、力点は国民統合にあった(30)。

フェリー改革の三原則のうち、プロテスタントは、カトリック教会とは違い、就学義務は受け入れ、積極的に擁護さえした。無償についても若干のニュアンスがあったがこれも容認している。だがライシテについては、最初から政府に全面的な協調姿勢をとっていたわけではない。たとえば、一八七九年にライシテが規定された最初の法案が提出された時、イエズス会など未認可修道会のメンバーに対して教育を禁止する条項があった（第七条）。これに対して、パリの正統派の有力な牧師の一人である、ウジェーヌ・ベルシエが小冊子を出版して政治的民主主義の基本原理、とくに自由と平等を尊重していないとフェリーを非難し、プロテスタント社会に賛否両論の論争を巻き起こした。また、穏健共和派に属すプロテスタントの新聞『一九世紀のキリスト教（*Le Christianisme au XIXe siècle*）』（七九年一二月一九日号）は、「道徳・宗教教育」を廃止して「道徳・公民教育」を新設するという提案を批判して、「宗教の基礎のない教育は考えられない」と論じ、「神の観念を除去すれば」「個人的利害、すなわちエゴイズムの宗教しか残らない」と批判している。

次に公立学校の世俗化にあたり、プロテスタントの宗派学校の維持の問題が浮かんできた。これに対しては、ベルシエのように犠牲を払ってでも、すなわち私立の宗派学校の形で宗派学校の維持を主張する人々もいたが、結局、私立の宗派学校を数多く確保するという選択肢はとられず、実際には例外的なケースであったが、公立学校では子どもの良心が尊重されない場合に限って私立学校を開設するという道がとられた。

ファルー法によって、公共の場で信仰が行われている市町村、すなわち公認宗派の小教区ないしその分教区が組織されている市町村では、公立の宗派学校開設が義務付けられていた。しかし、実際にはプロテスタントが市町村の中で多数派を占めた地域は南部以外にはほとんどなく、少数派の場合は予算的な問題からも公立宗派学校開設はなかなか進まなかった。『フランス・プロテスタント新聞（*Journal du protestantisme français*）』八〇年一月三日号によると、プロテスタント公立男子学校三八四、女子学校二九〇、男女混合校三〇三、保育園四二であり、公共の場で信仰が行われている一三六九市町村に対して、男子学校では九八五校、女子学校では一〇七九校不足しており、それは男女混合学校の数を考慮しても到底補われていなかった。しかも他に小教区のない市町村に散在しているプロテスタントが相当数存在し、その数は増加傾向にあった。またコンコルダ体制での公認宗派の聖職者にしか俸給は支払われず、そのため当時増えていた独立系教会の聖職者は公立学校で雇うことができないという不都合もあった。[31]この新聞は結論として複数の公立学校を維持するのは規模の小さい自治体には実質的に不可能であり、無理をして複数の学校を開設した場合は、予算的に十分な教育を行うことができなくなるとして、学校の複数性の原則を批判し、一月一〇日号ではライシテだけが解決の道であると論じている。

公立学校の世俗化を支持し、公立学校へのプロテスタントの子どもの就学という道を選択した場合、子どもの宗教教育をどこで施すかという問題が生じた。七九年初めの段階では、政府は家庭で宗教教育を受けることができるとしか答弁しなかったが、貧しい家の場合、教理教育を家庭で施す経済的余裕がないではないか、という批判を受けて、日曜日のほかに木曜日も休校にするという譲歩がなされた。次に問題になったのは聖職者が教理を教える場所であった。イギリスやアメリカのように学校の使用を求め、宗教が社会生活において重要な役割を演じるべきだと考えた人々と、共和派主流と同様にカトリック教会を公教育などの公的生活から排除することを優先し、したがってプロテスタントであれ、カトリックであれ、ユダヤ教であれ、宗教は純粋に私的、個人的な事柄であるとみなす人々にプロテスタントの中でも意見が分かれた。アンクルヴェは前者を「プロテスタント的ライシテ」、後者を「フランス流世俗化」と呼んでいる。内部での論争の結果、前者が優勢となり、八一年三月にはフランス・プロテスタント初等教育促進協会代表が公教育大臣と謁見し、週に一度学校を休校にし、学校を宗教教育のために使用できるように要請している[32]。

結局、学校施設利用は認められなかった。一八八二年三月二八日の法律によって初等教育から宗教教育が廃止されたかわりに、親が子どもに宗教教育を受けさせるために学校は日曜日のほかに週に一度休みになった。そしておなじ法律によって、「道徳・宗教教育（instruction morale et religieuse）」が廃止され、代わって新たに「道徳・公民教育（instruction morale et civique）」が新設されることになった。

学校施設利用は認められなかったものの、政府との立場の違いは政治的な対立にまで発展することはなかった。政府に対するプロテスタントのこうした妥協的な姿勢は、数的に圧倒的に勝るカトリック教会を前にした政治的判断に基づくものであったが、同時にある種の希望にも支えられていた。プロテスタントは公教育に力を注ぎ、フランス社会におけるプロテスタントの影響力を増大させるべきだと主張する論者も現れている。たとえば『自由教会（*L'Église libre*）』の八〇年三月五日号では、次のように主張されていた。「プロテスタンティスムは公立教育に最大限協力し、絶対的な必要がある場合を除き、［私立］学校を開設することを自粛し、むしろ公立学校のために大勢の教師、とくに初等学校教師を準備しなければならない。そうすれば、プロテスタンティスムは自由主義的、宗教的精神によってパンの酵母となり、すべてのパン生地を膨らませることであろう」。「不必要な学校を維持する代わりに、我々の初等校教師によって公立学校をいっぱいにしよう」。「我々の子ども、初等学校生徒の中で、その能力を示す者はみんな教育職につくように説得しよう。我々独自の師範学校がないのだから、国家の師範学校にプロテスタントの生徒を入学させよう」。「今こそ、フランス・プロテスタンティスムがフランスの初等学校教師になる時だ」（傍点は原文では大文字）。アンクルヴェによれば、こうした意見はニュアンスに差はあるものの、プロテスタント社会に支配的な考えだったという。(33) しかしこうした楽観的な見通しは一八九〇年代に入ると、改革の中だるみと反プロテスタント攻撃のために裏切られていく。

(3) ライシテと「教育する国家」

義務化とライシテの法案審議でフェリーは、より慎重にライシテよりも「宗派的中立」という言葉を好んだ。彼もまた国民統合の観点から宗教教育とは区別される道徳教育の導入を主張したのであるが、同時に「世俗権力とあらゆる社会制度の世俗化の結果」、「宗派的中立」が必要となったと論じている。(34) ビュイッソンもまた、『教育学辞典』の「モラル」の事項で、世俗化という歴史的趨勢を強調し、イタリア、ベルギー、ジュネーヴ、アメリカ合衆国の例を道徳教育の世俗化の根拠の一つとして挙げている。国民統合の観点にせよ、世俗化の進展という議論にせよ、教会に代わって道徳面も含めて国家が国民の教育を行う根拠とされた。そして公教育で市民としての権利と義務を教える必要性は、「教育する国家（État éducateur）」の原則すなわち、国家が教育する権利を持つという主張(35)の根拠ともなっていく。だが、忘れてはいけないが、フェリーは政治家や議会による教育への直接的介入を批判し、教員集団であるユニヴェルシテに任すように促している。また、ユニヴェルシテに任すとは、五章で論じたように、初等教育の道徳・公民教育に中等、高等教育の教員を関わらせ、理論的な面での指導力を発揮させることも含まれていた。

世俗化と義務化の法案審議の際、上院でジュール・シモンから法律に「教師は生徒に神と祖国に対する義務を教える」という一文を加える修正案が出てきた。フェリーは次のように述べている。「議会は、どんな性質のものであれ、神学的信仰宣言を公表する場ではない」。結局、法案を通すために、フェリーは譲歩して公教育最高評議会の決定によって公式カリキュラム（programmes）に「神に対する義務」が記載されることを約束したのである。(36)

ところで、日本の先行研究ではあまり指摘されないが、国民統合の実現は、宗派的な分裂・対立の克服という意味ばかりでなく、第五章で示したように、エリートと民衆のモラルの面での統一という観点も含まれていた。そのために、民衆教育における宗教の位置付けを、エリート教育に倣って変更する必要が生じた。公立中等教育では宗教教育は家長たる父親の責任に任され、リセに併設された寄宿舎には聖職者がいて、生徒の属する宗派の聖職者が宗教教育を委ねていた。正課には宗教教育がなかったが、古典学習を通じて人文主義的理想を培うことが徳育の役割を果たしていたのである。一八八三年に道徳教科書を調査した高等師範学校教員の哲学者エミール・ブトルーは次のように論じている。宗教教育と区別され、人間の理性という観点からのみ与えられる道徳教育は新しい発明ではなく、ソクラテスに遡る。古代のモラルのすべてのシステムの基礎になっていたのは「美徳は学問（science）であり、教えられるものである」というソクラテスの思想であり、それは教父とスコラ哲学者によって二次的な地位におとしめられたが、フランス・ルネサンスの時に再び輝きをとりもどした。ルフェルによれば、ビュイッソンは「中等教育に精神を吹き込んでいる偉大な人文主義の理想を民衆の学校に吹き込み」、民衆の子どもをキリスト教徒ではなく市民を育てて、市民としての義務を教えようとした[37]。市民としての義務は、ギリシア・ローマの伝統を継承していたのである。初等教育の場合、修学期間が短く、ラテン語学習を行う余裕もなかった。そこで本章冒頭で述べたように直観的方法が導入され、新たに道徳・公民教育をほどこすことになったのである。

ビュイッソンは直観の概念を広げて、人間なら誰しも「道徳的直観」をもっているとした。ルフェルによれば、「知性と道徳的感覚の完成を促進することによって、民衆の子どもに普遍的な知的道徳的真理へのアクセスを開く教育学的な方法を構想する必要がある」と考えた[38]。人間は生まれながらにして道徳的であり、したがって生まれながらにして善良であり、人間は原罪の刻印をおされておらず、道徳教育は悪い性質を矯正することを目指す「調教（dressage）」の形態をとる必要がもはやなくなる。道徳教育では、この直観を目覚めさせなければならない[39]。このように道徳的直観の存在の主張は、子ども観の根本的な変化を伴っていたのである。

フェリーと同様に、ビュイッソンはモラルの単一性を求めた。だが、ルフェルによれば、この単一性は実践的次元に限定されていた。こうして、モラルの哲学的基礎に関する論争を回避したのである。ビュイッソンは、『教育学辞典』の「モラル」の項目で、師範学校で教えられる道徳教育と初等学校のそれとを区別し、大要、次のように説明している。前者は哲学的基礎を持たなければならない。それは心理学であるが、初等学校ではそうはいかない。公教育大臣が初等教員にあてた一八八三年一一月一七日付けの書簡をひいて、「モラルの原則、起源、最終目的について学者ぶった講義」をすることが求められているのではなく、道徳教育における初等教員の役割はかなり限定されており、「我々が父祖から受け継いだあの良き古きモラルの諸原理」を伝達することが求められている。このように、初等学校で教えられるモラルは、他人に対する義務、衛生観念、節酒、勤勉、個人の尊厳などの、誰もが否定できないような徳目に限定しながら、同時に師範学校に哲学的基礎を持つ道徳教育のコースを導入することを可能にしたのである。(40)

第三節　「道徳・公民教育」導入後の論争と余波

（1）「教科書戦争」（一八八三年）

新しく初等教育に導入された道徳・公民教育は現在のフランスのそれの原点となっている。そこで導入時の障害と、その後に直面した困難と課題に言及してみたい。公民教育の新奇さは自明であるから、宗派教育と切り離された道徳教育を中心に検討することにする。まず一八八三年の「教科書戦争」を取り上げることにしよう。

「教科書戦争」とは、フェリー法可決後、公立初等学校で使用された一部の道徳・公民教科書をカトリック教会が禁書処分にし、保護者を巻き込んだボイコット運動にまで発展した紛争のことである。フランスの司教の対応は一様ではなかったが、特別の司教教書を出して禁書処分の教科書を子どもから取り上げるように勧告する司教も一部に現れた。もっとも戦闘的な司教は、秘蹟、とくに聖体拝領を受けさせないと信者を脅したのである。ただし、デロワによれば、教会の動員を受けた市町村は全国で六％たらずで、重大な事件に発展したケースはわずかであるという。政教分離後の一九〇九年に起こっており、その時の教科書紛争に比べると、深刻ではなかったように見える。この紛争に関するモノグラフィーはあまり多くなく、タルン県とピレネー＝ゾリアンタル県に関する研究が目立つ程度である。俸給停止処分を受けた司祭の数が多かった県もあるが、約二〇の県では聖職者に対する処分は行われていない。ただし、タルン県では初聖体拝領拒否の脅しが、親が公立学校から子どもを退学させるのに効果があったことがわかっており、他の県でも公立学校生徒数の減少が見られる。さらに、伝統的にカトリックの強い地方では、初等学校教師が、問題となっている教科書の使用を避け、子どもに授業の始まりと終わりに祈りの言葉を暗唱させたことも稀ではなかった。西部では競合するカトリックの学校に対して、一般に俗人教師は義務・世俗化法の適用を緩和し、生徒数の減少を避けようとしたのである(41)。

　このように、教育行政と現場の教師は地域に応じて柔軟な対応をした。ただし、だからといって、フェリーの時代のライシテが戦闘的ではなかった、ましてや平和的なものであったとは言えないだろう。紛争の最中に出され、柔軟な対応を説いたことで知られる初等教員宛ての

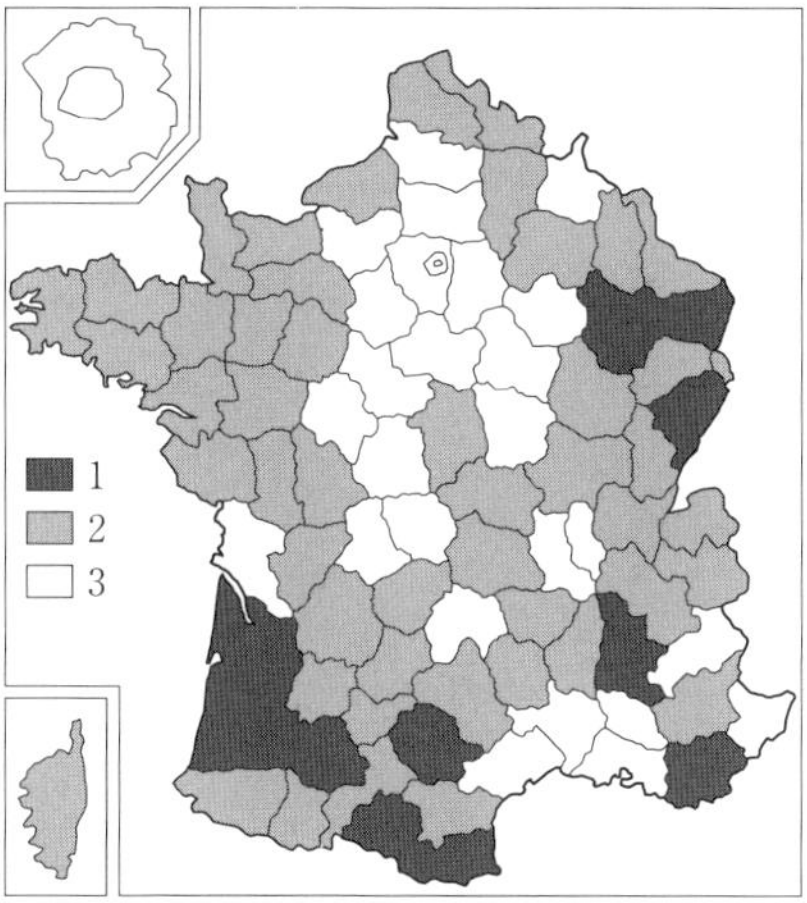

図 6－2　教科書戦争（1883年 2 月―3 月）

凡例：1＝事件が多発した県，2＝散発的にしか起こらなかった県，3＝事件がなかった県

道徳・公民教科書反対運動の分布を示した地図。伝統的にカトリックが強い西部地方で，政教分離後の教科書紛争の時と比べ，組織だった反対運動が目立たなかった。

出典：Yves Déloye, *École et citoyenneté*, p. 219.

書簡の中で、フェリーは、道徳・公民教育の推進や教員が教科書を選択する自由をもっている点など基本的なところでは何の譲歩もしていないし、禁書になった四つの教科書は引き続き公教育省の許可を得ていた。したがって、表現はやや挑発的ではあるが、フェリーの学校は「戦闘的な学校であった」とニック、ルリエーヴルが述べているのは間違ってはいない(42)。紛争が一九〇九年に比べると激しくなかったのは、まだコンコルダ体制が維持されており、聖職者に圧力を行使することができたからである。

先述のブトルーによれば、教科書の大半は理神論の立場に立ち、その理神論は啓示宗教に敬意が払われており、フランス人の大多数の意向にも沿っており、無神論に立つ著者の教科書もいくつかあるが、理神論者や啓示宗教の信者をぞっとさせるようなものではなかった。大半が宗教的色彩の強いライシテ観にたっており、「神のいない学校」という非難はあたらなかった。ただし、祖国、愛国主義の位置付けとかフランス革命の評価など、同時代の政治社会に関する問題では教科書によってかなりの違いがあった。これに比べると根本的な違いのない、いわゆる道徳教育の領域でも、実践道徳を超えて道徳理論にまで踏み込んでいる教科書が多く、その場合は、相互にかなり意見が異なっていた(43)。主要な教科書の大半は、誰もが一致する問題を踏み越え、思想家と社会の間で食い違いがある問題を扱っており、「導入には見事に成功」したが、「実際的な性格の措置によって補完する必要があるだろう」と締めくくっている(44)。ここからは、おもに公民教育の点で大きな差異が生じており、それに加えて、フェリーが求めたラインを必ずしも守らずに、モラルの哲学的基礎も論じていた教科書が少なくなかったことがわかる。こうした評価は、デロワによる教科書の分析ともおおむね合致している(45)。

(2)　新しい道徳教育をめぐる論争

大変な熱意で取り組まれた道徳教育であったが、期待されたような成果はなかなかあがらなかった。すくなくとも一八九〇年前後には、ビュイッソンやペコーは失敗ではなかったかという危惧を抱くようになった。一八八〇年代末に起こったブーランジスムの危機は、学校教育がフランス人の精神にまで届いていない証拠のようにペコーには思われた[46]。危惧を抱いたのはペコー一人ではなかった。一八八九年、ビュイッソンの働きかけを受けて、公教育大臣は、パリ・プロテスタント神学部学部長で公教育最高評議会委員でもあったフレデリック・リシュタンベルジェに調査を依頼した。リシュタンベルジェは、アカデミー視学官、初等教育視学官、師範学校校長が提出した五五八本の書類に目を通し、報告書を作成した。その報告では、道徳教育と公民教育が混同され、前者が犠牲になっている場合や、教科書を読むことに偏り授業が単調になってしまう弊害が指摘されており、リシュタンベルジェは結論部分で「成果がまだあまり明白でなく、進歩が曖昧でささやかなもので、目立たないもの」であることを認めている[47]。この報告は世俗学校の支持者を当惑させ、神のいないモラルは失敗すると当初から批判してきたカトリックを満足させるものであった[48]。

報告からはブトルーの調査で指摘されていた道徳教育と公民教育の混同が依然として改善されていないことがわかる。ポール・ベールの教科書のように公民教育しか扱っていないものもあった。もっとも、法律では道徳教育と公民教育は一体のものとして提起されており、ある種の混同が生じるのは当然であった。リシュタンベルジェの批判は唯心論的立場によるものとも考えられる。市民教育という新機軸の試みであるとはいえ、同時に父祖伝来のモラルを教えることになっていたのであるから、改革はおのずから保守的な性格を帯びざるを得なかった。

リシュタンベルジェの報告を読むと、公式カリキュラムで推奨された「心から心へ」働きかける方法を実施するのに苦労していることがよくわかる。ルフェルによれば、息吹や高揚が欠けているという批判は、導入当初から言われていたものであった。後年、外国のペダゴーグからも、フランスの道徳教育は冷たく、抽象的で、ひからびており、過度に知的であると批判されている。それに対して、ビュイッソンは次のように弁明している。長いカトリックの伝統を持つフランスでは、プロテスタント諸国とは違い、教理問答の役割が大きく、新しい道徳教育も教理問答と有効性を争うことができるように、戒律、格言、抽象的な定式を教え込むことにならざるを得なかった[49]。

子どもに最低限の規範を教え、同時にカトリックの伝統的な教育文化とも妥協しなければならなかった事情は、たしかに考慮されてしかるべきであろう。また、基礎初等教育段階で道徳教育が完成するとは、公教育省もビュイッソンも考えていなかった。フェリー改革期ではないが、一九〇九年七月二六日のカリキュラムを見ると、高等初等教育の道徳・公民教育については、生徒に道徳的感覚の発達を促進する様々な感情を生み出させ、それを強化するために訓練し、友愛、社会的連帯を教えることになっており、高等初等教育では教理問答のレベルを超えた道徳教育が企図されていたのである[50]。

（3）学校の規律をめぐって――体罰問題を中心に

道徳教育の導入後、学校の規律は改善されたのであろうか。残念ながら、リシュタンベルジェは、すべての教師が道徳教育を規律に役立てることができているわけではないと指摘している[51]。第三共和政初期の学校における規律の研究では、セーヌ県公立初等学校教員に関するジェローム・クロップの体罰に関する興味深い研究が存在する。一八七〇年から一八八六年までの間に教職のキャリアを始めた六六〇人の初等教員（当該時期のセーヌ県初等教員の一五％に該当）に関する書類を調べたクロップによれば、生徒にたいする体罰あるいは残酷な行為に関する訴えが七〇件あり、それは六〇人の教師に関係していた。そのうち初等視学官によって根拠があるとされたのは四四件であり、四〇人の初等教員が関係しており、調査した教員のうち六・七％であった。これだけ見ればごく少数であるが、現在のフランスならば刑事訴訟になりうる重大な暴力行為も多く、苦情が出た大半のケースでは生徒の身体に目に見える痕が残っていた。男女別では男性教員が多く、調査された男性教員のうち一一・五％を占め、これに対して女性教員の場合は、二・五%であった。非難された教員の大半は事実を認め、遺憾の念（regret）を表していた。体罰の行使そのものではなく、その行き過ぎや、何度も繰り返される場合に限られており、親の代わりに場合によっては暴力によってでも子どもを矯正する権利を、親が認めていたことがわかる。親が直接司法に訴えたのは四件あるが、教師はいずれも無罪放免になっている。教育行政は親に司法に訴えないように説得し、学校の内部で処理しようとし、処分はたいていの場合、他校への移動であり、職業履歴に公式な処分として記載されたのは一五人にすぎず、それも戒告、譴責が多く、停職が三人、罷免は二人であった。こうして、残酷な体罰は以前に比べて少なくなっているものの、学校でまだ体罰が頻繁に用いられていた。家庭での体罰がありふれていたが、他方では体罰への親の態度も変化し、子どもに非があるなしにかかわらず、いかなる体罰も容認しない親も増えていたことがうかがわれる。マイナス・ポイント（mauvais points）や居残りの懲罰だけでは教室内の規律を維持するのに困難な学校も存在したのである。教育行政の責任者たちは、修道会経営学校との競合を意識しており、学校制度を共和政の原理に合致させようとかなりの努力を図っていた。また、訴えの半分は、パリ市の一三、一八、一九、二〇区と近郊の市町村の労働者街に位置する学校の生徒の親からであった。視学官も、こうした地域の学校の困難をよく知っていた。(52)

それでは、子ども観はどうなったのであろうか。キャロンによれば、一八八〇年頃から子どもが嘘をつく可能性が問題になり始め、あらためて子どもの内在的な有罪性へ傾斜し、かつての子ども性悪説を再び活性化させる傾向が現れたという。(53)法医学者の言説を検討した論文でも、一八八〇年代になると、いくつかの重大な誤審事件が契機になって無実の人を非難して陥れる子どもの嘘の証言が問題になったと指摘されている。こうして二〇世紀初頭には精神医学者でパリ大学医学部教授のエルネスト・デュプレを中心に虚言症の理論が生み出され、リボやビネなどの心理学者、ペダゴーグも支持するようになった。デュプレによれば、すべての子どもは周期的にかつ自然に（naturellement）嘘をつくとされた。嘘をつく子どもという見方は、子どもを犠牲者と見る見方と対立するようになったという。[54]法医学の進歩という面もあるのであろうが、伝統的な子ども＝性悪説の根強さの表れをそこに見ることもできる。あるいは、教育改革に着手した共和派が遭遇した困難を物語るものかもしれない。今後の検討が待たれるところである。

（4）宗教的ライシテから社会学的ライシテへ

一八九〇年から一八九六年までは、ビュイッソンにとっては一種の煉獄であり、[55]初等教育局長の職責を続けていくのが耐えがたくなっていった。ビュイッソンは、一六世紀の人文主義者で宗教的寛容を説いたことで知られるセバスチャン・カステリオン[56]に関する学位論文を仕上げた後、一八九六年に局長のポストを辞し、ソルボンヌの教育科学講座教授になっている。

ビュイッソンが大学教授になった翌年の一八九七年に、保守派から「神のいない学校」と非難された公立学校で若者の犯罪に関する論争が持ち上がった。青年犯罪の増加と絡めて、哲学者のアルフレッド・フイエが雑誌『両世界評論』で、青年犯罪の増加には、新聞や雑誌の影響が大きいが、学校教育も責任を免れないとして、フランスの学校は教えることはしているが、「人を育てること（education）」、つまり「道徳的・軍隊的規律、規則の尊重」を身につけさせ、「高揚した愛国的感情」を育てる点でドイツに劣っているのではないか、と論じたのである。ビュイッソンは当時司法省の統計課主任であったガブリエル・タルドに問題の検討を依頼した。一八三〇年から八〇年の犯罪統計を調べたタルドの結論は次のようなものであった。たしかに未成年の犯罪は大人の犯罪よりも増えているが、悪い影響の「伝染の胚芽」は子どもに直接蒔かれたものではなく、むしろ年上の同時代人、とくに親に影響を与えた後に、子どもに作用したものである。しかもこの現象は特殊フランス的なものではなく、ヨーロッパ的な現象であり、フランスの学校に主たる原因があるわけではない。タルドの結論はビュイッソンを安心させるものであった。同時に、ビュイッソンはタルドとともに「社会的な危機」を論じるようになった。宗教的なライシテ観に立ち、唯心論哲学を信奉していたビュイッソンも社会学的な関心を強めていったのである。(57)

第四節　「聖職」論争

(1)　教師の使命

フェリー以前の学校では教師は司祭の助手であったが、フェリー改革以後、司祭とは独立して初等教員が道徳を教えるようになる。国民の道徳改革は教師の意識改革を当然の前提としていた。生徒に道徳を教えるべき教師はその手本となるべき存在であることが要請された。しばしば第三共和政期の初等学校教師の職は「聖職（vocation）」とされ、強い使命感と自己犠牲的な献身を求められた。フランス語の vocation を「聖職」と訳すことには異論があるかもしれない。だが、オズフ夫妻はこう説明している。第三共和政期の初等学校で教えていた元教員の証言では、vocation という同じ言葉が教職（vocation enseignante）と聖職（vocation religieuse）を指し示すのに使われていた。司祭と初等教員は、兵役免除などの境遇、村の中での役割、子どもや若者、または精神の指導、村の優秀な子どもが目指すキャリアなどの点でそっくりである。(58)

ビュイッソンもまた、聖職者を思わせる献身と自己犠牲を教師に求めていた。ここでは二例挙げてみよう。一つは一八八七年七月ヴァンデ県フォントネイ＝ル＝コント（Fontenay-le-Comte）初等学校創立記念式典での演説である。「俗人教師は労働の正当な野心や家族生活を断つ請願を、家族の苦しみ、懸念、苦悩を絶ち、自己の利害と人間と市民としての独立を絶つ請願はしなかった。まさにそうだからこそ、俗人教師を我々は選ぶのである」。「なるほど我々は俗人教師に僧院生活の献身の模範を求めはしない。しかし彼らは別の献身の模範を示してくれるだろう。

それで我々には十分なのである。すなわち、男性ならば、彼が手に入れるわずかな給与で自分の家族を立派に育ててくれ、女性ならば、修道女のようにヴェールや他人と区別される衣服を着なくてもよいが、質素な生活をし、危険に晒されることがあっても、非の打ち所のない娘時代を過ごし、尊敬すべき妻、母になってくれれば十分なのである」[59]。一見控えめな要求に見えるが、実際には清貧に耐えることが教師に求められている。

一八八九年には、次のように論じている。「共和国の学校事業は始まってから日が浅いので、まだ多くの部分で簡単に動揺してしまう危険がある。あまりに大胆、複雑すぎ、困難が大きすぎるので、一世代足らずで十万人もの初等学校教師を全員、これほど増大した任務の高みまで向上させ、それぞれの教師に個人的努力、確信、忍耐を、つまり、彼らの先輩のうちもっとも優れた教師だけがなしえた献身を求める新精神を浸透させることはできなかった」[60]。自己反省的に述べられている文章であるが、初等教育局が過大とも思われる課題を教師に課していたことがよくわかる。

こうした模範的教師の育成にもっとも成果を挙げたのは、フォントネイ＝オ＝ローズの女子高等師範学校であろう。この学校の魂は教育主監のペコーであった。フランソワーズ・マイユールによれば、ペコーの教え子たちの妥協を許さず厳格でさえある道徳はほどなく女子師範学校に広がり、恩師ペコーの宗派的な制約を越えて、師範学校の共通の価値観となっていった。それは、カトリック教の放棄は必然的に習俗の弛緩と道徳的行為の実質的な欠如をもたらすと主張する人々への最良の回答であったという[61]。

（2）　ペギーによる批判

こうした共和国の教師像にはカトリックの側から批判が当初からあったが、一九〇二年にシャルル・ペギーが『ジャン・コスト』について」を公表してビュイッソン批判を展開した。ペギーがカトリックに正式に改宗するのはもっと後のことであるが、すでに政府の反教権主義的政策には批判的であった。『ジャン・コスト』とは一九〇一年に、ペギーが編集する雑誌『半月手帖』に掲載されたアントナン・ラヴェルニュ作の小説で、師範学校出身の初等教員の生活の悲惨さを描いて当時話題になった。ペギーはこの小説の批評の形をとりながら教育政策を批判している。ビュイッソンを批判している箇所を引用してみよう。

尊敬すべきビュイッソン氏は私にこう言ったものだ。「ジャン・コスト〔小説の主人公〕に欠けているのは（中略）使命の偉大さが理解できていない点である。この観念は彼を支えただろうに。多くの小学校教師は、幸せでなくても、この観念によって自分を支えている。まったくのところジャン・コストは聖職意識（vocation）を持っていない」。（中略）また、ビュイッソン氏はフランスで初等教育を組織した主要な人物であるが、彼と彼の協力者の主要な人々が大勢の部下の献身と聖職意識に訴えたのも事実である。（中略）悲惨なジャン・コストに悲惨さを忘れ、万人の幸福の到来のために心も軽やかに働けと求めるのは、第一に彼に、世俗社会の便宜のために、本来的にはカトリック的なある種の感情、すなわち、自己放棄、克己、カトリック的な形の献身、忍従、忍耐、一般的に愛徳に属するあらゆる感情を持つように注文することである。ところで、カトリシスムを迫害しておきながら、一方で彼にそれを求めるのは公平ではない。第二に彼に見せかけを要求することになる。悲惨であるのに、そうではないように振る舞うことを要求する。第三に、不可能なことを求めることになる。悲惨な人が悲惨さを気にしないでおられるわけがない(62)。

ペギーが引用しているビュイッソンの発言がいつのものかは、原著には明記されず、注釈書を書いたアンヌ・ロシュも明らかにしていない。ビュイッソンは教師の待遇改善にはかなり尽力した人物であり、『ジャン・コスト』

が公表された一九〇一年には『総便覧』紙上で教師の待遇問題での意見調査を行っている。この小説に対しても当初は暗く書きすぎていると若干批判的であるが、同時に「予算に関する数字は残念ながら正確である」と認めており、同紙上にはその後、書評が掲載されている点から見ると公教育省もこの小説を否定的に扱ってはいない。(63)このような点を割り引いても、ペギーの批判は、ビュイッソンらプロテスタント系の教育者による教職観と教師養成の矛盾点を的確についているといえよう。

教員の置かれた状況は厳しく、とくに女性教員の地位は脆弱で、村人だけでなく、同僚男性教員からも軽んじられていた。一八九七年に女性初等教員の問題を取り上げた雑誌『政治文芸年報（*Annales politiques et littéraires*）』に寄せられた地方の女性教員の便りは、ほぼすべて地方の名望家あるいは視学官によるセクハラを、拒否した場合には移動の報復を受けたと指摘していた。(64)一八八〇年代末に教師友の会（amicales）が増えていき、初等学校教師は共和国政府や共和派とは独自の利害を主張し始めていた。「教育する国家」もひびが入り始めていたのである。(65)

第三共和政初期における国民統合の試みは、それまで進んでいた国民統合のプロセスの単なる延長上にあるのではなく、プロテスタント的な要素、あるいはアングロ＝サクソン的な要素の意識的な導入が特徴であった。第二の特徴は、意識的に幅広いライシテ擁護派の形成が目指された点である。ビュイッソンの生涯はまさにその見本であり、ヌーシャテルの運動以来、哲学的思想的な立場を超えて自由思想家の幅広い結集を図ろうとし、初等教育局長の職務を辞した後も、ドレフュス擁護の陣営に加わり、フランス自由思想家協会初代会長（一九〇二―〇三）、教育同盟会長（一九〇二―〇六）、フランス人権協会会長（一九一三―二六）などを歴任し、信条の違いを超えて共和主義とライシテの理念を擁護する幅の広い運動を構築するのにつねに腐心している。このような運動のあり方からも共和主義のライシテは公式の教義をもたず、複数性を特徴とすることになったのである。

他方、一八八二年にフェリーが心ならずも同意した「神に対する義務」は、一九二三年に公式カリキュラムから削除される。だが、今度は、強い抵抗もなく大きな事件にならなかった。長期的な時間軸をとって見直せば、フェリー時代に導入されたモラル改革は定着していったことがわかる。争点となったこの文言を、法律ではなく、より改訂しやすい公式カリキュラムに残すことで妥協したフェリーの目論みは四〇年の後に実ったのである。

三点目に、目指された国民統合には、宗派の違いだけでなく、階級の違いを超えたモラルの統一という意味もあった。だが、二つの階級に共通のモラルを据える試みは、市民教育の普及では成果を収めたが、子どもの道徳化では早い段階で障害があらわれ、ペダゴーグの中に次第に社会学的関心が強まっていった。また、クロップの研究は、ブルデューとパスロンが問題にした学校文化になじまない階級、階層の問題が、すでに一九世紀末に存在していたことを浮き彫りにしている。

〈注〉

（1）Ferdinand Buisson, *Conférences et causeries pédagogiques*, Paris, Hachette, 1888, in Laurence Loeffel, *La morale à l'école selon Ferdinand Buisson*, Paris, Tallandier, 2013, pp. 133-134.

（2）尾上、前掲書、一八〇―一八一頁。

（3）Jean Baubérot, *La morale laïque contre l'ordre moral*, Paris, Seuil, 1997.

（4）Loeffel, *La morale*, p. 48.

（5）Gérard Cholvy et Yves-Marie Hilaire, *Histoire religieuse de la France contemporaine*, Toulouse, Privat, 1985, p. 45.

（6）Mireille Gueissaz-Peyre, *L'Image énigmatique de Ferdinand Buisson. La vocation républicaine d'un saint puritain*, Villeneuve d'Asq, Presses Universitaires du Septentrion, 2001, p. 32.

（7）*Actes du colloque : Les protestants dans les débuts de la Troisième République (1871-1885)*, Paris, Société d'histoire du protestantisme français, 1979.

（8）Patrick Cabanel, *Le Dieu de la République : Aux sources protestantes de la laïcité (1860-1900)*, Rennes, Presses

Universitaires de Rennes, 2003.

(9) François-Georges Dreyfus, 《Les Protestants, la Droite et l'Assemblée Nationale》, in *Actes du colloque : Les Protestants*, p. 169.

(10) André Encrevé, *Protestants français au mileu du XIXe siècle : Les réformés de 1848 à 1870*, Paris, Labor et Fides, 1986, pp. 331. 557, 814, 819, 904-908.

(11) *Ibid.*, pp. 520-522, 524-533 ; Jacques Gadille, « Les influences protestantes dans l'administration des Cultes », in *Actes du colloque : Les Protestants*, pp. 257-258.

(12) Encrevé, *op.cit.*, pp. 904-908.

(13) フィリップ・ジュタール（和田光司訳）「プロテスタント　荒野の博物館」ピエール・ノラ編／谷川稔監訳『記憶の場』第1巻、岩波書店、二〇〇二年、二七三―四頁。Pierre Villameix, 《Michelet, Quinet et la légende protestante》, in *Actes du colloque : Les Protestants*, p. 79.

(14) Dreyfus, *art.cit.*, pp. 171-172.

(15) Michel Richard, 《Les ministres protestants du Cabinet Waddington (4 février-28 décembre 1879》, in *Actes du Colloque : Les Protestants*, pp. 199, 200-202, 207-209 ; Patrick Cabanel, *Les protestants et la République. De 1870 à nos jours*, Paris, Complexe, 2000, p. 49.

(16) Vincent Wright, « Les protestants dans la haute admistration 1870-1885 », in *Actes du colloque : Les Protestants*, pp. 244-245, 249-252.

(17) Jean Baubérot, *Le retour des huguenots*, Paris-Genève, Éd. du Cerf-Labor et Fides, 1985, pp. 22, 24 ; Mireille Gueissaz-Peyre, *L'image énigmatique de Ferdinand Buisson : La vocation républicaine d'un Saint Puritain*, thèse de doctorat d'histoire, Paris, 1998, pp. 41-46, 53, 57, 61 ; Encrevé, *op.cit.*, pp. 599-600.

(18) Gueissaz-Peyre, thèse de doctorat, pp. 64-68.

(19) *Ibid.*, pp. 53, 57, 61, 71 ; Samuël Tomei, *Ferdinand Buisson (1841-1932) : Protestantisme libéral, foi laïque et radical-socialiste*, Lille, ANRT, 2004, pp. 35-45, 69-81.

(20) Cabanel, *Le Dieu*, pp. 46-48.

(21) Gueissaz-Peyre, thèse de doctorat, pp. 86-106 ; Cabanel, *Le Dieu de la République*, pp. 55-57.

(22) Gueissaz-Peyre, thèse de doctorat, pp. 96, 107–111 ; Cabanel, *Le Dieu de la République*, p. 58.

(23) George Chase, « Ferdinand Buisson and Salvation by National Education », in Willem Frijhoff, (dir.) *L'offre d'école*, Paris, Publications de la Sorbonne, 1983, p. 269.

(24) *RP*, 1883, n° 2, pp. 366–367 ; Chase, *op.cit.*, p. 271.

(25) Tomei, *op.cit.*, p. 44. 第一位は、高等師範学校生徒のエドゥアール・マヌーヴリエ（八章参照）であった。

(26) *Ibid.*, pp. 271–275.

(27) Pierre Nora, 《Le « Dictionnaire de pédagogie » de Ferdinand Buisson》, pp. 330–336. Alice Gréard, 《Le rôle des pédagogues protestants : L'exemple de "Dictionnaire pédagogique"》, in *Actes du Colloque : Les Protestants*, p. 51 ; Gueissaz-Peyre, thèse de doctorat, pp. 124, 261.

(28) Gueissaz-Peyre, thèse de doctorat, pp. 125–126, 129.

(29) *Ibid.*, p. 254.

(30) Paul Bert, *Le cléricalisme : Questions d'éducation nationale*, Paris, A. Colin, 1900, pp. 167–194.

(31) 同紙によると、私立学校は五八九校あり、その内訳は男子学校一〇九、女子学校三二七、男女混合校八七、保育園七〇であった。ただしこの中には独立系教会の学校は含まれていない。

(32) Encrevé, « Les protestants réformés face à la laïcisation de l'école au début des années 1880 », *Revue d'Histoire de l'Église de France*, janvier-juin, 1998, pp. 80–89.

(33) *Ibid.*, p. 85.

(34) 八〇年一二月二三日下院での演説。当時は公教育大臣兼任の首相。Rudelle, *op.cit.*, t. II, pp. 28–29.

(35) Nique et Lelièvre, *op.cit.*, pp. 80–82. État éducateur は研究者が用いている表現であり、フェリーの演説集には見つからない。その代わり、同じ意味と思われる État enseignant という表現は二度使われている。Ferry, *op.cit.*, t. III, p. 581, t. IV, p. 3.

(36) Loeffel, *La morale*, pp. 115–117 ; Ferry, *Discours*, t. IV, pp. 189–203.

(37) Émile Boutroux, « Les récents manuels de morale et de l'instruction civique », *RP*, n° 4, 15 avril 1883 ; Loeffel, *La morale*, pp. 34, 54, 98 ; Buisson, « Morale », in *DP*, Ire partie, t. 2, p. 1969.

(38) Loeffel, *La morale*, p. 42.

（39） *Ibid.*, pp. 123–124.

（40） Buisson, « Morale » in *DP*, Ire partie, tome 2, 1888, pp. 1969–1972 ; Loeffel, *La morale*, p. 97.

（41） Déloye, *op.cit.*, pp. 214–215, 218–230 ; Jean Faury, *Cléricalisme et anticléricalisme dans le département de Tarn (1848–1900)*, Toulouse, Services des publications de l'Université Toulouse-Le-Mirail, 1980.

（42） Nique et Lelièvre, *op.cit.*, pp. 67–71.

（43） Boutroux, *art.cit.*, pp. 299–301, 318–330. さらに１部の教科書はカトリックの立場に立っていた。*Ibid.*, pp. 304–307.

（44） *Ibid.*, pp. 340–342.

（45） Déloye, *op.cit.*, pp. 60–102.

（46） Cabanel, *Le Dieu*, p. 221.

（47） M. F. Lichtenberger, « L'éducation morale dans les écoles », *Recueil des monographies publiées à l'occasion de l'exposition universelle de 1889*, tome IV, Paris, pp. 80, 88, 191, 196.

（48） Cabanel, *Le Dieu*, p. 226.

（49） Buisson, « L'enseignement de la morale à l'école primaire », *Manuel Général de l'instruction primaire*（以下 *MG* と略）, 4 janvier 1908 ; Loeffel, *La morale*, pp. 189–191, 202–203. *MG* のタイトルを訳せば『初等教育総便覧。初等教員の週刊紙』（以下『総便覧』と略）となる。一八三〇年に創刊されたフランスで最初の初等教育専門紙を受け継いで、一八三二年に当時の公教育大臣ギゾーによって創刊された公式の教育新聞。アシェット（Hachette）社が出版元となり、他の教育専門紙の内容を受け継ぎながら、一八六三年一一月から週刊紙となっている。http://www.inrp.fr/edition-electronique/lodel/dictionnaire-ferdinand-buisson/document.php?id=3121

（50） *NDP*, pp. 1355–1357.

（51） Lichtenberger, *op.cit.*, p. 113.

（52） Jérôme Krop, « Punitions corporelles et actes de brutalités dans les écoles primaires publiques du département de la Seine », *Histoire de l'éducation*, n° 118, avril–juin 2008.

（53） Caron, *À l'école de la violence*, pp. 118–127.

（54） Denis Darya Vassigh, « Les experts judiciaires face à la parole de l'enfant maltraité. Le cas des médecins légistes de la fin du XIXe siècle », *Revue d'histoire de l'enfance « irrégulière »*, n° 2, 1999, [En ligne], Numéro 2—1999, mis en ligne le 30 juillet 2010, consulté le 20 octobre 2012. URL : http://rhei.revues.org/34

（55） Gueissaz-Peyre, thèse de doctorat, p. 133.

（56） カステリオンについては下記を参照。和田光司「十六世紀フランスにおける寛容に関する諸概念について（上）」『聖学院大学論叢』一七巻三号、二〇〇五年三月。

（57） Hervé Terral, « Le dialogue Tarde-Buisson : « L'enfance criminelle et l'éducation » (1897) », *Champ pénal/Penal field* [En ligne], XXXIVe Congrès français de criminologie, Les criminologiques de Tarde, mis en ligne le 14 septembre 2005, URL : http://champpenal.revues.org/247 ; DOI : 10.4000/champpenal.247, consulté le 18 juillet 2015 ; Alfred Fouillé, « Les jeunes criminels : L'école et la presse », *Revue des Deux Mondes*, 15 janvier 1897 ; Buisson, « La jeunesse criminelle et l'éducation », *RP*, 15 avril 1897 ; Gabriel Tarde, « La jeunesse criminelle », *RP*, 15 mars 1897.

（58） Jacques Ozouf et Mona Ozouf, *La République des instituteurs*, Paris, Seuil, 1992, pp. 86-87.

（59） Buisson, *La foi laïque : Extraits de discours et d'écrits (1871-1911)*, Paris, Hachette, 1912, pp. 47-49.

（60） *RP*, 15 janvier 1889, in id., *Éducation et République*, Paris, 2003, p. 97.

（61） Fr. Mayeur, « Les protestants dans l'instruction au début de la Troisième République », in *Actes du colloque : Les protestants*, pp. 38-39, 41. また、女子中等教育では女性校長の中でプロテスタントの数はかなり高い。一九〇〇年頃女子校長のうち四分の一がプロテスタントであったと推定されている。これにはカトリックが公立教育に若干の嫌悪を持っていたという事情もあるが、厳格な生活態度や外国での経験が高く評価されたためでもあった。

（62） Charles Péguy, *De Jean Coste*, Paris, Gallimard, 1937, pp. 27-28. 訳文は岳野慶作解説・長門路信行他訳『悲惨と嘆願』（中央出版、一九七九年、七五―七七頁）を参考にしているが、かなり改変している。

（63） Charles Péguy, *De Jean Coste : Édition critique avec la réimpression du roman d'Antonin LAVERGNE : Jean Coste* : Introduction, commentaires et notes par Anne Roche, Paris, 1975, pp. 409-410 ; *MG*, n° 25, 22 juin, n° 30, 27 juillet, 31 août.

（64） Danielle Delhomme, Nicole Gault et Josiane Gonthier, *Les Premières institutrices laïques*, Paris, Mercure de France, 1980, pp. 117-118.

（65） 一八八五年に自らが首相を務めていた内閣が総辞職した後、閣外に去ったフェリーは、親睦会の組織化にも反対であった。Nique et Lelièvre, *op.cit.*, pp. 82-83.

第七章　フランス第三共和政初期の師範学校改革
――「共和国の黒衣の軽騎兵」養成機関廃止論争をめぐって

将来の初等教員を出身階層も志望も多様な若者と接触させることによって、時に彼らの特徴となっているあの名状しがたい、あまりにも偏狭であまりにも教師くさい（pédagogique）ものが取り除かれるだろう。師範学校生徒はあまりに特殊で閉鎖的な環境の中で、彼らだけで生活している。リセで生活すれば、この世俗の神学校（séminaire laïque）よりも、知性は広がり、柔軟になるであろう（A・アルベール・プチ「反愛国主義的宣伝」『ジュルナル・デ・デバ』一九〇六年一月二一・三日号）[1]。

はじめに――統一学校と師範学校

中等教育の教員養成は中等教育機関あるいは大学で行われた。これに対して、民衆むけの教育である初等教育の教員養成は高等初等学校と、模範的教師の育成を課された師範学校を軸にして行われた。したがって、二系統の教育体系を統一し、単線型の教育制度を実現するには、師範学校を廃止して教員養成機関も同じにする必要があった。

フランスでは、単線型教育制度を求める議論や運動（「統一学校（école unique）」あるいは「統合教育（éducation intégrale）」の運動と呼ばれる）は、一九世紀末にすでに現れている。だが、複線型から単線型への移行はヴィシー政権期あるいは第二次大戦直後から少しずつ始まり、一九七〇年代に完了する。移行が遅れた要因の一つは初等師範学校の存在であった。平野千果子によって指摘されているように、師範学校はヴィシー期にいったん廃止されていた。ただし、それは統一学校の運動とは次元が異なる政治的理由、すなわち「ライシテの共和国」を否定する論理によってであった[2]。師範学校は、第二次大戦後に復活し、大学院での初等教員養成に代替されて最終的に廃止されるのは、ようやく一九九〇―九一年度の改革後のことになる。

右派、カトリックから攻撃を受けてきた師範学校を廃止するのは、「ライシテの共和国」を護持する左派にとって得策ではなかったからであると、しばしば論じられている。とはいえ、二〇世紀初頭に急進共和派から出てくる「統一学校」実現と一体となった師範学校廃止論には、右派、カトリックによる師範学校批判と似通った部分があり、単純ではない。もっと丁寧に分析し直す必要があるだろう。

教員養成史の研究では、近年、サラ・A・カーティスとレベッカ・ロジャーズが修道会系の教員養成機関を取り上げ、ライシテを評価する通説的理解とは異なる見方の提示を試みている[3]。日本では、谷川稔が今では古典的となった論文[4]の中で師範学校について言及している程度であったが、最近になって、前田更子がカーティス、ロジャーズなどの研究を踏まえて第一次史料を用いて、修道会系の教員養成機関、とくに師範講座（cours normaux）再評価を行い、注目される[5]。ただし、ロジャーズは職業的能力の評価を意識的に避けており、カーティスは師範学校出身教師の職業的能力の優位性を否定しているわけではない[6]。

そこで本章では二〇世紀初頭に現れた師範学校廃止論とそれに関連する一九世紀末以降の師範学校改革を考察することにしたい。主として対象にする時期は男子と女子の師範学校設置を各県に義務付けた一八七九年の通称ポール・ベール法前後から一九〇五年の師範学校改革前後までであるが、必要な範囲で一九世紀初頭からの教員養成の歴史について振り返り、ライシテの道徳教育との関連で評価の難しい徳育面ではなく、職業的能力養成に限定して論じることにする。主に依拠したのはモーリス・ゴンタールなど教員養成を扱った先行研究の他、第一次史料としては、第三共和政期の議会史料、ジュール・フェリーの議会などの演説集、『教育学雑誌』[7]、『総便覧』などの刊行物である。

第一節　ポール・ベール法以前の教員養成

(1) 初等教員の知識と教養をめぐって

ジャック・オズフとモナ・オズフによれば、第三共和政期では師範学校出身教師とそうでない教師の間には深い溝があった。後者にとって前者は「爵位を持つカースト」のような存在であり、高等師範学校ユルム校のものと同じように、金色の棕櫚の葉をかたどった紋章の入った梳毛の黒のフロックコートを身につけた共和国の「黒衣の軽騎兵 (hussards noirs)[8]」の特権に疑義をさしはさむことはなかったという[9]。

もっとも一九世紀初頭から行政が師範学校設置に熱心であったわけではない。教員養成の専門的養成機関である師範学校は、一八一〇年にドイツの例に倣ってストラスブールに設立された県立男子師範学校が最初であるが、ユニヴェルシテと行政が増設に力を入れるようになるのは七月革命前後、とくに一八三三年六月二八日の法律、通称ギゾー法以降のことである[10]。ギゾー法では、各県が単独で、あるいは隣県と共同で男子師範学校を設置し、学校の維持費用は県会が負担すると定められた。ユニヴェルシテや行政の側が公立師範学校設置を推進した大きな理由の一つは教育の質の高さであった。もう一つの理由は、ギゾーなどの議論に見られるように、国家による規制、監督が行き届くことにあった[11]。

大雑把にいえば、初等学校で教えられる知識の豊富化、高度化と連動して、一九世紀のうちに、教員に求められる一般教養、教職教養のレベルも豊富化、高度化していく傾向にあり、その先頭にたったのが師範学校であった。だが、教育水準の高度化には早くから強い懸念や批判が存在した。ニックによれば一八三八年以降、「生半可通」

にすると野心をもった青年が社会主義思想にかぶれるのではないかと心配された。そこで、民衆階級への帰属意識を失わないように、師範学校生徒に与えられた教育は必要最小限度におさえられるようになったのである[12]。

第二共和政期に入り、一八四九年以降の政治反動の時期には師範学校は存続の危機に瀕した。反動的な教育立法として知られるファルー法を審議する院外委員会の場で「秩序党」と呼ばれた議会多数派の指導者チエールらが師範学校廃止を求めたのである。チエールによって、師範学校は生徒に「良い教育」を与えたために、「共産主義の巣窟」に化していると非難された[13]。一八五〇年に成立したファルー法では存廃が各県の判断に委ねられることになったが、師範学校は行政の支援を受けて生き延びることができた。行政が支持したのは、教員養成の実際上の必要性もあったが、国家のコントロールが効きやすかったからでもあった。それまでも規律は厳しかったが、五一年三月二四日の師範学校の新しい規程では、競争試験が廃止され、受験者の品行に力点をおいた審査（enquête）に置き換えられ、四節（1）で見るように、修道院的な性格が強化された。さらに五一年七月三一日の省令によって師範学校の必修科目が大きく削減されている[14]。

師範学校を発展させようとする動きは一八五四年に再び現れ、六三年にデュリュイが公教育大臣になってから師範学校のカリキュラムは豊富化していった。師範学校の新しい公式カリキュラム（一八六六年七月二日の政令）にはペダゴジー、幾何の初歩、物理・化学・自然史の基礎知識、歴史と地理の初歩、とくにフランスの歴史と地理、農業と園芸の基礎教育、工業の基礎知識と工場訪問、衛生教育、商業簿記、住民票・行政文書・市町村会計の作成、体育、器楽と歌唱が含まれていた。他方、同じ政令によって競争試験による入学者選抜が復活している[15]。

（2）ポール・ベール法の争点

一八七九年の時点で、男子師範学校は七九校あったが、女子師範学校は一九校しかなかった。したがって女性教

図7－1　ラヴァル（Laval）女子初等師範学校（1900年ごろ）

師範学校生徒は制服着用が義務であり，女子生徒の髪は結わえておかねばならなかった。

出典：Jean-Michel Gaillard, « Les victoires de Jules Ferry », *Les Collections de l'Histoire*, N° 6, octobre 1999, p. 49.

育が優先的に取り上げられることになった。女性教員は女子修道会の修練所か私立の師範講座（約六〇あった）で主に養成されていた。ポール・ベール法案審議ではまだ修練所は議論の対象とならず、問題となったのは主に「師範講座」であった。師範講座とは教員養成のための特別な講座のことであり、一種の寄宿学校（pensionnat）が師範講座を受講する一定数の生徒を、県あるいは国の奨学生として受け入れる形をとっていた。修道女が経営するケースが多く、この点が共和派から攻撃の対象とされた大きな要因であったが、他にも大きな問題を抱えていた。たとえば、講座を規制する包括的な法規はなく、講座の女性校長はたいていの場合、知事と交渉し、司教によって受け入れられた契約に拘束されていたにすぎなかった。[16]

ポール・ベール法案の審議の主要な論戦を読むと、争点は師範学校を設立してまで女子初等教員の水準を引き上げる必要性を認めるか、否かにあったことがわかる。共和派は数字を挙げて具体的に女子師範学校を各県に設立して女子教員の質を向上させる必要性を論じた。これに対して、右派、カトリックの議員は修道会の排除が真の狙いだと政府を批判して、そうした意図はないという政府側の答弁にはぐらかされるか、それとも教員の質向上のために巨額の財政負担の必要性に疑問を呈する程度であった。[17]

たとえば、一八七九年三月一七日の下院で発言したグラニエ・ド・カサニャック（Granier de Cassagnac）は女子学校の教員は過剰であると論じ、「知的、道徳的面で、法案は初等学校、とくに女子学校の教員を相当程度、能力開発する（développer）ことを目指している」と師範学校を増設すれば教員の質が上がることを暗に認めながら、それは「観念的改革、理屈の上での進歩」にすぎないと述べ、次のように付け加えた。

> 文法、地理、歴史、数学を無理に学ばされた若い男性にむかって、「子どもを石工にしなさい」とは言えない（左派からどよめき）。世の中の女性が受ける教育の平均よりも、あえて言えば、ずっと高い教育を、いわばエリートの教育を無理に受けさせられた若い女性にむかって「こどもをお針子にしなさい」とは言えない（右派から、いいぞ、いいぞの声。左派からどよめき）[18]。

カサニャックは石工出身の代議士マルタン・ナドから「石工になるのにもしばしば多くの能力（talent）が必要である」と反論されることになった。このように、女性教員の質向上に右派、カトリック議員は消極的、ないし後ろ向きであった。

七月三〇日、上院で検討委員会委員長のフェルイア（Ferrouillat）が「あなたたちは師範講座を保持する手段を持っている。法に従って師範学校に変えればよい」と逆提案したが、これには耳を貸さなかった。また、フェルイアは、「師範学校というアイデアは一八五〇年の法律によって長い間実現を妨げられている間に、世界を席巻」し、「フランスは多くの国家と比べ遅れをとっている」と論じ、公立師範学校という定式がアメリカ合衆国まで広がっていると強調した[19]。共和派はグローバル・スタンダードを満たし、国際競争に打ち勝つ国家戦略から教員養成の充実を訴えたが、右派の議員からこれに代替する国家戦略が語られることはなかった。

師範学校の教員は、公立学校の教員から修道士、修道女を排除した一八八六年の法律、通称ゴブレ法を待たずに、徐々に世俗化した。キリスト教学校修士会はカンペール、オーリアック、ルーアンの三つの師範学校を経営していたが、八〇年に放棄した[20]。

第二節　初等教育の危機と一九〇五年の改革

(1)　一九世紀―二〇世紀転換期の師範学校改革

ポール・ベール法可決後、フェリーは師範学校改革に取り組んだ。この節では師範学校のカリキュラム改革を見ることにしよう。まずフェリー改革によって生まれた初等学校では一般教養が重視されるようになった。この時期の代表的な教育学者であり、キャリアの最後には視学総監にもなったコンペイレは、一般教養はもはや中等教育や高等教育の特権ではなくなり、「初等学校の存在理由」となるだろうと述べている[21]。ラプレヴォトによれば、この発展は質的な見直しをもたらした。問題とされるのは知的教育の質であり、より多くのことを知ることだけではなく、知る方法、学び方、考え方、行動の仕方、さらには生き方も、今までとは異なるやり方にすることが大切であった[22]。

初等教育の再定義に伴って、一八八一年の改革で第一に師範学校で獲得すべき知識のプログラムが拡大した。教科のリストに、フランス文学の初歩、代数計算の基礎知識、選択科目で一つあるいは複数の外国語が付け加わった。初等教員の教養をできる限り限定することはもはや問題にならなくなった。教科の数が増えただけでなく、獲得すべき基礎知識も大きく広げられた。第三に、良きキリスト教徒の育成が教育目的から消え、宗教教育は必修科目から外され、さらに八三年一月九日の政令で施設付聖職者の職とともに廃止された。それに代わって道徳・公民教育が校長によって教えられることになった。第四に、共和国の市民育成という重大な使命を与えられた初等教員は特別に有能でなければならないとされ、ペダゴジーの面での陶冶が強化された。八一年七月二九日の政令によってペダゴジーが教科となり、教育の諸原理、学校の歴史、教育方法と技法（procédés）、教育法規に関する知識が与えられることになった[23]。

それまで師範学校教師の正式な呼称は maîtres adjoints（直訳すれば「助教諭」）であったが、教える知識量が増えたため、師範学校にも professeur の職を創設し、特別の適性証明証を設けることになった（一八八〇年六月五日の省令）。ところで、師範学校は初等教育の次元に属しており、そこで教えられるのは「中等の」教養と区別されて「「初等の」教養（culture « primaire »）」とされていた。そこから、リセの教師は師範学校で教鞭をとるべきではないと考えられるようになり、そのため、師範学校教師を養成する特別の機関が必要になり、八〇年に女子師範学校教員養成のためにフォントネイ＝オ＝ローズに女子高等師範学校、一八八二年に男子高等師範学校がサン＝クルーに創設された。高等師範学校の教員は中等ないし高等教育の教員からリクルートされ、そこで初等と中等以上の次元は結びついていたが、生徒は師範学校の優等生から選抜された。こうして初等と中等の二つの次元の教育を隔てる壁は強化された。他方、師範学校の無償化によって教職志望者は増加し、師範学校生徒は高等初等学校の優等生から構成されることになった。師範学校は初等教育という建物の梁を支える中心部分、初等教員を養成する「るつぼ」となったが、それはまた民衆の子どもにとっては初等の次元の中で昇進する手段でもあった。ポール・ベール法に続く数年のうちに法規が整えられ、師範学校生徒には基礎免状と上級免状の取得が義務付けられた[24]。

（2）「初等の危機」

ところが、師範学校改革は順調に進んだとはいえなかった。一八八六年一一月二〇日の通達によって師範学校入学試験の受験資格が変更され、最低年齢が一六歳に引き上げられ、基礎免状取得が条件となった。これで生徒の質は良くなったが、受験者は減少した[25]。さらに、兵役免除の特権の廃止（八九年）が加わり、男子師範学校受験者数は減少の一途をたどった。八〇年に師範学校を受験した生徒は男子五三二六人、女子一二七八人だったのに、九三年には女子は三三二五人と増加したものの、男子は二五八二人と半分以下に減っていた。[26] これは「初等の危機（péril primaire）」であると、師範学校批判が高まっていった。[27]

教員養成方法についても職業陶冶の軽視が批判されるようになった。サン＝クルー校とフォントネイ校で養成された教員が師範学校に配置されることによって、授業の学問的水準は向上した。だが、「壇上から教え込まれる」講義の増大、書きとらせる授業の濫用、生徒が修得困難な文学的、科学的な理論的知識の集積が嘆かれるようになった。上級免状のレベルも並行して難しくなり、徐々にバカロレアを倣うようになった。上級免状の準備勉強におしつぶされて、生徒は個人的な教養（culture personnelle）に没頭する余裕がないと批判された。こうした批判は、二〇世紀初め、おそらくは体制の安定化によって、師範学校についての新しい考え方が現れていたことと関係していた。ニックによれば、価値観の普及と態度の訓練の場としてよりもむしろ職業陶冶の場として考えられ始め、徐々に優先順位が逆転していき、初等教員の職業的能力の質向上への配慮が関心の的となっていったのである。[28]

（3）一九〇五年の改革

カリキュラム改革検討委員会の提案に基づいて、一九〇五年八月四日の省令がだされた。一九〇五年の改革の基本は、これまでの慣行とは反対に、一般陶冶と職業陶冶を年次によって二つに分けることにあった。一般教育（instruction générale）のカリキュラムは最初の二年間に縮減され、生徒は二年次の終わりに上級免状試験を受験した。三年次は個人的な一般教養と職業陶冶から構成された。個人的な一般教養は、生徒の批判的精神を発達させ、個人的探求への関心を惹起させ、時代が直面する大問題に通暁させるものでなければならなかった。生徒はノートをとり、報告資料を作成し、関心のある問題にとりくむように訓練された。だが、三年次の基本は職業訓練にあり、ペダゴジーと学校制度の分析に関する理論的講義の他、生徒自身の発表、模擬授業、教師が用いた教育方法・技法の批判的検討、実習学校での最低二ヵ月の実習などからなっていた。また生徒は順番で各週にコンフェランスをしなければならなかった。コンフェランスとは「この目的のために連れてこられた子どもに対して行われる授業、教育方法あるいは規律の問題での討論、学校関係の図書、書かれた宿題の検討と批評、もしくはペダゴジーの文献の一節の、解説つき読解」（省令一三条）のことであった[29]。要するにゼミナール形式の授業が導入されていたのである。

三年次の終わりに、修了試験が行われた。修了試験はペダゴジーの問題（アカデミー管区総監が決めた主題リストの中から試験の二ヵ月前に生徒がテーマを選び論文を作成）に関する論文作成（travail écrit）、附属学校生徒を対象にする一回分の授業（師範学校の教科からくじで選ばれた教科を一つ）、クラスの編成、学校のプログラム、教育方法・技法、とくに「志願者によって提出された論文」に関する口頭試問からなっていた。新しい編成によって師範学校は二つに区分され、最初の二年間の教育はコレージュやとくに高等師範学校に似たものとなった。それとともに職業陶冶と個人的一般教養の施設（三年次）の生活と規律はかなり自由となり、高等教育に近い雰囲気を持つようになった。生徒自身も師範教育の修了試験に提出する研究を「学位論文（thèse）」と呼んでいたのである[30]。

一九〇五年の改革に対する批判的意見のなかでは、一九〇四年一〇月の『教育学雑誌』に掲載されたフランシスク・ヴィアルの論文「初等教員の一般教養と職業準備教育」[31]が示唆的である。ヴィアルは当時、リセのラカナル（Lakanal）校教授であり、『中等教育と民主主義』（一九〇一年）の中で統一学校を支持する議論を展開していた[32]。

ヴィアルは一九〇五年に実施されることになり、当時は議論の段階であった改革の方向性、とくにペダゴジー重視に対して次のように疑問を呈している。「初等教育は二〇年前からすばらしいペダゴジーを行って」いる。「良いペダゴジーもあれば」、「はびこり、牛耳り、『すべてを解決しよう』と望んで、結局、すべてを『かきみだし』かねない『悪いペダゴジー』もあり」、「まさに後者が師範学校に導入されようと試みられているのではないか」と警告する。そして、ペダゴジーは今や「科学」となったと主張する当時の高等教育局長リアールを批判して、ペダゴジーは「初等教育では、控えめな召使の役割を果たすべきである」と述べている。ヴィアルによれば「初等教員にとって、教えることは」「絶えず創意を働かせて、好奇心を目覚めさせ、努力を引き起こし、魂全体を刺激することである」が、これができるのは「生まれつきの適性であり、それを補う最良の手段は、師範学校で職業的準備をすることではなく、一般教育の強化である」。初等教育を施すためには深い専門的知識は必要ではなく、子どもに教えもしない化学、文学、外国語を将来の教師が学ぶ必要はないという議論があるが、この議論は誤りであり、「どんなに基礎的で、どんなに単純なことでも、それを教える教師にはかなり確実で広い知識が必要である」と釘を刺している。

第三節　「初等と中等を隔てる壁」

(1)　マセの師範学校廃止論

ヴィアルの論文が出た直後、一九〇四年一二月にアルフレッド・マセの公教育予算案検討委員会報告が出される。これは、師範学校の廃止とバカロレアを取得した生徒を募集して職業陶冶を施す施設による代替を提案した最初の公式報告であった[33]。マセの報告の一ヵ月前の一一月一四日、下院の初等教育予算の審議の時に、シャルル・デュモンが、師範学校における中等教育の教授による教育を認める提案をしていた。これによって初等と中等との「隙間のない隔壁（cloisons étanches）」を打ち壊そうというのである。「初等の知性（esprit primaire）」を「広げ」、「柔軟」にする必要があった[34]。デュモンがこの請願を表明したのは二度目であり、議会では拍手喝采を受けた。だが、公教育大臣はデュモンに従わず、師範学校にはペダゴジーによる教育のために養成された特別の教師が必要であると答弁している。

ところで、初等と中等の間の壁は最初から隙間がなかったわけではなく、一九世紀半ば以降に隙間がなくなっていったのである。七月王政初期のブルターニュの師範学校入学者には中等教育機関のコレージュや神学校からの転学者が珍しくなかったが、一八三〇年代末から四〇年代になると師範学校生徒の主要な供給源は高等初等学校になった。高等初等学校では主に師範学校出身教師が教えていた。[35] 教師についても同様で、三三年の体制ではリセ教員も師範学校で教えることがあったが、その後、授業内容の高度化が嫌われたため、師範学校から排除されるようになった。七四年二月二一日付で師範教育の水準を上げるために師範学校で物理学・自然科学を教えることをリセの教授に許可する通達がだされた時には、師範学校解体が狙いではないかと共和派が強く反発している。結局、初等高等師範学校創設によって、中等教員に頼らなくても高度な学問知識の教育を可能にする方策がとられ、その結果、初等と中等の壁は一層浸透困難になっていた。[36] このように共和派はそれまで初等と中等の壁を是認し、その隙間をなくそうと努めていたのである。

デュモンの質問に対する大臣の答弁は急進共和派を満足させなかった。一九〇四年一二月に、公教育予算案検討報告の中でマセは、数年前から新聞、雑誌、議会の報告で議論されていた「初等の危機」を取り上げ、初等教員は「初等の教養」を持つべきであるという考え方に反対した。この考え方は、八〇年代には教育対象である民衆の子どもに初等教員が親近感を感じるために必要であったが、今日では危険になっている。というのは初等教員をブルジョワから分離し、後者の特権に異議申し立てをするようになるからである。他の急進共和派と同様に、マセは多くの初等教員が社会主義に同調するのを懸念していた。初等教員はリセで教育を受けていないため余計にブルジョワから見下されている。師範学校は未来の教師にその他の若者が受けるのとは異なる教育を与えているために、社会にとって真の危険となっている。「なぜこのように若者を隙間のない壁で隔てられた区画（compartements étanches）の中に閉じ込めるのか」と問いかけた。そこでマセは師範学校を廃止し、初等教員の養成を中等教育か高等教育に任すよう提案した。この措置によって経費も浮くし、とくに「共和国に道徳的恩恵」を与えることになる。俸給の引き上げを合わせて行えば、これによって初等教員の社会的評価も上がるし、志願者も増え、「初等の知性」と「初等の危機」というもっとも重大な二つの危険が解決されるだろう。(37)

一九〇五年の改革は一般教養の支持者から異議申し立てを受け、師範学校廃止を望む立場からの反対論も抑えることができなかった。(38)多くの者は、一九〇五年の案では、最初の二年間は高等初等学校やリセと同様に一般教養の免状を準備する理論的陶冶の時期にすぎなくなってしまうと警告した。

マセは一九〇五年一〇月二日付けの『シエクル（*Siècle*）』紙に「師範学校」と題する論文であらためて師範学校の廃止を主張した。この論文は『総便覧』に転載されている（一九〇五年一〇月二八日号）。この中でマセは、初等教員を次のように批判している。

しばしば初等学校教師はこう批判される。そしてその批判は謂れのないことではない。すなわち、実生活では性格が教条的であり、意志薄弱な人に対して大きな影響力をふるうことができるが、意見を同じくする人々からさえ共感されないことがあると批判される。ものごとを批判的にとらえるセンス（sens critique）を欠いており、心をそそられる側面ばかりに気を取られ、同時に欠陥のある側面を認識できないとも言われる。

ちょうど、一九〇二年のレイグ改革によってラテン語のない課程が中等教育に導入されたばかりであった。マセはこれを活用してリセの近代人文学教育をほどこすべきであると論じる。そうすれば、初等教育は「子どもの心情を陶冶し、知性を発達させることができるようになるであろう」。師範学校生徒はリセで他の生徒とは別の「特別なセクションを構成」することになるかもしれないが、それでも「すくなくとも中等教育の教師によって教育され、彼らとは異なる教育を受け、その考え、着想、ものの見方も彼らとは同じでない若者と日々接触するという利点をもつことだろう」。さらに、「学部があるいくつかの都市では高等教育の教授たちがペダゴジーのコンフェランス（conférences pédagogiques）を師範学校生徒のために組織」していることを挙げ、リセでも師範学校と遜色のない職業教育を施すことができると主張した。

こういう中で、アルベール＝プチが、この章の冒頭に引用した論説の中で、マセの提案を取り上げ、初等教員がますます反軍国主義的になっていると懸念を表明し、「社会主義の温床」となっている師範学校を激しく批判した。さらに保守派の雑誌『両世界評論』の「初等の危機」と題する論文の中で、師範学校に敵対的なカトリック知識人のジョルジュ・ゴヨーは、マセの公教育予算報告などをもとに師範学校志願者がなお減り続けているなどと、フェリー改革で生まれた学校の苦境を皮肉交じりに論評した。このように、論争は一九〇五年から一九〇六年にかけて拡大し、右派、とくに極右、中でもアクシオン・フランセーズがこの論争を利用して師範学校を道徳的堕落と反愛国主義の学校だと攻撃を強めたのである[39]。

（2）　廃止論の波紋

このように、急進共和派のマセが出した師範学校廃止論はにわかに政治化した。ユニヴェルシテ内部でも賛否両論の議論が沸き起こり、とくに初等教員の間では反対意見が強かった。『総便覧』では筆者の調べた限りで、マセの論文が転載された一九〇五年一〇月末から翌年二月まで一五本の論文ないし記事でこの問題を取り上げている。

この時に歴史家のアルフォンス・オーラールが急進共和派の有力地方紙、『デペーシュ・ド・トゥールーズ（*Dépèche de Toulouse*）』に寄稿している。この論文は『総便覧』一九〇六年一月二七日号に転載されているので、それをかいつまんで紹介しよう。オーラールは次のように論じている。マセが言うとおり、「師範学校の古い教育体制は寿命が尽きており、閉鎖的な神学校、寄宿舎、監禁の制度は民衆を教える将来の教師の精神を誤らせ、狭くする危険がある」。「だが、リセの体制は師範学校生徒の職業準備には不適格である」。というのは「リセの教師が一般に初等教育の教師を養成できる状態」になっておらず、しかも「ペダゴジーの方法については、現在の初等教育は中等教育よりもかなり進んでいる」からである。そもそも「初等教育の基本的目的は市民の養成である」が、「中等教育のカリキュラムが目指しているのはこの陶冶ではない」。オーラールは、具体的には師範学校の数を減らしてアカデミー管区に男女の師範学校一校ずつとし、「すべての初等学校教師が大学の学生になり」、「自由にさまざまな学部で、公開講義であれ、閉鎖講義であれ、いくつかコースを選んで受講し、他方では師範学校でより特別なペダゴジーの、未来の職業により特別に適合した教育」を与えられるようにすればよいとした。こうすれば、大学は聴講生を得ることができ、「教授の聴衆はしばしば少ないし、多いときでも軽佻浮薄だから、そこに真面目な学生が付け加わることになり」高等教育を「活気づけてくれるだろう」。このように師範学校をリセではなく大学付属とすることを提案したのである。

（3）ヴィアルとビュイッソンによる擁護論

だが、リセに師範学校生徒を移転させる案は、理念だけでなく実際の上でも大きな問題を抱えていた。一九〇五年の改革を批判したヴィアルであったが、一九〇六年二月号の『教育学雑誌』では師範学校を擁護してマセの廃止論を論駁している。ヴィアルはまず歴史的に見て、師範学校を今のところ維持すべきであるとした。ヴィアルは一八一〇年以降の師範学校の歴史を振り返り、マセの議論は、一八四九年にチエールが繰り広げていた非難を、形を変えて、蒸し返しているにすぎないとした。また、九四〇〇人もの師範学校生徒をリセに転学させるとクラスや教員の増加が必要になり、その上に職業教育を組織するために師範学校のかなりの数の教員を維持しなければならないから、リセでの初等教員養成は予算の節約にならないと論じた。

さらに、ヴィアルは、師範学校生徒をリセのどのセクションにいれればよいのかと問いかける。初等学校で一六歳になるまですごしたのだから、ラテン語のないセクションD（外国語─科学）しか入れないだろう。ところが、セクションDでは教員養成の職業教育に適さないし、一般陶冶にも役立たない。しかも習得した外国語は、村の学校でなんの役に立つのか。結局自分の境遇に不満を覚え、現体制に反抗するようになる生徒を生み出すだけではないのか。「初等学校とリセが統合される日はいつか来るであろう」が、その日はまだ遠いのだと、結論を下している。

一九〇四年からの論争を事実上締めくくり、師範学校擁護の論陣を張ったのがフェリー改革時の初等局長で、マセの友人でもあったビュイッソンであった。ビュイッソンは『総便覧』〇六年二月一〇日号に「マセ＝オーラール・プラン」と題する論文を公表した。彼は初等教員を彼らが日ごろ生活している民衆文化から切り離して、リセでブルジョワジーの文化の見てくれを与えようとしているのを非難した[40]。マセによるリセ無償化の提案に理解を示し、初等、中等、高等教育の「隙間のない隔壁」は将来なくなるであろう、と展望を示した上で、大要、次のように述べている。「初等教員、文法のアグレジェ、歴史や数学のアグレジェ、デッサンの教師などは、階層的にどの職種が上でどの職種が下になるかなどと分類すべきものではないが、職務は異なり、したがって必要とされるコンピテンスは異なっている」。教員のコンピテンスあるいはペダゴジーの上での権威を構成するのは一般教養と、専門化された才能あるいは知識の獲得である。初等教員も、時代と国を同じくする「教養ある」人々と共通の「一般教育」をまず第一に受ける必要がある。さらにその職業の必要に応じた、専門的な教育を受ける必要がある。だから、技師、弁護士、建築家、教授志望の若者と同じ条件で初等教員志望の若者を学ばせるべきであるというマセの議論は正しい。

だが、「最初に共通の一般教養を受けた後で、初等教員になるための職業教育を受ける」施設は、改革が必要であるが、リセよりも師範学校が良いだろう。「ところが、マセの提案を補うように、オーラールの提案が現れた」。「オーラールによれば、教育の科学と技法（art）は大学に相応しい場所」を持っており、将来の初等教員は「文学部教授の指導を受けるペダゴジーを専攻する学生」になればよいと論じている。「残念ながら、現状はそれからほど遠い」。「マセもオーラールも、民主主義にこうした広大な地平を発見する点では間違っていない」。「理想を現実にするには多くの歳月を必要としないであろう。だが、当座のところ、とくに払いのけなければならない危険から目をふさぐことはできない」。「一部の新聞・雑誌が推奨する方向で師範学校に手をつけることは、単に「過失」で済む話ではなく、「裏切り行為」になるだろう」。マセも自分の主張が何をもたらすのか、気づいていたのか、考え直して、「中等教育の民主化」を先行させるべきだという結論に達している[41]。それは我々の結論でもある。

第四節　規律、団体精神、階級意識

（1）「世俗の神学校」から「世俗化された神学校」へ

保守派や穏健共和派と同様に、急進共和派のマセも初等教員、とくに師範学校生徒の間への社会主義の浸透を恐れた。一八四九年にチエールは「団体精神」の発展が寄宿制をとる師範学校で「遺憾極まりない結果」をもたらしたと論じていた[42]。それとほぼ同じ理屈で師範学校は批判されたのである。

それでは師範学校の実際の規律や外界との関係はどうなっていたのであろうか。寄宿舎での共同生活を原則とした師範学校の規律は厳しく、「世俗の神学校」などと称された。ただし当初から寄宿制が通例であったわけではない。たとえばレンヌ校を除いてブルターニュ地方の師範学校の多くは開設時に寄宿制をとっていなかった(43)。ところが、一八三八年以降、師範学校への統制が強まり、寄宿制が原則となった(44)。さらに第一節で指摘したように、一八四八年革命の後、社会主義の影響を遮断するために、外部の環境からの隔離が強められ、規律が強化され、修道院的性格が強化された。教師が寄宿舎に寝泊まりして生徒を絶えず監視できるようにし、生徒も寄宿舎に入ることが義務付けられたのである(45)。

共和派による教育改革の一環として、一八八一年七月二九日の政令によって、一定の規律の緩和が行われた。寄宿制が原則であることは変わらなかったが、半寄宿生や通学生が認められ、生徒間および生徒と外部との接触が増加していった。生徒はもはや検閲も受けずに郵便を受け取ることができるようになり、休暇も拡大した。さらに、公教育大臣は八四年二月七日のアカデミー管区総監宛ての通達の中で、三年後には教師になって子どもの教育に責任を負わねばならない若者をリセやコレージュの生徒のように生徒を常時監視下に置くのは「説明できない矛盾」であるとし、師範学校の内規の緩和を求めた。その上で、生徒のすべての行動を上から監督するのではなく、校内の管理の一部を生徒自身の自主的管理に任すように促し、「学校の生徒間の連帯（solidarité）は教育者が持ちうる、そして持たなければならない最大の力の一つである」と論じ、生徒全体を、共同寝室を含めて、内規の実施に関わらせて責任を持たせるように勧告している。解題によれば、この通達は監視を一部廃止し、学年ごとの団体精神と生徒間の連帯の促進を図ったものであった。さらに一九〇五年の改革によって、三年次の規律はかなりリベラルとなり、ほとんど高等教育のような雰囲気になったという(46)。

このようにして規律は緩和された。今日から見るとまだなお厳しく見えるが、ダルコスはゆっくりと僧院のような体制は崩れていき、悪名高い「世俗の神学校」から「世俗化された神学校」に変化していったと評している(47)。

リセやコレージュの寄宿舎と師範学校の規律のどちらが厳しかったかは、対象となっている生徒の年齢、階層、受けている教育目的が異なるので一概には言えない。先に引用した八四年二月七日の通達が指摘しているように、せいぜい一つの寄宿舎に五〇人、六〇人しかおらず、年齢も一六歳から二〇歳までで、競争試験によって選抜され、同じ職業を志望する若者が寝起きした師範学校の寄宿舎と、寄宿生活に馴染むのがまだ困難な十歳前後の子どもも含み、出自も将来の希望も多様な何百人もの生徒を収容したリセの寄宿舎とを同列に扱うのは誤りであろう(48)。

厳しい寄宿舎生活にもかかわらず、中等教育と大きく違うのは、師範学校卒業生の回想録や証言では母校での教育への感謝の念が中心で、批判や不満がほとんどでてこないことであろう。ダルコスは師範学校卒業生の証言、回想録を読むと、学校での生活の困難や苦痛の指摘はあるものの、一致して三年間の学校生活を称賛していることに驚かされると述べている。ジャック・オズフは、その理由の一つとして家族が払った犠牲や、教師になることを勧めてくれ、入学試験の準備教育をしてくれた初等学校時代の恩師など周囲の人々の援助、協力を強く意識しているためであろうとしている(49)。

ダルコスはもう一つの理由として、まだ生まれたばかりの共和国建設の使命感と、師範学校を卒業したばかりの教師の使命感がうまく一致していたことを挙げている(50)。制服や書籍の購入など師範学校に入るための支度金はかなりの額になり、一家の負担になったが、寄宿費を含めて学費は無償であった。様々な便宜をはかった共和国に対して、師範学校生徒が恩義を感じ、国民教育に使命感を抱いたのは自然の成り行きであろう。

(2)　団体精神と連帯意識

ポール・ベール法案審議の中でフェリーは、師範学校は「その中で連帯意識、団体精神を育成し、教育的指導の統一性を広げるのに唯一適している」と述べていた(51)。実際に、一八八四年の通達以降、公教育省は、規律の自由化を進めると同時に、生徒間の連帯精神の育成をうながした。これは、中等教育の規律の自由化に十年ほど先立っており、しかも、中等教育の規律改革にはなかったことであるが、校内の規律の維持に生徒を関与させ、三年生の生徒が生徒監（surveillant）になることも認めている。[52] ブルターニュ地方のサン＝ブリユク師範学校の内規の第一条では「師範学校生徒の生徒総監督（surveillant général）は、教授がいない場合、とくに自習室と共同寝室の秩序を維持し、あらゆる状況で行動を指揮する責任を負う」とあった。[53]

もう一つ指摘しておきたいのは、擁護論には、民衆の子どもは民衆のことをよく知り、ブルジョワ的価値観に染まらない民衆出身の教師によって教えられるべきであるという考え方（「初等の教養」）があり、それが行政の中でも支配的であったことである。フェリー自身もポール・ベール法案審議の際に、「五人か六人の民衆の貧しい奨学生の娘」（国か県の奨学金を得ている師範講座の女子生徒）が別の授業を受ける「五〇、六〇、あるいは百人の、将来社交界に出ていくことになる女性」に交じって生活する寄宿学校が、民衆の子どもを教える教員を養成する場所としてふさわしいのかと論じていた。[54] 二〇世紀初頭の廃止論争の際にも、中産階層やブルジョワの子どもが学ぶリセは民衆向けの教育を行う教員養成には適切でないと論じられた。たとえば、『総便覧』に寄せられた投書には以下のように書かれていた。

次のように内心では思いながら、マセ氏の計画に拍手喝采するような考えが誰かに浮かばないように望みたいものである。

「初等学校教師はあまりにも民衆に近すぎる。出自と教育、不安定な生活によってあまりに近く民衆につながっている。彼らを別の社会的環境で養成しよう。リセでなら、知らず知らずのうちに、彼らはブルジョワ的精神をもつことになるだろう[55]」。

また、別の投書は、次のように述べている。「もし現状のままリセに責任を負わせれば、おそらくリセはブルジョワジーのための初等学校教師を養成するだろうが、けっして民衆のための教師を養成しないであろう」[56]。他方、批判する側は、階級的な閉鎖性を問題にし、中等教育、あるいは高等教育との交流によって、偏狭な階級的精神から解き放ち、国民的な機関にしなければならないと考えていた。たとえば、先述の論文の中でオーラールは次のように師範学校を大学付属施設にする効用を説いていた。

科学に身を捧げた男女の学生の中で、真の友愛の中で、批判的精神の徒弟修業の中で、百科全書的なディシプリンの多様性の中で、未来の初等学校教師が生活するのは有益でかつ喜ばしいことであろう。知性と心情を解き放ち自由にし、広げることができるのは大学生活しかない。あらゆる偏狭なセクト的精神、ファナティズム、憎しみに満ちた偏見から守るために大学生活よりすぐれた場所はない。

(3)「教員友の会」と教員組合運動

師範学校廃止論が共和派の内部から起こった一九〇五年前後は、教員の親睦団体が明確に同業者の利害を擁護する職業団体へと変化した時期に重なっていた。当時の教員の職業団体や組合運動の歴史をジャック・ジローの研究に従って大まかな形で示しておくことにしよう。一八四八年から一八八〇年までの間、初等に限らず、中等、高等教育でも教員は、その他の公務員以上に厳しい監視下に置かれていた。初等教員の団体としては、師範学校卒業生の「友の会（amicales）」などのOB会が一八六〇年代から八〇年代にかけて各県に生まれている。友の会の組織は行政の援助も受けて第三共和政期に発展し、一九〇一年には「フランスおよび植民地の初等教員友の会全国連盟」が成立した[57]。

さらに初等教員組合の全国組織が誕生し、ＣＧＴ（フランス総労働同盟）への加盟が問題になり、ジョレス派社会主義への接近が見られた。[58]一九〇五年から一二年にかけて、いくつかの県では、教員組合が誕生している。一九〇五年七月一三日、「フランスおよび植民地の初等教員組合全国連盟（La Fédération nationale des syndicats d'instituteurs et d'institutrices de la France et des colonies、略称ＦＮＳＩ）」が結成された。地方によっては友の会本部が労働取引所の建物にあったので、友の会と友の会連盟の中で、友の会から組合への組織替えが議題にのぼるようになった。[59]そしてジョレスが創刊した社会主義の新聞『ユマニテ（*L'Humanité*）』一九〇五年一一月二四日付けに組合活動を行っている一三三人の署名入りの初等教員のマニフェストが掲載されるにいたった。マニフェストでは「初等教員集団の自律」は組合結成によってしか十全に実現できないとされ、「政治的介入に無力な行政的権威を組合の力によって代替しようと決心した」と述べられていた。「組合と組合を通して生徒の親と付き合う」のが「肉体労働の高貴さ」を教える」一番良い方法であり、「民衆の知的道徳的必要をもっともよく知り、したがってカリキュラムと教育方法を作成できるのは労働組合とコンタクトをとり、協力することによって」であるとして、「労働取引所への加入とＣＧＴへの加盟」を求めていた。署名した教員の筆頭にはセーヌ県師範学校卒業生の会（Normaliens de la Seine）会長の名前があり、署名した一三三人の初等教員のうち五九人は四二のユニヴェルシテ県評議会の代議員であり、県評議会議長で同時に最高評議会のメンバーや様々な友の会の幹部の名前が含まれていた。[60]

マニフェストでは団結権の要求はあったが、ストライキ権までは要求していなかった。にもかかわらず、ビュイッソンには相当なショックであったようだ。『総便覧』一九〇六年一月二〇日号に掲載された論説の中で、ビュイッソンはこう述べている。「大勢の署名者はずっと以前から教員集団のエリートに属している者として私も知っている人たちであり、近くで仕事ぶりをよく見てきた人たち」である。だが、「正規のアソシアシオン、選ばれた団体の中で、まだ決着のついていない争点について、団体幹部の意見と、さらには政府の意見とも公然と闘おうとする初等学校教師のこの種の権利主張が起こったのは、これが初めてである」。署名者は組合という言葉にこだわり、実質的に彼らがすでに既存の制度の枠組みの中で、組合と実質的に同じ機能を果たす団体を有している事実を忘れている。CGTは、「アナーキスト、直接行動の支持者、つまるところ、粗暴な輩、あるいは痴呆症患者」なのであり、マニフェストはその「腕の中に身を投じるものだ」。

ビュイッソンは、初等教員、しかもその中のエリート教員の自律の要求に驚き、当惑した。それでも、初等教員を共和国につなぎとめるために、彼らの要求に理解を示し、「ユニヴェルシテの組合運動はまだはっきりしない概念」であり、「新しく大胆で、危険な観念」であるが、必ずしも誤った観念ではないとし、性急に非難しないように、と論文の末尾を締めくくっている。

師範学校廃止論がでてきたのは、初等教員の知識・教養の水準を引き上げていった結果であった。だが、師範学校卒業生を筆頭に、初等教員の集団は団体精神を強め、さらには階級意識を覚醒させていった。『総便覧』に掲載された初等教員の論文や投書を読めば、教育水準の向上と、中等教育や高等教育にはまだ欠如していたペダゴジーに基づく職業教育を通じて、初等教員が中等教員に対する劣等意識をかなりの程度払拭し、共和国の市民を育成する使命感と相まって強い自負を抱くようになっていたことがわかる。

単線型教育制度を構築しようとする「統一学校」を支持する運動は一九世紀末にビュイッソンら急進共和派によって始められ、社会主義者も別のモデルを提示しながらも、その理念を共有していた。だが、最近の研究によって、二〇世紀初頭には社会主義者の中で賛否が分かれるようになったことが明らかにされている。貧富の別なく同じ学校に通うようになると、富裕な家の子どもが金銭によって貧しい子どもを支配しようとするのではないかと、危惧されたのである。(61)

マセやオーラール、さらにはこれに同調して師範学校廃止を求めた中等教員、大学教授は、社会主義、反軍国主義が浸透していた初等教員を再び国民統合の事業にひき戻そうとした。それはまた中等、高等教育の指導の下、言い換えると学問的権威の下に初等教育を置くことを意味していた。だが、フェリー改革によって聖職者からの独立を果たし、[62]さらに学問・知識水準の向上によって自信を深め、職業的、階級的利害に目覚めた初等教員からの反発を招くことになった。

マセの提案は結局死文化した。マセ自身も、『総便覧』一九〇六年一月六日号では師範学校廃止よりも中等教育の民主化が先であると、最初の提案を後退させた。単線型教育制度を理想としたビュイッソンであるが、政教分離法をめぐって国論が二分される中、共和国防衛を優先する必要から、友人のマセをたしなめ、職業的、さらには階級的利害に目覚め、行政からの自律化を強める初等教員を批判しながらも、その意向に配慮したのである。

最後に、その後の師範学校改革と師範学校廃止論について触れておこう。一九〇五年の改革ではペダゴジーの役割の比重を高め、中等教育との差異化を図り、一般教養における劣位を補おうとした。だが、この改革はいく分無理がある改革であった。ヴィアルが批判したように一般教養が不十分であっただけでなく、職業陶冶も一年だけでは不十分と批判されたのである。第一次大戦後に行われた調査で師範学校の機能不全が浮き彫りになり、一九二〇年の改革で一八八七年の編成に戻ることになった。[63]そして、一九二〇年代には、統一学校の運動とともに、再び師範学校廃止論が復活するのである。

〈注〉

（1）A. Albert-Petit, « La propaganda antipatriotique », *Journal des Débats*, 2 et 3 janvier 1906.
（2）平野千果子「「ラヴァルのヴィシー」と世俗的教師」『史林』七七巻一号、一九九四年一月参照。
（3）Rebecca Rogers, « La place de la religion dans la formation des enseignantes religieuses et laïques en Fance avant les

années 1880 », in Jean-François Condette (éd.), *Éducation, religion, laïcité (XVIe–XXe s.) : Continuités, tensions et ruptures dans la formation des élèves et des enseignates*, Lille, Institut de Recherches Historiques du Septentrion/Université Charles-de-Gaulle/Centre de Gestion de l'Édition Scientifique, 2010 ; Curtis, *op.cit.*

（4）谷川稔「司祭と教師――一九世紀フランスの農村の知・モラル・ヘゲモニー」（谷川他著『規範としての文化』所収）。

（5）前田更子「フランスにおける公教育と宗教の関係性をめぐる試論――一九世紀半ばのカトリック系女子初等師範学校・師範講座の例から」『日仏教育学会年報』一九号、二〇一三年三月。

（6）カーティスは、「俗人教師以上に陶冶されていた」と述べながら、「数の上ではずっと少なかった師範学校出身教師を除いて」と留保条件をつけており、師範学校が教員養成機関として優れていたことを暗に認めている。他方、ロジャーズは論文の目的をポール・ベール法案審議における公教育大臣「ジュール・フェリーの言葉を確認することでも、打ち砕いたりすることでも」ないと断っている。Rogers, *art.cit.*, pp. 89–90 ; Curtis, *op.cit.*, p. 72. なおロジャーズは、師範講座に「国家は視察・監督する権利［droit d'inspection］を行使した（ジュール・フェリーが一八七九年に主張したのとは反対に）」と書いている。だが、法案審議でフェリーは、ユニヴェルシテによる監督の困難さは指摘しているが、師範講座を視察し、指導する権利を行使していない、とは述べていない。Rogers, *art.cit.*, p. 94 ; Ferry, *Discours*, t. III, p. 42.

（7）一八七八年創刊の教育専門誌。一八八二年七月一五日号から国立の教育博物館（Musée pédagogique）の公式機関誌となった。http://www.inrp.fr/edition-electronique/lodel/dictionnaire-ferdinand-buisson/document.php?id=3241.

（8）シャルル・ペギーの表現。« L'Argent », les *Cahiers de la Quinzaine*, 1913, p. 31.

（9）Jacques Ozouf et Mona Ozouf, *op.cit.*, p. 104 ; Xavier Darcos, *L'école de Jules Ferry 1880–1905*, Paris, Hachette, 2005, pp. 77-79.

（10）Christian Nique, *L'impossible gouvernement des esprits : Histoire politique des écoles normales primaires*, Poitiers, Nathan, 1991, pp. 82–83 ; Maurice Gontard, *La question des écoles normales primaires de 1789 à 1962*, Toulouse, CRDP, 1975, pp. 26–27.

（11）Cf. Nique, *L'impossible*, p. 49.

（12）*Ibid.*, pp. 86, 150 ; Jean-François Condette, *Histoire de la formation des enseignants en France (XIXe–XXe siècles)*, Paris, L'Harmattan, 2007, pp. 80–88 ; Grandière et al., *op.cit.*, pp. 104–110.

（13）*La Commission extraparlemtaire de 1849 : Texte intégral inédit des procès verbaux*, introduction par Geroges

Chenesseau, Paris, J. De Gigord, 1937, pp. 263–264; Nique, *L'impossible*, pp. 108–109, 114–115; Gontard, *La question*, pp. 54–55.

（14）Nique, *L'impossible*, p. 121; Gontard, *La question*, p. 64; Condette, *op.cit.*, p. 93.

（15）Gontard, *La question*, pp. 74–78; Condette, *op.cit.*, p. 97.

（16）Chanet, *op.cit.*, p. 40; Condette, *op.cit.*, p. 103; Gontard, *La question*, pp. 80–81.

（17）Cf. Gontard, *La question*, pp. 94, 99.

（18）*Journal Officiel*（以下 *JO* と略）, 18 mars 1879, pp. 2168–2169; Ferry, *Discours*, t. III, pp. 10–19; Gontard, *La question*, p. 93.

（19）*JO*, 31 juillet 1879, p. 7807.

（20）Gontard, *La question*, p. 108.

（21）Gabriel Compayré, *L'éducation intellectuelle et morale*, p. 11; Laprévote, *op.cit.*, p. 37.

（22）Laprévote, *op.cit.*, p. 38.

（23）Nique, *L'impossible*, pp. 150–152; Gontard, *La question*, pp. 105–106.

（24）Nique, *L'impossible*, pp. 154–155; Gontard, *La question*, pp. 108–109.

（25）Gontard, *La question*, pp. 112–113. 初等教育免状は、基礎免状（brevet élémentaire）と上級免状（brevet supérieur）の二種類があった。

（26）Léon Armagnac, « Du recrutement des écoles normales et du personnel enseignant : pléthore ou pénurie? », *RP*, t. 23, octobre 1893, p. 299.

（27）Nique, *L'impossible*, p. 161.

（28）*Ibid.*, pp. 159–160; Gontard, *La question*, p. 113.

（29）Gontard, *La question*, pp. 113–114; Condette, *op.cit.*, pp. 141–142. 省令の本文は Grandière et al., *op.cit.*, pp. 561 et suivantes を参照のこと。

（30）Condette, *op.cit.*, p. 141; Gontard, *La question*, p. 114. 省令の本文は Grandière et al., *op.cit.*, pp. 561 et suivantes を参照のこと。

（31）Francisque Vial, « La culture générale et la Préparation professionnelle de l'instituteur », *RP*, t. 45, n° 10, 15 octobre

1904, pp. 313-330.
(32) Francisque Vial, *L'Enseignement secondaire et la démocratie*, Paris, Albin Michel, 1901, pp. 45-50.
(33) Nique, *L'impossible*, p. 160.
(34) *JO*, 16 novembre 1904, séacne du 15 novembre 1904, p. 2480 ; Nique, *L'impossible*, p. 162.
(35) Gilbert Nicolas, *Instituteurs entre politique et religion : La première génération de normaliens en Bretagne au 19e siècle*, Rennes, Apogée, 1993, pp. 30-33.
(36) Gontard, *La question*, pp. 84-85 ; Grandière et al, *op.cit.*, pp. 244-246, 461-462.
(37) Nique, *L'impossible*, pp. 163-166.
(38) *Ibid.*, p. 166.
(39) Georges Goyau, « Le péril primaire », *Revue des Deux Mondes*, cinquième période, LXXVIe année, 31e volume, janvier-février 1906 ; Condette, *op.cit.*, p. 145.
(40) Ferdinand Buisson, « Le Plan Massé-Aulard », *Manuel Général*（以下 *MG* と略）, Tome XLII, N° 19, 10 Février 1906 ; Condette, *op.cit.*, p. 145.
(41) マセは『総便覧』一九〇六年一月六日号に寄稿し、師範学校廃止よりも中等教育の民主化が先であると弁解している。
(42) *La Commission extraparlementaire*, p. 264 ; Nique, *L'impossible*, p. 109.
(43) Nicolas, *Instituteurs*, 1993, p. 101.
(44) Grandière et al., *op.cit.*, p. 258. 一八八〇年三月三日付けの通達への編者解題。
(45) Nique, *L'impossible*, p. 121 ; Gontard, *La question*, p. 64 ; Condette, *op.cit.*, p. 93.
(46) Grandière et al., *op.cit.*, pp. 297, 387-391 ; Gontard, *La question*, pp. 106-107, 114.
(47) Darcos, *op.cit.*, pp. 84-85 ; Nique, *L'impossible*, p. 150.
(48) Grandière et al., *op.cit.*, p. 387.
(49) Jacques Ozouf, *Nous les maîtres d'école : Autobiographies d'instituteurs de la Belle Epoque*, Paris, A. Colin, 1973, pp. 81-82.
(50) Darcos, *op.cit.*, pp. 88-89.
(51) Ferry, *op.cit.*, t. III, p. 45.

(52) Laprévote, *op.cit.*, pp. 20–21.
(53) Emmanuel Laot, *Les Hussards bleus de Bretagne*, Skol Vreizh, 2002, pp. 22–23 cité par Darcos, *op.cit.*, pp. 79–80.
(54) Ferry, *op.cit.*, t. III, p. 43.
(55) *MG*, t. XLII, N° 11, 16 décembre 1905, p. 122.
(56) *MG*, t. XLII, N° 11, 30 décembre 1905, p. 147.
(57) Jacques Girault, *Instituteurs, professeurs, une culture syndicale dans la société française (fin XIXe–XXe siècle)*, Paris, Publications de la Sorbonne, 1996, pp. 98, 107.
(58) Girault, *op.cit.*, pp. 108–109.
(59) *Ibid.*, p. 110.
(60) *L'Humanité*, 24 novembre 1904 ; Girault, *op.cit.*, p. 123.
(61) Frédéric Mole, *op.cit.*, pp. 262–270, 279–283.
(62) 谷川稔、前掲論文参照。フェリー改革以前、初等教員はカトリック教会の司祭に助手として扱われていた。別の人間に人格的に従属した者が子どもの教育者として果たしてふさわしいであろうか。だが、ロジャーズとカーティスはこれを不問に付している。
(63) Gontard, *La question*, p. 114.

第Ⅲ部　若者の自律と子どもの組織化

第八章　学生のソシアビリテ

――管理の対象から学問共同体のメンバーへ

はじめに――キャンパスライフのない学生街

パリの学生は一人で生活することに慣れています。普遍的な学識（science）の証明書とみなされているバカロレアの免状をもって――偽物でなければ、という話なのですが――カルチエ・ラタンに到着した時、学生は選んだ職業の準備教育をうけることしかもはや考えてはいません。彼はもはや閉じ込められていないという心地よさを味わいます。寄宿舎の共同生活を過ごした後、孤立と個人主義が彼には自由の徴に思えるのです。彼はコレージュで、あるいは故郷で始まった人間関係を保ちます。それで十分であり、この狭い範囲の中に閉じこもります。彼を孤独から引き離す必要がありました（エルネスト・ラヴィス、一八八六年三月一六日のソルボンヌでの講演[1]）。

右に掲げたラヴィスの講演は当局によって公認されたフランスで最初の学生団体のひとつ、パリ総学生協会（Association Générale des Étudiants de Paris、略称ＡＧＥＰ）の会合で行われたものである。この時期にドイツの学生団体を真似て総学生協会（Association Générale des Étudiants、略称ＡＧＥ）と称する団体が大学のある都市にできるまで、政府から公認された学生の自律的団体（association）はフランスにはなかった。学部に入学後に新たにできた人間関係もあったが、それは個人的な関係に留まるか、ブルジョワ、一般市民が加わる各種のアソシアシオンへの参加によるものであって、学生集団としてのまとまりも、活動もなかった。総合大学が存在せず、登録学生も法学部と医学部にしか実質的にいなかったこともあり、ラヴィスが指摘しているように、学園祭もなかった。[2]不思議なことに、カルチエ・ラタンの学生街には、英米の大学にあるようなキャンパスライフは一九世紀末まで存在していなかったのである。

一九世紀の大学生に関する研究は最近まで少なく、すでに紹介した二〇〇二年刊のムリニエの著書『近代学生の誕生（一九世紀）』[3]によって、ようやくフランス革命後から第一次世界大戦までの大学生の全体像がわかり始めてきたといってよい。本章では、ムリニエなどの研究に依拠し、適宜、高等教育に関する法令集を参照しながら、一九世紀前半における懲戒制度を検討し、学生のソシアビリテの変化を大まかに追った後、最後にＡＧＥの結成から、六八年五月革命の時にも最大の学生組織として大きな役割を果たしたフランス全国学生連合（Union Nationale des associations des étudiants de France、略称ＵＮＥＦ）の成立（一九〇七年）までをたどることにする。ただし、文学作品などに現れる学生に関する表象は対象としていない。なお、「学生」を基本的に学部学生の意味に限定して使用しているが、引用した文献の中には理工科学校や高等師範学校などのグランド・ゼコールの学生も含まれている場合がある。また、「学生」はフランス語の étudiant あるいは élève の訳語であるが、一次史料でも二次史料でもとくに区別なく二つの表現が混在している。

第一節　管理の対象としての学生

（1）学生の身分と懲戒制度

ムリニエによると、登録学生に共通するのは、最低年齢、登録義務、そして同じ懲戒制度に服すという三点だけであった。登録できるのは最低一六歳と定められていた。学部が復活してから一九五六年まで、学生としての身分は三ヵ月ごとの登録によって担保されていた。とくに初回の登録が重要であり、一九世紀初めのユニヴェルシテ規則、とくに一八二〇年七月五日の法学部と医学部に関する王令と一八二五年四月九日の規程（statut）によれば、出生証書の抄本、本人が未成年の場合は親あるいは後見人（tuteur）の同意書、学士の学位記を持参して一一月の最初の二週間のうちに自ら出向かねばならなかった。転学部を希望する場合、変更先の学部事務局に登録証明証と変更前の学部長の「操行証明証（certificat de bonne conduite）」を提出する必要があった（一八二〇年七月五日の王令一六条）。さらに二〇年に学生騒擾で閉鎖されたパリ医学部の場合（後述）、二三年二月二日の王令によって、登録する際も出身の市町村長の操行証明証が必要とされた（二四条二項）(4)。

第三に、学生は同一の懲戒制度に服し、軍人や聖職者と同様に特別な法のもとに置かれていた。第三共和政の大学改革が行われている時期に出された一八八三年七月三〇日の政令第三〇条にも「懲戒行為は裁判所によって出される刑罰とは独立している」と述べられていた。こうして学生は同じ犯罪について二つの裁判権の管轄下に置かれることになった。たとえば陰謀への関与で投獄される可能性があっただけでなく、登録を失い、ユニヴェルシテから追放されることもあった。しかも、市民としては法律上何の罪も犯していなくても、学生としてはユニヴェルシテに対してその行為の責任を取らねばならなくなることがあった。学生を管理する大学の裁判権は施設の長（学部長と薬学校、二級医学校など附属学校長）とアカデミー管区に分かれていた。施設内での違反行為は前者の管轄となり、施設外での違反行為はアカデミー評議会によって裁かれた。学生は学部とアカデミー管区総監の「家父長的」監督のもとに置かれることになったのである(5)。

学生の監督は登録手続きと、地方出身者については「保証人（répondant）」の指名を通じて行われた。住所変更、保証人の変更あるいは死亡の時は届け出をしなければならなかった。未届けや虚偽記載は登録の失効になる。先述の一八二〇年の王令によれば、他人に成りすまして登録する者は、この不正によって利益を得る者と同様に、すべての登録の喪失の処罰を受けた（十条）。こうした法規の存在は、虚偽登録の広がりを示すものであろう。なお、一八二五年の規程では、「オテル・ガルニ」と呼ばれた家具付きの安部屋の貸主や主人は、家族の許可がなければ保証人になることができないとされ（七条）、一八四三年の省令では、本屋の主人は四人を超える学生の保証人になることができないとされている。一八三八年から、学部長は、三ヵ月ごとに未登録の学生の親に通知することになった。だが、この措置の効果があまりなかったので、一八五二年、大臣フォルトゥルは学部長に六ヵ月ごとに家族に通知するように求めている。[6] このように、家族に責任を負わせ、学生の出席を確保し、不正行為と闘い、騒擾を鎮圧し、学生団体の創出を防ぐことがユニヴェルシテ当局の課題になっていた。

学内外で学生が起こす騒擾の防止のために当局は神経をとがらせた。その中には教室内での私語の禁止を含めた静穏の確保も含まれていた。早くも、一八〇七年三月一七日の法学校への指示（instruction）では授業中の混乱を避けるために、自由聴講生と学生との物理的分離が規定され、それぞれ別のドアから入室することとされた（二九条）。監視職員のための席が設けられ（三〇条）、教授の許可がなければ、学生は、授業中着帽禁止とされ（三一条）、賛成あるいは不同意を示す行為は一切禁止された（三二条）。さらに警備員（appariteurs）が授業の静穏確保の任務に就いて、騒ぎを起こした学生を排除することができた（三三条）。[7]

（2）シャユと騒擾の取り締まり

パリ大学には、中世でもボローニャ大学のような学生組織はなく、学生団体への不信感は伝統的なものであった。[8] ただし、バーニーが指摘するように、ナポレオン時代の規則には学生組織の結成を妨害する明文規定はとくになかった。[9] ところが、先述の一八二〇年七月五日の王令二〇条によって、一つあるいは複数の学部の学生が「地元当局（autorités locales）の許可なく、かつ管轄のアカデミー管区総監に知らせずに、学生からなる団体を結成する」ことが禁止された。また「あたかも同業組合（corporation）あるいは法的に認められた団体を結成しているかのように、集団で行動したり、あるいは文書を出したりすることも同様に禁止される」[10]と記されていた。

同様に、示威行動や騒擾を弾圧する法規は王政復古期に整えられたものであった。学生による騒擾が慢性化していた一八一九年から二〇年にかけて、政府はアカデミー管区総監と学部長に生徒を服従させ、平穏を確保するように促した。この時期に頻発し、とくに問題になったのは、講義をしている教師を口笛で野次る、「シャユ（chahut）」と呼ばれる授業妨害行為である。自由派、あるいは王党派の学生が異なる政治的立場の教授の講義に対して行った強い政治性を帯びた集団的行為でもあった。シャユは王政復古期に法学部、医学部で頻発し、一八一九年にパリの法学部でシャユによって初めて講義が中止される事件が起こっている[11]。

一八一九年二月、図書館から反体制的な書物の排除を命じた県条例に抗議してモンプリエ医学部学生がストライキに入り、抗議の請願書を送付した。キャロンによれば、これが最初の学生のストライキであった。学生に教授も同調し、アカデミー管区総監は弾圧を躊躇した。エロー県知事は学部長と教授を非難し、この種の措置がドイツでは成功していると主張した。県知事の主張にはドイツのブルシェンシャフトが引き起こした事件の影響が認められる[12]。三月にはパリで新たな事件が起こった。リセのルイ＝ル＝グラン校生徒が副校長による厳しすぎる生徒管理に抗議して起こした騒擾は、地方のリセにも伝播していった。そして六月二九日、法学部教授バヴー（Bavoux）が授業中に貴族や革命期の亡命者に敵対的な発言をし、これを支持する学生の拍手喝采と反対する学生の野次で教室は騒然となり、駆け付けた学部長によって講義が中止させられた。その翌日、今度は学部長が講義中にシャユを受け、授業の続行が出来なくなった。公教育委員会はバヴーを停職処分としたが、これに抗議する学生による処分反対請願運動が起こったため、公教育委員会は七月初めに法学部を閉鎖する措置を行っている。ただし、当局による学生処分は比較的軽かったという。法学部は一〇月に再開するが、選挙法をめぐって学生の反対運動が起こり、一八二〇年六月まで騒擾が続くことになり、これが引き金になって、一八二〇年七月五日の王令が出されることになったのである。(13)

七月王政期と第二帝政期でも、政府批判を行う教授に学生が拍手喝采する伝統は継承され、逆に政治的理由で学生に罵倒された教授も数えきれないほど多かった。攻撃の的になったのは右派の教員だけでなく、反教権的な教授がカトリックの学生集団によってシャユを受けることもあった。たとえば、一八三二年、サン＝マルク・ジラルダンとジュフロワがサン＝ヴァンサン＝ド＝ポール協会（十章参照）の若者によってシャユを受けている。第二帝政期と第三共和政の一八九〇年代まで学生は相対的に静穏であったが、それでもシャユを受けた教授が一定数存在している。たとえば、一八六六年、パリ医学部長アンブロワーズ・タルデューは、リエージュ国際学生大会参加（後述）を理由に処分された学生を擁護しなかったためにシャユを受けている。騒擾は二週間続き、学部の閉鎖と学部長の辞職を招いている。(14)

一八二〇年六月五日の省令によって、非合法の集会や騒擾に参加したすべての学生は学部登録簿から削除されることになった。続いて先述の一八二〇年の王令では「教授あるいは施設の長に対する学生の側の敬意を欠いた行為、不服従の行為はすべて」一回、あるいは二回分の登録の取り消し、累犯の場合はさらに多くの取り消しの処分になると規定された（一七条）。学部の外で騒ぎを起こした生徒、騒擾に加わった生徒はすべて二回から四回分の登録取り消し、あるいはアカデミー管区内のすべての学部からの六ヵ月から二年の排除処分とされた（一八条）。先述のパリ医学部再編に関する一八二三年二月二日の王令によって、秩序維持のために、教授と講義代行有資格教員（agrégés）は学部長を補助することが義務付けられた（三四条）。同意あるいは不同意を示す行為によって、あるいは何らかのやり方で講義が妨害された場合、教授は騒ぎを起こした学生をただちに退室させ、それでも静穏が確保できない場合は、授業を中止し、延期しなければならないとし、その後の回の授業でも騒ぎが続く場合、問題の学生を停学、あるいは永久追放処分にすることがあると定めていた（三五条）[15]。

ただし、学生は条件付きで上訴する権利も認められていて、施設内部での違反で学部によって一、二回分の登録取り消しよりも重い処分が出た場合はアカデミー評議会に、施設外での違反で退学処分になった場合は当時のユニヴェルシテの最高決定機関である公教育委員会（後の公教育評議会）に、学生は控訴することができた（一八二〇年七月五日の王令一七条、一八条）。このように、王政復古期でも、裕福な家の息子たちに対する一定の配慮がなされていたのである。また、学生は責任を問われない若者という立場をしばしば利用もしていた。若者の軽率さを強調する父親の涙を誘う書簡があれば、処罰の軽減、あるいは撤回に充分であった。しかも、弁護士や医者の卵として、エリート候補生に相応しく処遇される必要もあった[16]。

第二節　第二帝政までの学生のソシアビリテの諸相

（1）教師と学生の関係

一九世紀において、学生は未成年扱いであり、大学運営への発言権はないとみなされていた。逆に、学生側が中世の Universitas、すなわち教師と学生の共同体、同業組合の恩恵を求め、たとえば学部の行政への参加を求めたりすることもなかった。教師と学生の関係がもっとも目立つのは講義中のシャユや一部の教授を支持する示威運動であった。一九世紀末になるまで、教師と学生の間の溝は深く、不満を感じた学生による授業妨害は稀ではなかった。教師を野次る楽しみは政治的示威行動やオデオン座で大騒ぎをする楽しみと変わりはなかったという[17]。

一九世紀の教師と学生の関係にいてムリニエは次のように述べている。一九世紀末になるまで、現在の意味における「大学における学生の居場所」について語るのは困難であり、学生は一九世紀を通じて学部の生徒にとどまり、パリ大学への帰属意識を持っていなかった。法学コンフェランス（後述）や医学の私的な講義、解剖教室、あるいは学部の回廊で、教授と一握りの生徒のコンタクトがあったとしても、当時の史料からは、研究室で、ときには自宅にまでも学生を招き入れて教授が温かく迎えるというアメリカ流の共同体を思い起こさせるものはなかった。医学教育は職人的とも言うべき徒弟就業に近かったのでまだましであったが、法学部では教師と生徒の間の溝は深かった[18]。教師と生徒の交流はあったとしても個人のイニシアチヴによるものにとどまっており、組織されたものではなかった。その上、教師の「つんとした態度」も災いした。教員集団自身も対話と話し合いの道を開きたいとはほとんど思っていなかったので、紛争が起こると、それを解決する手段がほとんど存在していなかった[19]。

このように、ムリニエの評価は大変厳しい。もっともムリニエも認めるように、教師と生徒の関係を語るのは簡単ではなく、個人的で自発的なコンタクトに限定される関係は史料の中に痕跡をほとんど残していない。今後の研究の進展によっては、当時の学生のイメージも修正されていく可能性はあるだろう。たとえば、ムリニエが指摘している法学コンフェランスもその一つであろう。法学部の授業は実践的なものではなかったので、雄弁術を磨くために「コンフェランス」あるいは「懇談会（parlotte）」と呼ばれる、討論を重視した学習組織、研究会がいくつも設立され、一九世紀を通じて弁護士のみならず政治家、ジャーナリストになるための職業訓練として大きな役割を果たした。一般的にはメンバーはリサンスの学位をすでに取得した、弁護士業務の研修生であったが、学部学生が参加する場合もあったし、さらに学生自身が組織したものもある。法学コンフェランスが正課外で広がったのは、法学教育の欠陥を示すものではあるが、七月王政期には法学部教授が組織し、優秀な学生を自宅に集めたコンフェランスがいくつか存在していたのである[20]。

（2）大学の外に広がるソシアビリテ

一八三〇年の革命、四八年の革命での学生の活躍はよく知られている。だが、キャロンによれば、まだ革命の余韻が冷めやらない七月王政初期でも、政治活動に実際に参加した学生は全体では数的に少数派にとどまっていた。学生は他の社会集団から自律した形で政治活動に参入したのではなく、共和派の学生が政治団体あるいは国民衛兵のような他の市民からなる組織に加入する形をとった。他方では民衆に対して組織の門戸を開く可能性も検討されなかった。もっとも民衆に対する閉鎖性では既存の政治結社も、国民衛兵も同じであった。この結果、共和派の学生には陰謀という形態しかとりようがなかったのだとキャロンは説明している。[21]

学生は学部の問題よりも社会の問題に関心を持っており、政治、宗教、社会運動に参加する学生はいても、「学生の社会運動」、すなわち自律的な学生の勢力は存在していなかった。また、フランスの学生は学生集団への帰属を示す徴を見せびらかすこともなかった。服装、慣習による違いはなく、ただ単にいく分異なる生活様式によって他の集団と区別されるだけであった。学生は大衆の中に溶解し、ブルジョワ社会を模倣し、連帯の精神を欠き、学生としての見地を表明することに関心がないなどと、批判された。たとえば、七月王政期のある百科事典には、法学部学生は「できる限りパリの住民に溶け込もうとし」、「授業から出てくると社交界の人間」に戻った、と書かれていた。また医学部の学生を含めてかなり多くの学生が一八三〇年以降、「民衆協会、民主派団体に加わっている」が、「学生としてではなく市民として入会している」と述べられていた。[22] 七月王政期の学生新聞でも、学生の「本当の」生活はソルボンヌの外にあるとされ、紫煙のたなびくカフェやダンスホールに友人や町娘を招き入れて、享楽的な日々を過ごす学生が描かれていた。服の色がネズミ色（gris）であったことから「グリゼット（grisette）」と呼ばれた、お針子などの低い社会階層の女性との性的関係は当時のブルジョワの学生のセクシュアリテを考える場合、避けては通れない問題である。[23]

(3) 新聞と結社の試み

七月革命直後にはジュール・サンビュック(Jules Sambuc)という学生によって学生団体結成の試みがなされている。サンビュックはドイツの学生組合を理想とし、フランスでも同種の組織を作ろうとした。実際に彼が結成したのは、三二名の、しかも学生以外の者も入っていた小さな非合法の団体にすぎなかった。この組織は短命に終わったが、むしろ重要なのはサンビュックが出した小冊子であり、キャロンは、「学生の組織化をめざす考察と提案の最初の試み」であったと評価している。(24)

学生新聞とリセ新聞の研究の歴史を研究したローランス・コロワによれば、学生によって創刊され、編集された新聞という意味での学生新聞は、七月革命より以前にすでに出現していた可能性が高いという。だが、実物が保存されているのは、一八三七年一月創刊の週刊紙『カルチエ・ラタンのカンカン(*Les Cancans du Quartier latin*)』がもっとも古い。この年以降、いくつもの学生新聞が現れては消えている。政治への言及が禁じられていたが、当時の学生の風俗がよくわかる史料になっている。特徴的なのは読者である学生を将来の指導階級であると規定しているなど強いエリート意識と、中世のパリ大学以来の伝統を強調する議論が現れ、こうした議論によって自律した市民として扱われたいという欲求や、さらには学生こそ未来を代表する団体、階級であるという主張の正当化が試みられていることである。さらに七月王政末期の一八四四年以降、公然と政治的な主張を行う学生新聞が登場することになる。(25)

第二帝政期にはいると、反体制派の学生がカルチエ・ラタンのカフェに定期的に集まり、同時に新聞が学部の世界のソシアビリテの重要な形態になった。一八六〇年までの権威帝政によって厳しく監視されていたにもかかわらず、第二帝政の最初の一〇年間は、印紙税を逃れるために文学的と自称した小新聞の黄金時代であった。この種の小新聞は名声を求めた若いジャーナリストにとって出世の足場として、そして政治活動家の論壇として役立った。

しばしば自画石版で印刷され、したがって同時代人の証言によれば、読みにくい代物であり、一般にすぐに廃刊になり、タイトルの変更や統合もよくあり、統合されない時は、競合したため、部数は数百部程度にすぎなかった[26]。他方、厳しい監視のため、学生新聞自体は衰退していき、一八六〇年代に多少創刊数が増えてブランキ派の学生新聞『左岸（*La Rive de Gauche*）』など数紙の創刊が確認されている。そして、一八八〇年代に公認学生団体が増加するとともに、世紀末にはアルシーヴとして保存されている学生新聞の数が拡大し、スポーツ専門紙の登場など、ジャンルも多様化していった[27]。

学生組織、すなわち、学生だけによって構成され、学生の問題に専念する団体を結成しようとする運動は、第二帝政の末期に始まり、国際的な学生組織結成の動きも現れた。一八六六年、ベルギーの学生によって呼びかけられた国際学生大会がリエージュで開催され、一五〇〇人の学生が集まった。フランスからはポール・ラファルグら七二名が参加し、その大半は『左岸』のメンバーであった。帰国後、ラファルグを含め五名の学生が二年間のユニヴェルシテからの排除処分を受けている。翌年にブリュッセルで開催された大会の参加者は三〇〇人に減っている。これは、教育問題だけを論じるべきだと主張するグループと革命的社会主義を支持する学生の対立があったが、後者によって国際大会が乗っ取られたためではないかとバーニーは推測している。一般学生の中での革命的社会主義の影響力も微々たるものであったようだ。その後、学生の国際的連帯は普仏戦争によって麻痺し、国際的学生組織結成の動きはフランスでしばらくの間見られなくなった[28]。

（4）博愛事業

その他に、学生の自主的団体ではないが、事業（œuvres）と総称される博愛的施設の中には学生を対象としたものもあった。学生は経済的に困窮しているとは言えなかったが、パリには地方の純朴な若者を待ち構える様々な誘惑があった。したがって最初の学生向け事業は、放蕩生活で身をもちくずさないように、学生の受け入れを行うことを目的にしていた。男性学生の性病予防と学生のモラルの向上はその後も学生向け事業の主たる目的となっていった。ムリニエによれば、こうした大人によって組織された、学生に様々なサーヴィスを提供する事業の他に、学生にもエリートに属す者として、貧しい人々に果たすべき社会的責任があるという理由から、他の社会集団にサーヴィスを提供する事業に参加したり、創設に関わったりすることになった。後者を「学生の」博愛事業とムリニエは呼んでいる。この種の事業は、従来、社会キリスト教、あるいは社会カトリシスムの文脈の中で語られていたものである。それを学生のソシアビリテの問題として位置づけ直している点が新しいと言えよう(29)。

学生向け事業を最初に取り組んだのはカトリック教会であった。カトリックの事業では、コングレガシオンとサン＝ヴァンサン＝ド＝ポール協会がとくに有名である(30)。第二帝政下、カトリックが学生の組織化に相当な努力を傾けたことをムリニエも強調している。サークル（cercle）あるいはクラブ（club）と呼ばれたカトリックの学生組織が生まれ、その一部は知事によって認可された。たとえば、パリのカトリック系サークルは一八五二年に創設され、パリ枢機卿が名誉会長で、法学部生や一八七〇年代にできるカトリック大学の学生を組織していた。ただし、学生だけの組織ではなく、司法官などの専門職や文学者も加わっていた。同じようなカトリックのサークルないしクラブは、ドゥエ、モンプリエ、エックスにも存在していた。こうした組織に公教育省は監視の目を光らせていたが、第三共和政期に入ると、クラブへの帰属が理由で処分をうけた学生はひとりもでていない。これは第三共和政にはいって学生団体に対する態度が変わったことを示しているとバーニーは述べている(31)。

カトリックに続いて、プロテスタントも子どもや若者向けの事業を行い、その一環として学生向けの事業を行っており、他方ではプロテスタント学生が関わった、他の階層向けの事業も始まっていた。同様に、日本ではあまり知られていないが、ライシテ派（laïques）、すなわち宗派組織と直接の関係がない人々によっても博愛事業が展開されていた。ライシテ派の事業でムリニエが挙げている事例はすべて「学生の」事業である。すでに七月王政期に存在していたが、発展したのはパリ・コミューン後である。コンドルセが唱えた生涯教育の思想を受け継いだ民衆教育の領域で、ライシテ派の事業への学生の参加がとくに求められた。さらに、ドレフュス事件によって共和国が危機に晒され、義務教育を終えた後の民衆の市民教育が喫緊の課題となる中、プロテスタントあるいは社会主義学生が「民衆大学（universités populaires）」に積極的に関わり、次節で述べるパリ総学生協会もこの運動に参加している[32]。

第三節　学生の自律的団体（アソシアシオン）の結成

(1)　AGEの成立

学生を管理する対象ではなく、大学共同体（Universitas）の構成員として扱おうとする態度は、ようやく第三共和政初期の大学改革の時になってユニヴェルシテ当局や大学教員の中に現れる。学生に対するまなざしの変化は、ドイツ流の近代大学の理念が唱道され、大学における学問研究が重視されるようになった時期と重なっていた。

学生に対する管理主義的対応も緩和されていく。懲戒制度の装置そのものは第三共和政でも維持されたが、懲戒制度の手続きがより明確になった。一八八三年七月三〇日の政令によって、学部長は過ちを犯した学生と面会し、学生の説明を聴き、アカデミー管区総監に通知することになった。たとえば、正教授から構成され、学部長が議長となる学部会議（assemblée de la Faculté）が、学部長の報告に基づき、手続きを続けるかどうかを決め、続けることになれば、単純多数決で決定を下すことになった（三二条）。アカデミー評議会の管轄の事件も、同様に決められ、アカデミー評議会の評決に不服があれば減刑を求めることができた。ただし、控訴権はアカデミー管区総監にあった（三六条）。なお、一八九七年七月二一日の政令によって、それまでアカデミー評議会に帰属していた懲戒権限が、新たにできた大学評議会に移行している[33]。

学外での騒擾や素行の悪さへの言及も影をひそめていく。一八七五年一二月二六日の政令ではまだ「公共秩序あるいは公共のモラルを理由に」学位授与の拒否権限を大臣に認めていた（九条）。一八八三年の政令でも、当局の求めがあればいつでも登録証を提出する義務を課しており、騒擾を起こせば登録証を取り上げるとし、教授によって質問される時以外は授業中に話すことを禁止し、騒ぎが収まらない場合は、教授は授業をやめなければならなかった（一三、一四、一八条）。敬意を欠く行為、不服従、規律に違反するすべての行為は学部の裁判権に属し、教授会に呼び出して言い渡される戒告処分からすべての学部での二年間を超えない登録禁止あるいは登録延期までの処罰を学部が行うことができ、学生による控訴は認められなかった（二八条）。学外での軽罪や重大な騒擾については、従来通りアカデミー評議会の管轄となり、戒告に始まりユニヴェルシテからの終身排除までの処分を行うことができた。だが、一八九七年七月二一日の政令で対象となっているのはもはや学部内部の騒擾だけである。さらに同じ政令では、親か後見人への通知表の送付は「最低一年に一度」に緩和された（二四条）。また、出席証明証がなければ、次の四半期の登録ができないことになっていたが、以前のような出席のとり方についての細かい指示はなくなっている（同年十月一六日の通達[34]）。

もっとも大きな変化は学生団体の結成が認められたことであろう。一八八二年に学生団体の結成を認める政令案について意見を求められた時、ほとんどすべての学部長が一八二〇年の王令にある禁止条項廃止に賛成している。この政令案は一八八三年七月三〇日の政令として成立し、ようやく学生団体禁止条項は削除されることになった[35]。

章の冒頭で述べたように、フランスで最初に公認された学生の自律的団体は「総学生協会（ＡＧＥ）」という名称をもっていた。この名称をもつ団体の最初の公認組織は、法学部生オーギュスト・ルクレール（Auguste Leclaire）

によって一八七七—七八年に設立された「ナンシー総学生協会」である。一八八〇年以降、公教育省は他大学で類似の団体の設立を奨励した。こうして、リール（一八八一年）とボルドー（一八八二年）にＡＧＥが設立された。モンプリエやトゥールーズのように省の代表が創設に関与した例さえある。パリ総学生協会（ＡＧＥＰ）はすこし遅れて、一八八四年に設立されている。こうして一八七七年から九一年にかけてほぼすべての大学都市でＡＧＥが設立された。大人の指導者のいない、学生だけの組織は初めてであったとムリニエは述べている。[36]

ＡＧＥＰの創設のきっかけになったのは、作家ジュール・ヴァレスの社会主義派の新聞『民衆の叫び（*Le Cri du peuple*）』に一八八三年一二月に掲載された記事であった。当時、カルチエ・ラタンで「女のブラスリー（brasseries de femmes）」と呼ばれた店で売春行為が行われており、問題になっていた。新聞記事は、こうした場所で搾取される女性の奴隷的な境遇を憐み、返す刀でこうした女性の境遇への学生の無関心を批判していた。これが学生の抗議行動を引き起こし、学生の間に団体結成の機運を高めたのである。結成された団体は一八八四年四月二日に認可され、第一回総会が五月二一日、医学部の階段教室で開かれた。教室は医学部長ベクラール（Béclard）によって貸し出されたものであった。ＡＧＥＰの規約には同業組合的利害擁護の役割は明文化されていなかったが、個人主義と闘うことによって学生を統一し、学生に出会い、余暇、サーヴィスの場を提供し、国内外でフランスの学生を代表することが目的に掲げられていた。同時に、中世の Universitas のモデルにしたがって、教師と学生の統一が目指され、政治的に中立で、民主的、かつ貧しい学生も裕福な学生にも、すべての学生に開かれていると公言していた。[37]アラン・モンシャブロンによれば、当時の学生のかなりの部分はカトリック系中等学校出身であったので、中立性と非政治主義は学生間の宗派的な分裂を減らすのに効果があったという。もっとも、ブーランジェ危機の時はパリの総学生協会は態度を公式に表明しなかったが、反ブーランジェ派の学生中央委員会を支援したし、大半のグランド・ゼコールの学生も加入資格が認められていたのに、カトリックの高等教育機関である「カトリック学院

（Instituts catholiques）[38]」の学生の加入は認められなかった[39]。このように非政治性といっても限定つきであった。AGEPは第三共和政初期の高等教育の高官や大学改革を進めた改革派の大学教授たちに歓迎され、当局の覚えもめでたかった。後援者には大臣ジュール・フェリー、ユニヴェルシテの高官のルイ・リアール、パリ・アカデミー管区副総監オクターヴ・グレアール、文学部の歴史学教授エルネスト・ラヴィスらがいた[40]。

一八八六年、この章の冒頭で引用した演説の中で、エルネスト・ラヴィスは、次のようにAGEPの学生を前にして演説している。

> 教員集団は、長い間分裂し、断片と化していましたが、今日一つにまとまりました。少なくともパリの五学部と薬学上級学校が、総評議会（Conseil général）という共通の代表を持つようになったのです。あなたたちといえば、かつては以前の私たちより以上にばらばらでした。あなたたちは、すべての学部の学生にだけでなく、すべてのグランド・ゼコールの生徒にも、さらには、あなたたちほど幸運ではなく、二〇歳で学校の外に出て働いている人々にも訴えることによって、非常に広い土台の上に団体を設立しました。あなたたちはこうして下から本物のパリ大学を作ったのです。あなたたちが会報の冒頭に大胆にも書いた『パリ大学（*L'Université de Paris*）』［団体の機関紙の名前］という言葉は、未来への幸運な前兆ではないでしょうか。おそらくこの言葉はグランド・ゼコールと学部がやがて接近し、フランスの学問（science）と知性にこの上ない利益をもたらすことでしょう（傍点、原文ではイタリック）[41]。

AGEPは学部の建物の利用を認められて公教育省と文学部から図書の寄贈を受け、一八八六年からパリ市の補助金を得ている。収入は学生会員の会費だけでなく、名誉会員、永久会員資格を得た創設時の会員などからも得ていた。八六年一月には機関紙『パリ大学』が創刊され、代表団が公教育大臣ゴブレと会見し、大臣から祝意を表された、一八九一年六月二五日に公益団体に認定されている。一九一〇年にはパリ市によって団体の建物が建設され、九九年の期間をわずか一フランで貸与されている。こうして、図書室、催し物・講演会場、フェンシング道場、バーレストランのある学生会館が生まれた。ＡＧＥＰは余暇やスポーツ活動でも便宜を供与した。一八八八年には、マルヌ川にカヌー・チームとアマチュア・オーケストラの一団を所有していた。パリ・大学クラブ（Paris université club、略称ＰＵＢ）はＡＧＥＰのスポーツ・セクションとして第一次世界大戦前に認められることになる。同様に、地方のＡＧＥの協会も、同じように地方当局などによって学部に近接した場所に建物を供与されている。ＡＧＥは病気の学生や財産を失った学生に資金を貸与するなどの物質的援助も行っている(42)。

ＡＧＥＰは娯楽を学生に提供すると同時に、全国組織がない中で、フランス全体の学生を代表する役割を担った。パリの学生が全国の学生を代表するのは、奇妙に思われるかもしれないが、パリの学生数は全国の学生数の四割強を占めており、ドイツと違い、高等教育において首都は圧倒的な重みを持っていた(43)。こうして招かれた場所で、「学生（jeunesse des Écoles）」を代表して発言するようになった。ユゴー、ルナン、大統領カルノの国葬に代表が出席し、一八八九年の革命百周年、万国博覧会の開会式、新ソルボンヌの落成式などの公式セレモニー、行進の際、旗を先頭にして参加した。外国の大学の祝典にもフランスの学生を代表して出席している(44)。

（2）　ＡＧＥからＵＮＥＦへ

ＡＧＥＰは八〇名からスタートして、一八九一年には三〇〇〇人と、パリの学生の三人に一人を組織するまでになった。伸び悩んだトゥールーズの組織を除いて、他のＡＧＥも同じ程度の学生を集めていたという。さらにＡＧＥＰは七〇〇〇名（一八九七年）、八五〇〇名（一九〇〇年）と会員数を増加させていった(45)。

もっとも未来は前途洋々とは言えなかった。当局寄りの姿勢は、左派、右派、カトリックの学生団体、若者運動からの批判を招いた。一八九一年には「国際主義革命的社会主義学生（Étudiants socialistes révolutionnaires internationalistes、略称ＥＳＲＩ）」が創設されている。だが、ＡＧＥにもっとも仮借なく攻撃したのは、ナンシーの協会の元司書、右翼ナショナリストのモーリス・バレスであった。カトリック青年会（ＡＣＪＦ）からも、ジョルダーノ・ブルーノのモニュメント落成式出席のために政府から資金を得てボローニャ大学にＡＧＥＰ代表団が派遣されたことが批判されている。このように、とりわけＡＧＥＰがパリの学生全体を代表する団体であるかどうかが問われることになった[46]。

一八九三年には、学生が組織したダンスパーティーをきっかけにＡＧＥＰが大学改革派の大人の支持を失う事件が起こった。この年の催しは、例年開催されていた大学教授とその夫人を招いたパーティーとは異なり、ビュイエ（Bulier）での開催が告知された。ビュイエの催しは仮面舞踏会であり、しかも当時売春行為の疑いがかけられていた。この企画にＡＧＥＰを支援していた大学改革派の教授、知識人が憤慨し、ガブリエル・モノ、ミシェル・ブレアルを先頭に、著名人約四〇名が、名誉会員あるいは終身会員の資格を返上して脱会する事態になった[47]。ガブリエル・モノは辞任を知らせたＡＧＥＰ宛ての書簡の中で「学生協会の目的は学生の連帯だけでなく、学生と教師の連帯であることをあなたたちは忘れている」と指摘し、地方の都市では学生協会が「グリゼットのダンスパーティー」を開催していると嘆き、次のように論じている。

学部がまだ分かれていたころ、協会は、私たちの目にも、創設者の学生の目にも次のような団体として映っていました。すなわち、高等教育のあらゆる施設に属す学生を結びつけ、私たちが望んでいたパリ大学の復活を学生の団結によって作り出し、学生と教師との間の公認された仲介役の役割を果たし、若者に自己規律を学ばせることによって、カルチエ・ラタンで融和と協調の要素、知的生活の源となり、さらには若者を卑俗な気晴らしから遠ざけ、共同学習へのより大きな便宜とともに、自由かつ陽気で健全な仲間意識（camaraderie）の新しい諸形態を若者に提供することによって、祖国、芸術、学問、社会進歩のために尽くそうとする気高く熱い炎を若者の心に持続させることによって、若者の道徳的状態を高めてくれるはずのものでした。

ＡＧＥＰを指導する委員会は、公式の後援は撤回したものの、準備が進んでいることを理由に祭典実行委員会への介入は行わず、パーティーは予定通りビュイエで開催されることになった。こうして、大学改革派とＡＧＥＰとの間に溝ができることになった。だが、結果的にはこの事件が大人の指導者からの、ＡＧＥＰの自律化を促すことにもなった(48)。

章の冒頭で触れたように、学生協会創設以前は、学園祭も開催されていなかった。だが、学生団体が開催する舞踏会に「モノム（monôme）」と呼ばれる伝統的な学生のばか騒ぎの要素が加わらないはずはなかった。他方では、どの程度の広がりがあったかは不明であるが、学生の買春と性的退廃の問題はＡＧＥＰ発足の契機になった問題であるだけに、名誉会員は座視することができなかった。一九世紀前半から指摘されていた男性学生の性的退廃と、その底にある女性の人権軽視が容易に克服しがたいものであったことが露呈されたのである。

拡大を続けたＡＧＥＰではあったが、学生のさらなる結集には大きな難問を抱えるようになった。一方では、組織の複数性と各学部が学生の交渉相手を持つ必要性が議論されるようになった。一九〇〇年には高等教育国際大会で、二人の学生が単一組織の枠内に中立性と非政治主義を押し付けるのは不可能であり、イデオロギー別、スポーツなどの活動別、学部別の団体の結成を訴えている。こうして、医学部、薬学部、文学部、国立高等美術学校や国立音楽学校（Conservatoire）などの芸術関係、プロテスタント神学部の学生など、学問分野別に団体が出来上がった。学部を単位とした学生団体の出現によって学部を超えた学生の統一という理念も挑戦を受けることになった。さらに学生団体は単なる友愛組織から脱皮して、学生の団体的利害を擁護する傾向を強め、この結果、ＡＧＥＰは衰退していくのである(49)。

ＡＧＥＰはドレフュス事件の際には、非政治主義をあらためて表明しながらも、当時の穏健共和派政府の姿勢を支持した。事件の初期には政府の穏健な反ドレフュス的態度をなぞらえるだけであった。だが、カルチエ・ラタンでは学生同士の衝突事件が増え、ソルボンヌの授業は妨害された。シャユも再び増加し、第二帝政期に比較的静穏であった大学は再び騒然とした雰囲気に包まれるようになった。法学部と医学部は反ドレフュス派が多数派を占め、文学部と理学部ではドレフュス派が多く、政治的対立に専門職とリベラルアーツの学部間の対立が重なることになった。一八九九年六月になって明確なドレフュス派がＡＧＥＰ会長に選出されたが、アンガージュマンには慎重な姿勢を崩さなかった。ドレフュス事件の終結後も、政治的騒擾は続き、とくに医学部と法学部で混乱が多かった。標的になったのは厳しすぎる教師や、退屈な教師であった。医学部では学習水準の引き上げと修学年限延長を行おうとする政府による改革への拒否も伴っていた。パリ大学医学部は一九〇二年から六年にかけて六度閉鎖されている。法学部の講義の中断も頻繁にあり、右派の法学部生が医学部あるいは文学部のシャユに加わることもあった(50)。

こうしたナショナリスト学生の運動に対して、非政治主義を掲げてなすすべがなかったＡＧＥＰに代わって、一九〇七年に社会主義派を除き、一時はマルク・サンニエのシヨン派（sillonistes）も含めて、様々な共和派の学生を糾合する共和主義学生連盟（Fédération des étudiants républicains）が成立している。求心力の低下を前にしてＡＧＥも対応を迫られることになる。ＡＧＥを一つの全国組織に統合する案は何度も学生によって検討されていたが、ＡＧＥを支援していた政治家や大学教員は、要求運動になるのを恐れてためらいを示していた。イニシアチヴをとったのは地方の組織であり、抵抗を乗り越えて、一九〇七年にリールで開催された大会でフランス全国学生連合（Ｕ

NEF）の成立を見た。結成大会に参加しなかったパリのAGEも一九〇九年にUNEFに合流し、一九一三年には大半のAGE組織が加入した。こうしてUNEFは当時唯一の全国組織になったのである(51)。

UNEFは、伝統的な非政治主義にたち、規約で「フランスのすべての学生組織（associations）の連帯と仲間意識（camaraderie）を確保し」、「アソシアシオンの精神を学生に広げ」、「全国大会で採択された要求を公権力に知らせ、採用させ」、「現役の学生とOBとを仲間意識の緊密な絆で結びつけ」、「OBの支援と協力によって、学生の物質的条件を改善させるあらゆる事業を創設し、普及させる」とうたっていた。当局の恩顧を受けてはいたが、一九一四年まで、大学を構成する不可欠な部分か、それとも要求運動によってその外に位置して、必要があれば大学に対抗する立場をとるのか、どちらかの立場を選択することはしなかった。それはUNEFが労働組合を合法化した一八八四年の法律ではなく、一九〇一年の結社法に基づく団体であることを選んだことにも表れている(52)。

第一次世界大戦後には学生数も増加し、生活に困難を抱える学生も以前よりも増えていった。社会主義あるいはナショナリストの学生組織、宗派に基づく組織、法学部、医学部を拠点とする学部に依拠した組織などとの競合に晒される中、UNEFは共和国政府との協調関係を維持しながら、学生集団の利害を代表する同業組合的性格を強めていった。同時に、一九世紀の男性学生の生活には性的放縦や女性蔑視の態度がつきまとっていたが、女性学生の増加によって、学生団体もジェンダーの問題にもっと真剣な対応を迫られることになるのである。

〈注〉

（1）Ernest Lavisse, *Études et étudiants*, Paris, A. Colin, 1890, pp. 224-225.

（2）*Ibid.*, p. 242.

（3）それ以前の主な研究は下記の通り。J.M. Burney, *Toulouse et son université. Facultés et étudiants dans la France provinciale du XIXe siècle*, traduit par P. Wolff, Toulouse, PUM, 1988 ; Jean-Claude Caron, *Générations romantiques*.

(4) *Ibid.*, pp. 33-34 ; Beauchamps, *op.cit.*, t. 1, pp. 440-442, 491, 521.

(5) Moulinier, *La naissance*, pp. 36-37.

(6) Beauchamps, *op.cit.*, t. 1, p. 441, 522 ; Moulinier, *op.cit.*, pp. 37-38.

(7) Beauchamps, *op.cit.*, t. 1, pp. 163-164.

(8) Pierre Moulinier, « « Nous les étudiants » : Naissance d'une identité corportive au 19e siècle », in Jean-Philippe Legois, Alain Monchablon et Robi Morder (coord.), *Cent ans de mouvements étudiants*, Paris, Syllepse, 2007, p. 27.

(9) Burney, *op.cit.*, p. 204.

(10) Beauchamps, *op.cit.*, t. 1, pp. 442-443.「地元当局」とはこの場合、学部あるいは学部の付属校の当局を指す。

(11) Moulinier, *op.cit.*, p. 162.

(12) Caron, *Générations romantiques*, p. 239.

(13) *Ibid.*, pp. 240-242, 252-253.

(14) Moulinier, *La naissance*, p. 163.

(15) Beauchamps, *op.cit.*, t. 1, pp. 442, 492.

(16) Moulinier, *La naissance*, pp. 36-37 ; Beauchamps, *op.cit.*, t. 1. p. 442.

(17) Moulinier, *art.cit.*, p. 25.

(18) Moulinier, *La naissance*, pp. 155-158.

(19) *Ibid.*, pp. 155-158.

(20) Audren et Halpérin, *op. cit.*, pp. 72-75 ; Anne Martin-Fugier, *La vie élégante ou la formation du Tout-Paris 1815-1848*, Paris, Fayard, 1990, pp. 233-239（邦訳 前田祝一監訳『優雅な生活――〈トゥ・パリ〉、パリ社交集団の成立 １８１５―１８４８』、新評論、二〇〇一年、二九三―三〇〇頁）.

(21) Caron, *Générations romantiques*, p. 318.

(22) *Ibid.*, p. 156 ; « Étudiant », *Encyclopédie des gens du monde*, Paris, Librairie de Truttel et Bürtz, tome X, 1838, p. 229.

(23) Laurence Corroy, *La presse des lycéens et des étudiants au XIXe siècle : L'émergence d'une presse spécifique*, Lyon, INRP, 2004, pp. 114, 124.

（24）*Ibid.*, pp. 319-324 ; Moulinier, *La naissance*, p. 202.

（25）Coroy, *op.cit.*, pp. 124, 136-137, 142-151.

（26）Moulinier, *La naissance*, pp. 202-205.

（27）Corroy, *op.cit.*, pp. 157, 161, 167-169, 171-175.

（28）Burney, *op.cit.*, pp. 242-243 ; Moulinier, *La naissance*, pp. 208-209. ブリュッセルの大会へのフランス人学生の参加者の正確な数は、先行研究では明らかにされていない。

（29）Moulinier, *La naissance*, pp. 179, 186.

（30）*Ibid.*, pp. 179-180.

（31）Bunery, *op.cit.*, pp. 240-242.

（32）Moulinier, *op.cit.*, pp. 191-196.

（33）*Ibid.*, p. 37 ; Beauchamps, *op.cit.*, t. 3, 1884, pp. 736-737.

（34）Beauchamps, *op.cit.*, t. 3, pp. 110, 734-735 ; t. 5, 1898, pp. 703, 745 ; Moulinier, *La naissance*, pp. 38-40.

（35）Moulinier, *La naissance*, pp. 40-41.

（36）Burney, *op.cit.*, p. 245 ; Moulinier, *La naissance*, p. 168 ; Alain Monchablon, « Espoirs et déboires d'un mouvement étudiant institutionnel (1876-1919) », in Leglois et al. (coord.), *op.cit.*, p. 32.

（37）Moulinier, *La naissance*, pp. 167-169. ＡＧＥＰの機関紙によると一八八四年五月二一日設立総会には、五五〇人の学生が集まった。*L'Université de Paris*, n°1, 19 janvier 1886.

（38）一八七五年の法律によって高等教育の自由が認められ、カトリックの私立高等教育機関が五校創設された。だが、一八八〇年に学位授与権を奪われることになった。Cf. Guy Bedouelle et Olivier Landron (dir.), *Les universités et instituts catholiques : Regards sur leur histoire (1870-1950)*, Paris, Parole et Silence, 2012.

（39）Monchablon, *art.cit.*, p. 32.

（40）*Ibid.*, p. 33 ; Moulinier, *La naissance*, pp. 175-177.

（41）Lavisse, *Études et étudiants*, pp. 223-224.

（42）Moulinier, *La naissance*, p. 170 ; Monchablon, *art.cit.*, p. 33 ; Coroy, *op.cit.*, pp. 174-177.

（43）グランド・ゼコールなどを含めた学生数で、一八九七―九八年度でパリは全国の四二・二%を占めていた。Christophe

Charle, *Paris fin de siècle : Culture et politique*, Paris, Seuil, 1998, p. 25.

(44) Monchablon, *art.cit.*, p. 33.

(45) *Ibid.*, p. 33 ; Moulinier, *La naissance*, pp. 175–177.

(46) *Ibid.*, pp. 173–174.

(47) Monchablon, *art.cit.*, p. 34.

(48) ガブリエル・モノやラヴィスはダンスパーティーを支持する側と反対する側の双方から非難されていた。*Revue internationale de l'enseignement*, 1893, t. 2, pp. 570–572. 祭典の資金はＡＧＥＰから出ていたが、公式行事としなかったため、学生の不満を呼ぶことになった。*L'Université de Paris*, n° 58, déc. 1893, n° 59, janvier 1894.

(49) Moulinier, *La naissance*, pp. 173–176.

(50) Monchablon, *art.cit.*, p. 35.

(51) *Ibid.*, pp. 36–42.

(52) *Ibid.*, pp. 38–40, 45.

第九章　「青年期」の発見と規律改革
――一九世紀後半のフランス中等教育改革の一側面

はじめに――リセ生徒の反乱

学友諸君へ
　我々が君たちに説くのは反抗ではない。我々は機関紙を与えたいだけなのだ。なぜ君たちは自分たちの声を人に聴かせるために声をあげないのか？
　君たちは守衛にどれほど搾取されているかよく知っている。大半のリセでは、食事がまずいことを知っている。学校の設備にどれほど欠陥があるのか知っている。とくに照明関係はひどく、しみったれて金がかけられていないため、勉強している若者が大勢近眼になっている。
　これは我々の要求の小さな部分にすぎない。他に、世論に理解させなければならない、より重要な要求がある。政府はリセとコレージュにおける良心の自由を布告した。しかし、現在まで、この自由は建前にとどまっている。以前と同様に宗教的実践を強制するために自分の権威を行使しない校長は稀である。（中略）
　この新聞は君たちの論壇である。リセやコレージュで日常的に何が起こっているか一般の人々にも知らされることがわかれば、我々に対する不正行為は減るであろう。
　だから、学友諸君よ、次の点を理解して欲しい。模範的な振る舞いをし、宿題でも授業でも精一杯勉強しよう。しかし、恣意的な行為あるいは政府の命令違反が我々に行われたならば、我々の編集書記の仕事を引き受けてくれた先輩に知らせなさい（リセ、コレージュ生徒の新聞『若者の権利（*Droits de la Jeunesse*）』創刊号、一八八二年四月二〇日）。

第八章でみたように、共和派が選挙を通じて政権を獲得する一八七〇年代末に、学生たちは学生集団として独自の要求を掲げるようになっていた。学生に影響を受け、リセの生徒も新聞を創刊して、公然と自分の意見を公表し始めた。一八八一年、マルセイユの新聞『リセ雑誌（*Revue lycéenne*）』が創刊されている。この新聞は二号だけで廃刊になったが、翌年、章の冒頭で引用した『若者の権利』が創刊された。この新聞も半年程度しか続かなかったが、行政に対するリセ生徒の不満を吸い上げて組織化しようとしており、それまでのリセ生徒の新聞とはまったく質を異にしていた。編集部にはパリの名門リセ、ルイ＝ル＝グラン校の生徒も加わっていたが、中心になったのは南フランスのリセの生徒であった。創刊号には同年四月のフランス・リセ生徒全国大会の宣言が掲載されていた。全国大会の綱領は、カリキュラムや食事、設備の改善などとともに、トゥールーズとモンプリエの反乱に加わった生徒への赦免など規律に関する要求が掲げられていた。要求そのものは、比較的穏健であるが、学校を超えて組織されたリセ生徒が当局に公然と要求をつきつけたのは前代未聞の出来事であった(1)。

その翌年、一八八三年三月、ルイ＝ル＝グラン校で生徒の暴動が起こった。損害額は二万フラン、一二名がすべてのパリのリセからの排除処分、八九名がルイ＝ル＝グラン校からの退学処分を受けた。新聞は全国的な事件となったリセ生徒の反乱を熱心に取り上げ、さまざまに議論された。リセ生徒は寄宿舎の厳しい規律に異議申し立てをし、自由を求めて反乱を起こしたのである。しかも反乱の舞台は、公立中等学校ではナンバーワンのエリート進学校であった(2)。

ルイ＝ル＝グラン校の歴史は古く、一五六三年にイエズス会経営の学校として開設され、一六八二年、ルイ＝ル＝グラン、すなわちルイ一四世を意味する「ルイ大王」校と改名された。フランス革命以前はモリエール、ヴォルテール、ディドロ、マルキ・ド・サド、ロベスピエールらが学び、フランス革命後は画家のドラクロワ、数学者のヴァロワ、文学者のヴィクトル・ユゴー、ボードレール、ロマン・ロランを初めとした著名人や多くのアカデミー・フランセーズ会員などを輩出してきた名門校であった。この事件の後であるが、二〇世紀になると大統領のポンピドー、ジスカール・デスタン、ジャック・シラクなどが卒業している。

すこし当時の政治状況をふりかえってみよう。一八七〇年代末に共和派は権力を握ると、女子中等教育や初等教育の改革を矢継ぎ早に行った。リセなど公立中等教育機関でのエリート教育の在り方について強い批判があったが、生徒管理については手つかずであった。

この種のエリート校の生徒の反乱は一九世紀では珍しいことではなく、一八二〇年代の初めから周期的に起こっており、一九世紀にリセや公立中等学校で起こった生徒の反乱は二〇〇件以上にのぼっている。フランス革命後の公立中等学校はエリート候補生の反乱に悩まされていたのである。時期的に見れば、復古王政期と七月王政期に約五〇件あり、第二帝政期には沈静化していたが、第三共和政の最初の二〇年間に反乱の大きな波（一〇〇件以上）が起こっていた。中でも一八八三年のルイ＝ル＝グラン校の反乱はその頂点をなし、一九世紀でもっとも激しいリセ生徒の反乱であった。(3) 生徒の反乱を前にして、政府はいよいよ本腰を入れて改革に乗りださざるを得なくなった。この反乱を契機にして喫緊の課題とされた寄宿舎の改革を始め、規律改革が一九世紀末から二〇世紀初頭にかけて行われていくことになる。それは、また「科学としての教育学」の確立と「青年期（adolescence）」の発見による若者に対する見方の根本的な変更を伴っていた。(4)

管見の限りでは、この時期の規律改革や寄宿舎改革については、身体教育に関する清水重勇の研究がある程度でほとんど論じられていない。(5) そこで、本章では、フランスでの研究動向を踏まえて、公立中等学校の寄宿舎生活と規律の問題を扱い、「科学」としての教育学の登場の背景の一端を探り、どのような論理で当時の公教育行政の責任者たちが公教育の危機に対処し、エリート教育の方向転換を図ったのかをたどることにしたい。なお、本章では男子中等教育を検討対象とする。

現在の日本やフランスでの教育論争との関連を意識してこの時期の教育改革を考察した場合、大まかにいえば、三つほどの共通点が認められる。第一は公教育行政を担う官僚や教育現場で生徒を教え監督する教職員など狭い意味での教育の専門家以外に、知識人、文化人、ジャーナリズム関係者、一九世紀後半のフランスの場合はとくに医者、衛生学者など、あえていえば教育の「素人」が外部から激しい学校批判を繰り広げたこと、第二に自国の教育モデルの批判のために外国のモデル、とくにアングロ＝サクソンの教育モデルがもてはやされ、その導入が声高に主張されたことである。第三に批判の標的となったのが公立学校であった点である。そして共和派政府の公教育省は、世論（この場合は基本的には国民全体ではなくブルジョワ階層の世論）にある面では翻弄されながら、改革のための試行錯誤を繰り返すことになる。

第一節　リセと公立寄宿舎

（1）「僧院」「監獄」「兵舎」

リセや市立コレージュでの生活、とくに併設された寄宿舎での規律は厳しく、しばしば「監獄」や「兵舎」、あるいは「僧院」に喩えられた。冒頭で紹介したルイ＝ル＝グラン校の反乱も寄宿生が引き起こしたものであり、彼らが寝起きした共同寝室が破壊の対象になっているように、リセの寄宿舎は生徒の反乱の舞台であった。私立寄宿学校の規律は公立寄宿舎ほど厳格ではなかったようだが、寄宿舎生活特有の問題を共通に抱えていた。生徒の反乱も何度も起こっており、公立寄宿舎と一括されて批判されることも多い(6)。寄宿舎への本格的な批判が始まるのは第二帝政期であり、一八六五年には、公立寄宿舎に寄宿しているリセ生徒の割合は五五％、宗教系私立学校で六七％に上っていた(7)。

図9-1　休憩時間の生徒

短い休憩時間の間でも，生徒監に監視されながらリセ生徒は勉強していた。

Benjamin Bodin のイラスト集 *Conteurs en prison*（1841年刊）より。

出典：*Textes et documents pour la classe*, INRP, CNDP, Musée national de l'éducation, N° 808 du 15 au 31 janvier 2001.

ナポレオンが創設した当初のリセの規則に定められていた授業日の時間割では、授業と自習時間ばかりで寄宿生には休憩時間や遊びの時間がほとんどなかった[8]。しかも、昼食や夕食の間は沈黙して、朗読を聞かねばならなかった。多少の変化はあるものの、こうした時間割は一九世紀末にいたるまで変わらなかった。「僧院」の比喩は、近世の学院が修道会によって経営され、一九世紀のリセ、市立コレージュの建物や寄宿舎の制度、教育内容などはその時代に淵源に持つものが多いことによっている。授業中や食事中の沈黙は中世の修道院での慣行を受け継いだものであろう。もっとも「僧院」とか「監獄」という比喩は、近世のコレージュにも使われていた。一九世紀で新しいのは、これに「兵舎」が付け加わったことである。

もし食事中や散歩の間に話したり、就寝時間に静粛を破ったりすれば、生徒監から懲罰を与えられた。近世のイエズス会経営コレージュでは存在していた演劇活動もリセには消滅しており、身体を動かす機会は限られ、恐るべき単調さと息苦しさで支配されていた。規律違反に対する懲罰には罰課から最高は退学まで様々なレベルのものがあった。罰課はもっとも頻繁に用いられた懲罰であり、生徒は放課後に居残りをさせられたり、休憩時間などに数百、数千行の詩句を書き写させられたりした。一八〇三年の規則では主要な懲罰として食事、休憩時間、散歩の禁止、自由の剥奪、さらには監獄への留置などがあげられている。それに対して鞭や箆を用いた体罰は、まだ完全になくなったわけではないが、一八〇三年のリセ一般規則で公式に廃止されていた。その後、懲罰から食事制限が廃

止されたが、それ以外は大きな変更なく、第三共和政を迎えるのである。(9)

(2) リセの誕生と公立寄宿舎

公立学校の寄宿舎が設置されたのは、地方のブルジョワジーを体制につなぎとめるために必要と考えられたからであった。親が地方に住んでいてパリの名門リセに子どもを入学させようとする場合や、リセ、コレージュが地元になくて通学できない場合、親は子どもを他人の家か宿泊できる施設に預けねばならなかった。富裕な大ブルジョワならお金をかけて、私立寄宿学校に子どもを預けることができたが、そういう家庭は多くなかった。

他方で、革命期に弛緩していた規律を立て直す必要があった。これに伴って、アンシャン・レジーム期のコレージュで適用された規律維持の方法が部分的に蘇った。リセには施設付司祭が置かれ、宗教教育が施されるようになった。学校や寄宿舎では四六時中大人による監督下に置かれ、いかなる理由でも校外に出ることは禁止された。その後、日曜日などの外出が認められるようになるが、厳しい規制は続いた。ただし、イエズス会流の規律、訓育は復活しなかった。イエズス会は、一人一人の生徒の性格などに関する知識、情報を集積して、生徒指導と欠点矯正に役立てていたが、リセではこのような個人調査はほとんどされなかった。背景にはイエズス会流の規律、訓育が密告とスパイを奨励し、生徒に相互監視をさせる不道徳的な方法として忌み嫌われていたことがある。また、すでに述べたように、体罰は法規の上では生徒の威厳、名誉を理由に禁止されることになった。(10) そのかわりに採用されたのが軍隊的規律と独特な寄宿制度であった。軍隊は帝政の諸制度の原型であったが、軍隊のモデルは教育にも適用されることになった。士官と同様にリセの教授は制服着用が義務付けられ、厳格な規律を課され、太鼓で時を知らせ、中庭などで隊列を組んで進むなど軍隊的規律が導入された。

一九世紀前半において寄宿制への批判や不満はなかったわけではない。だが、ジョルジュ・サンドが寄宿寮に入る自分の息子と別れる辛さを語っているなど、たぶんに個人的、心情的なレベルにとどまり、体系的な寄宿制批判はほとんどなかった[11]。公立、私立の寄宿舎の隆盛を見れば、すくなくとも一九世紀中ごろまでは、寄宿制度は教育的に良い制度、少なくとも通学制度よりはましな制度だという考え方が優勢であったと思われる。外部の腐敗した影響がリセの中に持ち込まれるのが極度に恐れられ、授業だけ受ける「自由通学生（externe libre）」と呼ばれた自宅通学生が問題視されていた。パンシオンやアンスティテュシオンという私立寄宿学校から通学する生徒はまだよいが、それでも併設寄宿舎（公立寄宿舎）で生活する寄宿生と私立寄宿学校の生徒の接触はできるかぎり回避されたのである。

一六世紀に始まる未成年を対象とした学校教育は、子ども期を延長し、子どもと大人の中間的な状態である「若者」という身分・地位をなくしていく傾向を持っていたが、その傾向はフランス革命後にかえって強まった。十代後半になお学校にとどまったブルジョワの男子には、同世代の民衆の若者が享受していた一定の自律性も許されていなかった。大人は子どもに大人の権利、すなわち、自律、勉学に対する無関心、とくにセクシュアリテを拒否した。教師は大人として子どもである生徒に対して懲罰の脅しをかけて権威を振るうことが良いとされていたのである。

この節の（1）で示したように、十代後半の生徒も幼い子どもと同じように自律性が一切認められなかった。こうした対応は、子どもは本来邪悪な性向を持っているという否定的な子ども観に支えられていた。子どもは、道徳意識がなく、軽薄、無知、知性がなく、人の影響を受けやすく、怠惰であるとされた。悪の芽を持つ子どものイメージは公教育の代表の中でも、世論や、さらにはヴィクトル・ユゴーのような子どもに好意的な文学者の中でもまだ頑強にあった。ルソーの『エミール』の影響はあまり感じられない[12]。当時のリセには基礎学級で低年齢の生徒も受け入れており、いわば小中高一貫の学校であった。そこでは、思春期の生徒も、青年期の生徒も、学童と同じ規律に服し、同じような子ども扱いを受けていた。

（3）　衛生学者の介入

だが、一九世紀後半になると、ナポレオン時代以来の教育方法、教育哲学そのものに批判が向けられ、世論を巻き込んで大きな議論を呼ぶことになる。この論争に加わった知識人、識者は広範囲に及ぶが、とくに衛生学者や医者の役割、彼らの科学的な見地からの批判は特筆に値する。衛生学者や医者は身体教育の必要性を主張し、知育重視の詰め込み教育を問題にした。さらに寄宿制の弊害を強調し、一方で家庭教育を重視し、自宅からの通学を推奨したが、これは「禁域」の理想と家庭への敵対を特徴とする、一九世紀前半の支配的な教育観とは根本的に異なるものであった。

ここでは、その代表的な論客J-B・フォンサグリーヴの『男子教育あるいは家庭と初等教員への男子の健康と発達の指導方法に関する助言』（一八七〇年）を一例として取り上げることにしよう。フォンサグリーヴは当時モンプリエ医学部衛生学教授であり、一八六〇年代後半から家庭にむけた衛生学や女子教育に関する啓蒙書を書いて、この分野で活躍していた。

フォンサグリーヴは社会学者フレデリック・ル・プレェの議論も援用しながら、寄宿舎を批判している。ル・プレェは主著『社会改革』（初版一八六六年）の中で、寄宿舎を批判し、こう書いている。「子どもはあの寄宿舎で苦しんでいる、そこでは子どもは……親の愛情と道徳的な滋養を奪われている」[13]。ル・プレェは工業化による伝統的な家族の解体を批判し、家族の再建を唱えた社会学者であり、彼を師とするル・プレェ学派は世紀後半の社会改革議論で大きな役割を果たした。ここでは衛生学者とル・プレェ学派が教育問題で問題意識を共有していることに注意を喚起しておきたい。

フォンサグリーヴはこう述べている。家庭教育に比べ、学校での集団教育は子どもの健康を脅かす危険性が高い。六歳から九歳までは基礎的な教育の段階だから、母親に時間と自由とやる気があるのなら、学校に行かせずに母親が子どもを教えたほうがよい。九歳になれば学校に行かさなければならないが、子どもは家庭から通学させるべきである。家庭教師をつけたり、あるいは寄宿学校から公立学校に通わせたりするのも場合によってはよいが、公立寄宿舎に入れるのは最後の手段である。こうして、それまで危険視されていた自宅通学が反対に理想的な形態とされているのである。

衛生学者は寄宿生のセクシュアリテに関わる問題に敏感であった。フォンサグリーヴは、学校生活で子どもが純潔を失う危険性を執拗に指摘する。官能への衝動に身を任し始めると、子どもは、記憶力も減退し、成長も阻害され、胸囲は縮まり、身体は曲がってしまう。子どものころからこの習慣が続いて青年期にはいると、肺結核や神経系の病気にもかかりやすくなり、生殖機能も未発達になり、子どもをつくれなくなる危険がある。男らしい精気は涸れ、健康は損なわれ、知的労働は困難あるいは非生産的になり、不機嫌で暗い性格になり、自分勝手になる。これは個人的な災厄にとどまらず、社会的な災厄であり、アルコール中毒のほうがましなくらいである。[14]こうした主張は一八八〇年代の医学アカデミーでの議論に受け継がれていく。

第二節　パブリックスクールへのまなざし

(1) ラプラード『子どもをだめにする教育』

衛生問題以上に、批判が集中したのはカリキュラムと並んで、苛酷な規律、欠陥だらけとされた道徳生活であった。この面で公立寄宿舎を本格的に批判した最初の本として知られているのが、一八六七年初版のヴィクトル・

ド・ラプラードの『子どもをだめにする教育――子どものための弁護論』である。この本を嚆矢に、一八六七年から一八七四年までパンフレット、著作などで国家による親の教育権の剝奪と公立寄宿舎に対する激しい批判が巻き起こっている(15)。

ラプラードは中等教育とコレージュでの生活を問題にするのは、「そこで教養ある階級が形成され」、国民の知的水準は中等教育に依存しているからだ、と前置きした上で、リセの教育の現状を痛烈に批判する。その後のリセや市立コレージュに関する議論はほぼここに出尽くしており、とくに寄宿舎への批判はそこの種の批判のモデルとなっている。ここではラプラードの規律、道徳教育について限定しながらラプラードの議論の一部を紹介してみよう。彼はこう述べている。

人生の春の季節を陰鬱な季節に変え、陽気にのんびりと生活すべき者に野心と恐怖を押しつけ、本来は小鹿のように跳ね回っている者を鎖で縛りつけて動かない植物のようにし、苦行によって死の志願者の身体の発達を抑圧するように人生の見習い期間にいる若者の身体の発達を妨げるのが、我が国に強壮な世代を準備する最良の手段なのであろうか。

ラプラードはこのように規則ずくめでほとんど身体を動かさない知育中心の教育を批判し、ギリシアの伝統に戻って体育の時間を増やすことを提案する。衛生学者や医者など専門家の意見も援用されている。そして規律と身体教育の面で公立教育が厳しく批判され、田園地帯にあるカトリック系学校が余暇活動、身体の教育で優っていると称賛された。

ラプラードはナポレオン時代以来の平等主義的教育がいかにだめであったかを強調している。「フランスでは、第一帝政以来、教育での基本的目標はすべての子どもの知性を同じ水準にすること」であった。よりましなカトリック系学校でも、フランス特有の弊害を免れていなかった。「リセであれ、私立であれ、世俗であれ、宗教系であれ、すべての学校は子どもを同じ鋳型にはめ込んでいる。しかもその鋳型は公式カリキュラムによって、ますますきつくなっている」。ラプラードは、いつまでも子どもを従順にしておくことを批判し、子どもは一定の年齢を過ぎれば、教育を通じて大人になるように準備させなければならないと論じた。そのために知性だけでなく、衛生教育と身体教育の必要性が強調された(16)。お手本はイングランドの教育であった。イングランドでは、一九世紀中ごろ、ラグビー校など代表的なパブリックスクールで改革が行われ、生徒の自律を促し、進取の気性を養い、身体教育を大幅に取り入れられた教育が行われるようになっていた。

イングランドは我々のような真似をしないように気をつけている。イングランドの若者の教育制度は規律のもっとも完全なモデルであり、完璧な身体と精神、男らしい美徳をすべて備えた人間を作り出すようによく計算されている。生徒の身体は家族だけでなく、大英帝国のすべてのコレージュで、おおいに鍛えられている。頭脳を使う勉強にあてられる時間はフランスの半分である。結果を判断するためには、若いイギリスの貴族と我が国のそれに相当する階層の古典教育を比較すればよい。文学的知識を超えてこの比較を進めるつもりはないが、どちらが公的生活、自由な国の市民生活に適性があるかを調べれば、我が国のことをあまり自慢できないであろう。

生徒を一つの鋳型にはめようとする当時のフランスのエリート教育は、官吏や士官を養成するには向いていても、企業家や植民地で活躍する人材を育成するには不適切であると、多くの識者から認識されるようになっていた。進取の気性に富んでいるとされたイギリスのエリートを輩出するパブリックスクールは、フランスの教育の現状に不満を持つ識者にとって羨望の的であった。同時にパブリックスクールは、衛生学者の学校批判とは異なり、工業化の時代にも実現可能な「禁域」の理想の実例として、親元から子どもを引き離して教育することを良いとする伝統的な教育観とも響きあうところがあった。

ラプラードの著書は大きな反響を呼び、その後も一九世紀後半から二〇世紀初頭まで、エルネスト・ルナン、イポリット・テーヌ、クーベルタン男爵、エドモン・ドモランなど多くの識者がイングランドのパブリックスクールを賞賛することになる。

（2）『イギリス教育視察報告』（一八六八年）[17]

ところで、政府の側もイングランドの中等教育には注目していた。ラプラードの著書が出る前年の一八六六年に、デュリュイ公教育大臣はイギリスに視察団を送っていた。イギリス教育視察団の一つの目的は当時国際的に注目を浴びていたイングランドでの中等教育改革の実態を見ることであった。デュリュイは大学改革ではプロイセンのフンボルト大学に注目し、視察団や留学生を送っているが、中等教育で参考にしたのはイングランドであった。一八六八年にイングランド・スコットランド教育視察報告が公刊された。この報告によって、自由と若者の個性を尊重したイングランドの中等教育の全貌が紹介されることになるが、外国との対比で自国の教育を当時のフランスの教育関係者がどのように見ていたのかを示す史料として興味深い。

報告では英仏の制度の違いに言及した上で、パブリックスクールへの賛辞が続いている。まずその立地である。田園学舎は視察団に強い印象を与えた。さらに出会う生徒の礼儀正しさに視察団は驚き、まるでジェントルマンのようだと、感銘を受けている。また、寮とチューター制度、身体教育に対して視察団はかなり好意的であった。

だが、報告書は礼賛一色ではなかった。身体教育が重視されるあまり知育が二の次になっているのを知って、フランス中等教育の優位性を確認する。「体育の重要性は認めるが、イングランドでの体育の偶像崇拝に伴う不都合は否定できない」。「体育に時間が割かれすぎているため、卒業後、大学進学の時の文学の成績が悪い生徒が多すぎる」。さらに「イングランドの大学の最初の数年」での教育は「フランスの中等教育でされる勉強の難易度をしばしば超えていない」のを見て驚いている。さらに体罰が平然と行われていることに視察団はショックを隠せなかった。

名門パブリックスクールの際立った特徴の一つはフランスのような生徒監がいない点であった。生徒は授業の外では子どもは完全な自由であり、学校、寮、田園では自分で監視し、自治生活を営んでいた。上級生は役職につき、合法的に権力を与えられ、精力的にその権利を維持したのである。だが寮自治はファギングという制度と不可分であった。これは下級生がファグ（fag）と呼ばれる一種の召使となって上級生に仕える制度である。ファグは主人のために買い物、伝言、食事の給仕、パン焼き、衣服へのブラシかけ、食卓のほこり払いなどをし、本を授業に持ってきて、前日に教えられた時刻に主人の目を覚まさせ、遊びに同席し、ボールをおいかけて主人に返すのが仕事であった。

公教育省の視察団は、イングランドの教育には惹かれながらも、古典人文学教育のレベルの低さや、体罰の慣行、ファグの制度に顔をしかめていた。イングランドでも、不純な行為は災厄のひとつと認識されており、体罰やファグの制度は、ハーバート・スペンサーのような教育学者からは、「粗野な取り扱い」として批判され、「残忍」であり、「野蛮化の影響は国家の進歩の障害になっている」とすでに非難されていたのである。[18]

（3）　自国の教育文化へのこだわり

このようにフランスからの視察団は田園学舎、チューター制度、身体教育には賛辞を送りながら、知育のレベルの低さをあやしみ、体罰が平然と行われている実態やファギングの制度に相当な違和感を覚えていた。ラプラードとは違い、公教育省の視察団はイングランドの制度を全面的に賛美するわけにはいかなかった。こうしたイギリスの制度への条件付賛同という態度は後の第三共和政の公教育省の幹部に受け継がれていく。

ここで関連してフランスのリセ、市立コレージュと併設された寄宿舎の独特な規律維持の方法について述べておこう。第一にフランス革命以来、公式には体罰は禁止されており、時代遅れのものとみなされていた。第二に、教室は担当教員に規律維持の責任が任されたが、それ以外の寄宿舎、共同食堂、休憩時間、自習室での規律の維持は校長あるいは学監（舎監）の責任のもとに、生徒監という最下級の教職員に実質的に任されていた。規則上も、教授が懲罰権を行使できたのは授業中の生徒の行為に対してだけであり、罰課を課すかせいぜい教室から追い出すことができる程度のことであった。重い懲罰は校長の権限であり、授業以外の時間での規律違反に対する処罰は校長と学監の権威のもとに生徒監の手で行われた。

生徒監は法規の上ではユニヴェルシテに属す最下級の職員として位置付けられ、ナポレオンの構想ではそのキャリアの第一段階になるものであった。だが、ポール・ジェルボによると、生徒監の大半は徴兵逃れの若者や、怠惰や無為のために「蓄えも将来への希望もなくした」若者であったという。労働条件が余りに厳しく待遇もよくなかったため生徒監のリクルートは困難で、入れ替わりも激しかったと言われている(19)。したがって一九世紀においてはこのように生徒を指導する資格もなく訓練も施されていない若者に、それほど歳の違わない寄宿生の監督が任されていたのである。このため、規律改革の議論では生徒監が必ず問題になった。

だが、不都合な面が強調されがちであるが、生徒監による規律の維持という方法は、フランス革命前夜に導入されたものであり、比較的新しいものであり、それなりの長所もあったことを忘れてはならない。近世のイエズス会経営コレージュが優秀な生徒を教師の協力者にして、ほかの生徒を監督させ、生徒の相互監視という方法をとっていたが、こうした規律維持の方法は、一部の生徒を「スパイ」として使う方法として忌避され、早くもイエズス会追放後の一七六九年のルイ＝ル＝グラン校の校則には、学芸学部のアグレジェ（二章三節参照）から職業的な監督者を雇ってもよいと別の方策が模索され、[20]これを嚆矢にフランス革命後のリセや市立コレージュでは、生徒の監督は生徒監という専任の教職員に委ねられることになった。

規律維持の主役を担った生徒監は生徒の憎しみの的となり、ドーデの『プチ・ショーズ』の主人公のように、若くて経験の浅い生徒監の場合、高学年の生徒から無視されたり、馬鹿にされたりすることがあった。生徒監は「ピオン（pion）」と呼ばれ、軽蔑されたが、ピオンとは軍隊用語で「歩兵」という意味であった。逆に、生徒の間ではある種の平等性が生み出された。生徒のソシアビリテについては次節でもう少し詳しく論じることにしたい。

また、生徒監の法規の上での正式名称はフランス語では maître d'études であり、直訳すれば復習教師（あるいは自習教師）である。復習教師は、寄宿舎で生徒の生活上の監督をしながら復習を指導する教師のことであった。ところがフランスの復習教師は、イングランドのチューターのような発展をしなかった。一九世紀の公立寄宿舎の復習教師は生徒の監督の面がはるかに強くなっていた。

パブリックスクールのようにキャンパスの中で生活する教師が生徒から寄宿料をとって同じ家の中で生活させ、チューターとして生徒の復習の手だすけをする方法は、衛生学者の唱える家庭教育の利点を寄宿舎の中に活かす方法として、第三共和政初頭には公教育大臣を務めたこともある共和派の重鎮ジュール・シモンからも支持された。しかし、当時、中等教育に関しては公教育省きっての理論家と言われたパリ・アカデミー管区副総監オクターヴ・グレアールが主張しているように、チューター制度が発達したパブリックスクールはリセよりもずっと高額の授業料、寄宿料をとっており、同じことを生徒の親の負担を増やさずにフランスの公立学校で実現するには財源が足りなかったであろう。また、フランスでは教師のなかにも私的生活を重視する傾向が強まっており、他人の子どもを預かるのはこうしたフランスの習俗に馴染まないとも言われた[21]。実はフランス革命以降、教師が校舎の中に住む慣行は失われ、教師は塀の外から学校に通い、正課の授業が終われば生徒と交わることもなく、自宅に帰る存在に変わっていたのである[22]。

田園学舎やチューター制度のフランスへの導入については後で述べることにして、身体教育の導入について簡単に述べておくことにしよう。たしかに、フランスでもとくに第三共和政に入り、身体教育が導入されることになった。しかし、それはけっしてイングランドのパブリックスクールのように、古典人文学教育を大きく犠牲にしてまで発展することはなかった。フランスの公教育の関係者は、イエズス会によって作り上げられた古典人文学教育の伝統に誇りを持っており、そのため、身体教育の発展にはおのずから制約がかけられたのである。

第三節　寄宿舎と規律改革

(1)　パブリックスクールの根強い人気

それでもイングランドの教育への人気は根強く続いた。公教育関係者の間では、結論が出ているように思えた論点も、もともと教育の専門家ではないような人々から蒸し返されてくる。一八八〇年代中ごろに出版され、注目を浴びたクーベルタン男爵[23]とマヌーヴリエの中等教育改革を論じた著作も、パブリックスクールを称賛していた。

ここでは、初等教育局長フェルディナン・ビュイッソンから高い評価を受けた、エドゥアール・マヌーヴリエの『共和国におけるブルジョワジーの教育』の一部を紹介してみよう。著者にとって問題だったのはクーベルタンと同様に、民主主義を基本原理とする社会のなかでのブルジョワの教育、エリートの教育のありかたであった。彼はブルジョワによる支配を正当化しており、社会的には保守的である。だが、同時に複線型教育制度を批判しており、エリート研究で知られるクリストフ・シャルルはマヌーヴリエの議論を「開かれたエリート」論と評しており、当時としては先駆的なエリート論といえよう[24]。

マヌーヴリエはフランスの中産階級を「市民としてはお粗末」と論じ、フランスには「市民を養成するのに相応しい道徳教育のシステムがまったくない」と切って捨てている。そしてイギリス人と比べフランスの若者に進取の気性と「自律心」がないと嘆き、その原因は公立寄宿舎にあるとし、「政治制度と教育制度の絶対的矛盾」を指弾し、監獄の中での生活で「民主制度に伴う自由な生活に子どもたちを準備させている」のは無理であると述べている。このような危機意識から改革案が提示されているが、その案は、田園学舎構想やチューター制度の提案など、今まで紹介した議論と大枠では変わりはない。それでも、教師など大人の監督の下、生徒に一定の自由をあたえて体育やフェンシングなどのスポーツ団体やブラスバンド、合唱団、絵画などの団体の結成を促し、スポーツ団体や文化系の団体が参加する学園祭の組織を提案している点は、当時としては革新的であり、その後の教育改革を先取りするものであった。

（2）グレアールの『規律の精神』

公教育省の幹部はどのように考えていたのであろうか。ここではグレアールの議論を取り上げてみよう。実は第二帝政期からパリ郊外を中心に田園学舎構想が実施に移されていた。グレアールは一八八〇年初出の論文の中で、田園学舎構想を擁護しながら、同時に家庭との連携の必要性を打ち出し、従来「自由通学生」として批判の的になっていた自宅通学を、母親が息子の自習を監督する、つまり復習教師の役割を果たすという条件付きで支持している[25]。これは「自由通学生」を否定的に扱っていた従来の姿勢からの大きな転換であった。

グレアールは一八八三年のルイ＝ル＝グラン校の反乱の後、パリ管区のアカデミー評議会に『規律の精神』と題する報告書を提出している。グレアールは校長の直接の上司としてこの反乱の鎮圧に直接関与した人物でもあるが、このテクストは、事件が及ぼした教育政策への影響と、公教育省の幹部の問題意識を浮き彫りにしている。グレアールは次の節で述べるように、当時生まれつつあった「教育科学」の成果も摂り入れながら、中等教育の規律改革の方向性を定めていく。民主的になった社会制度と以前のままの教育制度が矛盾しているという認識や、イギリスなど外国の教育論や実践を参考にする点では、マヌーヴリエやクーベルタン男爵と共通しているが、フランスの教育文化の伝統の中で再検討し、公立寄宿舎の延命策を講じている点が大きな違いである。

最初に、イギリス、ドイツではいまだに体罰が行われているが、フランスでは一六世紀にはすでに鞭の使用は一般的でなくなっており、リセや市立コレージュの規則は「健全で啓蒙的なペダゴジーの刻印」を帯びているとする。問題なのは規律の根拠であり、旧来の教育観では不十分であるとして、青年期の独自の意義を認めたイギリスのハーバート・スペンサーの教育学を紹介している。だが同時に、ポール＝ロワイヤル派、ルソー、ロランなどフランスの教育理論と引き比べ、方法においてはルソーの『エミール』の基調をなしているものを継承しているにすぎないなどと、フランスの教育文化の優位性を主張していることが目をひく[26]。

さらに、社会関係の性質は以前とは大きく変わってしまい、「子どもは、より自由になった社会に備えるために、自由の習俗を身に付けるように教育されなければならない」とし、「教育が今日、主要な梃子として理性を取り、そして必要な権威をなくすことなく、最高の力［懲罰］と同様に説得に訴えねばならないことは間違いない」（傍点は原文ではイタリック）と論じている。そしてそのために、スペンサーにならって青年が「自己統治（self-government）」を学ぶことが大事であると主張している[27]。

ファギングには『イギリス教育視察報告』と同様に批判的であり、フランスのリセやコレージュの生徒の間に浸透している平等精神とは相容れないとした。それにかわって、グレアールが着目するのが共同生活を通じて養われる生徒の連帯精神である。最近起こったルイ＝ル＝グラン校での反抗は悪い例であるが、共同生活の規律の意義を否定しているものではないと論じている[28]。また、教育の機会の保障と、社会的上昇の可能性を与えることは民主主義社会の要請であるとして、寄宿制度の必要性を強調している。このように、グレアールは、スペンサーの理論を公立寄宿舎での共同生活の枠内で生かそうとする。若者の心身の発達のためには俗世間からある程度隔離するのが理想であると考えたグレアールは、田園学舎構想の推進者でもあった。

公教育省の幹部は、グレアールの『規律の精神』に見られるように、生徒の連帯精神を肯定的にとらえ、その育成へと向かう。一八九九年、下院に設置された中等教育委員会（通称リボ委員会）のもとで多数の教育関係者、識者を呼んで意見陳述を求めるなど、中等教育全般に関する大規模な調査が行われた。その全体報告の中でも、公立寄宿舎は「忍耐、連帯、正義の学校」であると評価されている[29]。

（3）「青年期」の発見

グレアールは教育政策の転換を進めるために、それを理論的に裏付ける新しい教育学を必要としていた。だが、第五章でも見たように、伝統的な教育観、教育方法からの転換は簡単ではなかった。それまで、教育学は独立したディシプリンとしての威信を確立しておらず、中等教育に関しては、イエズス会などの修道会が作り上げたものが依然として威信を保持していた。たしかにルソーやコンドルセなどの啓蒙思想家の教育論は知られていたが、啓蒙思想期の教育思想は恐怖政治や失敗したエコール・サントラルの経験と結びついていて、評判は必ずしも芳しくなかった。こうした状況を脱却していくためには、外国の経験に学びながら、自前で新しい教育観を創造する必要があった。

グレアールら、教育関係者の問題関心に応えようとしたのが、当時生まれつつあった青年心理学、科学としての教育学（教育科学）であった。新しく創造された教育学の成果のなかで、中等教育に関してとくに大事なのは、前節でも出てきたが、「思春期」とは区別される「青年期」の発見である。一九世紀末に他のライフ・ステージとは区別される青年期の再評価が西欧全体で起こっているが、フランスもその例外ではなかった。一九世紀半ば以降、集団的な意味での「青年」という言葉の使用が増えてくる。ところでこの「青年期」のイメージは最初のうちは否定的であった。「危機、革命、第二の誕生」の時期と位置付けたルソーの『エミール』の理論は忘れられていたわけではないが、「危機」は否定的な意味合いしか持たず、「子どもの忘恩」というテーマが流行し、「恩知らずの年ごろ」という表現が人口に膾炙していた。子どもは思春期に入ると性的な危機と親を含めた周囲の環境との不適合を経験し、子どもの教師や親に対する反抗、無規律が顕著になる。犯罪学者の中には性的な本能と青年期の暴力を結びつけ、青年犯罪の増加をこれで説明する者もいたほどである。

だが、一八八〇年代にはルソーが再発見、あるいはペスタロッチなどを介して逆輸入されることにより、それまでの青年にたいする見方に変化が起こった。さらに一八九〇年代にはアメリカの心理学に触発されながら、リセ生徒の観察の中から、フランス独自の青年心理学が誕生していく。その中で、青年期の不安定さも、個人の発達にとって不可欠の、実り多いものとして再評価され、肯定的にとらえなおされていくのである。(30)

この新しい学問の中で、若者の「仲間意識（キャマラドリ）」に高い評価が与えられた。リセやコレージュの生徒たちは仲間を「キャマラード（camarade）」と呼んでいたが、この言葉は、フランス革命期に生まれ、同室の兵隊仲間のことを指していた。憎しみは生徒監にむけられ、たがいに級友を「キャマラード」と呼び合い、告げ口は極度に嫌われたという。この生徒のソシアビリテを美化する必要はないであろうが、生徒の中に「兵舎」の中の平等とある種の連帯意識が生まれていたのではないかと指摘されている。(31)

文学者などによって「兵舎」と激しく非難された寄宿舎であったが、教育関係者の間では、寄宿舎の中での平等は仲間意識の形成に役立っていると、肯定的な評価が常に存在していた。こうした認識は一九世紀末以降、「青年期」の発見によって教育学的な裏付けを与えられることになった。たとえば、『大百科事典』第八巻（一八八九年）の「仲間意識」の事項で、元アンリ四世校哲学教授で、ソルボンヌの教育科学講座初代教授、アンリ・マリオンは、「キャマラドリ」が軍隊を起源としている言葉であることを認めながら、道徳的に見て価値のあるものであり、「教育によって助長され、すくなくとも尊重されねばならない」とし、さらに次のように述べている。「良い生徒とは、とりわけ連帯感情を持ち」、仲間を告げ口したり、裏切ったりすることを「不名誉なことである」とみなす生徒である。(32)

（4）規律改革

リセの教育は一八九〇年に大きな転換点を迎える。一八八八年に公教育省のもとに「中等教育制度改革検討委員会」が作られ、委員会の報告をもとに一八九〇年七月の省令によって規律制度の改革が図られることになった。検討委員会の報告では、公式にナポレオン時代に導入された従来の規律制度の破産が宣告され、窮屈すぎる規則の廃止が求められた。たとえば授業の後の休憩時間や食堂での沈黙の強制は不必要とされ、こうして中世の修道院以来の伝統からようやく解放されることになる。また罰課を乱発し毎日のように居残りをさせることを禁止し、散歩の取り上げを例外的な状況の時に限定するように提案している。新しい点では家庭と学校との連携の強化と、生徒監も参加する教員会議と校長を議長にする規律審査会の設置が注目される。さらに、イギリスの例に倣ってスポーツ、芸術団体、自然史、地理、言語を研究する団体が組織され、こうした小さな団体では生徒の自治が尊重されるように勧告している。(33)

だが、改革は公教育省の思い通りには進まなかった。そもそも一八九〇年の改革のあとも、公立学校での規律がすぐに大きく緩和されたわけではなかった。しかも生徒に対する見方、接し方といった教師の心性に関わる部分が急に変化するわけではなく、当時のペダゴーグからは早くも規律改革のテクストは死文と化しているという批判さえ出ていた。とくに田園学舎構想は暗礁にのりあげた。当初は歓迎されたパリ近郊の田園学舎もやがて、生徒数の減少の危機に直面する。(34) 寄宿舎の共同寝室はとくに改善が求められたが、改革への抵抗は根強かった。生徒を子ども扱いせずに大人になる準備をさせるのが改革の精神であったが、相変わらず若者のセクシュアリテはタブーであった。生徒が「悪習」に染まらないように監視するためには、仕切りのない共同寝室が望ましいという意見が根強くあったのである。良家の子弟を預かる関係上、この種の悪い噂は私立学校との厳しい競争を強いられている公立学校にとっては致命傷になりかねなかった。生徒のプライバシーの尊重と「悪習」の撲滅という二律背反の課題の解決を公教育省は迫られていたのである。

衛生学者、文学者さらには教育学者などの激しい攻撃にさらされて、寄宿舎は次第に衰退していった。それと入れ替わるように増えていったのは、それまで評判のよくなかった自宅からの通学である。寄宿舎が広がり始めた一八世紀初めは、近代的な家族愛がフランスでも芽生え始めた時期である。だが、一八世紀では、親は子どもへの愛情から、教育のためにすすんで子どもを外に出すことが良いこととされた。これに対して一九世紀後半になると、子どもへの愛情は寄宿舎へ子どもを送ることと両立しなくなっていた。他方では私立のパンシオンやカトリックのコレージュが宗教に基づく道徳教育とより家庭的な雰囲気で一定の人気を集めていた。(35) フランスでは学寮の復権でも「閉じ込め」でもなく、家庭との連携の強化、社会との関係の回復の方向に進んでいく。自由で民主的になった、あるいはそうなったとされた「俗界」は学校とは敵対する存在ではなくなり、逆に学校が「俗界」への適応を迫られることになったのである。

第二章で指摘したように、一八五〇年のファルー法以降、リセに通う私立寄宿学校生徒は減少していった。サ

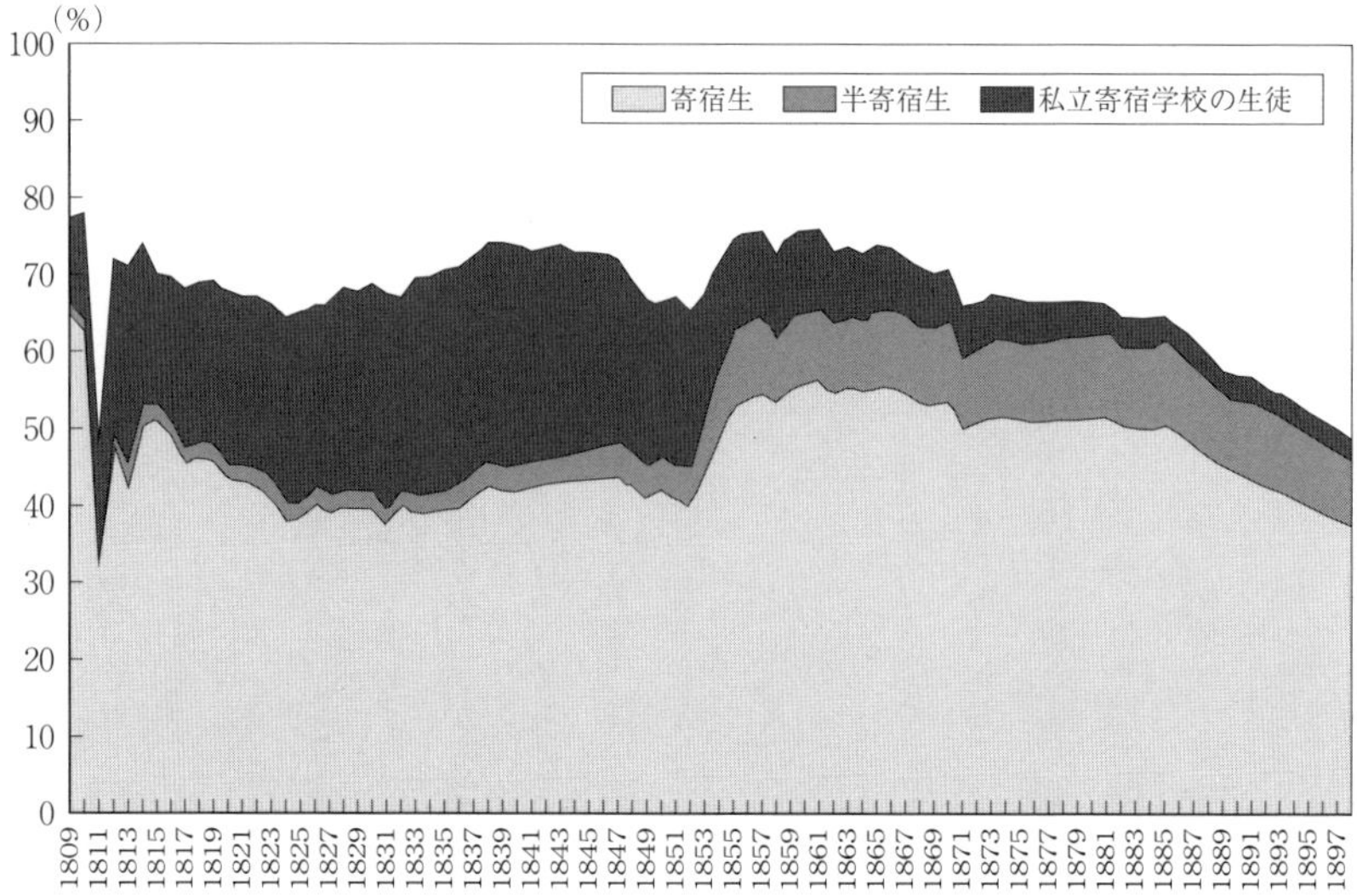

図9－2　リセ生徒の中で寄宿生，半寄宿生，私立寄宿学校生徒の占める割合の変化（1809―1898年）

出典：Philippe Savoie, *La construction secondaire*, p. 205.

ヴォワが作成したグラフ（図9－2）からわかるように、五〇年代にそれを補う形で寄宿生（公立寄宿舎に宿泊する生徒）の比率が増えていく。グラフからは他に、昼食をリセで取り、朝から夕方までリセの教育活動を受け、生徒監（maître d'étude）に監督される半寄宿生の比率が一八五〇年代に倍加し、その後一〇％で安定していることがわかる。また、グラフでは白地部分に含まれているが、「監督通学生（externs surveillés）」という新しいタイプの通学生が、当局の奨励によって一部のリセで一八五〇年以降に生まれ、リセ生徒の三・三七％（一八六五年）から五％（一八八七年）にわずかながら増えている。監督通学生は自習室での復習を含めその他のリセの活動に寄宿生、半寄宿生と同様に参加し、リセの規律に服していた。このように、リセはファルー法成立後の状況に適応し、正課以外のリセの活動に参加する生徒数の割合を拡大していた。だが、寄宿生の比率は一八八五年以降、ゆっくりと不可逆的に低下し、逆に白地部分で示されている自宅通学生が増加していくのである。(36)

公教育省が進めた中等教育改革は必ずしも目論み通りには進まなかった。田園学舎構想はうまくいかず、規律改革についても否定的あるいは懐疑的な評価がたえず存在していた。改革の精神がどれだけ教育現場で実践されたのか疑問であったし、規律改革によって教師と生徒の関係が変わり、規律維持にあらたな問題を抱えたことも事実である。

オクターヴ・グレアールは中等教育改革を検討するリボ委員会の冒頭報告の中で、自らが主導した教育改革の成果を強調し、それへの批判に反論しながら、弊害が生まれる根っこの原因を考えねばならないと述べ、次のように結んでいる。「教育はみんなの事業である。……通学制の場合はもちろん、寄宿制の場合でも、劇場、新聞・雑誌、さらには街頭で若者の耳目をひいているすべてのもの、こうした子どもを取り巻く無数のものが子どもに影響を及ぼし、浸透しており、教育はこうした周囲の無数の影響を通して行われている。［公教育に携わる］我々には自分たちの責任があり、我々はそれを拒否しない。しかし、誰もがそれぞれ自分の責任を負っているのであり、そのことを忘れてはならない(37)」。

「教育はみんなの事業である」という言葉の「みんな」には学校や、家庭だけでなく、マスメディアを含めて、社会全体が含まれていると考えてよいであろう。各方面からの批判を前に、グレアールはいささか疲れ気味のように見える。公教育への批判が大きかったのは国家が子どもの教育権を独占する時代は終わり、誰でも教育に発言することが可能になったからでもあった。だが、世論は発言してもその責任をとろうとはしなかった。公教育省は「禁域」の理想をなかばあきらめ、外部社会に開かれた学校を目指そうとしたが、親を含めて外部社会との良好な関係を築くのは簡単ではなかった。

それでも、長期的にみれば、教育改革は成功したとみなすことができるだろう。田園学舎構想は失敗に終わったものの、一八九〇年の規律改革以降、大きな生徒の反乱はなくなり、公立中等学校は全体として落ち着きを取り戻したのであるから。一九六〇年代に入り、中等教育の急激なマス化によって再びリセと市立コレージュは規律の維持に悩むことになるが、その時に参照されたのは一九世紀末から二〇世紀初頭にかけての改革であった。一九六〇年代から七〇年代は「青年期」がブルジョワの若者だけでなく、民衆も含めたフランス人誰もが経験するライフサイクルとなった時代である。(38) 百年前のテクストがいまだに有効性を失わないのは驚きでもあるが、それはテクストが対処療法を記した単なる行政文書ではなく、当時の公教育省幹部の慧眼と知的誠実さを示すアカデミックな性格を有しているからであろう。

〈注〉

（1）Laurence Corroy, *op.cit.*, pp. 191–193.
（2）Agnès Thiercé, « Révoltes de lycéens, révoltes d'adolescents au XIXe siècle », *Histoire de l'éducation*, n° 89, janvier 2001, pp. 89–90 ; Octave Gréard, *L'Ésprit de discipline*, Paris, Delalain, 1883, p. 1.
（3）Thiercé, « Révoltes », p. 60.
（4）Agnès Thiercé, *Histoire de l'adolescence (1850–1914)*, Paris, Belin, 1999, chapitre 8.
（5）清水重勇『フランス近代体育史研究序説』不昧堂出版、一九八六年。他に、渡辺和行「近代フランス中等教育におけるエリートの養成」（『エリート教育』所収）参照。
（6）Paul Gerbod, *La vie quotidienne dans les lycées et collèges au XIXe siècle*, Paris, Hachette, 1968, pp. 99–101 ; Ferdinand Buisson (éd.), *NDP*, Paris, 1911, p. 1500.
（7）Maurice Crubellier, *L'enfance et la jeunesse dans la société française*, Paris, A. Colin, 1979, p. 145.
（8）Maurice Gontard, *L'enseignement secondaire*, p. 72.
（9）Jules Steeg et M. T. Steeg, « Lycées et collèges », in Buisson (éd.), *NDP*, p. 1142.
（10）Annie Tschirhard, *Quand l'Etat discipline l'école : Une histoire des formes disciplinaires : Entre rupture et filiation*, Paris, L'Harmattan, 2005, pp. 130–132.
（11）Cf. Crubellier, *op.cit.*, pp. 158–159 ; Fr. Mayeur, *De la Révolution*, p. 461.

(12) Cf. Jean Contou, *Les punitions dans les lycées et collèges de l'instruction publique en France au XIXe siècle (1814-1854)*, Thèse de 3e cycle, juin 1980, Université René Descartes (Paris V) U.E.R. de sciences de l'éducation, p. 87.

(13) Frédéric Le Play, *La Réforme sociale en France : Déduite de l'observation comparée des peuples européennes*, 5e édition, Paris, Dentu, 1874, p. 467.

(14) J.-B. Fonssagrives, *L'éducation des jeunes garçons ou avis aux familles et aux instituteurs sur l'art de diriger leur santé et leur développement*, Paris, Delgrave, 1870, pp. 302-309, 313-315, 318.

(15) Patrick Clastres, « L'internat public au XIXe siècle : question politique ou pédagogique ? », in Pierre Caspard, Jean-Noël Luc et Philippe Savoie (dir.), *Lycées, lycéens, lycéennes*, p. 399.

(16) Victor de Laprade, *L'Éducation homicide, plaidoyer pour l'enfance*, Paris, Didier et Ce, 1867, 1868, pp. 22-114.

(17) J. Demogeot et H. Montucci, *op.cit.*.

(18) 梅根悟責任編集『世界教育学名著選12　ロック／スペンサー』明治図書、一九七三年、一三五頁。原著 Herbert Spencer, *Education : Intellectual, Moral and Physical*, 1860. 一八七八年にフランス語版が出版されている。

(19) Gerbod, *La vie quotidienne*, pp. 27-28.

(20) Grèzes-Rueff et Leduc, *op.cit.*, p. 184 ; *RLR*, p. 77.

(21) Gréard, *L'esprit*, pp. 43-44, 60.

(22) Cf. Dupont-Ferrier, *Du Collège de Clermont au Lycée Louis-le-Grand*, t. 2, pp. 34-37, 431-432.

(23) Pierre de Coubertin, *L'éducation en Angleterre : Collèges et universités*, Paris, Hachette, 1888.

(24) Éd. Maneuvrier, *Éducation de la Bourgeoisie sous la République*, Paris, Léopold Cerf, 1887 ; Ferdinand Buisson, « Compte-rendu : L'Éducation de la bourgeoisie sous la République », *RP*, nouvelle série, tome XI, juillet-décembre 1887 ; Christophe Charle, *La naissance des « intellectuels »*, p. 77（邦訳、八四―八七頁）.

(25) Gréard, « Enseignement classique à Paris en 1880 », in id., *Education et société : enseignement secondaire*, t. I, Paris, Hachette, 1887, pp. 21-24. 代表的な田園学舎には、一八五三年にパリ近郊のヴァンヴ（Vanves）に開設されたルイ＝ル＝グラン校の分校や、一八八五年に新校舎が建設されたラカナル校（lycée Lakanal）などがある。Marc Le Coeur, « Les lycées dans la ville : l'exemple parisien (1802-1914) », *Histoire de l'éducation*, N° 90, Mai 2001, pp. 161-162.

(26) Gréard, *L'esprit*, pp. 3-6, 8, 12, 14-15.

(27) *Ibid.*, pp. 26-27.
(28) *Ibid.*, pp. 29-30, 40-41.
(29) *Enquête sur l'enseignement secondaire*, procès-verbaux des réponses, présentés par M. Ribot, t. IV, p. 114.
(30) Thiercé, *Histoire de l'adolescence*, pp. 32-52, 217-237.
(31) Dupont-Ferrier, *Du Collège de Clermont au Lycée Louis-le-Grand*, t. 2, pp. 449-451 ; Grèzes et Leduc, *op.cit.*, chapitre 13.
(32) Henri Marion, « Camaraderie », in MM. Berthelot et al (dir.). *La Grande encyclopédie : Inventaire des sciences, des lettres et des arts*, Paris, H. Lamirauld, réimpr. non datée de l'éd. de 1885-1902, t. 8, p. 1031.
(33) *Commission pour l'étude des améliorations à introduire dans le régime des établissements publics d'enseignement secondaire*, Paris, 1889.
(34) Le Coeur, *art. cit.*, p. 163 ; Partick Castres, « L'internat public au XIXe siècle », in *Lycées, lycéens, lycéennes*, pp. 404-407.
(35) 前田更子、前掲書、第5章参照。
(36) Savoie, *La construction*, pp. 194-195, 204-206. 半寄宿生は自宅、親戚の家、あるいは下宿屋（logeur particulier）から通学してきた。
(37) *Enquête sur l'enseignement secondaire*, t. IV, p. 8.
(38) Thiercé, « Révoltes », pp. 91-93 ; Antoine Prost, *Depuis 1930*, t. IV d'*Histoire générale de l'enseignement et de l'éducation*, 1981, 2004, pp. 530-537.

第十章　カトリック若者運動と社会事業

はじめに——イエズス会の学校での講演会

やがて私は若者に話しかけ、私の信念を伝えたいという強烈な欲求にとらわれた。デュ・ラック神父が心から私の意見に賛同してくれた。神父は、この使徒的な活動の試みが在校生に限られるだけでなく、卒業生にも広げられることを望んだ。講演会は一八七四年三月八日の日曜日に開催と決まった。それから三四年たった今も、昨日のことのようにその日の情景が思い出される（アルベール・ド・マン『社会的使命』）[1]。

アルベール・ド・マンは第三共和政初期にカトリック社会運動で大きな足跡を残した人物である。ド・マンはパリ・コミューン後、パリで青年労働者を対象にした新しい社会事業に取り組んでいたが、かねてから親交のあったイエズス会経営中等学校サント＝ジュヌヴィエーヴ校校長デュ・ラック神父の賛同を得て、同校の在校生と卒業生を対象に講演会を開いた。ド・マンは彼が始めた労働者の再キリスト教化という事業にカトリックの青年エリートを導き入れようとしたのである。この講演会は大成功であった。在校生のみならず、同校出身のサン＝シール陸軍学校、理工科学校など軍と関係ある学校の生徒も多数来聴した。ド・マンは陸軍学校生徒と若い将校と特別な集まりを開くようになった、と記し、次のように、当時、エリート候補生の中で起こっていた大きな変化に注目している。

（前略）サン＝シール陸軍学校では当時宗教的再生という真の奇跡が成就していた。その一二年前に私が生徒であったころは、学校の礼拝堂で聖体拝領がまったく行われていなかったのに。（中略）これはもはや止まることのない運動の始まりであった。サン＝シール校で祝われる、復活祭に出席する生徒の数が多くなり、ミサの時間と出席を希望する生徒の順番を決める規則を公式に作らねばならなくなった。

第三共和政初期にブルジョワやエリート候補生の若者の中にカトリック回帰とも言うべき現象が広がっていた、としばしば指摘されている。(2) ド・マンの証言はその一つであろう。ド・マンは理工科学校生徒とも特別な会合を持つようになった。こうして日曜日にサン＝シール校生徒との会合を、水曜日に理工科学校生徒との会合を持つことになり、この定期的な会合は二年間続いたという。(3)

一九世紀末のカトリックの若者運動は、社会党系や共産党系の若者運動に先駆けて民衆の若者の組織化に成功し、エリートの若者運動の枠を超えて、大衆的な運動に成長した。戦間期には、ボーイスカウト運動や林間学校、臨海学校と訳される「コロニー・ド・ヴァカンス（colonie de vacances）」の活動では、他の世俗派や社会主義、共産主義の若者運動と伍しているか、あるいはそれを凌ぐ成果をあげている（補章参照）。本章で取り上げる、一八八六年に成立したカトリック青年会（ＡＣＪＦ）はその代表的な団体である。この団体は以下に述べるように年齢制限があり、大人あるいは年長者の指導を受けながらも若者が自律的に運営する組織であり、若者運動としての要件を満たしている。しかも、エリートだけでなく、労働者、農民の若者を糾合した大衆組織であった。ＡＣＪＦは、一九世紀末から戦間期にかけて大きく発展し、十人ほどの司教とほぼ同数の大臣が輩出している。ＡＣＪＦの成立期を研究したシャルル・モレットによれば、まだ若者運動という言葉が生まれる以前に、若者運動を志向した運動であった。[4]

カトリック若者運動の特質を明らかにするために、本章では、サン＝ヴァンサン＝ド＝ポール協会（以下SVP協会と略）など一九世紀前半から展開される貴族・ブルジョワの若者による慈善事業、パリ・コミューン前後に登場する青年労働者を対象とした社会事業、カトリック労働者サークル事業団（Œuvre des cercles des ouvriers catholiques、以下「サークル事業団」と略）、そして世紀末のACJFとの連続性と断絶面を検討することにしたい。SVP協会は一八七〇年以前のカトリック慈善事業で中心的な役割を果たした団体であり、またACJFの成立に大きな役割を果たしたアルベール・ド・マンが若いころに関わっていた。サークル事業団はド・マンが中心となって設立された団体で、一八八六年の規約にも第二条に「カトリック労働者サークルの推進によって」生まれたとあるように、ACJFと直接的な系譜関係がある。[5]両者とも、カトリック慈善事業、社会事業の枠組みの中でこれまで論じられてきたが、すくなくとも初期においては若者運動としての性格を有していた。ACJFはこうした団体の経験を踏まえて、大衆的と呼んでよい広範な組織を作ることができたのである。

日本における主要な先行研究を紹介すると、一九八〇年代に西川知一が社会事業との関係でサークル事業団を取り上げており、その後、二一世紀の初頭に、槇原茂が学位論文の中でこれらの団体を含めカトリック結社の歴史を概観している。本章は槇原の論考と用いている文献も含め重なる部分があるが、その後の研究の進展の紹介も兼ねている。新しい研究動向としては、前田更子がリヨンについてSVP協会のコンフェランス（conférences）と呼ばれる支部組織やイエズス会経営学校の生徒を対象に組織された聖母信心会を視野に入れているのが特筆される。[6]本章は、前田更子が言及したSVP協会のコンフェランスと聖母信心会をより大きな歴史的コンテクストの中に位置付けることを目指している。なお、政治的傾向やカトリック教会内の諸潮流との関係は重要な問題であるが、本章では捨象し、若者のソシアビリテの問題に焦点を当てることにする。

本章で依拠したのはアルベール・ド・マンの『私の社会的使命』などを除けば、シャルル・モレットによるＡＣＪＦの研究、フィリップ・ルヴィヤンによるアルベール・ド・マンに関する研究、ド・ラヴェルネによるＳＶＰ協会の研究[7]など、主に二次文献であることをあらかじめ断っておく。

第一節　サン＝ヴァンサン＝ド＝ポール協会

(1)　学生討論会から慈善団体へ

ＳＶＰ協会が本格的な研究の対象となったのは近年のことにすぎない。初期社会カトリシスム研究の最初の包括的な研究として知られるジャン＝バチスト・デュロゼルの研究は、政治思想史研究であるため、ＳＶＰ協会の実態に関心がなく、しかも社会事業ではなく慈善事業として扱ったため、高い評価を与えなかった[8]。その後、司教区を単位とした学位論文が一九六〇－一九九〇年代に増加し、その中で慈善事業が取り上げられるようになった。これらの学位論文によってＳＶＰ協会はコングレガシオン（Congrégation）に遡り、それを通して、一七世紀の篤信派（dévots）の慈善事業にまで遡る系譜関係の中に位置付けられることになった[9]。コングレガシオンとは、聖母信心会をモデルに一八〇一年二月、元イエズス会士の指導のもとに結成され、二年のうちに一〇九名を擁するまでに急速に成長した慈善団体である。多くが学生であり、三分の一が医学生であった。貴族とブルジョワ上層の若者を惹きつけ、一八〇九年には三八五名に達していた[10]。復古王政期には、その存在が第二次世界大戦後まで秘匿されていたため、過激王党派（ultra-royalistes）の政治的秘密結社「信仰の騎士団（Chevaliers de la Foi）」と混同されたため、コングレガシオンとイエズス会に対する恐怖感を募らせることになった[11]。

ＳＶＰ協会は無から創造されたものではなかった。コングレガシオン、とくにその下部組織である学習組織の

「ボンヌ・ゼチュード協会（Société des Bonnes Études）」、慈善事業を担った「ボンヌ・ズーヴル協会（Société des Bonnes Œuvres）」と明白なつながりがあり、カトリーヌ・デュプラはSVP協会を、最初の形態では、エマニュエル・バイイが主宰していた「ボンヌ・ゼチュード」の「正確なレプリカ」でしかなかったとしている。だが、ラヴェルネはこれに異論を出している。王政復古の事業団との系譜関係は否定できないにしても、コンフェランスという独特の学習集団を介在させて検討する必要があるだろう。

ここで言うコンフェランスとは一八二〇年代に始まり、七月王政初期にカルチエ・ラタンに数多く存在した、法職、行政職、政治的キャリアへの準備をするための学生討論会（joutes oratoires）のことである。こうした「学習集団」は、政治家志望の若者や、より一般的に、公的な場で一定の役割を果たしたいと望んだ若者にとって「避けては通れない通り道」になっていた。コンフェランスはボンヌ・ゼチュードのような慈善団体やパンシオンの経営者などが組織し、法学部生を主な対象にしていたが、法学コンフェランスだけでなく、教養的な内容を持つ歴史コンフェランスも多くの法学部生を集めた。SVP協会の創設メンバーが知りあったのはそういうコンフェランスの中でももっとも有名なもののひとつ、パンシオン・バイイ＝レヴェク（pension Bailly-Lévêque）の歴史コンフェランスであった。この歴史コンフェランスは七月革命によって一時消滅したが、バイイによって一八三一年には早くも復活している。そこでは、毎週、歴史、文学、哲学について論戦が行われたが、そこにもうひとつ別のタイプのコンフェランス、愛徳コンフェランス（conférence de charité）、すなわち慈善活動を行うコンフェランスが生まれた。一八三二年一一月から一八三三年六月までの間に歴史コンフェランスを構成していた七八名のうち、二八名、三五％以上が愛徳コンフェランスに加わっている。

（2）協会組織の発展

ＳＶＰ協会は一八三三―三五年に設立された後、おおよそ四〇年間、フランスの慈善事業の筆頭の地位を占め、その間に、後続する大半のカトリック団体の母型が形成されていく。[17]ＳＶＰ協会の設立を明確に定めるのは困難であるが、ショルヴィとラヴルネはともに、一八三三年四月二三日から一八三五年一二月八日にかけて、としている。[18]最初の会合が行われた一八三三年四月二三日に集まったのはバイイの他、六名の学生であった。バイイを除く六人が生まれたのは、一八一〇年から一八一四年にかけてであり、ジャン＝クロード・キャロンの言う「ロマン主義世代」に属していた。[19]グループの呼称として「コンフェランス」が採用された。実際には慈善団体であるのに、当時盛んであった学生の勉学のための会合をあえて名称に選んだのは、当たり障りのない名称を採用することによって、コングレガシオンやボンヌ・ズーヴルが復活した印象を与えないようにしようとしたからである。[20]

ＳＶＰ協会のコンフェランスの基本的な事業は、貧者の家の訪問であった。家庭訪問はボンヌ・ズーヴル協会あるいは愛徳姉妹会の慈善活動を受け継いだものである。毎回の催しの初めに与えられる「通常の救援物資」――パンの現物給付券――が援助の基本をなしているが、少しずつ「臨時救援物資」の名前で、金銭あるいは衣服の援助など、施しものを多様化していった。[21]

一八三五年一二月八日の『ＳＶＰ協会規約』[22]の採択によって、複数の異なるコンフェランスからなる団体への組織替えが最終的に決定された。バイイによる『規約』の発表が一八三三年四月二三日に始まる創立期を締めくくる最後の行為であった。『規約』制定以前は、それぞれのコンフェランスには副会長しか置かれず、バイイがすべてのコンフェランスの会長であったので、単一のコンフェランスの支部としてみなされていた。『規約』によって、それぞれのコンフェランスは所在する小教区の名前が付き、固有の会長を指名することになった。こうして、各コンフェランスは本物の自律を得ることになったのである。[23]

会の精神・目的を記した『規約』にある「キリスト教的友情（amitié chrétienne）」（p. 17）という表現から、フランス革命後のソシアビリテの変容の影響がカトリックの団体にも及んでいることがわかる。俗人の団体で、大半は若者であると書かれている（p. 20）が、年齢規定は存在しなかった。また、宗教当局との関係では、バイイはかなり早くから活動を司祭に定期的に報告し、小教区の聖職者と拡大するコンフェランスとの関係の円滑化に腐心していた。カトリック聖職者への絶対的服従も明文化されていたが、自立（indépendance）と、聖職者に対する恭順がコンフェランスの変わらぬ規則であった[24]。

『規約』制定以後は、二極構造のかなり柔軟で民主的な組織になった。一方の極にはコンフェランスがあった。最終的に権力が所在していたのはコンフェランスであり、臨時指導評議会（Conseil extraordinaire de direction）に代表を送り、臨時指導評議会でSVP協会総長（président général）が選ばれた。ただしコンフェランスの自律は相対的なものであった。というのは、総長は、コンフェランス会長を指名する権利を保持していたからである。総長はもう一方の極であり、副総長一人と会計一人が補佐して、通常指導評議会（Conseil ordinaire de direction）を構成した。状況が求めれば、臨時指導評議会を開いた。総長は任期十年だったので、この民主的色調をもっとも表しているのは総会（assemblées générales）であった。総会はコンフェランスの代表者の組織であり、指導評議会がとった決定を総長が知らせる場であった。一八三九年の規約改正で通常指導評議会は総評議会（Conseil général）に、臨時指導評議会はパリ評議会（Conseil de Paris）にそれぞれ改組された。初期の学生会員にとって総長バイイは父のような存在であり、バイイは時々、良き父としてコンフェランスの会議（séances）に参加した。各コンフェランスは総評議会で活動報告を行い、新会員は書記長に呼ばれて協会全体に紹介された。当時の書記長のド・ラ・ペリエール（Paul Brac de La Perrière）は一八三七年、メンバー全員のリストを作成し、それをすべてのセクションに伝えている[25]。

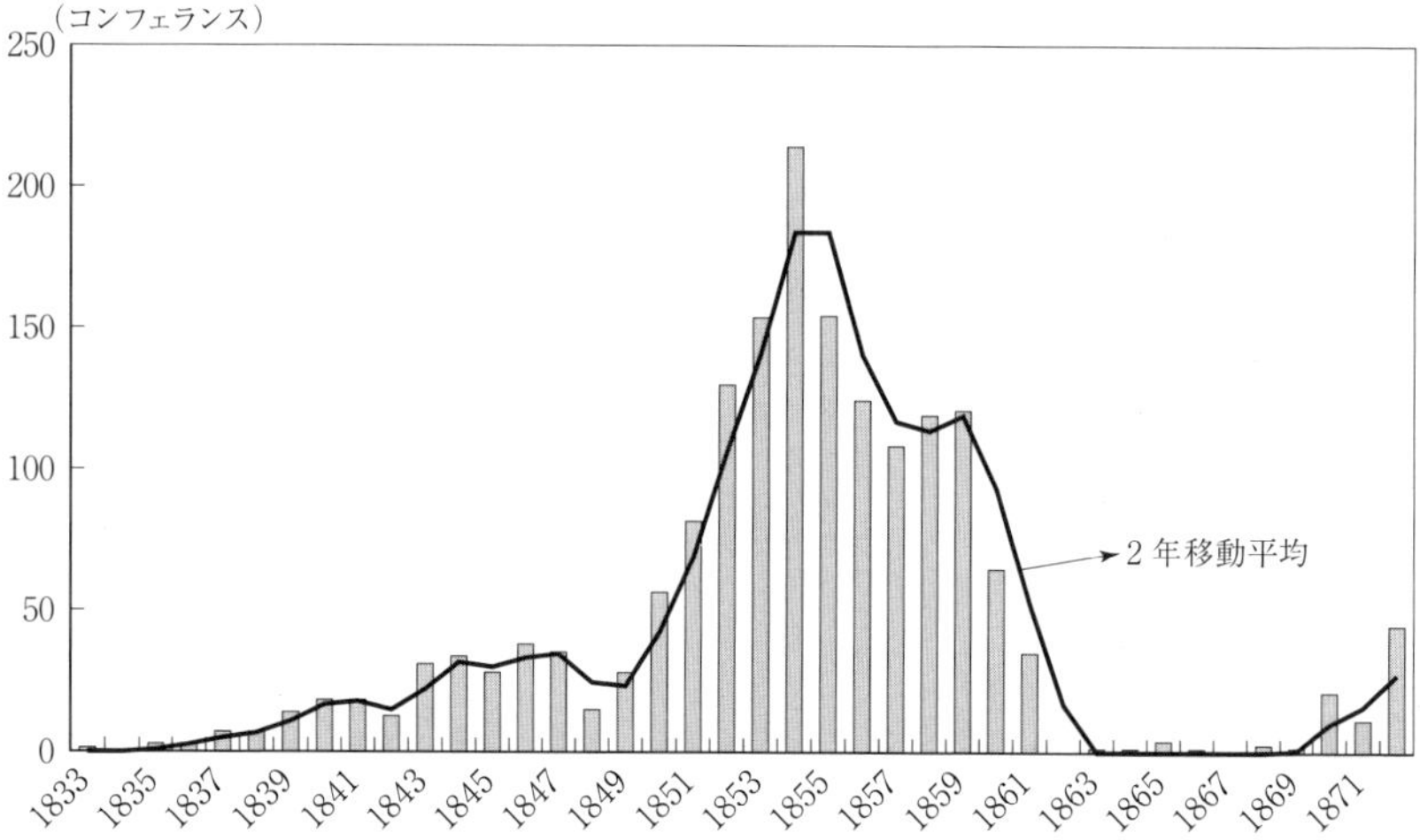

図10－1　サン＝ヴァンサン＝ド＝ポール協会へのコンフェランス加入認可件数の年次変化（1833—1872年）

出典：Mathieu Brejon de Lavergnée, *op.cit.*, p. 136.

ＳＶＰ協会は一八三五年一二月の時点で二五〇人の会員を擁し、一八七二年までの間、大きな成長を遂げた。ラヴェルネによると、総計一七六五のコンフェランス、年平均にして四四・一件の加入が承認されている（図10－1）。しかしながら、ＳＶＰ協会に公的認知（reconnaissance publique）を与えようとしたペルシニ内務大臣の通達（一八六一年十月一六日付け）を拒否したため、総評議会はフランスで法的存在を奪われ、それ以降はコンフェランスの加入を承認できなくなった[26]。

ラヴェルネは、一八三二―一八七一年のパリのＳＶＰ協会会員（confrères）の中から、総計八〇九名の資料体を作成し、分析を行っている。資料体の中で、高等教育を受けたことがわかっている者は三三五名で、そのうち、法学バカロレア以上の法学の学位を得た者は二一四名を占めていた。また、職業がわかっている七一三名のうち最初に指導的地位についた時点での職業で学生（弁護士修習生を含む）とされたのは一〇五名と、一四・七％にすぎない。指導的な地位に達した学生の割合は一八四七年までわずかながら減り、一八五〇年代に急速に低下し、第二帝政下にはコンフェランスの「名士化（notabilisation）」が生じている。青年弁護士で指導的地位についている会員も一八四〇年代にはいなくなっていた。最初は学生団体として始まったが、年齢制限がなかったため、若者集団としての性格が失われ、指導部の年齢構成も次第に上昇していったものと考えられる。(27)

第三共和政になると、ＳＶＰ協会が慈善事業の前面をほぼ単独で占めていた時代は終わりを告げる。それでも、ＳＶＰ協会は第三共和政初期のカトリック運動では重要な役割を果たしていた。ＳＶＰ協会のコンフェランスはサークル事業団、サクレ＝クール全国請願（voeu natonal au Sacré-Coeur、一八七〇年から一八七一年にかけて繰り広げられたサクレ＝クール教会建設請願運動のこと）、カトリック委員会（Comités catholiques）(28)などのすべてのカトリックのイニシアチヴに関わっていた。そしてサークル事業団を創設したアルベール・ド・マンとその仲間はたいていの場合、パリのコンフェランスやパトロナージュで慈善活動の第一歩を始めていた。(29)

第二節　カトリック労働者サークル事業団とアルベール・ド・マン

（1）　社会的使命の自覚

アルベール・ド・マンは一八六二年にサン＝シール陸軍士官学校を卒業し、アルジェリアで数年間勤務した後、一八六七年の初めにフランスに戻って結婚した後、クレルモン＝フェランの駐屯部隊に配属された。ド・マンはそこでＳＶＰ協会のコンフェランスに加わり、そのコンフェランスが設立した若者パトロナージュ（patronage）に関わることになった。これが彼にとって労働者の世界を知る最初の経験であった。(30)パトロナージュとは七月王政期に最初に設けられた、民衆の若者の信仰を有害な影響から守るための場所（lieu de préservation）であり、対象となったのは初聖体拝領を終えて、工房や工場の中の大人の世界に入っていた徒弟であった。もともと青年を対象としていたが、フェリー改革によってライシテを原則とする義務教育が制度化されると、年少の生徒にも対象を広げるようになっていく[31]。

普仏戦争の敗北とパリ・コミューンの衝撃を受けて、ド・マンは社会問題に取り組む必要性を一層強く感じるようになった。その時、ド・マンが紹介されたのが、サン＝ヴァンサン＝ド＝ポール修道会（Congrégation de Saint Vincent de Paul、以下SVP修道会と略）の修道士モーリス・メニャンであった。SVP修道会は、SVP協会の指導的会員によって創設された修道会であり、メニャンは修道会創設者の一人でもあった。ド・マンによれば、この新しく生まれた修道会は、次第に民主的となっていく社会の要請に応えるため労働者事業に対する指導者養成を目的に掲げ、司祭と単なる修道士からなり、後者は俗人の服装をし、指導員の職務を果たすことになっていた。ド・マンと初めて会った時、メニャンは、モンパルナス大通りの「青年労働者のサークル」の「指導役（directeur）」であった。このサークルは、SVP修道会が設立したパトロナージュとしてはもっとも古く、最も盛んであったものの一つである、ナザレ徒弟の大パトロナージュに付属していた。ド・マンはこう書いている。「メニャンはサークル、すなわち外から来る労働者のための質素な部屋に住み、SVP協会のコンフェランスを主宰し、そこで労働者の若者が愛徳の任務の訓練を受け、夕方や日曜日に彼らよりも貧しい人々に対して愛徳の使命を果たしていた[32]」。

その十数年前の一八五五年一二月、メニャンは新たに設立された「ノートル＝ダムとナザレの青年労働者会（Association des Jeunes Ouvriers de Notre-Dame et de Nazareth）」の指導役に指名された。「青年労働者会」は一八六四年にモンパルナス大通りに移転し、一八六五年にメニャンの提案で「青年労働者サークル」と改称されている。association という名称では、「迫害を受けた」SVP協会のように、一八三四年の結社法の適用を受けるおそれがあった。他方で、当時イギリスのクラブを真似たサークルが社交界で流行しており、サークルならば知事の許可だけで開設できる利点があったのである[33]。

ド・マンはパトロナージュと青年労働者サークルのソシアビリテの違いを明確に認識していた。パトロナージュとサークルの間には緊密な関係があったが、パトロナージュは子どもと年齢の低い若者からなり、管理運営は指導役と、指導役を手伝う人々の手に留まっていたのに対して、サークル指導役には家父長的監督の任務しかなかった。サークルのメンバーは徒弟の段階を終えた労働者であり、会長（président）は仲間（camarades）によって選ばれた労働者であり、同様に仲間によって選ばれた労働者の評議会（conseil）が運営し、会費を処理した。サークルはパトロナージュと同様にカトリック的な性格を隠しておらず、施設には礼拝堂があり、施設付き司祭がつねに宗教的影響力を行使していた。だが、サークルの創設は、古い形のパトロナージュから脱皮し、若者自身のイニシアチヴに任すことによって、キリスト教的使徒的活動の監督的作用を、子どもから若者に延長することを目的としていた。「このような構想のもとに我々の時代のすべての社会運動は胚胎したのである」(34)。

（2）カトリック労働者サークル

ド・マンとルネ・ド・ラ・トゥール・デュ・パンらは、モンパルナスの労働者サークルに着想を得て、パリのすべての街区に同じようなサークルを作ることを決めた。その手始めに、まだ敗北した蜂起の記憶も生々しく、社会問題が露わになっているベルヴィルとモンマルトルに設立することになった。一八七一年一二月二三日、夜八時ごろに、モンパルナス・サークルが置かれたポール・ヴリニョー（Paul Vrignault）の質素な部屋に集まった。これが設立の会議とされる(35)。ド・マンらは『誤謬表（Syllabus）』を支持したため、自由派カトリックのデュパンルー司教から非難されることになった。だが、「宗教的絆（*lien religieux*）」のおかげでサークル事業は「人道主義的あるいは政治的誘惑」と、「野心家や物見高い人々、フィラントロープ（博愛家）、社会的治療策の発明家から守られ(36)」、「長年にわたって、行動するカトリックの最も強力なアソシアシオン」であり続けた、とド・マンは述べている。

一八七二年四月七日（日曜日）、サークルの開会式でド・マンは創設演説を行っている。一八七二年春、最高決定機関のサークル委員会に、神学者、社会学者からなる研究評議会（conseil d'études）が設けられた。委員会は研究評議会にキリスト教社会のプランを作成するように依頼した。ド・マンらは、パリの民衆街区に冊子、ちらし、キリスト教関係出版物を普及し、「革命派」に対抗して、公開集会を組織し、教会で労働者を対象とした講演の開催を司祭に提案した。最初の講演は一八七三年一月一一日月曜日夜八時半にサクレ＝クール寺院の「労働者イエスの礼拝堂（chapelle de Jésus-Ouvrier）」で催された。毎週月曜と木曜は大勢の聴衆が詰めかけたという。[37]

使徒的熱意とならんで軍隊的精神がド・マンらを動かしていた。とくに元将校のラ・トゥール・デュ・パンは軍隊的精神の生きた化身であり、軍隊組織を事業に適用しようとした。規律維持の手段となったのは書記局であり、宣伝、設立、運営、教育（社会問題の研究）の四つのセクションに分かれていた。設立担当の第二セクションがとくに重要となり、そのチーフ（chef）は書記を兼ねていた。第二セクションのチーフは、サークル委員会を内閣にたとえれば首相であり、その他のセクションのチーフは大臣に相当した。この議会的な見かけの下で、書記長が一種の軍隊の指揮権に似た権力を行使したのである。[38]

ド・マンらの精力的な活動によって次々と設立された地方組織はフランス革命前の州に従ってゾーン（zones）に分割された。全国組織のゾーンへの分割はＡＣＪＦにも受け継がれることになる。後にゾーンがさらにディヴィジョン（divisions）に下位分割され、それぞれに専属の書記（secrétaires spéciaux）がおかれ、位階制的に組織され、書記局と絶えず連絡をとった。何年もの間、ド・マンは日常的に協力者と業務通達や私的な書簡をやりとりし、「一種の家族的共同体」を形成した。[39]

（3）イエズス会とサークル事業団

イエズス会とサークル事業団の関係については、評価が分かれている。一九三一年刊の著作の中でルカニュエ神父は、サークル事業団をイエズス会の手中にあるものとみなしている[40]。たしかにサークル事業団の施設付き司祭は一八七一年から一九〇九年までイエズス会が供給していた。だが、ルヴィヤンは次のように論じている。イエズス会総長宛てのパリ管区長報告を読む限りでは、イエズス会はサークル事業団を王党派の政治目的で結成された団体であると判断しており、事業団を利用する考えは持っていなかった。実際、イエズス会は何度も、とくに、政府による未認可修道会にたいする規制強化の危険が差し迫っていた一八七九年には、事業団と距離を置こうとさえしている。イエズス会と事業団の関係では、一八五四年に創設されたサント＝ジュヌヴィエーヴ校校長デュ・ラック神父とド・マンとの個人的関係がむしろ重要であろう。このイエズス会の学校は通称「ポスト街（rue des Postes）の学校」と呼ばれ、サン＝シール陸軍士官学校、理工科学校などグランド・ゼコール入学実績でトップ・クラスであった有名進学校である[41]。

ド・マンは、一八七三年にデュ・ラック神父と親交を結び、以来、必ずしも従ったわけではないにしても、神父から様々なアドバイスを受けている。一八七三年二月二日、ド・マンは神父に事業団の委員会がすでにある、あるいは設立準備中である都市のリストを送り、サント＝ジュヌヴィエーヴ校のOBにたいする仲介の労をとってくれるように頼んでいる。また、この章の冒頭で取り上げたように、一八七四年には、ド・マンの求めに応じて同校卒業生の陸軍士官学校生徒の会合と理工科学校生徒の会合を組織している。ド・マンは事業団の活動を行うにつれて、気宇壮大な計画に比して自らの知的陶冶が十分でないのを痛切に感じるようになっていた。ちょうどそのころ、神父からサント＝ジュヌヴィエーヴ校の校舎内に部屋を与えられた。ド・マンは、それ以来、頻繁に同校を訪れ、時間が許す限り、そこで読書と執筆を行い、「知性の訓練（gymnastique de l'esprit）」を行ったのである[42]。

サークル事業団が組織の対象としたのは青年労働者であるが、事業団の幹部そのものは、設立経過からもわかるように、年齢は比較的若い場合でも、すでに社会的地位のあるエリートあるいは名望家であった。一八七一年一二月に出された「熱意のある人々へのアピール」に応えたのも、大半が、ド・マンやラ・トゥール・デュ・パンのように、士官であった(43)。同様に、一八七三年一月の事業団中央委員会のメンバーのリストには一人も学生はおらず、弁護士、国務院傍聴官などであり、中でも士官クラスの軍人が二七名中八名ともっとも多い(44)。ルヴィヤンは一八七二年三月から一八七三年一二月まで設立された地方の二一のサークル設立委員会の社会学的な分析を行っているが、それによると二三二名の中で聖職者一五・九％、地主一三・四％、士官八・六％、代議士四・三％、司法官・弁護士・代訴人八・六％、公証人・公証人書記・法学博士五・六％、医者・薬剤師三・〇％、卸売商人一六・四％、工業家・製造業者七・三％、職人九・〇％、地方官吏・地方議員三・八％、その他三・八％となっていた。このように、学生団体として創設され、創立当初は若者集団としての性格を有していたSVP協会とは異なり、サークル事業団は地方貴族など指導階級に属する大人が労働者の若者を指導する形をとり、いきおい、農村部では城主が農村の民衆を監督する伝統的な人間関係を延長することになった(45)。

一八七五年以降、土地貴族、伝統的な慈善事業に関わってきた名士、聖職者の熱意が薄れていく。その代わりに事業団はサン＝シール陸軍士官学校などのグランド・ゼコール学生に期待を寄せていく。既存のカトリック事業との関係も複雑で、しばしば妥協しなければならなかった。SVP協会との関係も一概にはいえず、ヴァンヌではSVP協会のコンフェランスから設立委員会が生まれているが、オード県のモンレアルでは、逆にSVP協会の果たしていた役割のために、設立委員会の設置が中断されている(46)。

第三節　労働者サークルからＡＣＪＦへ

（1）　サークル事業団の失敗

一八八〇年ころになるとサークル事業団の活動は息切れし、停滞していく。モレットによれば、サークル事業団は半ば失敗していたのである。(47) 指導階級からの支援も労働者階級からの支持も陰りを見せた。衰退の要因は、王党派の運動への関与の是非、職業組合への評価などの問題に、ラ・トゥール・デュ・パンらとド・マンらとの派閥的な対立が絡んでおり、簡単に論じることはできない。(48) だが、ソシアビリテの面に限定すれば、サークル事業団の失敗は比較的明白である。ジョルジュ・ウーグによれば、ド・マンは「事業団は、「指導階級」による「指導される」階級の庇護ではなく、異なる階級の代表の間の誠実な協力を打ち立てなければならない」と考えていた。ところが、多くの者は「保護者」としての役割を放棄せず、労働者を監督下に置こうとした。そこから事業団の最終的な失敗が生じたのである。(49)

他方で、教会との関係も問題であった。モレットによれば、サークル事業団の失敗はカトリック教会が慈善事業、社会事業の領域での俗人のイニシアチヴ一般に対して警戒的であったことに加え、司教団の無理解も一因であった。司教が管轄の司教区内のサークルを司教の権威に従わせようとして、サークル事業団の発展を阻害したのである。サークル事業団は司祭についてのある種の観念を持っており、司祭に教権主義を断念し、霊的な指導者にとどまるよう要求していた。この要請はサークル事業団にとって大きな困難の一つになった。伝統的な教区司祭はこのような司祭職観に慣れておらず、事業団拡大のもっとも一般的な障害となっていたと論じている。(50) ルヴィヤンもまた、事業団にたいして、司教を中心として教会には不信感、あるいは無理解が当初から存在していたと指摘している。

このため、労働者サークルの組織に必要な指導役を十分確保することも困難になった。というのは、サークル指導役の仕事は、パトロナージュの指導員と同様に、俗人に任せられるような性質のものではない、と考えられていたからである。[51]

(2) ACJFの成立

ACJFが成立するのは一八八五年から一八八六年にかけてであるが、モレットによれば、一八八五年の時点では、若者を対象としたカトリック事業として、主にパトロナージュと学生のサークルが存在していた。ド・セギュール猊下によって設立された「事業団同盟年次大会（congrès annuels de l'Union des Œuvres）」の場で意見を共有し、経験交流をすることはあっても、それぞれの事業は互いに孤立していた。ACJFによって緩やかではあったが、初めて連合体あるいは連盟が生まれたのである。モレットは、青年労働者サークルも含めて当時存在した団体はどちらかといえば有害な影響から若者を守る場所、すなわちパトロナージュとみなしている。これに対して、ACJFは、萌芽的であっても、社会変革を夢見ており、かなり様相を異にしていたと高い評価を与えている。ACJFの第一世代は一八七〇年以前に生まれた世代で、サークル事業団を経ており、アルベール・ド・マンの周りに集まった人々であった。また、当初は地方の若い貴族と学生からなるコンフェランスと呼ばれる団体の加盟が目立ったが、やがてその枠を越え、とくに農村世界に、そして程度はより小さいが、都市の民衆階層へも広がっていったという。[52]

サークル事業団との差別化を図るために、ACJFは着想の他の源を必要としていた。ACJFが設立される前の数ヵ月に、カトリック教皇庁が若者の重要性に注意を払うように促していた。回勅「フマヌム・ゲヌス（*Humanum genus*）」（一八八四年四月二〇日）では、レオ一三世は若者の陶冶に関連してフリーメーソンとその衛星組織について警告を発した。回勅で提案された対抗手段の中で、ド・マンは労働者のアソシアシオンに注目した。続いて、同年五月二七日、レオ一三世は小勅書の中で、聖母信心会の教会法に基づく最初の設立三〇〇周年を祝うように奨励した[53]。こうした教皇庁の動きは、ド・マンらにとって追い風となった。

ド・マンは一八八五年二月一二日、ベルギーのルーヴァンで開催された、全学生協会（Société générale des étudiants）で演説し、社会問題の研究と解決を訴え、大きな反響を呼んだ。これに力を得たド・マンはフランスのカトリックの若者の中に類似の運動を起こそうと考えた。運動を指導する能力のある若者が必要になり、再びイエズス会のデュ・ラック神父を頼ることにした。デュ・ラック神父は、一八八〇年の政令（後述）によってイエズス会がフランスから追放されたため、当時はイギリスのカンタベリー校の校長になっていた。スイスのフリブールで一八八五年十月二一日から二三日にかけて開かれたカトリック社会経済研究国際連盟（Union internationale catholique d'études sociales et économiques）第一回会合に出席した後、ド・マンはカンタベリー校に赴き、神父と語り合っている。神父の推薦に基づいて、彼が最初にコンタクトをとったのはカンタベリー校OBである、ロベール・ド・ロクフィーユ（Robert de Rocquefeuil）であった。ロベールは、サークル事業団の創設期のメンバーであり、ド・マンの友人でもあったフェリックス・ド・ロクフィーユの息子であった。こうしてド・マンと関係を結んだ若者たちは、一方ではカンタベリー校のOBとして、他方では若者の信心会のメンバーとしてイエズス会と繋がりをもっていた。たとえば、ロベールは、一八八二―一八八三年度、カンタベリー校の聖母信心会の会員でもあった。サークル事業団の一八八六年一月二七日の議事録には、ACJFの初代会長、および書記局のメンバーと施設付き司祭の名前が記されている。「代夫の役割」を担ったサークル事業団と多方面に影響力を持つイエズス会、この二つの結びつきがACJFの独自性となった[54]。

ACJFの設立を広める場になったのもサークル事業団であった。一八八六年二月の総会で、ロクフィーユはA

ＣＪＦ設立について説明している。三月一〇日、ＡＣＪＦはサークル委員会事務局に「熱意のある若者へのアピール」と「学習計画（programme d'études）」を提出した。学生の一部の注意をひきつけたのはむしろ「学習」の側面であった。加入の返答を送ったのは既存のコンフェランスであるが、ＳＶＰ協会加盟組織であるかどうか、モレットは明記していない。ＡＣＪＦ第一回総会は一八八七年五月一―二日にアンジェ（Angers）で開催され、四七の地方集会（réunions de province）の賛同を受けた。この大会では全体における統一と各コンフェランスの自律が要請され、それぞれのコンフェランスが委員会（Comité）にすくなくとも学習計画に合致した研究成果を会報掲載用に毎年送付することになった。一八八六年二月に八人で始まったＡＣＪＦは八六年一〇月に四〇〇名、八七年五月一〜二日のアンジェ大会では二二コンフェランス、七九〇名、八九年六月三―五日のパリ大会の時に三千名となり、大半が五七のコンフェランスのいずれかに属していた。九一年四月のリヨン大会では五千名の会員を集め、七〇コンフェランスに達していた[55]。

一八八六年の規約には明確な年齢規定は存在しなかったが、第六条、第七条には正会員（membre actif）となるためには「古典学習」を修了していなければならないと明記されていた。ただし、修辞学級と哲学級の生徒は会員候補になることができるとしている。ここからわかるように、正会員およびその候補は古典人文学教育をほどこすエリート養成の中等学校生徒ないしはその卒業生に限定されていた。また、創設に大きな影響力を発揮したド・マンは執行部にあたる委員会には加わっていなかった。外部の大人の指導を受けながら、ＡＣＪＦは若者の自治組織として出発したのである。それに対して一八八九―一八九一年の「一般規約」には、第Ⅱ章第五条に「学校の上級クラス（classes supérieures）の生徒も加入できる」とあるが、「古典学習」修了要件は明記されていない。他方、満三〇歳になれば能動会員の資格を失い、名誉会員になる（第一二条）とされ、明確な年齢規定が現れている[56]。

第四節　イエズス会の役割

最後に、一部重複するが、ＡＣＪＦ創設におけるイエズス会の役割を検討してみよう。第三共和政初頭のマクマオン大統領のもと、イエズス会は五千人のフランス人修道士、三〇のコレージュ、一万一千人のコレージュ生徒を擁し、ジャン・ラクチュールの表現を借りれば「一七世紀、一八世紀と同様に、指導階層の教育を支配しようとしていた」[57]。イエズス会の神父の影響力はＡＣＪＦの設立と初期のメンバーのリクルートと無縁ではなかった。ＡＣＪＦが自ら設立の日としている三月二九日は、イエズス会経営学校の生徒にとっては、未認可修道会を追放した一八八〇年三月二九日の政令の記念日であった[58]。

ＡＣＪＦの初代の施設付き司祭はイエズス会士ではなく、モーリス・メニャンの甥でモーリス同様ＳＶＰ修道会士のシャルル・メニャン（Charles Maignen）師であった。だが一八ヵ月後、ド・マンはイエズス会に頼ることにした。モレットは、おそらくそれがＡＣＪＦの存続を可能にした要因であろうとしている。地方組織が所在地の司教にあまりにも従属していると全国組織が存続できなくなるおそれがあった。他方では、この運動を方向づけるためには教義の面でカトリック界全体に対して先進的であることを示す必要があった。イエズス会はローマ教皇庁によって認められた修道会であり、司教の権威には縛られない。またその知的・道徳的権威は広く認められていた。このような事情から、ド・マンはイエズス会に頼る道を選んだのである。ド・マンがイエズス会の管区長に働きかけ、ＡＣＪＦ委員会ではド・マンの息のかかったジョゼフ・ド・ヴァランス（Joseph de Valence）が積極的に発言した結果、八六年一二月に、ＡＣＪＦ委員会付き司祭のイエズス会士への変更が決まった。新しい施設付き司祭は、ド・ヴァランスが加わっていたコンフェランス・オリヴァンの施設付き司祭ル・タレック（Le Tallec）神父が兼ねることになった。[59]

一八八七年の第一回総会では霊的絆を強化する配慮も強調されていた。こうして、それぞれのコンフェランスは亡くなったACJF会員のために追悼ミサを行い、指示された祈りの暗唱をすることになった。この総会のすぐ後で、デュ・ラック神父を中心に三〇―五〇名の若者が黙想会を行っている。この時に、デュ・ラック神父は、ACJFの委員会のメンバーから、ロベール・ド・ロクフィーユが二度にわたってACJF内に信心会を作ることを認めさせようとしたが、少数の支持しかえられなかったことを知らされた。他方で、ロベールは神父に「管区内のいくつもの都市で、信心会が作られてACJFは二重の組織になっている」とも話していた。[60]

ここでイエズス会がセーヴル街に設立したコンフェランス・オリヴァン（Conférence Olivaint、以下COと略）について、別の研究に基づいて説明しておこう。このコンフェランスはカトリック教会に奉仕する雄弁家の養成を主要な目的にしていた。この点では一九世紀前半にカルチエ・ラタンで弁論術を磨くために設けられたコンフェランスの伝統を引いている。会の名前の由来となっている Pierre Olivaint は、パリ・コミューンの時に殺害されたセーヴル街にあるイエズス会本部の上長である。COは一八七五年にイエズス会の指導下にあるセーヴル街の聖母信心会によって創設された。この聖母信心会は、もともとイエズス会が経営した中等学校、ヴォジラール校（collège Vaugirard）生徒を対象にして一八五二年に創設され、一八六〇年代にセーヴル街に移転していた。パリ・コミューン後、この聖母信心会からいくつものコンフェランスが生み出されている。[61]

イエズス会は一八七四年に王政復古期のボンヌ・ゼチュード協会の例にならって、聖母信心会に属する若者のために討論と会合のための学生コンフェランスを創設することを決めた。これを受けて一八七四年にセーヴル街の聖母信心会は様々なコンフェランスに図書室と会議室を含む場所の提供を申し出た。そこに集まったいくつかのコンフェランスが統合して成立したのがCOである。COとセーヴル街の聖母信心会との結びつきはとりわけ緊密であった。聖母信心会のメンバーだけがＣＯの会員になることができ、したがってＣＯのすべてのメンバーは信心会の規則に従っていた。ド・マンもこのコンフェランスの初期からの支持者の一人であった。ド・マンは、一八八五年六月二四日の閉会セレモニーの際に、来賓として招待され、カトリシスムと教会擁護のために運動への参加を呼びかけた。こうしてＣＯの何人ものメンバーがＡＣＪＦの設立に参加したのである。また、ＡＣＪＦ設立の数年前から元副会長のシャルル・ジョフロワ・ド・グランメゾン（Charles Geoffroy de Grandmaison）がド・マンの特別秘書となっていた。さらに、ＣＯの書記の一人、先述のジョゼフ・ド・ヴァランスも一八八五年一一月にド・マンの政治秘書となっている。ＣＯの会員は個別にＡＣＪＦに加入していたが、会自体がＡＣＪＦに加入するのは一八八八年一月と、すこし遅れている。イエズス会がＡＣＪＦの霊的指導を引き受けることになった一年後のことである。なお、ＣＯは、結婚すると退会するのが決まりで、ＳＶＰ協会のコンフェランスとは違い、未婚男性の団体であった。(62)

ＳＶＰ協会はかなり民主的な組織であったが、サークル事業団は、下部組織の実態はともかく、形の上では、中央集権的で書記局の権限が強く、軍隊的規律を特徴としていた。これにたいして、ＡＣＪＦは中央の書記局の構造はサークル事業団とよく似ているが、既存の組織をそのまま加盟させる形をとっており、ゆるやかな絆で結ばれた連合体であった。

イエズス会の関与の仕方は改めて再検討される必要がある。イエズス会の知的権威、イエズス会が組織した聖母信心会、コンフェランス、さらには前田更子が指摘しているようにイエズス会経営学校で組織された同窓会組織の存在も見逃すことができない(63)。その同窓会組織はエリートの苗床でもあり、在校生や同窓生に張り巡らされたイエズス会のネットワークなしには、ＡＣＪＦの設立は考えられなかったからである。ただし、サークル事業団の施設付き司祭職と同様に、ＡＣＪＦへのイエズス会の指導は霊的領域にとどまったと考えてよいであろう。俗人と聖職者との関係は大きく変わろうとしていたのである。イエズス会による若者の組織化については、未解明な部分が多く、そのために部外者に謎めいた印象を与えてきた。ＣＯなどイエズス会が組織したコンフェランスの解明が進み、同時代のＳＶＰ協会を初め、各種のカトリック団体の研究が進めば、イエズス会陰謀神話もおのずとその効力を失っていくだろう。

若者による自律的な組織による運動という意味での若者運動は、カトリックについてはＡＣＪＦが最初である。それまでのカトリックの運動は、若者によって創始されたものであっても、年齢制限がないために、時間の経過とともに若者運動としての性格を失っていった。同時に、ＡＣＪＦは、聖母信心会や慈善団体の伝統を受け継いでいた。それに学習集団としてのコンフェランスの伝統も付け加わることになる。ＡＣＪＦは政治団体ではなく、若者の教育を目的とした団体であった(64)。また、一八八六年の規約は「古典学習」修了、すなわち、中等教育修了を要件としており、ナポレオン時代に確立したエリート養成の学校教育へのカトリックの順応を示している。設立時には民衆とともに中等教育を修了していないエリート候補生の若者も除外されていたが、一八九〇—一八九一年の規約では、年齢の上限が設けられるとともに、「古典学習」修了要件がなくなり、「上級学級」の生徒は入会可能として十代後半の若者の加入に道を開き、さらに一九一二年の規約では入会の要件として、学校教育への言及も消滅し、年齢要件として年齢の下限も設けられ、一五歳以上、三〇歳未満となっている。このように、対象とする若者層についてはエリート層から次第に民衆に開かれていき、一九一三年には約一五万人を擁する大衆組織に成長したのである(65)。

〈注〉

（1）Albert de Mun, *Ma vocation sociale : Souvenirs de la fondation d'œuvre des cercles catholiques (1871–1875)*, Paris, P. Lethielleux, 1908, p. 221.

（2）たとえば、Hervé Serry, *Naissance de l'intellectuel catholique*, Paris, Découverte, 2004.

（3）De Mun, *op.cit.*, pp. 221–225.

（4）Charles Molette, *L'association catholique de la jeunesse française 1886–1907 : Une crise de conscience du laïcat catholique*, Paris, A. Colin, 1968, pp. 18, 29.

（5）*Ibid.*, p. 709, Annex I.

（6）西川知一『近代政治史とカトリシズム』有斐閣、一九七七年、一四九―一五二頁。槙原茂、前掲書、第八章。前田更子、前掲書、二三二―二三四頁。

（7）Philippe Levillain, *Albert de Mun : Catholicisme français et catholicisme du syllabus au ralliement*, Paris, École française de Rome, 1983 ; Matthieu Brejon de Lavergnée, *La Société de Saint-Vincent-de-Paul au XIXe siècle : Un fleuron du catholicisme social*, Paris, Cerf, 2008.

（8）Jean-Baptiste Duroselle, *Les débuts du catholicisme social en France, 1822–1870*, Paris, PUF, 1951, pp. 22–24, 165–181.

（9）Lavergnée, *op.cit.*, p. 17 ; Claude Muller, *Dieu est catholique et alsacien : La vitalité du diocèse de Strasbourg au XIXe siècle (1802–1914)*, Haguenau, Société d'histoire de l'Eglise d'Alsace, 1987, vol. II, p. 811. なお一七世紀の篤信派については、坂野正則「一七世紀中葉におけるカトリック宣教戦略の再編――パリ外国人宣教会と亡命スコットランド人聖職者」『史学雑誌』一二〇編一〇号、二〇一一年一〇月、六五頁、および坂野正則・山本妙子「一七世紀パリにおける篤信家ネットワークの編成――聖体会と貴顕信心会を中心に」『クリオ』二一号、二〇〇七年参照。

（10）Jacques-Olivier Boudon, *Histoire du Consulat et de l'Empire*, Paris, Perrin, 2000, 2003, pp. 249–250.

（11）拙稿「立憲王政下フランスにおけるイエズス会神話――モンロジエからミシュレまで」『史林』八一巻三号、一九九八年五月参照。

（12）Lavergnée, *op.cit.*, pp. 118–119 ; Catherine Duprat, *Usage et pratiques de la philanthropie : pauvreté, action sociale et lien social, à Paris, au cours du premier XIXe siècle*, Paris, Association pour l'étude de l'histoire de la sécurité sociale, 1996–1997, vol. I, p. 482.

（13）Anne Martin-Fugier, « La formation des élites : les "conférences" sous la Restauration et la monarchie de Juillet », *Revue d'Histoire Moderne et Contemporaine*, t. 36, avril-juin 1989, pp. 212-213, 221-222, 229.

（14）Lavergnée, *op.cit.*, pp. 62-65. 一八一九年一一月、エマニュエル・バイイは学生のためのパンシオンを開き、さらにすでに別の場所にパンシオンを開いていた昔の学友の一人、マラン＝レヴェック（Georges Marin-Lévêque）と協力して、分業することになった。バイイは学習とコンフェランス、レヴェックは管理運営を担当した。バイイは一七九三年にパ＝ド＝カレ県に生まれ、一八二〇年にコングレガシオンに、続いてボンヌ・ズーヴル協会に入会し、後者の施療院支部（section des hôpitaux）の長になっている。Martin-Fugier, *art.cit.*, pp. 212-215.

（15）Gérard Cholvy, *Frédéric Ozanam : L'engagement d'un intellectuel catholique au XIXe siècle*, Paris Fayard, 2003, p. 240.

（16）Lavergnée, *op.cit.*, pp. 64-65, 112. レストラパードの歴史コンフェランスの他にも、カトリック学生のソシアビリテには、スタニスラス校、ソルボンヌでの講義、ラムネー派のグループの三つがあった。バイイのパンシオンのすべての寄宿生が愛徳コンフェランスに参加していたわけではなく、他方では愛徳コンフェランスの影響はバイイのパンシオンを越えて広がり、後者の寄宿生は前者のメンバーの五％を占めるにすぎなかった。愛徳コンフェランスはある点では一八二〇年代のボンヌ・ゼチュード協会と同じような機能を果たしていた。*Ibid.*, pp. 65, 73, 104, 110.

（17）Lavergnée, *op.cit.*, p. 18.

（18）*Ibid.*, p. 59 ; Cholvy, *Ozanam*, pp. 244-266.

（19）Jean-Claude Caron, *Générations romantiques.* 一八三三年の時点で、ラマンシュ（Paul Lamanche）、ル・テランディエ（Auguste Le Taillandier）、フレデリック・オザナム、ラリエ（François Lallier）の四人は法学部の二年生であり、ドヴォー（Jules Devaux）は医学部の二年生であった。地方出身という共通点もあった。中流ブルジョワジーに属す点も同じである。ラマンシュ、オザナム、ラリエの父は医者で、ラマンシュの父はオフィシエ・ド・サンテであったと言われる。Lavergnée, *op.cit.*, p. 62.

（20）Cholvy, *Ozanam*, p. 248.

（21）Lavergnée, *op.cit.*, p. 44. そのほかに、貧者のための図書館が設置された。

（22）*Reglement de la Société de S. Vincent de Paul*, Paris, Maison Saint-Augustin, 1841.

（23）Lavergnée, *op.cit.*, pp. 57-59.

（24）*Ibid.*, pp. 50–51.

（25）*Ibid.*, pp. 217–218, 220–225. 総評議会は協会全体の利害に留意する「全体を統括する役員（fonctionnaires généraux）」によってのみ構成された。パリ評議会には地方のコンフェランスは代表を送れなかったので、地方組織からの反発があったが、パリ評議会はパリのコンフェランスの集団的利害に関わることがらを取り扱う、という書記長の説明を受けて、規約改正案は了承された。*Ibid.*, pp. 222–223.

（26）*Ibid.*, pp. 61, 133. 二〇人を超える結社（association）の設立は政府の許可が必要であったが、二〇人を超えない支部に分割することによって法網をかいくぐることが可能であった。一八三四年の結社法改悪によって、支部の構成員が二〇人を超えていないアソシアシオンにも政府の許可が必要になった。

（27）*Ibid.*, pp. 22-23, 435, 448, 458. パリにあるコンフェランスの会長、副会長、七人の創立メンバー、団体の創設期に不可欠な役割を果たした初期の委員会（commissions）の一八人のメンバー、それにパリ評議会事務局メンバーを付け加えた。こうしてラヴェルネはパリの協会を代表する均質な資料体を作成している。

（28）第三共和政初期にカトリックの宗教擁護、とくにカトリック系学校擁護のために組織された。Cf. Daniel Moulinet, *Laïcat catholique et société française : les Comités catholiques, 1870–1905*, Paris, Cerf, 2008.

（29）Lavergnée, *op.cit.*, p. 19, note 1.

（30）De Mun, *op.cit.*, pp. 11–13.

（31）Laura Lee Downs, *Histoire des colonies de vacances de 1880 à nos jours*, Paris, Perrin, 2009, pp. 85-86.

（32）De Mun, *op.cit.*, pp. 60–61, 66.

（33）Charles Maignen, *Maurice Maigne : Directeur du Cercle Montparnasse et les origines du mouvement social catholique en France (1822–1890)*, Luçon, S. Pacteau, 1927, pp. 116, 127, 181-183, 290-291 ; Richard Corbon, sv. *Maurice Maignen : Frère de Saint-Vincent-de-Paul 1822–1890, apôtre du monde ouvrier*, Paris, Téqui, 2003, pp. 238-241, 310-311. サークルとは、趣味を同じくする者同士が、あるいはただ単に雑談をしたり、飲食をしたり、ビリヤードやトランプなどの遊戯をするために自由意思で定期的に集まったソシアビリテである。Cf. Maurice Agulhon, *Le Cercle dans la France bourgeoise, 1810–1848. Étude d'une mutation de la sociabilité*, Paris, A. Colin, 1977.

（34）De Mun, *op.cit.*, pp. 59–60.

（35）*Ibid.*, p. 70. ド・マンはサークルと労働者事業団のアーカイヴを調べたが、最初の会合の記録を見つけることができなかった。

(36) *Ibid.*, p. 93. 『誤謬表』とは教皇ピウス九世が一八六四年に公表した近代社会の誤謬のリストであり、その反自由主義的態度はカトリック教会内外で激しい議論の的となった。

(37) *Ibid.*, pp. 103, 114, 118–119.

(38) *Ibid.*, pp. 68, 79–80, 125.

(39) *Ibid.*, p. 126.

(40) Le R. P. Lecanuet, *Les dernières années du pontificat de Pie IX 1870–1878 : L'Église de France*, Paris, 1931, p. 419.

(41) 前田更子、前掲書、一七四頁。

(42) Levillain, *op.cit.*, pp. 219–220, 354, 435–444 ; de Mun, *op.cit.*, pp. 220–226.

(43) De Mun, *op.cit.*, pp. 72, 88.

(44) Levillain, *op.cit.*, p. 355.

(45) *Ibid.*, pp. 401, 406.

(46) *Ibid.*, pp. 400–403, 405.

(47) Molette, *op.cit.*, p. 37.

(48) Levillain, *op.cit.*, pp. 661–676.

(49) Georges Hoog, *Histoire du catholicisme social en France 1871–1931*, Paris, Domat Motchrestien, 1946, p. 17.

(50) *Molette, op.cit.*, pp. 38–40. ただし、教皇レオ一三世は、所在地の司教に従属させることによって事業団を解体させようとはしなかった。ＡＣＪＦへの対応は司教によって異なり、拒絶する司教もおれば、大目に見る司教もいたのである。

(51) Levillain, *op.cit.*, p. 328.

(52) Molette, *op.cit.*, p. 18.

(53) *Ibid.*, pp. 44–45.

(54) *Ibid.*, pp. 46–50, 53–54.

(55) *Ibid.*, pp. 54–59, 63, 78–79.

(56) *Ibid.*, Annex, pp. 707–716.

(57) Jean Lacouture, *Les jésuites : Une bibliographie*, t. 2 : *Les revenants*, Paris, Seuil, 1991, p. 251.

(58) Molette, *op.cit.*, p. 35.
(59) *Ibid.*, pp. 72, 77, 80-84.
(60) *Ibid.*, p. 79.
(61) David Colon, *Un cercle d'étudiants catholiques sous la Troisième République : la Conférence Olivaint (1875-1940)*, mémoire pésenté pour le DEA "Histoire du XXe siècle", Directeur du mémoire: M. Jean-Pierre Azéma, Institut d'études politiques de Paris, cycle supérieur d'histoire du XXe siècle, 1996, pp. 9, 15-16, 18-23, http://spire.sciencespo.fr/hdl:/2441/3cr7ji61bs68cvg99agrg90pm/resources/colon-dea-olivaint.pdf. consulté le 10 août 2012. ピエール・オリヴァンは家族の犠牲のおかげで名門リセのシャルルマーニュ校で学び、ＳＶＰ協会創設者の一人、フレデリック・オザナムと友人になっている。高等師範学校に入学を果たし、歴史学を専攻した。ラコルデール（Lacordaire）に感化されて、一八三七年に改宗し、ＳＶＰのコンフェランスの活動に精力を注ぎ、その会長になった。その後、ラヴィニャン神父（le père Ravignan）に惹かれて一八四七年にイエズス会に入り、一八五〇年に叙階され、一八五二年にヴォジラール校教師、一八五七年に校長となった。一八五六年にセーヴル街のイエズス会本部の上長（supérieur de la résidence de la rue de Sèvres）に指名され、一八七一年五月、パリ・コミューンの最中に殺害された。
(62) *Ibid.*, pp. 12-13, 26, 47, 49-51.
(63) 前田更子、前掲書、二二四頁。
(64) Cf. Aline Coutrot, « Le Mouvement de jeunesse, un phénomène au singulier », in Gérard Cholvy (éd.), *Mouvements de jeunesse chrétiens et juifs : Sociabilité juvénile dans un cadre européen 1799-1968*, Editions du Cerf, Paris, 1985.
(65) Molette, *op.cit.*, p. 18, Annex, pp. 707-716.

補　章　スカウト運動とコロニー・ド・ヴァカンス

――戦間期若者運動の一側面

はじめに――野外活動と新教育運動

第三部ではここまで二〇世紀初頭までの若者運動を考察してきたが、最後に戦間期（一九一八―四〇）の若者運動のいくつかの特徴を、義務教育修了後の社会教育の発展、そして新教育運動の展開などとの関連で、検討することにしたい。

第三共和政も後半になると、社会国家の諸特徴が現れ始める。人民戦線など政治史的な検討のみならず、社会福祉政策、家族政策、余暇・文化政策と密接な関係があり、それらを個別に検討していくことが不可欠である。だが、それぞれの分野ではすでに邦語文献でも相当の蓄積があり[1]、一九世紀を中心に研究してきた筆者が、この時代の政治史、社会史をおさえて若者運動や社会教育を含めた教育史の全体像を描くのは能力を超えている。そこで、近年フランスで注目されているスカウト運動と「コロニー・ド・ヴァカンス（colonies de vacances）」の活動を研究ノート風に論じ、戦間期を含めた第三共和政の教育社会史の今後の研究の課題をいくつか指摘して、補章を閉じ、本書を締めくくることにしたい。

コロニー・ド・ヴァカンスとは主に初等学校に通う年齢から十代前半の子どもを対象とした活動であり、大人あるいは年上の若者によって引率・指導されて、子どもが夏休みに自然の中で野外活動をしながら一定期間すごす体験活動である。フランスでは、第三共和政初期に始まり、戦間期から一九五〇年代まで大きな発展を遂げ、多くの子どもが参加し、国民的な記憶の場となっている。仏和辞典では「林間学校・臨海学校」と訳されているが、フランスの場合、学校が主体になっている場合は一部であり、必ずしも教師によって引率されていないので、日本の「臨海学校、林間学校」とはかなり異なっている。フランス語の colonie de vacance はドイツ語の Ferien-Kolonien から輸入された言葉であり、日本語に直訳すると「ヴァカンス村」となるが、日本語の「ヴァカンス村」はキャンプ場など、余暇活動を行う場所や施設を指して使われているようである。そこで、ここでは、あえてカタカナ表記で「コロニー・ド・ヴァカンス」（あるいは「コロニー」と縮めて）表記しておくことにする。厳密には自律的な若者運動ではないが、スカウト運動と密接な結びつきがあり、若者運動のリーダー養成の上で重要な役割を果たしている。

本論に入る前に、戦間期の学校制度の変遷について、概観しておこう。大学を中心とした高等教育では制度面での目立った変化はなく、一番大きな変化は学生数の増加、とくに女性学生の増加である。中等教育では一九二四年の男女中等教育の同格化（ベラール政令）が注目される。その一年前に、同じ公教育大臣ベラールのもとで一九〇二年の改革が否定されてもとの古典人文学中心の教育に戻るが、左翼連合政府のもとで一九二四年に再び近代人文学の地位が認められるようになった。初等教育では、師範学校を含め制度的にかなり安定した時期であり、同時に高等初等教育が成長していく時期である。また近年の研究では、フェリー改革によって初等教育に導入されたはずの直観教育に基づく実物教授法も実際には定着しなかったとされており、教授法、教育方法はあまり大きく変化しなかったとされている。(2)

第一節　戦間期若者運動の歴史的位相

このように制度的には安定し、現状維持的な教育政策がとられていた戦間期の教育の中で、近年注目を集めているのが、スカウト運動などによって行われる野外活動と、コロニー・ド・ヴァカンスであり、それらと新教育運動との結合である。そこでここでは、スカウト運動についてはニコラ・パリュオなどに、コロニーについては、ローラ・リー・ダウンズに依拠し、ペダゴジーの革新に着目して概観することにしたい(3)。

繰り返しになるが、組織された近代的な若者運動ではフランスは、ドイツ、イギリスなどに遅れをとっていた。その中で比較的早く組織化が進んだのは宗派的な運動である。カトリックについては十章で取り上げたが、プロテスタント系で最初の組織は、一八三五年にロンドンに誕生したＹＭＣＡのフランス版、キリスト教青年同盟（Union chrétienne de jeunes gens、以下ＵＣＪＧと略）の最初の組織が一八四三年にニームに生まれている(4)。その後、学生団体を除いて大きな進展があるのは二〇世紀に入ってからで、ボーイスカウト、ガールスカウト、ユースホステル運動のフランス版である「若者オーベルジュ（Auberges de jeunesse）」などが発展していく。若者運動が外国の後塵を拝したことは、当時のフランスの若者と社会との関係を比較史的に考察する上で、見過ごすことができない点であろう。

個々の若者運動の研究はこの十数年で相当進んでいるが、戦間期のフランスの若者運動の全体像を描いた論稿は意外に少ない。それは、レミ・ファーブルが一九九四年のサーヴェイ論文の中で「多様性の中の発展」という表現を用いているように、運動が宗派や党派で分化している上に、性別、階層、年齢で専門分化が進み、統一的に捉えるのが容易ではないためであろう(5)。さらにその背景には、学校教育の普及と工業化の進展による伝統的な民衆の世界の変容あるいは解体が考えられる。

こうした中で、少し古くなるが、教育史の通史の中でアントワーヌ・プロが数十頁割いて論じているものが、今なお簡便で有益である。プロは通史の第一三章の最初に「若者運動の始まり」と題する一節を設けて、第一次世界大戦勃発前後から人民戦線以前の青少年活動と若者運動を概観している。[6]この節は「コロニー・ド・ヴァカンス」、「スカウト運動」、「若者カトリック運動」、「ライシテ派の事業と若者オーベルジュ」という小項目に分けられている。コロニー・ド・ヴァカンスは厳密には若者運動と言い難いが、参加者の規模と若者運動との密接な関連から無視することができなかったのであろう。一番最後に項目は立てられずに、共産党、社会党の青年組織、カトリック民主主義の一潮流である「シヨン（Sillon）」[7]がまとめて論究され、人民戦線以前の共産党や社会党の青年運動に関して、政治運動は重要性を持たない、と厳しい評価が下されている。[8]

コロニーとスカウト運動はともに、組織的にカトリック系、プロテスタント系、そしてライシテ派もしくは宗派的中立派の三大勢力に分けることができる。カトリック系を除く後の二つは、学校におけるカトリック系私立学校と公立世俗学校の二極対立の影響を受けて、一つにまとまる傾向があった。そこで、まず、非カトリック系のコロニーの活動の発展と変容を追い、続いてカトリックのコロニーとスカウト運動について言及し、最後にコロニーの指導者養成システムの発展を人民戦線期にまで時期を広げて検討していくことにしたい。

第二節　非カトリック系のコロニー・ド・ヴァカンスの変容と発展

コロニーの参加者は第一次世界大戦前夜に早くも十万人に達していたが、一九二六年に一七万人、一九三六年に四二万人とさらに増加している。[9]フランスで一般大衆が余暇を利用できるようになるのは人民戦線期からとされているが、コロニーの場合、すでに一九三二年で三二万人に上っており、人民戦線の成立以前に民衆階層から中間階層にまで及ぶ運動になっていた。

犬飼崇人の論文と多少重なるが、[10]初期のコロニー・ド・ヴァカンスについて簡単に説明しておこう。スイスの牧師ビオン（Bion）によって初めて Ferien-Kolonien が組織されたのは一八七六年のことであった。ビオンは七月半ばに六八名のチューリヒの労働者家庭の虚弱な児童を教師に引率させて丘陵地帯に送り、子どもたちは、森の中での集団遊戯、コーラスなどをしながら夏休みを楽しく過ごした。翌年からはこの活動を組織する委員会が組織され、チューリヒの子どもたちを山に連れて行くことになった。Ferien-Kolonien という言葉は、ビオン牧師が作り出した言葉であり、子どもを対象にした新しい余暇活動は、ドイツ、イタリア、フランス、ロシア、ノルウェー、スウェーデンとヨーロッパ各国に広がっていった。[11]

フランスでの最初のコロニーは、牧師のテオドール・ロリオとその妻によって始められた。パリの労働者の子どもたちが不衛生な環境の中で夏休みを過ごしているのに心を痛めていた牧師は、ビオン牧師の事業を参考にして、一八八一年に虚弱な児童を田舎に夏休みに連れて行き、三週間滞在させた。この試みの成功に力を得て、ロリオ夫妻は「三週間事業団（Œuvre de Trois semaines）」を設立し、翌年、三歳から一六歳にかけての七九人の男女の子どもを夏休みにオワーズ県に連れて行き、三週間滞在させた。[12]ロリオのコロニーは児童の健康向上すなわち、保健衛生的な目的が第一であった。そのため、校内のような集団的規律教育は好まれず、数名ずつ子どもを農村家庭に預け入れる方式が選ばれた。[13]

少し遅れて一八八三年に、エドモン・コティネはパリ第九区の初等学校生徒を対象に、同区の学校基金の資源を利用してコロニーを組織した。これは「学校コロニー（colonies scolaires）」と呼ばれるが、日本の臨海学校、林間学校と異なり、学校基金が組織し、教師の参加は任意で、生徒も学年全員ではなく一部が参加しただけであった。

それでも、宿舎は田舎の師範学校や初等学校などが選ばれ、初等教員が引率したので学校と類似した生活リズムが課されることになった。出発前と終了後に参加児童の身長、体重、胸囲の身体測定が行われているように、衛生学的な目的も追求されたが、それよりも教育的目的が重視された。遠足が組織され、石切り場、港、工場、屠殺場の見学など社会見学が実施され、第三共和政初期に導入されながら学校教育では十分行われていなかった実物教授法が取り入れられた。また、参加生徒に選ばれたのは成績優秀な生徒であり、学業への褒章であった。このように学校教育の延長という性格が強く、そのため、ビオン牧師によって本来の趣旨から逸脱していると批判を受けている。(14)

図補－1　コロニー・ド・ヴァカンスへの出発

「ショセ＝デュ＝メーヌ」の婦人たちに引率されてパリのリヨン駅からロワレ県の後背地に向けて出発する子どもたち（1902年）

出典：Laura Lee Downs, *Histoire des colonies de vacances de 1880 à nos jours*, Perrin.

コロニーが組織され始めた時期は、児童労働が一八七四年に禁止され、母親が外で働いている民衆階層での子守りの問題が生じていた。また、ジュール・フェリーが共和国の学校を創設した時期とも重なっており、とくに都市部の労働者家庭の子どもの夏休みの過ごし方が問題になっていた。学校教育の側から見れば、子どもたちを家族から切り離し、均質な集団の中で教育して、学校での市民教育を補完することができるという利点があった。(15)

このように、フランスのコロニーには当初から農民家庭への預け入れ（「家族コロニー」）と宿舎に宿泊する「集団コロニー」の二つのタイプがあった。家族コロニーを熱心に擁護したプロテスタント系の団体「ショセ＝デュ＝メーヌ（Chaussé du Maine）」は、経済的に安上がりで、家庭的であり、子どもに最大限の自由を与えることができるという三点を利点として挙げている。たしかに、一九〇三年の数値では家族コロニーにかかる費用は集団コロニーの半額であった。他方、学校コロニーとカトリックは年齢階級別に組織された子ども集団が教育に最も適していると考えた。それとともに、子どもたちが農民に重労をさせられて栗の実しか与えられない、という批判も家族コロニーに浴びせられていた。(16)

社会党や共産党市政など自治体によるコロニーも重要である。ダウンズは、その代表例としてパリの南にあるシュレーヌ（Suresne）市の社会党自治体のコロニーを取り上げている。田園都市政策で知られるシュレーヌは市長アンリ・セリエのもと、一九二二年から市独自の預け入れセンターを設置し、貧窮家庭には費用の全額補助を行うなどかなりの資源を投じてコロニーの組織を始めた。シュレーヌ市が採用したのは、他の多くの自治体と同様に家族コロニーの方式であった。受け入れ先として選んだのはニエーヴル県などの中部地方の農民家庭であったが、この地方はアンシャン・レジーム期からパリの子どもを大量に里子として受け入れてきた伝統があり、コロニーの場合も受け入れ家庭は、「里親家族（familles nourricières）」と呼ばれた。市のコロニー事務局はコロニーの現場責任者である団長（directeur）と連絡をとりながら里親家族での受け入れ状況をチェックした。最盛期の一九三三年には五三九人を送っていたが、コロニー事務局の精力的な活動にもかかわらず、その後は減少傾向になった。一九三五年ごろから、里親による重労働、体罰、性的暴力などが大きく問題になり、子どもを送り出す親から家族コロニーへの拒否感情が高まったためである。逆に一九二五年に共産党が市政を掌握したイヴリィ＝シュール＝セーヌ（Ivry-sur-Seine）では自治体コロニーとしていち早く、地元で活動していたカトリックの事業を真似て集団コロニー方式が採用され、一九三〇年代に大きく発展していった。(18)

このように、第一次世界大戦後、コロニーの教育的側面が衛生学的側面に少しずつ優越していった。一九一〇年にコロニーに参加した七万二八六六人の子どものうち、半分以上の子どもが農民家庭に預けられていたが、戦間期には宿舎方式が優越するようになり、一九三五年にはわずか一〇％にすぎなくなっていたのである。(19)これは部分的には衛生状態の明白な改善によっていた。同時に、コロニーのオーガナイザーは、家族のような階層的で親密な構造よりも、集団コロニーの中立的で平等な構造が教育的働きかけにより適していると、確信を深めていくようになった[20]。家庭コロニーの場合、受け入れ先の家庭は、コロニーの「監視人（surveillant）」によって、衛生上のきまりが守られているかどうかを監督された。だが、監視人にはとくに医学的な資格は求められていなかった[21]。

第三節　カトリックのコロニー・ド・ヴァカンスとスカウト運動

カトリックのコロニーが始まるのは、一八九〇年代末であり、プロテスタントや公立学校の事業に比べ一五年ほど遅れている。カトリックのコロニーは一般にパトロナージュによって組織され、その延長であった。プロテスタント系のコロニーとは異なり、その目標は公衆衛生ではなく信念を持った信者の育成にあり、教育が主たる目的であった[22]。一八八〇年代の第一波の学校の世俗化の間、個々の教区は社会扶助事業、民衆教育事業を拡大し、パトロナージュは教会の社会活動の中心に位置づけられるようになった。他方で、民衆の家庭も子守りをしてくれる信頼できる施設を探していた[23]。こういう中で、サン＝シュルビス小教区のド・ピトレー師（abbé de Pitray）が一八九八年夏、七歳から一三歳までの男子をランド県のル・ブルディウ（le Bourdiou）の松林に連れていき、男の子たちは数週間一緒にヴァカンスを過ごした。これがカトリックの最初のコロニーである[24]。

カトリックの場合も、当初は農村家庭への預け入れ方式をとっていた。この方式は、安上がりであったが、多くの問題を抱えていた。受け入れ家族はプロテスタントが多かったし、カトリック家族の場合でも信頼できるとは限らず、預かった子どもを羊飼いの仕事や農作業をさせていると、問題になった。そもそも家庭は利己主義的であり、子どもの宗教的道徳的陶冶の場として相応しくない、という意見もあった[25]。異なる道を通ってであるが、共和国の学校と、その敵対者の教育者は集団コロニーが優れているという同じ結論に達したのである。[26]

ダウンズはリヨンのヴァリエ神父（père Vallier）が主催したコロニーを詳しく説明している。このコロニーは、パトロナージュから組織されたものではなかったが、その点を除けば、典型的なカトリックのコロニーであった。神父は一九〇三年夏、リヨンのもっとも貧しい街区、とくにクロワ＝ルス（Croix-Rousse）から約四〇名の男子を田舎の小さな寄宿学校に連れて行った。子どもたちは約一二人の班（division）に分けられた。各班は神学校生徒が扮する「伍長」が率い、「コロン（colon）」と呼ばれた参加者の子どもの中から選ばれた「軍曹」が補佐についた。午前中の活動は、野原で体操をしたり、川でザリガニや蛙を獲ったりして遊んだ。午後は全体で集まって、遠足かあるいは戦争ごっこが行われた。夏の間に一度、コロニー全体が何日間もかけて「発見旅行（voyage de découverte）」を行い、巡礼地と景勝地を巡った。このように、フランスにスカウト運動が導入されるかなり以前に、カトリックのコロニーの何人もの団長がすでにスカウトと似たテクニックを使っていたのである。[27]

次の年の夏のコロニーで奉仕するリーダー養成のため、一九〇三年秋から、ヴァリエ神父は大神学校に講座を組織した。神学校生徒は古くからある遊戯を改良して、新しい遊戯を生み出した。幹部養成講座の頂点は一九〇四年八月の中央山塊の支脈への出発であり、神学校生徒はそこで二ヵ月間に及ぶ研修を受けた。[28] 要するに幹部養成講座は聖職者になるためのインターンシップの役割を果たしていたのである。

ダウンズによれば、カトリック系ペダゴーグは、ライシテ派の教育者よりも三〇年ほど先行して、フランスに能動的方法に基づく新しいペダゴジーの最初の形態を作り上げ、実践に適用していた。コロニーの団長と監視人の理想となったのは、同じ目線で子どもと接する「お兄さん」であった。カトリックの神父は無垢とか素直さとかいう子どもらしい性質を保存したり、その価値を認めたりせず、子どもの状態から抜け出るように子どもを援助した。にもかかわらず、その神父たちが、子どもの遊びをうまく取り入れていたのである。「能動的ペダゴジーと原罪の教養との奇妙な混合」にアメリカ人のダウンズは驚きを隠していない[29]。

このコロニーの活動にスカウト運動のペダゴジーが取り入れられていった。周知のように、スカウト運動はイギリス人のベーデン＝パウエルが二〇世紀初頭に創始した青少年運動であり、プロテスタント系の若者運動として始まっている。だが、その指導者養成の教育方法の卓越性が認められ、宗派を越え、さらにキリスト教世界を越えて、急速に全世界に普及していった[30]。

フランスにおけるスカウト運動の研究は比較的遅く、一九八〇年代以降のことにすぎない[31]。これは、ショルヴィによれば、一九四〇年の敗北のあと、スカウト運動がヴィシー政権のすすめる「国民革命（Révolution nationale）」に積極的に加担したためであった。だが、スカウト運動の指導者養成方法への評判の高まりとともに、一九七〇年代以降、スカウト運動がカトリック教会の中で再評価され、二〇世紀末以降、本格的な研究の対象になっている[32]。

ショルヴィは、先行する若者を対象とした事業や宗派的若者運動とスカウト運動の違いをこう説明している。パトロナージュ、ACJF、UCJGは年齢で年長の層と年下の層を分け、活動は別々に行われていたが、年齢制限の順守はあまり厳格ではなかった。スカウト運動では、年齢により考慮したペダゴジーが導入された。また、戦間期の若者運動の中で数的にもっとも大きな勢力を誇ったカトリック青年会は緩やかな連合体にすぎず[33]、その上、一九二六年に「カトリック労働者青年会（Jeunesse ouvrière catholique、略称JOC）」が成立するなど階層別の専門分化が進んでいった[34]。これに対してスカウト運動はブルジョワの若者が中心ではあるが、民衆の若者も組織していた。そして、先行する宗派系若者運動が、慈善事業、博愛団体から誕生し、組織的に区別も定かでない部分が残る中で、スカウト運動は既存のキリスト教系団体との断絶面がより明確であった。

フランスではボーイスカウト団体は一九一一年に生まれたフランス・ボーイスカウト（Éclaireurs de France、略称EDF）が最初とされる。ライシテ派の団体とされることがあるが、創設に社会派カトリックからUCJGの幹部まで関わり、「急進的な世俗主義」と一線を画し、「すべての宗派」に開かれていたのであるから、[35] パリュオのように宗派的に中立の団体とするのが正しいだろう。[36] なお、その六ヵ月後、プロテスタントのセクションがここから分かれてユニオニスト・ボーイスカウト（Eclaireurs unionists、略称ＥＵ）を設立している。[37] また、カトリックのスカウト運動への接近はフランスのカトリック教会上層部によって断罪され、カトリック教会はスカウト運動に距離を置くことになる。[38]

スカウト運動を警戒するカトリック教会の中で、スカウト運動の意義を説き、スカウト運動の創立と発展に尽力したのがジャック・スヴァン神父である。イエズス会に属すスヴァン神父は、若いころアミアン郊外で教理問答とパトロナージュの事業に加わった経験があった。一九二〇年、神父の尽力でカトリック・ボーイスカウトの全国組織フランス・スカウト（Scouts de France、略称ＳＤＦ）が創設された。[39] あとでも述べるが戦間期のスカウト運動の中で最大の勢力を誇ったのがＳＤＦであった。

ＳＤＦがコロニーで成功を収めたのは、集団遊戯に導入された独特のペダゴジーのおかげによるところが大きかった。ダウンズは次のように説明している。フランスにおけるスカウト運動は共通して、道徳的な教化のプロジェクトに役立てるために子どものイマジネーションを掻き立てようとした。左派のスカウト運動では、チーフが大人の生活に一層結びつけることによって子どもの社会的周縁性を最小限にした。たとえば、社会党市政のコロニーの遊戯では、子どもたちに擬似的な共和国を創らせ、その中で市民教育をほどこした。これに対して、カトリックのスカウト運動では、子どもの豊かなイマジネーションによって創り出された内面世界のパラレル・ワールドの中で展開されるペダゴジーの基礎に、大人の世界と切り離された子どもの周縁的地位をすえていた。たとえば、カトリックのガールスカウトでは神秘的な森の中で羊飼いの少女ジャネット（ジャンヌ・ダルクを想起させる名前）を主人公にした遊戯が集団で行われ、その中で少女たちは、伝統的なモデルにしたがって、女性らしい態度を学ぶこ

とになっていたのである。(40)

第四節　中立派スカウト運動と公教育、民衆教育運動

この節では公教育、そして社会国家と最も結びつきが強いEDFについて、ニコラ・パリュオの『ペダゴーグの製造所』に基づいて概観することにしたい。

一九二一年に私立中等学校ロッシュ（Roches）校校長ジョルジュ・ベルチエがEDF会長に就任した。ベルチエはEDF創設にも関わっており、EDFが創設された一九一一年に、ロッシュ校にEDFを導入していた。(41) ロッシュ校は近代語と実験科学を重視した教育を導入し、フランスにおける新教育によるエリート教育の革新運動のパイオニア的存在であった。(42) 創設者のドモランはル・プレェ学派に属すカトリック知識人であり、主著『アングロ＝サクソンの優越性は何に由来するか』(43)（一八九八年）の中で、官僚養成、伝統的な専門職養成に特化した旧来型のエリート養成方法に危機感を覚え、イギリスのパブリックスクールをモデルに海外に飛躍し、企業家的精神を持ち、進取の気性に富んだエリート養成の必要性を訴えていた。この新しいタイプのエリート養成にボーイスカウトが有効であると考えら

図補－2　ボーイスカウトの制服を着たベルチエ（1930年ごろ）

出典：Nathalie Duval, *L'École des Roches*, Paris, Belin, 2009, p. 108.

れたのである。

ＥＤＦは国家との結びつきが深い団体である。第一次世界大戦の経験から、兵役予備教育の必要性を痛感した陸軍省は、一九一九年に五万フランの補助金を与え、同じ年に同省歩兵局とＥＤＦは共同で最初のチーフ養成キャンプ学校をヴェルサイユに組織している。だが、戦争の影が遠くなると、スカウト運動は軍事目的よりも公衆衛生や民衆教育の面で重視されていった。初等教育局長ポール・ラピはアカデミー管区総監に宛てた一九一八年一二月の通達の中で、校内にボーイスカウトを組織するように推奨していた(44)。

スカウトのチーフ養成の目的は階級融和にあった。ＥＤＦ指導委員会によって出身が異なる若者が集められ、キャンプでは楽しい世界が創り出され、社会的ヒエラルヒーが気づかれないように溶解されていた。一九二一年にＥＤＦの会長となったベルチエは、翌年、民衆階層にスカウト運動を普及させるために、パリの「ムフタール街の万人のための家（Maison pour Tous de la rue de Mouffetard）」の責任者（directeur）アンドレ・ルフェーヴルをＥＤＦ統轄委員（commissaire général）に任命した。「万人の家」は「シヨン」のグループによって設立された民衆教育施設であり、一九二〇年代の後援委員会のメンバーは、アンドレ・ミシュラン、ロベール・プジョーなどの企業経営者をはじめ、政界、公教育関係者の錚々たる名前が並んでいた(45)。

他方で、ベルチエらは指導階層の若者の教育を改革する必要性を痛感していた。大学にも組織が結成されているが、ＥＤＦが重視したのはリセであった。ロッシュ校をモデルにして、教師の協力を得て、アンリ四世校、ルイ＝ル＝グラン校などパリの名門リセにトループが創設されている。だが、大多数のリセ生徒は関心を示さなかったようである。当時の中等教育局長フランシスク・ヴィアルもスカウト運動に好意的であったものの、ハイ・カルチャー、すなわち古典人文学中心の教養教育が損なわれることを警戒し、スカウト運動の拡大には慎重であった。実は、最近の研究によれば、ロッシュ校でさえ、一九〇三年にベルチエが校長になってから、バカロレアが主要な目標となり、ドモランの理想は早い段階で一部放棄されていた。ベルチエはフランス流の古典人文学中心の一般教養を重視する方向へと舵をとり、それと新教育との調和を図っていたのである(46)。

そこでEDFが期待をかけることになったのが、師範学校生徒である。一九二七年にはEDFの管轄が陸軍省から公教育省に移り、同時に、エベール派の身体教育(47)の支援を受け、身体教育で成果を挙げるようになった。加入者数も増加し、一九二八年に四四〇〇人であった会費納入者は一九三〇年には八六〇〇人に増えている。EDF自身による一九三〇年の調査によれば、ブルジョワの若者、すなわちリセ生徒が会員の三四%、師範学校を含め初等教育局管轄と思われる施設の生徒が三二%、徒弟が一四%、労働者が一一%、事務員が九%を占めていた。師範学校生徒と民衆階層の増加が目立っている(48)。

だが、学校教育への依存は新たな問題を孕むことになった。もともとスカウト運動が提供する陶冶は学校知に対するアンチテーゼをなしていたが、学校教育に浸透していく過程で、学校知と妥協せざるを得なくなった。それどころか、EDFは成績優秀な生徒だけを集めようとした。初等学校では、組織された生徒は高等初等学校に進学する可能性のある優秀な生徒に限定されていたようである。こうして、一九三〇年代になると、「壁のない学校」を理想としたEDFの「学校化」が問題になってくる。教室で教える同じ教師がスカウトの活動でも生徒を指導するという構造的な矛盾を抱えていたのである(49)。

EDFはEUと共同で一九二三年からオワーズ県にあるカピー（Cappy）の城館にキャンプ学校を共同で運営し、このキャンプ学校は師範学校の教育を補完することになった。一週間の期間で行われた講座では、口頭での伝達と実演デモに重要な役割が与えられ、相互教授法に基づく教育が施された。そこからキャンプ学校では小集団の長は「モニター」（フランス語では moniteur）と呼ばれることになった。だが、この呼称は一九世紀の初等教育において評判を落としていた教授法、すなわち相互教授法を思い起こさせたため、EDFは当惑を隠せなかったようである(50)。

モニターの有能さが認められていくと、コロニーの組織にも影響を与えることになった。戦間期では家族コロニーのように大人数の子どもを一人の監視人に任す方法と、スカウトをモデルにした小集団に分ける方法の、どちらが良いかで対立があった。監視人は子どもにあまり関わろうとせず、何もせずに時間をつぶしていると次第に批判されるようになり、金がかかってもリーダーの数を増やして一つのコロニーで収容する子どもの数を減らす方向へと変化していった。それに伴って、すなわち家族コロニーから集団的コロニーへの移行に伴って、リーダー養成の必要性に迫られることになった。この過程でコロニーの指導者を表すタームも「監視人」から「モニター」へと変化していくのである。(51)

むすびにかえて――社会国家への統合

コロニーは人民戦線期に社会国家に統合されていく。この時期のコロニーについては、様々な社会団体、国家との関係を中心に、渡辺和行がすでに詳しく論じているので(52)、なるべく重ならないように、とくにペダゴジーの面に焦点をあてて論じ、補章のむすびにかえたい。

一九三〇年代になるとコロニー・ド・ヴァカンスの活動への社会国家の介入が本格化し、私的活動と国家の介入の境界が曖昧になっていく。非カトリックのコロニーの全国組織はすでに一九二〇年代に公益団体になっていたが、一九三四年にはカトリックのコロニーの全国組織が公益団体になり、カトリックのコロニーの事業にも厚生省から補助金が出るようになった。こうして、宗派にかかわらずコロニーは国家機構の中に組み入れられることになった。一九三六年一二月に、ベーデン＝パウエルが、国民教育大臣ジャン・ゼーの他、政府事務局長、法務大臣列席のもと、ソルボンヌに招聘されている。ソルボンヌの集会でジャン・ゼーはスカウトのチーフと教師の実り豊かな相互補完性について言及し、教師にチーフになるように推奨した。一九三七年、ベルチエはEDFの会長職を中等教育局長アルベール・シャトレに譲り、自身は視学総監ギュスターヴ・モノとともに副会長におさまっている。そして、厚生大臣アンリ・セリエのもと、一九三七年六月一八日の省令によってコロニーは総合的な法的規制がなされ、これまで以上の財政支援を受けることになる。[53] パスカル・オリィは一九三六—三七年のコロニーについて、参加する子どもがこれほどフランス社会の中で目に見える存在になったことはなかった、[54] と述べている。人民戦線の勝利のかなり以前からすでに、コロニーは民衆階層の子どもの生活において重要な地位を占めていた。それでも、人民戦線はその進化に決定的なモメントを与えたことは確かである。財政的援助の拡大のみならず、初めて公的な指導者養成システムが構築されたからである。

コロニーとスカウト運動との関連でとくに重要になるのが、能動的教育方法訓練センター（Centres d'entraînement aux méthodes actives、略称CEMEA）の設立である。これによって公的なコロニーの教育者養成機関が初めて設立された。[55] この時期には多様なモニター養成講座が生まれているが、その中で支配的な地位を占めたのはCEMEAであった。

学校での衛生教育の普及を目的として一九二〇年に設立された「衛生教育普及協会（l'Hygiène par exemeple、略称HPE）」が新規にコロニーの事業に乗り出すことになり、その任務がジゼール・ド・ファイイという三〇歳ごろのまだ若い女性に託されることになった。カトリック・ブルジョワの家の長女として生まれたジゼールは、新教育運動に関心を持ち、パリ大学で心理学のリサンスの学位を得た後、社会党市政のシュレーヌで社会福祉関係の仕事に就いていた。[56] コロニーの女性監視人の採用人事を任されたファイイは監視人の無知に驚くことになる。ただ一人有能で役に立ちそうであったのはカトリックのガールスカウトであった。ファイイ自身はスカウト運動に偏見があり、学生時代に誘われても加入しなかったのであるが、スカウト運動の協力が必要であると感じて、若者・スポー

図補－3　ユニオニスト系ガールスカウトのキャンプ（1930年代）

長時間歩き，制服を着用し，キャンプをするガールスカウトの「男の子のような振る舞い」は保守的な人々を苛立たせ，非難の的になった。だが，EDF であれ，カトリック系のスカウト運動であれ，キャンプに参加した女子は家族や学校の世界を離れて自由になれる時間を楽しんでいた。

出典：Jean-Noël Luc et Gilbert Nicolas, *Le temps de l'école : De la maternelle au lycée 1880-1960*, Paris, Chêne, 2006, p. 202.

ツ担当視学官トレネル（Trenel）夫人の紹介で、EDFのアンドレ・ルフェーヴルと会見することになった。なんとか合意を取りつけた後、ファイイが厚生大臣で元上司のセリエなどに働きかけ、政府から財政支援を引き出した。こうして、一九三七年三月にはエックス＝アン＝プロヴァンス近郊のボークルィユ（Beaucreuil）で、最初の研修が行われることになった(57)。CEMEAは国民教育相ジャン・ゼー、厚生相アンリ・セリエ、そしてスポーツ・余暇活動担当国務大臣レオ・ラグランジュの後援のもと、民衆教育の活動家の「師範学校」として設立されたのである。訓練センターの中でも一番多くの研修生を受け入れたのがCEMEAの訓練センターであり、一九三七年から五七年の間にCEMEAだけで二〇万人以上のモニターが養成されている(58)。

一九三九年の時点ではEDFのメンバーは一万五千人、EUは一万人であった。しかし、最大の勢力を誇っていたのはSDFであり、十万人を擁していた。社会党、共産党もそれぞれスカウト組織を創設させ、一九三〇年代には一定の発展を見せた。それでも共産党系のスカウト組織ピオニエ（Pionniers）は一九三五年の初めで一千人程度であり、社会党系の「赤い隼（Faucons rouges）」もこれと大差はなかったという。共産党は、EDFや新たに創設されたライシテ派の若者オーベルジュ組織のような幅の広い組織に加入して勢力拡大を図ると同時に、共産党市政のコロニーを中心にして子ども政策を再構築するようになった。CEMEAの訓練センターは、中立派のみならず、社会党系、共産党系のコロニーのモニター養成を行った。これらの勢力は、CEMEAがなければカトリックに対抗できなかったことであろう(59)。

ダウンズによれば、英米とは異なり、第三共和政の公式のペダゴーグたちは遊戯と学校の勉強は両立不可能であると考えていたという。ダウンズの主張はやや誇張があるが、一八八一年に創設された保育学校（école maternelle）でもフレーベル・モデルの導入にはためらいがあり、キンダーガーデンに比べると知育偏重であったとされている(60)。コロニーでの生活は具体的な経験に基づいた学習形態に適しており、民衆教育の活動家はセレスタン・フレネーらが開発した能動的方法を応用して教育実践に活かすことができた。フレネー個人に対しては権威主義的な対応を取った政府であったが、コロニーへの新教育運動の浸透には好意的であったのである(61)。

一連の動きは、階級対立を超えた国民統合をさらに一段と深化させようとする社会国家を推進する党派の意思を示すものであった。戦間期の教育制度の中で一番大きな変化、あるいは変化の兆候は、高等初等教育の発展によって、中等教育、とくにその基礎学級と初等教育の境界が次第に曖昧になっていったことであろう。一九三二年には公教育省も国民教育（éducation nationale）省と改名された。だが、人民戦線期でもなお、統一学校は実現せず、男女共学も実施されなかった。このことは、この時期の改革の保守性を物語っている。同時に、スカウト運動に見られるように、階級融和と国民統合の事業にもっとも熱心に参加し、協力したのは、ドモラン、ベルチエら自由主義的社会改革派が当初期待したリセのブルジョワの若者ではなく、師範学校生徒であったことは、フランスのエリート養成を考える上でも、あるいは国民国家と民主主義の関係を考える上でも示唆に富んでいる。

「奇妙な敗北」のトラウマを抱えながら、福祉国家に支えられ、ＡＣＪＦや共産青年同盟は大戦後に最盛期を迎え、コロニー・ド・ヴァカンスも第二次世界大戦後に、毎年夏に百万人以上の子ども、青年が参加する国民的事業に成長した。アントワーヌ・プロによれば、コロニーの全盛期は一九六四年がピークで、その年に一三五万人が参加したという。だが、一九六〇年代はまた「コパン（copains）の到来[62]」の時代であった。コパンはキャマラードと同様に「仲間」と訳されているが、一九六〇年代にそれまで使われていたキャマラードに代わって、若者の間に普及した言葉である。一九六〇年代は、中等教育の発展によって「青年期」がブルジョワだけでなく、すべての階層の若者のものになっていく。コロニーはその後も多くの子どもを集めるが、スカウト運動は下火になっていき、それに依拠した従来の若者運動も急激に衰退していった。大人の側も対策を考えていなかったわけではなかった。だが、一九六八年五月に出現したのは、全く新しい形の若者の反乱であった。

〈注〉

（1）たとえば、渡辺和行『フランス人民戦線――反ファシズム・恐慌・文化革命』「第六章　文化革命」人文書院、二〇一三年。

（2）Gilles Ubrich, *La méthode intuitive de Ferdinand Buisson : Histoire d'une méthode pédagogique oubliée*, Paris, L'Harmattan, 2014.

（3）Laura Lee Downs, *Histoire des colonies de vacances de 1880 à nos jours*, Paris, Perrin, 2009 ; Nicolas Palluau, *La fabrique des pédagogues : Encadrer les colonies de vacances*, Rennes, Presses Universitaires de Rennes, 2013.

（4）Gérard Cholvy, « Les organisations de jeunesse d'inspiration chréienne ou juive XIXe-XXe siècle », in id. (dir.), *Mouvements de jeunesse chrétiens et juifs : Sociabilité juvénivile dans un cadre européen 1799-1968*, Paris, Cerf, 1985, p. 18.

（5）Rémi Fabre, « Les mouvements de jeunesse dans la France de l'entre-deux-guerre », *Le Mouvement social*, n° 168, juillet-septembre 1994.

(6) Antoine Prost, *Histoire de l'enseignement et de l'éducation*, t. IV : *Depuis 1930*, 1981, Paris, Perrin, 2004, pp. 542-562.

(7) シヨンとは、マルク・サンニエ（Marc Sangnier）が一九世紀末に創始したキリスト教民主主義のグループであり、アルベール・ド・マンの潮流とは別にカトリック青年運動に一定の影響力を持っていたが、カトリック教皇庁から断罪され、カトリック教会の主流から外されたグループである。サンニエの思想については下記を参照のこと。伊達聖伸「「２つのフランスの争い」の中の社会的カトリシズム――マルク・サンニエ「シヨン」の軌跡　１８９４―１９１０」『上智ヨーロッパ研究』５号、二〇一三年五月。

(8) Prost, *Depuis 1930*, p. 559.

(9) Jean Houssaye, *Le livre des colons : Histoire et évolution des centres de vacances pour enfants*, Paris, La Documentation française, 1989, pp. 32, 39.

(10) 「フランス第三共和制初期における林間学校――衛生と健康の教育をめぐって」『学習院史学』四五号、二〇〇七年三月。

(11) P.-Alexandre Rey-Herme, *La colonie de vacances : hier et aujourd'hui : Les enfants et les hommes*, Paris, E.-Vitte, 1955, p. 8 ; id., *Les colonies de vacances en France : Origines et premiers développelents (1881-1906)*, Paris, Librairie Centrale d'Éducation Nouvelle, 1961, pp. 86-89.

(12) Rey-Herme, *hier et aujourd'hui*, pp. 12-13 ; id, *Origines*, pp. 166-171.

(13) *Ibid.*, p. 179.

(14) *Ibid.*, pp. 210-245 ; Edmond Cottinet, *Les Colonies de vacances en France et à l'étranger*, Paris, Imprimerie nationale, 1889, Mémoires et documents scolaires publiés par le musée pédagogique (2e série) Fascicule n° 47 ; Downs, *op.cit.*, p. 30.

(15) Downs, *op.cit.*, pp. 79-80.

(16) *Ibid.*, pp. 38-42.

(17) 中野隆生「シュレーヌ田園都市の空間と住民にかんする一考察――パリの郊外、1926～1946年」『年報都市史研究』一六号。

(18) Downs, *op.cit.*, chapitre IV, V et chapitre VII.

(19) *Ibid.*, pp. 78-79 ; Houssaye, *op.cit.*, pp. 37, 39, 59.

(20) Downs, *op.cit.*, p. 202.

(21) Palluau, *op.cit.*, pp. 169–170.
(22) Rey-Herme, *Origines*, pp. 333–334 ; Downs, *op.cit.*, pp. 81, 103–104.
(23) Downs, *op.cit.*, pp. 85–88 ; Turmann, *Au sortir de l'école : Les patronages*, pp. 14–30, 73–77, 191–203.
(24) Rey-Herme, *Origines*, pp. 332–336.
(25) Downs, *op.cit.*, p. 108.
(26) *Ibid.*, pp. 108–110 ; Rey-Herme, *Origines*, pp. 386–387.
(27) Downs, *op.cit.*, pp. 115–116. ヴァリエ神父はシヨンの活動的なメンバーであった。*Ibid.*, p. 364, n. 105.
(28) *Ibid.*, pp. 122–123.
(29) *Ibid.*, pp. 114, 128–130.
(30) スカウト運動については、田中治彦『少年団運動の成立と展開——英国ボーイスカウトから学校少年団まで』九州大学出版会、一九九九年を参照のこと。スカウト運動の用語の表記は同書に基本的にしたがった。
(31) Gérard Cholvy, « Le scoutisme dans l'histoire religieuse de France : Un mal-aimé ? », in Gérard Cholvy et Marie-Thérèse Cheroutre (éd.), *Le scoutisme : Quel type d'homme ?, quel type de femme, quel type de chrétien*, Paris, Cerf, 1994, p. 17.
(32) *Ibid.*, pp. 31–34 ; Bertrand Estienne, « De l'espérance scoute à l'espérance chrétienne », in Cholvy et Cheroutre (éd.), *op.cit.*, p. 37.
(33) ただし、カトリック青年会は女性を対象としていなかった。イタリアにならってカトリック女子青年の全国組織化が一九二〇年代に試みられたが、結局実現しなかった。Jaqueline Roux, *Sous l'étendard de Jeanne : Les Fédérations diocésaines de jeunes filles 1904–1945*, Paris, Cerf, 1995, pp. 28–29, 35, 38, 63, 79, 110–111.
(34) Gérard Cholvy, « Les organisations de jeunesse d'inspiration chréienne ou juive XIXe–XXe siècle », pp. 22, 26–28.
(35) Christian Guérin, *L'utopie scouts de France : histoire d'une identité collective, catholique et sociale, 1920–1995*, Paris, Fayard, 1997, pp. 58–62.
(36) Palluau, *op.cit.*, p. 77.
(37) Guérin, *op.cit.*, p. 63.
(38) Downs, *op.cit.*, p. 208.

(39) Jacques Sevin, *Le scoutisme*, 1re éd., 1922, Action Populaire, 5e éd. revue et augmentée, Paris, Presses d'Ile de France 2013, « Les grandes dates de la vie de Jacques Sevin », pp. 249-251.
(40) Downs, *op.cit.*, pp. 209-211.
(41) Nathalie Duval, *L'École des Roches*, Paris, Belin, 2009, pp. 79, 81.
(42) *Ibid.*, pp. 52-55 ; Edmond Demolins, *L'Éducation nouvelle : L'École des Roches*, Pairs, Librairie de Paris, 1898, 1901（エドモン・ドモラン著、原聡介訳『新教育――ロッシュの学校』明治図書、一九七八年）.
(43) *À quoi tient la supériorité des Anglo-Saxons ?*, Paris, Firmin-Didot, 1898.
(44) Palluau, *op.cit.*, pp. 31, 50, 138-139.
(45) *Ibid.*, pp. 31, 50, 138-139.
(46) *Ibid.*, pp. 68-69, 131, 133-135 ; Duval, *op.cit.*, pp. 61-63, 66-67.
(47) ジョルジュ・エベールが二〇世紀初頭らに創始したフランス独自の身体教育。エベールはそれまで学校教育で支配的であったスウェーデン式ジムナスティークを人工的として批判し、運動施設や運動方法を自然に即したものにするように提唱した。詳しくは下記を参照のこと。清水重勇『フランス近代体育史研究序説』不昧堂出版、一九八六年、第4章「2エベールのメトード・ナチュレル」。
(48) Palluau, *op.cit.*, pp. 133, 135, 139, 141-142.
(49) *Ibid.*, pp. 53, 137, 150-152.
(50) *Ibid.*, pp. 78-79, 101, 110, 139.
(51) *Ibid.*, pp. 172-174.
(52) 渡辺和行『フランス人民戦線』三〇七―三〇九頁。
(53) Palluau, *op.cit.*, pp. 179-182, 189-192 ; Downs, *op.cit.*, pp. 200-201.
(54) Pascal Ory, *La belle illusion : Culture et politique sous le signe du Front populaire 1935-1938*, Paris, Plon, 1994, p. 768.
(55) Downs, *op.cit.*, pp. 200-201.
(56) Palluau, *op.cit.*, pp. 189-190, 202-203.
(57) Downs, *op.cit.*, pp. 236-237 ; Gisèle de Failly, « Naissance et développement de Ceméa », Texte extrait de "*Les*

Cemea, qu'est-ce que c'est?" Denis Bordat, François Maspero, 1976, http://www.cemea.asso.fr/spip.php?article4052, consulté le 2 mai 2015 ; Palluau, *op.cit.*, p. 208.

(58) Gisèle Failly, « 1937/1957 », *Vers l'éducation nouvelle—Centre d'entraînement aux Méthodes d'Éducation Active*, n° 157, 1957, p. 21 ; Downs, *op.cit.*, pp. 231, 239. ラグランジュ自身、若いころ、ＥＤＦに加入していた。

(59) Ory, *op.cit.*, pp. 770, 772 ; Rémi Fabre, *art.cit.*, p. 11 ; Downs, *op.cit.*, pp. 230-232.

(60) *Ibid.*, p. 204 ; Jean-Noël Luc, *L'invention du jeune enfant au XIXe siècle : de la salle d'asile à l'école maternelle*, Paris, Belin, 1997, pp. 392-413.

(61) Downs, *op.cit.*, p. 201.

(62) 第一節で取り上げたプロが執筆した通史の第一三章のタイトル。Prost, *Depuis 1930*, pp. 574-575.

あとがき

二〇一五年は安全保障と平和の問題で揺れた一年であった。

今年の二月、パリ政治学院教授ジャン＝フランソワ・シャネさんに会うためにメールを送り、一月に起こったテロ事件に哀悼の意を述べ、フランス人の言論と出版の自由を守る闘いに連帯すると書いた。昨年末にブザンソン・アカデミー管区総監に任命されたばかりで多忙にもかかわらず、シャネさんから、すぐに返事が返ってきた。そこにはＩＳによる二人の日本人の人質の殺害について触れられ、「後藤健二は平和の精神を見事に体現している」と書かれていた。三月にパリで再会した時、日本では後藤氏の行動を無謀であるとして、非難する人も少なくないと話すと、「そういうことではないのだが」と言わんばかりに、シャネさんは天を仰ぎ、頭を抱えた。その姿が今でも目に焼き付いている。その時は、同じ年のうちに、一月の事件をはるかに上回る惨劇がパリで起こるとは思ってもいなかった。

本書の冒頭で触れたアルベール・チエリは、第一次大戦に招集され、一九一五年、塹壕で戦死した。シャルル・ペギーが戦死した翌年のことであった。三月に会った時、主著のなかで熱く語られているチエリについて尋ねたところ、大要、次のように説明してくれた。アルベール・チエリは今では忘れられているが、戦場で書き遺した過酷な体験と平和への考察は、第一次大戦後に出版され、多くの読者を得て、戦間期の教員による平和運動に大きな影響を与えた人物である。シャネさんは、チエリの本を私が泊まっているホテルに届けると約束してくれた。約束通り、ホテルには二冊の本が届けられた。そのうちの一冊が『子どもの虜になった男』である。

三月に会った時、シャネさんは、テロ事件への対応で、共和国の学校を守るべく、パリに呼び戻されていた。グランド・ゼコールの教授が国民教育省の高官に任命され、児童生徒の安全確保に奔走していると聞いて、最初、不思議な印象を抱いたが、アカデミー管区総監に大学教授など高等教育関係者が任命されるのは現行制度では普通のことである。今の社会党政権のもとで、シャネ氏の他にも歴史学教授が何人か総監に任命されているという。日本とは異なる高等教育と初等教育の結びつきを感じさせる話である。他方で、高等師範学校ユルム校文科出身のシャネさんは、中等教育からラテン語が消えていくのを憂えていた。

本書のタイトルは「規律と教養」と「規律」が先になっているが、そのほうが音の響きが良いのでそうしただけのことであり、読んでいただければわかるように、規律よりも、教養教育に重心がある。

本書のなかで序章、五章、第八章、補章は書き下ろしであり、その他の章は、以前書いた論稿に加筆訂正したものである。初出を以下に掲げておくが、なかには大幅に書き改め、内容が一新されたものもある。

第一章 「一九世紀フランスの学部（ファキュルテ）における職業教育と学生——学位、資格、学生の管理」神戸大学社会学研究会『社会学雑誌』三一巻、二〇一五年。および、「フランス第三共和政初期の大学改革再考——「一般教養」と大学のオートノミー——」『歴史学研究』八二九号、二〇〇七年七月。

第二章と第三章 「古典人文学による知的訓練——一九世紀フランスにおける教養論争の一側面——」『龍谷紀要』三三巻二号、二〇一二年三月。および、「古典人文学の伝統と教育改革——フランス第三共和政初期の中等教育改革——」（南川高志編著『知と学びのヨーロッパ史——人文学・人文主義の歴史的展開』ミネルヴァ書房、二〇〇七年三月所収）。

第四章 「ラテン語の障壁を乗り越えて——第三共和政期フランスにおける女子高等教育」（香川せつ子・河村貞

枝編『女性と高等教育――機会拡張と社会的相克』昭和堂、二〇〇八年七月所収）。

第六章「ライシテと宗教的マイノリティ――フランス第三共和政初期の教育改革とプロテスタント――」（望田幸男・橋本伸也編『ネイションとナショナリズムの教育社会史』昭和堂、二〇〇四年三月所収）。

第七章「フランス第三共和政初期の師範学校改革――「共和国の黒衣の軽騎兵」養成機関廃止論争をめぐって――」『龍谷紀要』三六巻一号、二〇一四年九月。

第八章 前掲の「一九世紀フランスの学部（ファキュルテ）における職業教育と学生――学位、資格、学生の管理」。

第九章「「青年期」の発見と規律改革――一九世紀後半のフランス中等改革の一側面」『龍谷紀要』三一巻一号、二〇〇九年九月。

第十章「一九世紀フランスにおけるカトリック若者運動に関する覚書――社会事業と学習集団の関わりで――」『龍谷紀要』三四巻二号、二〇一三年三月。


書き上げてみると、半ば概説書のような内容となった。一般教育の精神で、ジェネラル、すなわち、なるべく見晴らしの良いものを書こうとした結果でもある。一般読者向けに書いた小著を除けば、本書は私にとって最初の単著となった。本書刊行にあたっては、ミネルヴァ書房編集部の戸田隆之氏のお世話になった。また、本書の刊行には龍谷大学から出版助成金（二〇一五年度）の交付を受けたことを記しておく。

教養教育について関心を持つようになったのは、直接には一九九〇年代以降の大学改革のあおりを受けて学内でカリキュラム改革の議論に関わるようになったのがきっかけである。だが、それ以前から教養や教育に関心がなかったわけではない。京都大学文学部に入学したのは一九七〇年代の半ばあった。全国有数の過疎地から出てきた田舎者の目には、教養主義の残照に映えて、教授のみならず同級生もまばゆく見えた。それほど教養と文化の格差は大きかったのである。故郷も生まれた家も、教養と文化と縁遠かったから、教養に関心を持つようになったと言えるかもしれない。兵庫県北部、但馬地方の中山間地に生まれ、敗戦後の食糧難こそ経験していないが、両親は高等小学校しか出ておらず、生まれた家には数冊の実用書しかなかった。また、民衆出身である私にとって、民衆は愛憎あい半ばする存在である。フランスの民衆と日本の民衆はかなり違っているとはいえ、客観視するのは今でも困難である。

大学院を出てからからすでに三〇年になり、曲がりなりにも研究者として続けてこられたのは、京大西洋史の恩師、先輩を初め、前任校である島根大学の当時の歴史学教室の先生方、龍谷大学の同僚、そして関西フランス史研究会など様々な研究会、学会で出会った友人、知人のおかげであり、恩義を受けたすべての人々に謝辞を捧げておきたい。

私の院生時代には、西洋史研究室には故越智武臣先生、故藤縄謙三先生、服部春彦先生の三人の先生がおられた。越智先生と藤縄先生はそれぞれ近代英国と古典期のギリシアの精神を体現されており、学問と教養が作り出す威厳、強烈な存在感は、ユーモアを交えた語り口とともに、今でも鮮やかに思い出される。私と最も専門分野が近いのはフランス経済史の服部先生であり、先生の学識の深さにはいつも驚かされているが、とくに正確さの追求と史実を求める謙虚な姿勢を教えられたように思う。本書が学術書としての質を保持しているとすれば、それは服部先生から受けた学恩によるものであろう。同じフランス史を研究する先輩のなかでは、阿河雄二郎さんと谷川稔さんにとくにお世話になった。阿河さんの多方面にわたる広い教養と着眼点の良さ、谷川さんの切れ味鋭い論法とバランスのとれた人文学的センスには、今でも憧憬の念を抱いている。他にも、出身研究室、大学を越えて、知的刺激を受けた人は多く、そのなかには、いちいち名前を挙げないが、私よりかなり若い研究者も多く含まれている。

日本人以外では、サヴォワ大学名誉教授のパリュエル先生（André Palluel-Guillard）と、ベリエ夫妻（Pierre et Geneviève Berrier）には、あちこちに案内してもらい、言葉で言い尽くせないような恩義を受けた。フランス的な人の育て方、人の接し方まで、パリュエル先生と、リセの準備学級教師であったピエール・ベリエさんに教えてもらったように思う。フランス人研究者では、シャネさんの他に、クリストフ・シャルル氏からも何度か懇切丁寧な助言を得た。あわせて感謝の意を表しておきたい。

最後になるが、伴侶の真由美にも感謝しておきたい。大阪市の小学校教師として、長年、彼女が勤めた学校の所在地は、大正、平野、加美、鶴橋に及んでいる。勤務した学校の想像を絶する現実は、そのまま、沖縄、被差別部落、在日の問題と重なり合っていた。本書になにがしかのリアリティがあるとすれば、毎日のように教育現場の実態を聞かされていた産物であろう。

二〇一五年一一月　　平群にて

人名索引

ア 行

アリエス，フィリップ（Ariès, Philippe　1914-1984）　3-5, 12, 155
イポー，セレスタン（Hippeau, Célestin　1803-1883）　101
ヴァリエ（Vallier）　344
ヴァレス，ジュール（Vallès, Jules　1832-1885）　272
ヴィアル，フランシスク（Vial, Francisque　1869-1940）　2, 237, 238, 242, 243, 251, 348
ヴィオレ＝ル＝デュク（Viollet-le-Duc, Eugène　1814-1879）　108
ヴィヨ，ルイ（Veuillot, Louis　1813-1883）　67
ヴィルマン（Villemain, Abel-François　1790-1870）　74
ヴェルニオル師（Verniolles, Justin　1814-1900）　68-69
ヴォルテール（Voltaire　1694-1778）　283
エスピナス，アルフレッド（Espinas, Alfred　1844-1922）　181
エベール，ジョルジュ（Hébert, Georges　1875-1957）　349, 357
オザナム，フレデリック（Ozanam, Frédéric　1813-1853）　49, 332, 335
オーラール，アルフォンス（Aulard, Alphonse　1849-1928）　72, 241-244, 248, 251
オリヴァン，ピエール（Olivaint, Pierre　1816-1871）　327, 328, 335

カ 行

カステリオン，セバスチャン（Castellion, Sébastien　1515-1563）　218
カルノ（Carnot, Sadi　1837-1894）　274
キシュラ，ルイ＝マリ（Quicherat, Louis-Marie　1799-1884）　63, 64
ギゾー，フランソワ（Guizot, François　1787-1874）　16, 59, 75, 85, 93, 161, 230
キネ，エドガー（Quinet, Edgar　1803-1875）　200, 204, 205
ギヨーム，ジャム（Guillaume, James　1844-1916）　178, 185
クザン，ヴィクトル（Cousin, Victor　1792-1867）　76
クーベルタン（Coubertin, Pierre de　1863-1937）　293, 297, 299
クーランジュ，フュステル・ド（Coulanges, Fustel de　1830-1889）　111
グランメゾン，シャルル・ジョフロワ・ド（Grandmaison, Charles Geoffroy de　1858-1931）　329
クルノ（Cournot, Antoine-Augustin　1801-1877）　41, 93
グレアール，オクターヴ（Gréard, Ocatve　1828-1904）　76, 178, 184, 202, 273, 296, 298-300, 305
クレマンソー（Clemenceau, Georges　1841-1929）　1
コクレル・フィス，アタナーズ（Coquerel fils, Athanase　1820-1875）　203
コティネ，エドモン（Cottinet, Edmond　1824-1895）　340
ゴブレ，ルネ（Goblet, René　1828-1905）　233, 274
ゴーム（Gaume, Jean-Joseph　1802-1879）　62, 65-68, 99

ゴヨー，ジョルジュ（Goyau, Georges　1869-1939）　241
コンドルセ（Condorcet, Nicolas de　1743-1794）　28,70,71,72,270,300
コンペイレ，ガブリエル（Compayré, Gabriel　1843-1913）　102,108,170,181,234

サ　行

サルヴァンディ（Salvandy, Narcisse-Achille　1795-1856）　76
サルセー，フランシスク（Sarcey, Francisque　1827-1899）　75,82
サルトル（Sartre, Jean-Paul　1905-1980）　113,148
サンド，ジョルジュ（Sand, George　1804-1876）　287
サンニエ，マルク（Sangnier, Marc　1873-1950）　277,355
ジスカール・デスタン（Giscard d'Estaing, Valery　1926-）　284
ジード，シャルル（Gides, Charles　1847-1932）　203
シモン，ジュール（Simon, Jules　1814-1896）　51,204,205,210,296
シャトレ，アルベール（Châtelet, Albert　1883-1960）　351
ジュフロワ（Jouffroy, Théodre Simon　1796-1842）　263
ジョレス（Jaurès, Jean　1859-1914）　249
シラク（Chirac, Jacques　1932-）　284
ジラール（Girard, Grégoire　1765-1850）　180
ジラルダン，エミール・ド（Girardin, Émile de　1802-1881）　35,36,55
ジラルダン，サン＝マルク（Girardin, Saint-Marc　1801-1873）　49,263
スヴァン（Sevin, Jacques　1882-1951）　346
ステーグ，ジュール（Steeg, Jules　1836-1898）　116,201,204,206
スペンサー，ハーバート（Spencer, Herbert　1820-1903）　294,299,300
セー，カミーユ（Sée, Camille　1847-1919）　17,139,140,143,145
ゼー，ジャン（Zay, Jean　1904-1944）　350,352
セニョボス，シャルル（Seignobos, Charles　1854-1942）　38,40,44-46,109,114,193
セリエ，アンリ（Sellier, Henri　1883-1943）　342,351,352

タ　行

ダルゾン（d'Alzon, Emmanuel　1810-1880）　66
タルデュー，アンブロワーズ（Tardieu, Ambroise　1818-1879）　169,263
タルド，ガブリエル（Tarde, Gabriel　1843-1904）　218,219
チエリ，アルベール（Thierry, Albert　1881-1915）　1,2,19,359
チエール（Thiers, Adolphe　1797-1877）　231,242,244
チュルジョン，シャルル（Turgeon, Charles　1855-1934）　138
チュロ，シャルル（Thurot, Charles　1823-1882）　81
ディドロ（Diderot, Denis　1713-1784）　283
テーヌ，イポリット（Taine, Hippolyte　1828-1893）　40,81,293

デュパンルー（Dupanloup, Félix　1802-1878）　66, 319
デュプレ，エルネスト（Dupré, Ernest　1862-1921）　217
デュモン，アルベール（Dumont, Albert　1842-1884）　37, 181
デュモン，シャルル（Dumont, Charles　1867-1939）　238, 239
デュ・ラック（du Lac, Stanislas　1835-1909）　309, 321, 325
デュリュイ，ヴィクトル（Duruy, Victor　1811-1894）　17, 37, 92, 93, 101, 115, 129, 139, 168, 172, 173, 175, 178, 202, 231, 293
デュルケーム，エミール（Durkheim, Émile　1858-1917）　38, 104, 108, 111-112, 184, 185
ド・セギュール（De Ségur, Louis-Gaston　1820-1881）　324
ドーデ（Daudet, Alphonse　1840-1897）　296
ドービエ，ジュリー（Daubié, Julie　1824-1874）　123, 124, 128-130, 135, 136, 144
ド・ピトレー（de Pittray）　343
ド・マン，アルベール（de Mun, Albert　1841-1914）　309-312, 317-324, 327, 329, 355
ドモラン，エドモン（Demolins, Edmond　1852-1907）　293, 347, 349, 353
ドラクロワ（Delacroix, Eugène　1798-1863）　283
ドレフュス（Dreyfus, Alfred　1859-1935）　45, 113, 114, 270, 277

ナ　行――――――――

ナド，マルタン（Nadaud, Martin　1815-1898）　233
ナポレオン（一世）（Napoléon Ier　1769-1821）　17, 24, 25, 27, 29, 103, 167, 176, 261, 286, 291, 295, 302
ナポレオン三世（Napoléon III　1808-1873）　199, 203

ハ　行――――――――

バイイ，エマニュエル（Bailly, Emmanuel　1794-1861）　313-315, 332
パスロン（Passeron, Jean-Claude　1930-　）　4, 223
パプ＝カルパンチエ，マリ（Pape-Carpantier, Marie　1815-1878）　174, 179
バレス，モーリス（Barrès, Maurice　1862-1923）　50, 197, 275
ビオン（Bion, Hermann Walter　1830-1909）　340, 341
ビネ（Binet, Alfred　1857-1911）　217
ビュイッソン，フェルディナン（Buisson, Ferdinand　1841-1932）　108, 113, 175, 181-184, 193, 195-197, 201-206, 210-212, 215, 216, 218, 219, 221, 222, 243, 250, 251, 297
ファイイ，ジゼール・ド（Failly, Gisèle de　1905-1989）　351, 352
ファルー（Falloux, Alfred de　1811-1886）　16, 66, 84, 91-93, 130, 171, 172, 206, 207, 231, 303
フイエ，アルフレッド（Fouillée, Alfred　1838-1912）　185, 218
フェリー，ジュール（Ferry, Jules　1832-1893）　1, 5, 14, 17, 18, 43, 51, 85, 90, 117, 154-156, 159-162, 166, 168, 170, 174-176, 179, 183, 186, 196-198, 204-207, 210, 212-214, 216, 219, 223, 229, 234, 247, 252, 273, 318, 337, 341

フォルトゥル，イポリット（Fortoul, Hippolyte　1811-1856）　41,67,82,83,172
フォンサグリーヴ，J.-B.（Fonssagrives, Jean-Baptiste　1823-1884）　289,290
ブグレ，セレスタン（Bouglé, Célestin　1870-1940）　185
フーコー，ミシェル（Foucault, Michel　1926-1984）　3-5,12,155,162,164
プジョー，ロベール（Peugeot, Robert　1873-1945）　348
ブトミー，エミール（Boutmy, Émile　1835-1906）　38,40
ブトルー，エミール（Boutroux, Émile　1845-1921）　211,214,215
フラリ，ラウル（Frary, Raoul　1842-1892）　63,98,99,101
ブリュヌチエール（Brunetière, Ferdinand　1849-1906）　39,49
フルクロワ（Fourcroy, Antoine　1755-1809）　73
ブルデュー，ピエール（Bourdieu, Pierre　1930-2002）　4-6,12,155,223
ブレアル，ミシェル（Bréal, Michel　1832-1915）　37,41,51,62,97,184,275
プレサンセ，エドモン・ド（Pressensé, Edmond de　1824-1891）　203
フレネー，セレスタン（Freinet, Célestin　1896-1966）　353
フレーベル（Fröbel, Friedrich　1782-1852）　179,185,353
ブロイ（Broglie, Victor de　1785-1870）　59
ブロック，ギュスターヴ（Bloch, Gustave　1848-1923）　115
フローベール（Flaubert, Gustave　1821-1880）　33
ブロンデル，ジョルジュ（Blondel, Georges　1856-1948）　38,52
ペギー，シャルル（Péguy, Charles　1873-1914）　2,19,112,114,220-222,359
ペコー，フェリックス（Pécaut, Félix　1828-1898）　98,100,201-204,206,215,220
ペスタロッチ（Pestalozzi, Johann Heinrich　1746-1827）　177,178,180,301
ベーデン＝パウエル（Baden-Powell, Robert　1857-1941）　345,350
ベラール，レオン（Bérard, Léon　1876-1960）　19,145,146,337
ベール，ポール（Bert, Paul　1833-1886）　17,51,206,207,229,232,234,235,247
ベルクソン（Bergson, Henri　1859-1941）　185
ベルシエ，ウジェーヌ（Bersier, Eugène　1831-1889）　203,207
ペルシニ（Persigny, Victor de　1808-1872）　316
ベルチエ，ジョルジュ（Bertier, Georges　1877-1962）　347-349,351,353
ボーヴォワール，シモーヌ・ド（Beauvoir, Simone de　1908-1986）　147,148
ボードレール（Beaudelaire, Charles　1821-1867）　283
ボワシエ，ガストン（Boissier, Gaston　1823-1908）　81,111
ポンピドー（Pompidou, Georges　1911-1974）　284

マ　行——————

マセ，アルフレッド（Massé, Alfred　1870-1951）　238-240,242-244,247,251
マヌーヴリエ，エドゥアール（Maneuvrier, Edouard　1844-不詳）　297-299
マリオン，アンリ（Marion, Henri　1846-1896）　110,113,182,184,302

ミシュラン，アンドレ（André, Michelin　1853-1931）　348
ミシュレ，ジュール（Michelet, Jules　1798-1874）　204
メーストル，ジョゼフ・ド（Maistre, Joseph de　1753-1821）　68
メニャン，モーリス（Maignen, Maurice　1822-1890）　318, 327
モノ，ガブリエル（Monod, Gabriel　1844-1912）　37-40, 42, 43, 45, 114, 203, 275, 281
モノ，ギュスターヴ（Monod, Gustave　1885-1968）　351
モーラス，シャルル（Maurras, Charles　1868-1952）　198
モリエール（Molière　1622-1673）　283

ヤ・ラ・ワ 行――――

ユゴー，ヴィクトル（Hugo, Victor　1802-1885）　274, 283, 288
ラヴィス，エルネスト（Lavisse, Ernest　1842-1922）　37, 40, 42-43, 47, 50, 51, 75, 103, 108-114, 117, 122, 184, 258, 259, 273, 281
ラヴェルニュ，アントナン（Lavergne, Antonin　1863-1941）　221
ラグランジュ，レオ（Lagrange, Léo　1900-1940）　352, 358
ラ・サール（La Salle, Jean-Baptiste　1651-1719）　16, 165, 168
ラ・トゥール・デュ・パン，ルネ・ド（La Tour du Pin, René de　1834-1924）　319, 320, 322, 323
ラピ，ポール（Lapie, Paul　1869-1927）　348
ラファルグ，ポール（Lafargue, Paul　1842-1911）　268
ラプラード，ヴィクトル・ド（Laprade, Victor de　1812-1883）　290-293, 295
ラペ，ジャン＝ジャック（Rapet, Jean-Jacques　1805-1882）　180
ラムネー（Lamennais, Félicité Robert de　1784-1854）　65
ラングロワ（Langlois, Charles-Victor　1863-1929）　122
ランソン，ギュスターヴ（Lanson, Gustave　1857-1934）　104, 107-109, 115
リアール，ルイ（Liard, Louis　1846-1917）　37, 51, 238, 273
リシュタンベルジェ（Lichtenberger, Frédéric　1832-1899）　215, 216
リボ（Ribot, Théodule-Armand　1839-1916）　39, 49, 217, 305
ルソー（Rousseau, Jean-Jacques　1712-1778）　66, 177, 179, 288, 299-301
ルナン，エルネスト（Renan, Ernest　1823-1892）　40, 274, 293
ルフェーヴル，アンドレ（Lefèvre, André　1887-1946）　348, 352
ル・プレェ，フレデリック（Le Play, Frédéric　1806-1882）　289, 347
ルーラン，ギュスターヴ（Rouland, Gustave　1806-1878）　16, 83, 135, 168, 173, 176, 201
レイグ（Leygues, Georges　1857-1933）　18, 39, 44, 50, 91, 98, 104, 110, 113, 114, 142, 240
レオ一三世（Leo XIII　1810-1903）　324, 325, 334
ロマン・ロラン（Rollan, Romain　1866-1944）　283
ロラン（Rollin, Charles-Louis　1661-1741）　299
ロリオ，テオドール（Lorriaux, Théodore）　340
ワダントン（Waddington, William Henry　1826-1894）　197, 201

〈著者紹介〉

上垣　豊（うえがき・ゆたか）

1955年　兵庫県生まれ
1985年　京都大学大学院文学研究科西洋史学専攻博士課程退学
　　　　文学修士，京都大学
現　在　龍谷大学法学部教授
主　著　上垣豊『ナポレオン――英雄か独裁者か』山川出版社，2013年。小山哲・上垣豊・山田史郎・杉本淑彦編著『大学で学ぶ西洋史［近現代］』ミネルヴァ書房，2011年。上垣豊編著『市場化する大学と教養教育の危機』洛北出版，2009年。上垣豊「第二章４　ナポレオン帝政とヨーロッパ」「第三章　カトリック王政からブルジョワ君主政へ」谷川稔・渡辺和行編著『近代フランスの歴史――国民国家形成の彼方に』ミネルヴァ書房，2006年。上垣豊「十九世紀サヴォワにおける歴史とアイデンティティ」服部春彦・谷川稔編『フランス史からの問い』山川出版社，2000年。上垣豊「第十章　立憲王政」柴田三千雄・樺山紘一・福井憲彦編『世界歴史大系フランス史２』山川出版社，1996年。クシシトフ・ポミアン／上垣豊訳「フランク人とガリア人」ピエール・ノラ編／谷川稔監訳『記憶の場――フランス国民意識の文化＝社会史　第１巻』岩波書店，2002年。モーリス・アギュロン／阿河雄二郎・加藤克夫・上垣豊・長倉敏訳『フランス共和国の肖像――闘うマリアンヌ 1789-1880』ミネルヴァ書房，1989年など。

MINERVA 西洋史ライブラリー⑩⑨
規律と教養のフランス近代
――教育史から読み直す――

2016年１月25日　初版第１刷発行　〈検印省略〉

定価はカバーに
表示しています

著　者　上　垣　　豊
発行者　杉　田　啓　三
印刷者　坂　本　喜　杏

発行所　株式会社　ミネルヴァ書房
〒607-8494　京都市山科区日ノ岡堤谷町1
電話代表　(075)581-5191
振替口座　01020-0-8076

冨山房インターナショナル・兼文堂

ISBN 978-4-623-07467-9
Printed in Japan